Dieter Stober

Klaus Fischer

Das allmähliche Verschwinden der Gelassenheit!

Band 3
Von der Unmöglichkeit, Politiker zu verstehen
und ihnen weiterhin geduldig zu vertrauen

Impressum

Sollte diese Publikation Links auf Webseiten Dritter enthalten, so übernehmen die Autoren für deren Inhalte, keine Haftung, da sich die Autoren und der Verlag diese nicht zu eigen machen, sondern lediglich auf deren Stand zum Zeitpunkt der Erstveröffentlichung verweisen.

1. Auflage 2020

© by Dr. Dieter Stober, Prof. Dr. Klaus Fischer

Copyright Umschlaggestaltung / Cover by Dr. Dieter Stober, Tobias Gaßmann
Copyright Grafik / Image by iStock.com / ID: 928935572 / vladm

Verlag und Druck: tredition GmbH, Halenreie 40-44, 22359 Hamburg
ISBN Taschenbuch: 978-3-347-02279-9
ISBN Hardcover: 978-3-347-02280-5

Bibliografische Information der Deutschen Nationalbibliothek: Die Deutsche Nationalbibliothek verzeichnet diese Publikation in der Deutschen Nationalbibliografie; detaillierte bibliografische Daten sind im Internet über http://dnb.d-nb.de abrufbar.

Unseren Freunden

Und all jenen Wählern,
die sich ein kritisches Denken und Sagen bewahrt haben

Inhaltsverzeichnis

„Wir haben verstanden" / Politiker sind stark versetzungsgefährdet / Was für ein Affenzirkus / DDR 2.0 / Me first - You later! / Turbokapitalismus, Privateigentum und Lohnsklaven / Logik politischer Karrieren / Die Arbeit wird uns nie ausgehen / Sale, sale und billig, billig / Vom Tellerwäscher zum Millionär / Arbeit – Geld – gutes Leben? / Sorry, der Lieferservice für gute Lösungen ist gerade eingestellt / Partizipation – oder so s wir bisher? / Partizipation ist erst einmal Mitreden / Partizipation ist erst einmal Mitmachen / Selbstverantwortung statt staatliches Pampern / Kleine Ursachen und große Wirkungen / Warum lassen sich die Bürger vieles klaglos gefallen? / Sorry. Deutschland ist nicht das Schlaraffenland / Auf die Parteien ist (kein) Verlass / „Lassen Sie mich aus ihrem Wir" / „Man sollte … man müsste … ich glaube ... ich meine …" / Politisches Handeln ist ein (fast) risikofreier Raum / Wer wird Politiker und was ist seine Motivation? / „Für ein Deutschland, in dem wir gut und gerne leben" / „Hätte ich das gewusst, hätte ich mich niemals darauf eingelassen" / „Wir schaffen das nicht mehr" / No-Skin-In-The-Game / „We first!" / Der kleine Mann hat immer Konjunktur. Wo aber ist die kleine Frau?

Wir brauchen Politiker eines neuen Typus / Schau selbst nach, vertraue keiner Autorität / „Wir stehen angesichts des Wahlergebnisses vom 24. September dieses Jahres für den Eintritt in eine große Koalition nicht zur Verfügung." / Tränen lügen nicht, sagt man, und die offiziellen Zahlen am Wahlabend auch nicht / Die Kanzlerin lügt nicht / In der Politik brauchen wir Profis / Deutschland 2017 sucht eine neue Koalition, weil es für keine Partei alleine reicht / Deutschland lernt von China / „Ich sehe nicht, was wir anders machen sollten" / Wir verdienen die Besten der Besten / Ich verspreche, dass ich nichts tue / Leistung muss sich wieder lohnen / Beim politischen Tagesgeschäft stört nach wie vor nur einer, und das ist der Bürger selbst / Gute Politik muss die Freude, nicht die Freunde fördern / „Menschsein ist vor allem die Hauptsache" / Die vermeintlich „Getriebenen" haben wir uns selbst erschaffen / „It's the economy, stupid" / Merkel-Sprech und schöne neue Welten / Mut zur Verantwortung ist die neue Basisqualifikation für Politiker / Mut zum Scheitern statt Hockenbleiben / Gibt es einen (geheimen) Plan? / Der Reichtum unseres Landes ist ein Schatz / „Ich sehe das Wahlergebnis als Auftrag der Bürger" / Baby-steps statt große Würfe! Scheitern als Good-Practice-Methode / Neue Politiker braucht das Land / Keine Zeit für Provinztheater / „Es ist besser nicht zu regieren, als falsch zu regieren" / Deutschland war (einmal) das Mastermodell der sozialen Marktwirtschaft.

---

[1] Pop Hit der schwedischen Gruppe *The Europe* aus dem Jahr 1986.

Einleitung

In Deutschland ist nach der Bundestagswahl 2017 eine merkwürdige Lage entstanden, die sich *nicht richtig*, dafür aber *beschädigt* anfühlt. Der Stillstand hat eine neue Dimension erreicht. Ein halbes Jahr hatte kein Regierungshandeln das Land „beschäftigt", weil die Politiker nur mit sich selbst und der neuen Machtverteilung beschäftigt waren. Die neue Lage zeigt aber, dass die Politiker nie die *vermeintlich Getriebenen* sind, sondern vielleicht sogar *die Verursacher* der „*Beschädigung*". Jetzt geben sie vor, *verstehen* zu wollen. Vielleicht aber auch deshalb, weil sie keinen Zugang mehr zu den sogenannten *Normal*-Bürgern und wenig bis keine Zukunftsvisionen haben. Das Verharren der Politiker im Standard und im Herunterbeten von Standard-Floskeln scheint an der merkwürdigen Formel des „*kleineren Übels*" ausgerichtet zu sein, oder wie es der kluge Lästerer *Harald Schmidt* 2014 in seiner Show sinngemäß zu übersetzen wusste: *Sie mögen mich nicht, aber wählen sie mich und verhindern damit Schlimmeres.*

Für die großen Problemfelder des Sozialstaats haben die führenden Politiker über zwanzig Jahre eine Politik des „*Business as usual*" praktiziert, und haben es scheinbar unterlassen, die Zukunft des Landes aktiv, vorausschauend und nachhaltig zu gestalten. „*Business as usual*" ist keine Methode zur Gestaltung einer *guten* Zukunft, sondern Ausdruck einer gefährlichen Ideen-, Mut- und Tatenlosigkeit. Gehen den Politikern jetzt die Ideen aus, oder fehlt für *gutes* „demokratisches Politikhandeln" möglicherweise die notwendige Fach-*Kompetenz*?

Es gibt Belege dafür, dass sich die *neuen* Politiker in den USA und die *alten* in Deutschland sehr ähnlich verhalten in der Inszenierung der eigenen, aber von ihnen gewollten Wirklichkeit. Auch bei den *Techniken des Verkaufs* ihrer Routinen, Dogmen und „*Narrative*" an die Bürger als *alternativlose* Realität gibt es überraschende Ähnlichkeiten. In selbstfabrizierten Gewissheitsräumen werden methodisch fehlerhafte Diskussionen ohne umfassende Berücksichtigung der Gesamtlage und *ohne* persönliche Verantwortung für die Konsequenzen des Handelns oder Unterlassens geführt, während die kritische, faktenbasierte Vernunft ihre gesellschaftliche Basis mehr und mehr verliert und in Filterblasen zerfasert.

Bahnt sich eine *Krise der Demokratie* im eigenen Land an, die mit Politikverdrossenheit nur ungenügend beschrieben wird? Diese

Einschätzung gilt auch für andere westliche Demokratien. Wir stecken vielleicht schon tiefer in der Krise, als wir bisher dachten, nicht zuletzt deshalb, weil die Politik wenig Interesse zeigt, sich aus ihr zu befreien und es verschlafen hat, mit zielführenden Maßnahmen krisenhafte Prozesse zu stoppen und klare Leitlinien für eine gute Zukunft zu bieten.

Etablierte Medien wirken seit Jahren zudem eher als Echokammern der Regierungsparteien und des enggeführten Mainstreams oder anderer politischer Partikularismen denn als Teil einer kreativen und vermeintliche Gegensätze integrierenden Zukunft. Selbst Teile der Wissenschaften und deren Ergebnisse werden von interessierter Seite politisch instrumentalisiert, nicht immer gegen den Widerstand der Instrumentalisierten. Ist das die korrekte Zustandsbeschreibung in einer (gesellschafts-politischen) Lebenswelt, in der wir *„gut und gerne leben"* wollen, wie es die Kanzlerin der Deutschen nach wie vor vorsagt?

Der vorliegende dritte Band ist der Versuch einer Bestandsaufnahme in Sachen Stabilität und Zukunft des Landes, und ist deshalb auch als eine Warnung zu verstehen, dass es vielleicht bereits schon 5 nach 12 ist.

3. 2017

„Wir haben verstanden", sagte der *„bayerische* Adler" *Horst Seehofer* nach der Bundestagswahl im September 2017 bedeutungsvoll und mit leiser Stimme, die so gar nicht zu seiner Körperfülle passt. Zumindest spricht er sein Bekenntnis viel leiser aus, als er sonst spricht, und irritiert die Hauptstadtpresse und die eigene Klientel. Ist das schon Selbstkritik? Oder gar Einsicht? Alles ist nach der Bundestagswahl 2017 auf einmal anders, als alle es geplant oder vorhergesagt haben. Der Bonus der *Gutmenschentat*, die die Migrationswelle nach Deutschland ausgelöst hat, zahlt sich für die Beteiligten der Regierungskoalition nicht aus. Die *AfD* verzeichnet gewaltige Stimmengewinne. Die Kritik an den Regierenden wird zunehmend lauter und im Ton schärfer.

Die Vorwürfe sind teilweise überzogen, aber keine Bagatellen: Vermutete Inkompetenz in zentralen sozialgesellschaftlichen Problembereichen und mutmaßlicher Rechtsbruch mit der absichtsvollen Umgehung der Migrationsvorschriften der Europäischen Union aus *„humanitäre Gründen"*. Mit der Entscheidung der deutschen Bundeskanzlerin, am 5. September 2015 Grenzkontrollen faktisch abzuschaffen und syrischen Flüchtlingen einen Sonderstatus in Form der *Zusicherung* des *Bleiberechts* zu gewähren, breche sie europäisches Recht und sende eine „Einladung" an alle, die kommen wollen. Ist die humanitäre Ausnahmeentscheidung die Ankündigung des *Kontrollverlusts* der Politik?[2]

Das *Schengen-* und *Dublin-III*-Abkommen, das deutsche *Asylrecht* und ein neues *Zuwanderungsgesetz* müssen dringend auf die neue Agenda. Zugleich verschärfen sich die Wohnungsnot sowie die Kinder- und Altersarmut, die Pflegeproblematik ist nicht gelöst, und die Sicherheitslage ist aufgrund der Terroranschläge in Deutschland und den europäischen Nachbarn fragil. Es reicht nicht mehr, weiter nur zu versichern, dass alles *OK* sei und man die Probleme nach der Wahl jetzt wirklich in Angriff nehmen werde. Diese Versprechungen haben die Bürger bereits vor der letzten und jetzt wieder nach der Bundestagswahl 2017 gehört. Und sie werden die neuen Versprechen noch weniger glauben.

---

[2] *Hans-Jürgen Papier, Die Warnung. Wie der Rechtsstaat ausgehöhlt wird.* München 2019, ebd., S. 53 f.

Die Menschen verlieren das Vertrauen in die durchschaubare *Gut-Sprech-Technik* der Politiker, weil die Realität eine völlig andere ist. Zu viele Politiker interessieren sich nicht mehr, so scheint es, für die Alltags-Probleme der Bürger, und die Bürger interessieren sich nicht mehr für ihre gewählten Politiker. Ist das die Zustandsbeschreibung des Landes, auf die *Seehofer* jetzt eine Antwort versucht?

Kern eines jedes Gesellschaftsvertrags einer freien Gesellschaft ist die Verständigung darüber, dass es Menschen gibt, die durch ihre besonderen Fähigkeiten und Fertigkeiten in der Lage sind, ein komplexes Staatsgefüge zu organisieren, zu führen und so für das Wohl, die Sicherheit und das „Glück" der Bürger zu sorgen. Diese besonderen Menschen erhalten ein Mandat - legitimiert durch eine demokratische Wahlentscheidung, die Interessen und Bedürfnisse der Bürger in angemessener Form zu repräsentieren. Politisches Handeln ist dazu eingebettet in eine verbindliche Rechtsstruktur, die verhindern soll, dass sich die „Macht" des Staates, der Regierung, des Parlaments und der einzelnen Parteien über die Bedürfnisse und die Freiheit des Einzelnen stellen. (Siehe dazu die Anmerkungen zu *Tocqueville* und zur *„Zukunft der Demokratie"*, ebd., Band 2.)

Das *Rechtsstaatsprinzip* findet in der Bundesrepublik seinen objektiven Ausdruck im *Grundgesetz* (GG), das gegen Veränderungen gleich welcher Art, durch hohe rechtliche Hürden geschützt ist. Die Bürger *wählen* ihre Politikvertreter in der Hoffnung auf gute Politikarbeit und erwarten, dass sie ihr Tun als *„Dienst am Volk"* verstehen. Die Parteien wollen aber an der Macht bleiben. Und in der Regel wollen auch Politiker ihren Job behalten, weil es vielleicht ihre alleinige Lebenswelt und „Berufung" – auf Ewigkeit ist. Das *„Dienen"* bleibt so aber leider allzuoft nur den Idealisten unter ihnen vorbehalten. Politik ist auch Geschäft. Zumindest eines mit der Macht. Allerdings: Aus dem *Olymp der Macht* steigen nur ganz wenige Politiker freiwillig herunter in den *normalen Alltag* der Menschen. Das ist die Krux der Demokratie.

Nach der Wahl scheint es so, dass selbst die auf eine gefühlte Ewigkeit Erwählten Zweifeln am eigenen Tun beschleichen. Auf allen TV-Kanälen ist der bayerische „Landesfürst" zerknirscht. Viele sprechen ihm freiwillig die unerwarteten Worte nach oder aus Gewohnheit. Sogar eine kleine Reumütigkeit schimmert durch. Doch ein Tränchen in den Augen? Oder nur Ausdruck des irritierten Egos, weil die Seele leidet? Gleich fängt er an zu zittern. Der Bürger hat abgestimmt. Wieder einmal mit den Füssen. Und wieder einmal nicht wie von den Wahlforschern und Politikexperten vorausgesagt oder erwartet. Und jetzt ist auf einmal alles anders. Kopieren wir amerikanische Verhältnisse? Die Bürger, zumindest diejenigen, die vom Wander-Wahlvirus befallen sind, glauben nicht mehr den Worten der Mächtigen. Macht sich jetzt Panik unter den Etablierten der „Politikerkaste" breit? Man kann es fast glauben, wenn man die verzweifelten Bekenntnisse der Abgestraften zur Wiedergutmachung hört. Sie wissen, dass bloßes Schönreden jetzt nicht hilft. Der drohende Verlust des universalen Macht- und Deutungsanspruchs zwingt die Getreuen und Gläubigen des universalen Credos eines *„das geht schon immer irgendwie weiter"* zum heiligen Schwur.

Waren das ganze Scharren und alle Treuschwüre an die Adresse der Kanzlerin also umsonst? Der eine oder andere sieht sich konfrontiert mit dem eigenen politischen Aus und wird seinen sicher geglaubten Parlamentssitz verlieren. Der Platz wird für die Wahlsieger gebraucht. Spontan kommt in den Sinn, der *Schröder*, der hat es richtig gemacht. Und all die anderen, die rechtzeitig den „Politik-Zirkus" verlassen und Positionen in der Wirtschaft angenommen oder zugeschanzt bekommen haben. Erste Regel ist jetzt, bloß keine weitere Selbstkritik, die nach Panik aussieht. Jetzt nur nicht trauern. Positiv denken. Die allgemein bekannten Sprechblasen haben sofort wieder Konjunktur: *Wir müssen jetzt nach vorne schauen ... uns den Herausforderungen stellen ... für die Menschen da sein ... klar machen, worin wir uns unterscheiden ... von den Rechten. Und zuallererst danke ich unseren Wählern und den vielen Helfern.*

Jetzt also wird alles anders werden, weil es – vielleicht zum ersten Mal – *doch nicht um uns geht. Es geht in erster Linie um Deutschland.* Und die „Schuldigen" stehen natürlich schon lange fest. Die Entscheidung der „Sozigranden", in die Opposition zu gehen, kann auch nicht wirklich überraschen. Sie ist vor Wochen gereift, und nicht die spontane Reaktion auf die Klatsche des Bürgers am Wahltag. Der Abgang wird nun – wie immer – maximal medial vorbereitet, perfekt inszeniert und gut ausgeleuchtet werden. Zugleich ist die Show für die aufmerksamen Bürger vorhersehbar, wie schon die gesamte Präsentation der „*SPD-Stars*" *vor* der Wahl. Natürlich – für die Sozis lag die Schuld bei der Kanzlerin. Schuld am Debakel war also nicht das jahrelang zwischen den Regierenden einvernehmlich praktizierte und vorsätzliche Aussitzen oder Verzögern notwendiger und fundamentaler gesellschaftlicher Lösungen. Und die Medien, selbstverständlich die Medien, die sind auch schuld. Darin sind sich viele Gescheiterte einig. Noch einmal Sprechblasen: *Die haben die Rechten doch erst hoch geschrieben und hoffähig gemacht. Die haben doch überhaupt keinen Raum in den Talkshows für die richtigen, weil wirklich wichtigen Themen geboten, Themen, die den normalen Bürgern unter den Nägeln brannten.* Wer sind die Medien, die so etwas tun? Und die Zeitungen und die Magazine haben sich angeblich ergötzt an Stories über die bösen oder die guten Fremden, und die guten und die schlechten Bürger, je nachdem, welches Blatt auf dem Kaffeehaustischlein liegt, oder welche Meinungen an den Biertheken der Republik verbreitet und konsumiert werden.

Nicht nur, dass die Analyse des Scherbenhaufens historisch und inhaltlich nicht korrekt, zumindest viel zu oberflächlich ist, sie greift mit Blick auf mögliche Konsequenzen, die hieraus zu ziehen wären, auch viel zu kurz. Keiner will doch wirklich erkennen, dass diese vermeintlich *linear-kausalistische Beschuldigungskette* nach dem tradierten sozialpsychologischen Muster des *„Blaming-the-victim-stereotyps"* zur Diffamierung nicht nur nicht funktioniert. Sie wirft zugleich einen sehr bedenklichen Schatten auf die Intelligenz der politischen Klasse. Glauben die Schauspieler der Posse wirklich, dass der Zuschauer die *Fakestory* glaubt? Wie ignorant muss man selbst sein, diese Erklärung überhaupt anzubieten? Zumindest aber wird die angebliche Fähigkeit der Politik, eine korrekte und vielleicht objektive Aufarbeitung der Ereignisse zu leisten, entzaubert und entlarvt.

Politiker sind stark versetzungsgefährdet. Die Wahlergebnisse sind für die zukünftige Tagesarbeit der politischen Klasse in ihrer Konsequenz viel schlimmer, als die reine Zahlenanalyse vorgaukelt. Sie sind ein fundamentaler Indikator der Zustandsbeschreibung für das demokratische System. Und hierfür gibt es nur die Note mangelhaft. Die Protagonisten sind allesamt stark versetzungsgefährdet. Die erste Analyse der Wählerwanderung macht klar, dass die etablierte Politik durchweg das Vertrauen bei den Bürgern verspielt hat, ja sogar deutliches Misstrauen die

Stimmabgabe beeinflusst hat. Das wohlgefällige Durchwursteln der Jahre davor hat nicht funktioniert. Ein Weiter-so geht jetzt nicht mehr. Das ist die raue Oberflächenanalyse. Das Wegducken der *SPD* vor dem selbst mitangerichteten Desaster und die Zuweisung des schwarzen Peters an den jetzt politischen Ex-Partner sind psychologisch verstehbar. Es ist, geradezu lehrbuchhaft, ein klassisches Entlastungshandeln einer Mixtur aus Scham und latenter Angst ob der eigenen Zukunft. Niemals zuvor wurde die *SPD* so von den eigenen Wählern gerupft. Mit dem Wegducken werden die strukturellen Probleme einer Partei, die seit Jahren Richtung und Führung verloren hat, aber nicht gelöst. Fehlende Identifikation mit der Alltagswelt der eigenen Klientel, fachliche Inkompetenz und schwaches Personal prägen die „Politik-Vorstellung", die die Abgewählten jetzt dem Publikum frech anbieten. Die eigene Verantwortung wird wieder hartnäckig beiseite geschoben. Stattdessen klammern sich die Parteioberen an der Vision einer großen *Volkspartei* fest, die die *SPD* sicherlich einmal war. Wenn das Desaster des Wahlergebnisses von den politischen Eliten nicht bald selbst vollständig, umfassend und ehrlich aufgearbeitet wird, wird es sich auf das Seelenheil von Generationen gutgläubiger Parteigänger traumatisierend auswirken. Schlimm ist nur, dass man dem Wähler wieder „verkaufen" will, dass das ganze Desaster fremdinduziert ist, und nach dem Fremderwecken der Schläfer jetzt das Wahre und Gute wiederkommen kann.

Was für ein Affenzirkus. Dem Wähler soll schnell klar werden, dass die böse Zauberin aus dem Ostlande irgendwie alle in ihrem Zauberbann gefangen hielt. Alle mussten trotz eigener Kraft und Herrlichkeit und festem eigenem Willen, bis zum Wahlergebnis, in einer wundersamen Dornröschenstarre verharren. So stellt sich die Frage, wie hat sie das vollbracht? Verfügt das immer wieder von ihr gezeigte „Rautenzeichen" möglicherweise über magische Kräfte? Nur von außen konnten die Geknebelten befreit werden? Und fast scheint es, dass Märchen wahr werden können. Die *Dornröschen Demokratie* wurde im September 2017 vom Prinzen Bürger wieder wach geküsst. Der kollektive Verstand der Masse scheint mächtiger zu sein als der partikuläre Wille der Eliten. Der Bürger korrigiert, was die Politik seit Jahren nicht ändern will? Ist das ein Sieg der Demokratie? Oder nur eine kleine Denkzettel-wahl. Ich befürchte, dass es nur ein Strohfeuer der „Unverstan-denen" und der „Frustrierten" ist. Und gibt es ein *Happy End* für die Masse der Zwerge? Oder ist die *SPD* jetzt sauer auf die undankbaren Wähler? *Rosa Luxemburg* wusste bereits die Antwort, aber daran erinnert sich niemand mehr: *„Die Masse ist stets das, was sie nach Zeitumständen sein muss, und sie ist stets auf dem Sprunge, etwas total anderes zu werden, als sie scheint. Ein schöner Kapitän, der seinen Kurs nur nach dem momentanen Aussehen der Wasseroberfläche steuern und nicht verstehen würde, aus Zeichen am Himmel und in der Tiefe auf kommende Stürme zu schließen! … die <<Enttäuschung über die Massen>> ist stets das blamabelste Zeugnis für einen politischen Führer. Ein Führer großen Stils richtet seine Taktik nicht nach der momentanen Stimmung der Massen, sondern nach ehernen Gesetzen der Entwicklung, hält an seiner Taktik fest, trotz aller Enttäuschungen und lässt im Übrigen ruhig die Geschichte ihr Werk zur Reife bringen…"*[3]

Die FDP sieht sich augenblicklich nicht mehr in der Rolle des „Königsmörders", sondern des Erbauers künftiger, herrlicher liberaler Wirtschaftswelten, und stellt sich der Herausforderung – und natürlich immer für Deutschland zuerst. Vielleicht mit *Bündnis 90/DIE GRÜNEN? Sie* wollen jetzt mal wieder zeigen, dass sie es besser können und endlich die süßen Früchte an der Spitze der elitären Nahrungskette genießen. Allemal die beiden Vorsit-zenden der Partei können es kaum erwarten loszulegen. Wer oben mitmischen will, und nicht mit dem Silberlöffel im Mund geboren wurde, muss besondere Strategien des hierarchischen Aufstiegs anwenden. Ob sie darin genügend Erfahrung haben, wird sich zeigen. Nach dieser Wahl bedarf es vielleicht auch gar nicht der ganz großen Ochsentour. Erste Verhaltensweisen des Aufstiegs haben sie schon gelernt und sich an Gepflogenheiten des Normalen evolutionär angepasst. Nur nicht zu viel *action*, bevor nicht die Tür zum Thron weit offen steht. Lernen wir vom Tierreich!

Wer zur *Makakenelite* gehört, wissen die Primatenforscher, „chillt" in den heißen Quellen von Nagano. Der Rest bleibt drau-ßen und es interessiert die Elite nicht, was mit ihnen passiert. Und

---

[3] *Rosa Luxemburg am 16.02.1917 aus der Festung Wronke an Mathilde Wurm, GB S. 176;* In: *Rosa Luxemburg. Menschsein ist vor allem die Hauptsache,* hrsg. von *Bruno Kern, marixverlag, ebd., S. 153.*

auch nicht im Winter. Man kann sich aber auch *hochgroomen*, d. h. der Elite den Rücken kraulen und die Läuse zupfen. Bei den *Makaken* funktioniert das Emporlausen für mehr Rangordnung bestens. Irgendwann darf man dazugehören und in den heißen Quellen *mitchillen*. Ist der Bewerber es aber nicht wert, bekommt er keine Streicheleinheiten zurück. Also bitte, alle müssen sich jetzt wirklich anstrengen. Soziale Zärtlichkeiten machen den Bückling (nicht den Fisch) erst schmackhaft. *Bündnis 90 / DIE GRÜNEN* sind immer schon leidensfähig und bereits mit kleinen Zugeständnissen zufrieden, weil sie schon so gut wie alles von *Merkel* bekommen haben. *Merkels grüne* Politik opferte zunächst die Atomkraftwerke, künftig, aber jetzt mit Ansage, auch die Kohlekraftwerke. Die energieintensive Industrie, die derweil immer öfter - vom privaten Verbraucher fast unbemerkt - wegen Netzschwankungen abgeschaltet werden muss[4], kann entweder auswandern, oder wird von der ausländischen Konkurrenz ausgeknipst. Und die Kanzlerin ist sogar bereit, nach der Kraftwerkstechnologie auch die Automobilindustrie mit überehrgeizigen Grenzwerten dem *Öko-Feeling* zu opfern. Der Diesel war nur der Anfang. Um die ambitionierte 55% CO_2-Einsparquote bis 2030 (Basis 1990) zu erreichen, werden weitere Technologien über die Klinge springen und vermutlich auch viele Haus- und Wohnungsbesitzer noch tief in die Tasche greifen oder sich sogar verschulden müssen. Die „*Deutsche Umwelthilfe*" steht Gewehr bei Fuß beim gerichtlichen Exekutieren der Gesetze. Hinzu kommen die praktisch unbegrenzte Einwanderung (auch eine *grüne* Forderung) in die deutschen Sozialsysteme, die faktische Einführung einer *EU-Haftungsunion*, die faktische Einführung der *Staatsfinanzierung durch die Zentralbanken* mittels des fast unbegrenzten Kaufs von *Schuldtiteln durch die EZB*, und, und, und.

Sind das die „Zutaten" eines *guten* und *sicheren* Lebens, oder werden uns die „Wohltaten" bald nötigen, dass wir uns über ganz andere Probleme richtig Gedanken machen müssen? Kann das System Gesellschaft überhaupt stabil bleiben? Die dritte Generation Politiker hat offensichtlich das Große und Ganze nicht mehr so ganz im Griff wie die Gründungsväter und -mütter. Zumindest nicht mehr den Überblick! Bei familiengeführten Unternehmen

---

[4] *FAZ* 12.1.2019, Nr. 10, S. 20

kennt man die Logik des heraufziehenden Debakels. Die Generation der Großväter und der Väter haben das Unternehmen aufgebaut, die zweite Generation konsolidierte das Geschäft. Die Enkelgeneration genießt den Luxus des Geerbten und verprasst und verhökert hoffentlich nicht die Lebensgrundlage des Unternehmens. „Enkelin" *Merkel* geht, vielleicht ohne es zu wissen und zu wollen, den klassischen Weg zum Untergang mit traumwandlerischer Sicherheit und die Enkelgeneration der Demokratie macht bereitwillig mit und ermöglicht ihr mit jeder Wahl einen neuen Turnus.

Von den Ritualen anderer Primatenarten kann der politische Verhaltensweise viel lernen (vgl. *Frans de Vaal, Wilde Diplomaten*; ders., *Der Affe in uns*). Die *Dscheladas* im Hochland von Äthiopien leben in größeren Populationen und haben aufgrund des knappen Nahrungsangebots keine Zeit für langwieriges *Grooming* und Kuschelkommunikation. Sie wissen aus Erfahrung, dass wahrhaftiges Handeln sich nicht immer auszahlt. Deshalb schwatzen sie, die Affen (!), ununterbrochen miteinander, den ganzen Tag. Das ständige Getratsche festigt die Bindung untereinander. Die *Berberaffen* auf Gibraltar stehen unter dem Schutz der englischen Krone. Aber um in der Hackordnung aufzusteigen, müssen massivere Methoden herhalten. Wer dem Chef der Truppe imponieren will, kidnappt kurzerhand ein Jungtier von einer völlig überraschten Mutter und schenkt es dem *Chief*. So ein Geschenk ist die höchste Form des Einschleimens in der Affenhierarchie. Die *Bonobos* im Kongo haben den Sex von der Fortpflanzung abgekoppelt und setzen ihn oft mehrmals täglich ein, um Konflikte zu de-eskalieren. Im politischen Affenzirkus muss es ja ganz so weit nicht gehen. Ein Handkuss tut es auch, oder ein aufrechtes und aggressionsfreies Umgehen mit- und untereinander. Mal sehen, was die Balkontreffen der Verhandler in naher Zukunft also noch so enthüllen werden.

Die *Liberalen* haben irgendwie alles anders verstanden, und wollen sich deshalb von der Kanzlerin nicht (mehr) verbiegen lassen. Sie steigen aus den Sondierungsgesprächen überraschend aus. *„Es ist besser, nicht zu regieren, als falsch zu regieren"*, sagt *Lindner* am späten Sonntagabend des 19.11.2017, und nicht alle verstehen warum. Ist die Verantwortungsübernahme in dieser Konstellation einfach zu riskant oder hat die „Mutti" wieder einmal die Krallen gezeigt?[5]

Nachtrag zur Primatenthese: Primatenforscher sind sich sicher, dass unter den Primaten der „Nettere" größere Chancen bei den Weibchen hat als der Brutalo oder Rowdy. Er bietet nicht nur Fellpflege, sondern teilt auch mal Essen. Das könnte auch erklären, warum die Kanzlerin aus den eigenen Reihen der Willigen immer einen bestimmten Typus erwählt. Und die Theorie erklärt auch, warum die Netten nie Rückgrat zeigen (dürfen). Wer bei ihr jetzt wieder mitmachen darf, sollte:

1. Früchte oder Nettigkeiten *abliefern* (Koalitionspartner).
2. Die Chefin *pflegen* (aufstrebende Jungpolitiker).
3. *Nicht aufdringlich werden*, ihr nicht zu nahe kommen, oder alte Gerüche (Neid) verbreiten.

Was kommt also nach der Wahl? Neues und Großartiges, oder alte Suppen in neuen Verpackungen. Fakt ist, es *geht um Deutschland*, sagen viele Politiker, wenn es ihnen notwendig erscheint. Geht es auch um die Bedürfnisse der Wähler? Und was will der Wähler konkret?

DDR 2.0? Um was geht es dem Wähler eigentlich konkret? Geht es ihm um weniger Flüchtlinge, mehr Polizei, mehr Rente, mehr gut ausgebildete Pflegekräfte, voraussetzungsloses Einkommen? Klar ist, dass es theoretisch so viele Wünsche, Hoffnungen, Vorstellungen, Bedürfnisse und Klagen wie Individuen gibt. Klar ist aber auch, dass sich viele Menschen auf der Grundlage des gemeinsamen Glaubens und Hoffens und auch des Klagens zusammenfinden. Sonst gäbe es keine Religionen, Parteien und

---

[5] Wahrscheinlich sind beide Gründe realistisch. Die Kanzlerin hat mehrfach schon gezeigt, dass sie eine sprunghafte Natur hat. In seiner *Autobiografie* im September 2019 gibt der damalige Mitverhandler *Wolfgang Kubicki* die „wahren" Gründe des Ausstiegs bekannt. Er schreibt: Die *FDP* habe ein 9-Punkte-Papier vorgelegt, ohne dessen Zustimmung dazu keine Koalition möglich gewesen wäre. Im ersten Gespräch habe die Kanzlerin alle 9 Punkte abgenickt. Nach 4 Stunden (und Beratungen mit den Parteigremien) habe die Kanzlerin alle 9 Punkt abgelehnt. Punkt 1 war die Digitalisierung, Punkt 2 Abbau des Solis, etc. (siehe *Wolfgang Kubicki, Sagen, was Sache ist.* 2019).

auch keine Revolutionen. Im einfachsten Modell wählen die Zufriedenen die bewährte Nummer: *„Weiter so"!* Das ist das Modell der Normal- oder Standardpolitik.

Bleiben die Unzufriedenen und ihre Wünsche, Hoffnungen, Vorstellungen und Bedürfnisse und ihre Klagen. Von diesen lassen die Wahlergebnisse vermuten, gibt es sehr viel mehr als gedacht. Wünschen sich Anhänger der *Linken* (als Nachfolgepartei der *SED*) im Grunde eine *DDR 2.0* ohne die damaligen Fehler, getreu dem Motto aller linken Theoretiker, die Theorie des Kommunismus sei an sich eine gute Idee, bislang aber immer schlecht umgesetzt und realisiert worden. *Bündnis 90/DIE GRÜNEN* sind bereit, alle materiellen und immateriellen Werte – einschließlich der persönlichen Freiheit der anderen – wenn nötig sogar mit rechtlichem Zwang auf dem Altar ihrer Umwelt- und Klimapolizik zur Vermeidung der angeblich bevorstehenden Apokalypse zu opfern und propagieren zudem, angeblich aus humanistischen Gründen und nicht zu Realisierung einer bestimmten Gesellschaftsform, eine Politik der offenen Grenzen. Bleiben noch die anderen Unzufriedenen, die entweder *Gelb* (*Violett?*) oder *Blau* wählen. Diese haben den Eindruck, die *Blauen* mehr als die *Gelben* (*Violetten?*), dass in diesem Land immer mehr immer weniger gut funktioniert, vieles immer stärker von außen fremdbestimmt und der Staat immer dreister durch eine nicht unbeträchtliche Zahl zuwandernder „Sozialmarodeure" *ausgeplündert* wird. Zudem gewähre der deutsche Staat in Pervertierung des Asyrechts auch radikalen Islamisten Asyl, die sich in den gemäßigten islamischen Staaten verfolgt sehen, weil sie dort eine kompromisslose „islamische Republik" anstreben, also ihren Untertanen keineswegs die Rechte zugestehen wollen, die sie hierzulande für sich einfordern. Der deutsche Staat wehre sich dagegen wahrnehmbar nicht, sondern leiste dem Missbrauch durch politische Blockaden, fehlenden Willen zur Verhinderung, sowie durch Verharmlosung oder Vertuschung in Wort und Tat Vorschub. Fakt ist aber auch, sagen die Experten, der Staat schiebt auch bestens integrierte, arbeitsame und rechtstreue Einwanderer ab, deren einziges Pech darin besteht, nicht aus einem angeblich „unsicheren Herkunftsland" zu kommen und ihre Papiere nicht rechtzeitig *entsorgt* zu haben. Aber dies ist nur eines der Oberflächensymptome für die Unzufriedenen, das nahelegt, dass sich fundamentale Unwuchten des Systems darunter stapeln.

1) Dieses Land und seine Leitfiguren bringen es offenbar nicht mehr fertig, in vernünftiger Zeit z. B. einen großen Flughafen oder Hauptbahnhof zu bauen, Stromleitungen von Nord nach Süd zu verlegen, seine offenen Grenzen wieder zu kontrollieren, seine Infrastruktur zu erhalten, eigene Streitkräfte mit funktionierenden und aktuellen Waffensystemen auszustatten (von zuverlässig funktionierenden Flugzeugen für die eigene Regierung ganz zu schweigen) und seine Bürger vor dreist tricksenden Automobilbauern und den ruinösen finanziellen Konsequenzen unsinniger Grenzwerte zu schützen.

2) Durch die *Nullzinspolitik* der EZB zur Entlastung der EU-Südländer haben die deutschen Sparer zwischen 2010 und 2018, verglichen mit einem (fiktiven) „*Normalzinsniveau*" netto (also nach Abzug möglicher Zinsersparnisse) ca. 300 Mrd. € verloren.[6] Und die Kanzlerin kippt kalt lächelnd den deutschen Kandidaten für die Neubesetzung des Postens des *EZB*-Präsidenten, der mutmaßlich die Enteignungspolitik des Italieners *Draghi* beenden würde, aus dem Kandidatenrennen.

3) Ein EU-Bürokratiemoloch und ein übergriffiger *EuGH* hebeln immer öfter nationale Regelungen aus und setzen sich über den Willen der obersten Gerichte, der Parlamente und der Bevölkerung der Mitgliedsländer hinweg. Und die hierzulande politisch Verantwortlichen zucken nur mit den Schultern – als wäre es der Wille des Allmächtigen.[7]

---

[6] *FAZ* Nr. 7, 9.1.2019, S. 17

[7] Anhänger religiöser Vielfalt könnten hier den Alleinvertretungsanspruch eines *bestimmten* Allmächtigen kritisieren. Aber das wäre kurzsichtig. Bereits aus logischen Gründen kann es nur einen Allmächtigen geben, weil ein anderer mit gleicher Macht die Macht des ersten beschränken würde: er würde entweder der Macht des anderen unterliegen (und wäre deshalb nicht allmächtig) oder den anderen beherrschen können (womit wiederum dieser andere nicht allmächtig wäre). Ergo kann es nur einen Allmächtigen geben – ebenso übrigens, wie es nur einen Größten geben kann. Die Rede vom „Super-GAU" ist deshalb bestenfalls gedankenloses Geplapper, schlimmerenfalls Indiz für mangelndes Denkvermögen.

4) Eine zunehmende Zahl von Migranten löst Befürchtungen über eine Zukunft aus, in der die indigenen Bewohner eine Minderheit geworden sind. Schon jetzt haben 34% der Schüler im Grundschulbereich, und damit 9% mehr als 2013, einen Migrationshintergrund[8], in den großen Städten weit über 50%, auf dem Land weniger. Das sind die Erwachsenen in 15 Jahren, und es werden mehr: durch weitere Zuwanderung und höhere Geburtenrate insbesondere der muslimischen Einwanderer. In einigen Teilen vieler Städte formieren Migranten geschlossene Subgesellschaften mit abweichenden Normensystemen und stellen bereits heute die Bevölkerungsmehrheit. Es gibt *No-go-Areas* und *kriminelle Clans*, die den öffentlichen Raum beherrschen, auch wenn es einige Politiker nicht wahrhaben wollen, weil, wenn es so wäre, irgendjemand die Verantwortung dafür übernehmen müsste.

Wir haben auch ein riesiges *Mafia-Problem* in Deutschland, sagen uns italienische Ermittler, weil wir gegen das Geschäftsmodell der Mafia keine ausreichenden rechtlichen Bollwerke errichten[9]. Deutschland scheint durch die Jahrzehnte der Biedermeierpolitik des „*Alles-ist-gut*" und wird gut, oder Gott wird es schon richten, offenbar komplett aus der Spur.

5) Durch den Eindruck der Wähler, dass ihnen wichtige Informationen vorenthalten oder nur „weichgespült" serviert werden – exemplarisch zu sehen anhand der öffentlichen Berichterstattung über die Vorgänge in der berüchtigten Silvesternacht vor dem Kölner Hauptbahnhof, oder über die alters- und geschlechtstypische Zusammensetzung der Flüchtlingsströme 2015, entsteht ein schleichendes Misstrauen in die Objektivität des Sagens und Berichtens der Medien und der Politik.

6) Dem naturwissenschaftlich gebildeten Wähler ist längst klar, dass in der sogenannten *Energiewende* etwas gründlich schiefläuft. Es werden wolkige Zeitpläne für den Kohleausssstieg beschlossen – ohne dass ein schlüssiges Konzept für die Stromspeicherung aus Erneuerbaren, aus deren Ertrag in Zukunft zusätzlich noch Millionen von E-Autos und Wärmepumpen gespeist werden sollen, vorliegt. Die Fantasten, Ideologen und Apokalyptiker beherrschen mit ihrer zeitgeistkonformen, aber kenntnisarmen

---

[8] *DIE ZEIT, Nr.* 23, 30.5.2018, S. 61, nach IQB
[9] *Olaf Sundermeyer, Bandenland. Deutschland in Visier von organisierten Kriminellen.* München 2017.

Schwafelei den öffentlichen Diskurs und bestimmen die politische Agenda. Kritiker werden in die rechte Ecke gestellt oder niedergebügelt. Und die Kanzlerin reitet in ihrer unaufgeregten Art auf der Welle der Klima-Apokalyptik von *Bündnis 90/DIE GRÜNEN* und lässt den Unfug geschehen. Bis der Dilettantismus des Wendeprojekts auffliegt, Netzschwankungen nicht mehr durch polnischen, tschechischen und französischen Kohle- und Atomstrom gepuffert werden können und energieintensive Industrien wegen zunehmender Netzausfälle abwandern, ist Kanzlerin längst nicht mehr im Amt. Dann kann sie in Ruhe ihre verdiente Rente genießen, in dem Land, in dem sie gerne lebt. Vielleicht ist das dann ein anderes Land, in dem alles noch gut läuft, und das nicht von einer haftungsbefreiten „Politikerkaste" auf Verschleiß gefahren wird.

7) Sehr häufig berichten Zeitungen, dass Kriminelle wieder auf freien Fuß gesetzt, Haftbefehle wegen Personalmangels nicht vollzogen, Straftaten und Vergehen aus dem gleichen Grund nicht verfolgt werden konnten oder Strafverfahren wegen Überschreitens von Fristen abgebrochen werden mussten. Die Aufklärungsquote bei Einbrüchen stagniert bei ca. 10% und Sozialbetrüger unter den Migranten werden mit äußerster Nachsicht behandelt, sodass diese über die dämlichen Deutschen und ihre samtpfötige Justiz öffentlich feixen können. Ausweispapiere fehlen bei einem hohen Prozentsatz (genannt werden Quoten bis zu 80%) der Migranten oder verschwinden vor einer geplanten Abschiebung, tauchen aber auf wundersame Weise wieder auf, wenn es einen Vorteil bringt. Aus der Perspektive des Migranten rational, aus der des steuerzahlenden Bürgers verwerflich. Bei Letzterem verfestigt sich der Eindruck, dass der deutsche Staat von einer wachsenden Schar von Wegelagerern und Plünderern ausgenommen und am Nasenring durch die Manege geführt wird.

8) Das Spektrum öffentlich als zulässig akzeptierter Ansichten hat sich in diesem Land in den vergangenen Jahren verengt. Das erfährt jeder, der versucht, für den weiteren Betrieb unserer Atomkraftwerke zu argumentieren, kritische Fragen zur deutschen Energiewende oder zum Klimawandel zu stellen, die europäische Gemeinschaftswährung als konstruktiv mangelhaft hinzustellen, Aspekte der deutschen Erinnerungskultur zu hinterfragen oder die Fähigkeit Deutschlands zur unbegrenzten Aufnahme aller Kategorien von Migranten anzuzweifeln. Was

Alexis de Tocqueville die „Tyrannei der Mehrheit" in Demokratien amerikanischen Typs nannte, benennt nicht nur die reale Möglichkeit, dass Minderheiten von der Mehrheit politisch dominiert werden, sondern erfährt eine mediale Absicherung in der Möglichkeit der negativen Sanktionierung von unerwünschten Minderheitenmeinungen oder öffentlich geäußerter politisch „inkorrekter" Ansichten von Journalisten, Literaten, Wissenschaftlern und Politikern durch subtile Mittel der öffentlichen Ächtung und persönlichen Beschädigung. Solche Ausgrenzungsprozesse mißliebiger Meinungen gehen auf Struktureigenschaften demokratischer Staatsformen zurück, die seit der Antike bekannt sind und in dieser oder jener Form auch in anderen demokratischen Ländern auftauchen. Ihre Ausprägung ist jeweils kultur- und länderspezifisch und unterschiedlich stark ausgeprägt. Die Politik sollte zur Sicherung einer fruchtbaren Problemlösungskultur davon absehen, dieses endemische Problem demokratischer Staatsformen durch ideologiegetriebene Polemik und durch Verunglimpfung anderer Meinungen noch zu vergrößern.

Sind das die Dinge, die *Seehofer* jetzt gesehen und in ihrer Dramatik und Konsequenz für den Zusammenhalt in Deutschland verstanden haben will?

Die Medien mischen in der Suppe des *„Recht-Haben-Wollens"* kräftig mit und sorgen für Meinungstrends, die vielleicht gewollt sind, aber die *wirklichen* Bedürfnisse und Ansichten der Menschen nicht angemessen beschreiben. Ob diese Bedürfnisse überhaupt empirisch zutreffend zu erfassen sind, ist nicht eindeutig auszumachen. Die Erhebungen dazu leiden oft an methodischen Fehlern der Erhebung, weil sie die Dynamik zwischen gesellschaftlicher Entwicklung und seelischer Befindlichkeit in der Regel nur mit Standardverfahren der klassischen Befragung erfassen wollen. Wer nicht den direkten Dialog mit den Wahlbürgern sucht, ihn sogar meidet, wird niemals deren wahre Bedürfnisse erfahren. Das gilt für die Forschung und in besonderem Maße auch für die Politik. Die vor jeder Wahl angesetzten Schimpfrunden des Volks in den einschlägigen Medienformaten geben nur die Spitze der Stimmung der Menschen wieder. Wer dann immer wieder reflexhaft die angeblich falschen Meinungen oder Unworte zu Nicht-Meinungen und sozialer Devianz (Abweichung) erklärt, ist entweder (sozialwissenschaftlich) unerfahren, politisch voreingenommen oder sozial inkompetent.

Die Politik muss sich um das Stammtischgerede nicht kümmern, aber sie muss von der sozialwissenschaftlichen oder ökonomischen Methode der Problemanalyse Gebrauch machen. Sie muss sich endlich ehrlich machen und sich um ein wirkliches Verstehen der Zusammenhänge und der Konsequenzen des eigenen Handelns oder Unterlassens bemühen. Werden notwendige Änderungen des *Status quo* nicht angepackt, wird die Frustrationstoleranz der Bürger weiter sinken und der Unmut größer werden.

Me first - You later! Wie funktioniert das mit den Bedürfnissen und der Frustration? Und kann die Politik überhaupt bessere Lösungen anbieten als bisher? Eine Erklärung könnte *Maslows* „Hierarchiemodell der Bedürfnisbefriedigung" bieten, wonach sich menschliches Verhalten nach der jeweiligen biologischen und seelischen Stufe der Ich-Entwicklung ausrichtet. In seinem Hierarchiemodell ist das eigene physische *Überleben* von zentraler Bedeutung (Stufe 1), dann die Sicherung und Sicherheit der Lebensumstände (Stufe 2) und viel später erst, nach weiteren Stufen der Bedürfnisbefriedigung, ein universelles *Wertehandeln* (Stufen 7 und 8). Wenn das alles so störungsfrei funktionieren sollte, steigen wir vom einfachen Fleischverwerter zum Philosophen in eigener und fremder Sache (Politiker?) auf. Neuere Befunde zu *Maslow* deuten allerdings darauf hin, dass das Modell nicht strikt hierarchisch ist, also höherstufige Bedürfnisse (etwa *gute* soziale Beziehungen) durchaus in höherem Maße als niedrigstufige (etwa physiologische Grundbedürfnisse) befriedigt sein können.[10] Das heißt, die Stufen der *Maslowschen* Pyramide sind skalierbar, und – einfach gesagt – selbst bei Befriedigung der *Grundbedürfnisse* können immer noch Wünsche hinsichtlich Essen, Kleidung oder Habitat offen bleiben.[11]Selbst der Begriff des

---

[10] *L. Tay, E. Diener, Needs and Subjective Well-Being around the World, in: Journal of Personality and Social Psychology* 101 (2), pp. 354-365, 2011.
[11] *Maslow* hat sein Modell 1970, also kurz vor seinem Tod, erweitert. Zur Erinnerung. Seine Überlegungen führten zu folgender achtstufigen Pyramide: *8. Stufe: Transzendenz, 7. Stufe: Selbstverwirklichung, 6. Stufe: Ästhetische Bedürfnisse, 5. Stufe: Kognitive Bedürfnisse, 4. Stufe: Individualbedürfnisse, 3. Stufe: Soziale Bedürfnisse (Anschlussmotiv), 2. Stufe: Sicherheitsbedürfnisse, 1. Stufe: Physiologische Bedürfnisse;* posthum veröffentlicht in: *Farther Reaches of Human Nature*, New York 1971).

Grundbedürfnisses ist nicht kulturfrei und ohne Rückgriff auf historische und soziologische Bestimmungen zu definieren.

Das macht die Sache für eine *gute Politik* nicht einfacher. Das Glück des Einzelnen ist immer auch eine Frage des individuellen Erwartungs*horizonts* und damit einer Variablen, die massiv äußerer Beeinflussung unterliegt. Es kommt ein weiterer Punkt hinzu. Jüngere Menschen wollen eine andere Politik als Menschen mittleren Alters oder Senioren. Jüngere und junge Menschen (Altersgruppe der 17 bis 45-jährigen) verhalten sich nach dem „*Wanting-Prinzip*" (*ICH* kann alles, *ICH* will alles, *ICH* bin unverletzlich), sagt die Hirnforschung. Mit zunehmendem Alter ändert sich das. Im Verhalten werden wir ruhiger und betrachten die Stürme des Lebens mit Gelassenheit. An wen richtet sich also das Politikangebot? Hat *Seehofer* vielleicht verstanden, dass die Angebote der bisherigen Politik zu uniform waren und nicht für jede Zielgruppe gleich attraktiv sind?

Wie ist wohl der (all)gemeine Politiker in *Maslows* Begriffen einzustufen? Ein solch einfaches und vielleicht deshalb bei forschen(den) Verhaltensökonomen und Verkaufspsychologen beliebtes Modell kann die Befindlichkeiten der Menschen, auch der Politiker, teilweise *rational* erklären. Zumindest in den engen Grenzen dieses Modells, die durch die Modellprämissen gezogen werden. Aber das *Methodische* ist ein anderes Thema (siehe Band 2). Wenn das *Maslowsche* Modell nicht strikt hierarchisch zu verstehen ist, dann könnten sich Menschen auf einer höheren Stufe der kulturellen Entwicklung (*Rationalität* und moralischer Wertekanon) befinden, und gleichzeitig als „*Prädator*" der untersten Stufe der Entwicklung mit einem Sack voller Abneigung gegen alles Ungewisse und Fremde unterwegs sein. Was wir aus Jahrzehnten sozial-psychologischer Forschung wissen, ist, dass Menschen nur in sehr engen Nutzenkorridoren rational *handeln*, aber sich im überwiegenden Maße reiz-reaktiv und gefühlsgesteuert verhalten. Zum Schaden aller Bildungseuphoriker und Vertretern des *homo rationalis* bestimmen Angst und Neid, die sich tiefenpsychologisch betrachtet als Objektivation der latenten Jagd nach Geld, Sex, Macht, und Aufmerksamkeit zeigen, unverändert die „Narrative" des Lebens – trotz ausreichender Bildung, Aufklärung und umfangreichem Wissen.

Bei Verengung oder Auflösung der Lebensweltsicherheit, sichern wir zuerst das Elementare: *Me first, You later,* wenn überhaupt. Trotz aller Aufklärung und sozialen Absicherung, die eine soziale Wirtschaftsordnung leisten soll, regieren also nach wie vor Verunsicherung, Unsicherheit, Frustration und Angst? Sind die Erfolge der Aufklärung und der sozialen Sicherungssysteme verloren gegangen? *Brüderlichkeit* JA, wenn es passt? *Gleichheit* JA, wenn ich nichts abgeben muss? *Freiheit* JA, steht mir ja zu, aber bitte nur für diejenigen, die etwas dafür leisten? Umwelt und Artenschutz JA, aber nicht in meinem Vorgarten. Flüchtlinge aufnehmen, aber JA, schon aus humanitären Gründen, aber nicht in meinen vier Wänden. Dafür auch noch bezahlen JA? Aber nicht mit meinem eigenen Geld. Die Aufklärung jedenfalls hat keinen Zuwachs an Humanität, Lebensweisheit und Lebenszuversicht gebracht, sondern nur den Gegensatz zwischen der Volatilität des Alltags und idealisierten Wertestrukturen offenbart. Und wir Menschen verstehen es in der Zwischenzeit meisterhaft, sogar rationale Begründungen für Kriege und Waffenexporte vorzulegen.

Alle sind wir den gleichen Widersprüchlichkeiten nach wie vor unterworfen. Wer auch immer das auflösen will, muss nicht nur eine eindeutige Position beziehen. Er muss aufhören, das Herumlavieren als alternative Politik zu verkaufen. Kann es sein, dass in der Politik noch nicht verstanden wurde, dass in einer komplexen und dynamischen Welt mit simplen, *linearen* (ökonomischen und gesellschaftspolitischen) *kausalistischen* Modellen keine nachhaltigen Lösungen zustande kommen? *Beispiel Arbeitsmarkt und Beschäftigung:* Ist es wirklich möglich, dass Arbeit für alle, mit einer auskömmlichen Entlohnung, potenziell möglich ist, auch und gerade angesichts der fortschreitenden Automatisierung und Digitalisierung der Produktionswelten? Das zumindest scheint die offizielle Denkweise der tradierten Politik zu sein. Das aktuell zu beobachtende Sinken der Arbeitslosenzahlen wird zufrieden als Beleg für diese These angeboten. Ist nicht gerade das Gegenteil der Fall, und wir beobachten vielleicht nur eine Zwischenphase vor dem Systemabsturz oder wirtschaftlichen Kollaps (Schrumpfen der traditionellen Automobilindustrie, Verlust der Versorgungssicherheit im Energiebereich mit nachfolgender Abwanderung energieintensiver Betriebe, Ersetzung menschlicher Arbeit durch KIs, etc.)?

Vielleicht. Aber der Systemabsturz wäre womöglich insofern temporär, als er die Grundlage für einen neuen Aufstieg bereiten könnte – für diejenigen, die eine hohe Kreativität, Flexibilität, Anpassungsfähigkeit und Veränderungsbereitschaft aufweisen. Internationaler Konkurrenzdruck erzeugt immer Innovationen, die Gewinner hervorbringen und Verlierer hinterlassen. In der Geschichte der Arbeit gibt es unzählige Beispiele dafür, dass technische Modernisierungen zum Zusammenbruch von händischer Arbeit führten. Und wir reden nicht vom Mittelalter. Bei den Webern war es mit Einführung des mechanischen Webstuhls mit der Wende zum 19. Jh. genau so. Jede Mechanisierung bringt einen gewaltigen Schub in der Produktivität und ein Absinken der Herstellungspreise der Produkte. Nach dem Nationalökonomen *Schumpeter* funktioniert so die *„schöpferische Zerstörung"* in der Wirtschaft.[12] Ein kreativer Mensch erfindet eine arbeitssparende Maschine, die ein Produkt zu geringeren Kosten herstellen kann als menschliche Arbeitskraft. Bestehende Jobs fallen weg, Produkte werden billiger, es gibt Gewinner und Verlierer. Die Gewinner haben neue Wünsche, die z. T. durch bisher nicht vorhandene Angebote erfüllt werden. Das heißt, auch auf der Angebotsseite ist Kreativität nötig. Es entsteht eine Nachfrage nach neuen Produkten, die auch neue Jobs entstehen lässt. Die Nachfrage nach anderen Produkten fällt weg, weil sich die Präferenzen ändern. Historisch betrachtet fallen tradierte, unmoderne, ineffiziente Arbeitsplätze weg, aber es gibt auch eine (neue) Bewegung der Aufwärts- und Horizontalqualifizierung. Es gibt Multiplikatorprozesse und Synergieeffekte. Insgesamt blieb bisher immer ein Wohlstandsplus – auch aufgrund des Erfindungsreichtums der Anbieter von Leistungen und Produkten. Wenn der Kampf der Weber, Baumwollpflücker und all der anderen Wegrationalisierten auf Dauer Erfolg gehabt hätte, würden wir heute für eine Hose aus grober Baumwolle ein Vermögen bezahlen. Es wären keine neuen innovativen Jobs und keine Synergieeffekte entstanden. Wirtschaft, Wohlstand und Technik würden auf dem Vormanufakturstand stagnieren, technische Universitäten und Naturwissenschaften wären möglicherweise gar nicht entstanden, weil sie überflüssig gewesen

---

[12] *Joseph A. Schumpeter: Kapitalismus, Sozialismus und Demokratie, Stuttgart 2005; erstmals 1942.*

wären. Auch der Transrapid ist nicht an fehlender Kreativität und Ingenieursleistung in Bayern „entgleist", sondern am fehlenden politischen Willen, dieser Technologie in Deutschland zum Durchbruch zu verhelfen.

Es gäbe aber auch einen (großen) Vorteil ohne die unendliche Kraft kreativer Innovationen: Die Erdbevölkerung würde auch auf dem Stand des Vormanufakturniveaus (ca. 400 Mio.) stagnieren. Wir hätten Platz ohne Ende für Straßenrennen – natürlich mit Pferdekutschen. Wir hätten jede Menge Platz am Himmel. Aber neue Technologien und Materialbearbeitungstechniken, von den Hochleistungsmotoren und von einer intelligenten *fly-by-wire* Steuerung ganz zu schweigen, damit wir in der Lage wären, über 500 Passagiere in einer Büchse gleichzeitig zu transportieren, gäbe es auch nicht. In einer solchen Welt würde sie auch keiner brauchen. Alles wäre eindeutig super-positiv für die Umwelt und das Wort Grenzwerte würde heute niemand kennen.

Aber Menschen sind neugierig, und neugierige Menschen sind erfinderisch, probieren vieles aus und schaffen dabei Neues. Das ist der evolutionäre Lauf der Dinge. Ohne die menschliche Fähigkeit zur Neugierde, Probierfreude, Innovation und Mustererkennung hätte die Natur das Experiment mit uns längst eingestellt. Natürlich ist das kein Freibrief für jeden Quatsch, den der menschliche Geist ersinnt (Kriege, Waffen, Sklaverei, Ausbeutung der Natur, etc.). Aber der Begriff der Innovation ist wertfrei. Eine neue Biowaffe, die Völker ausrotten kann, ist ebenso eine Innovation wie ein fleischloses Steak aus dem 3D-Drucker, für das kein Rind sterben musste. Die Fähigkeite zur Innovation ist seit Beginn der menschlichen Evolution in ihren Auswirkungen ambivalent.

Dafür hat die Natur die *Vernunft* erfunden und, um die Kollateralschäden ihres Gebrauchs wieder zu reparieren, der *denkende* Mensch den (philosophischen, ethischen, wissenschaftlichen) *Diskurs*. Man muss die Voraussetzungen von Fortschritt und Zukunft verantwortungsvoll und mit dem Wissen um mögliche komplexe und chaotische Zusammenhänge zu nutzen wissen.

Wir mussten uns in der Geschichte unserer Species schon häufiger darauf vorbereiten, dass uns die Standard-Arbeit in der Produktion ausgeht. Das gilt auch heute für viele Tätigkeiten, die noch teilweise auskömmlich bezahlt werden. Solange uns die neuen Ideen nicht ausgehen, oder solange Innovatoren nicht künstlich ausgebremst werden, wird es aber immer auch neue Jobs geben, von denen wir heute noch keine Ahnung haben. Wer wusste vor 20 Jahren, was ein „Influencer" ist, oder vor gerade 40 Jahren, was ein Netzadministrator oder ein Energieberater macht? Wie viele Jobs sind in den letzten Jahrzehnten im Dienstleistungssektor und im IT-Bereich entstanden? Vor 150 Jahren arbeiteten in Deutschland noch 90% der Bevölkerung in der Landwirtschaft. Aber Arbeit kann im Zeitalter der Globalisierung nicht nur sektoral, sondern auch örtlich verlagert werden, in andere Regionen oder Länder, die billiger produzieren, und dies ist das größere Problem, weil es regionale Armut und soziale Absteiger erzeugt.

Jeder Technisierungs- und Automatisierungsschub der Vergangenheit wurde von den gleichen Ängsten und Gegenargumenten begleitet, und darauf muss Politik eine kreative Antwort finden. Pech nur für die von Veränderung Betroffenen, wenn die Politik keine Ahnung von der Aufgabe hat, weil kaum einer von ihnen „Arbeit" aus der eigenen Praxis kennt und oft wenig Ahnung von den volks- und betriebswirtschaftlichen Zusammenhängen hat. Und Pech für die anderen Betroffenen, wenn die Arbeitsverwaltung nicht adäquat beraten oder vermitteln, sondern nur verwalten kann, und wenn kaum einer der Berater die moderne Arbeitswelt aus eigener Praxiserfahrung kennt.

Wie in der Vergangenheit wird es auch in den kommenden Jahrzehnten zu massiven Anforderungsverlagerungen aufgrund globaler Modernisierungsschübe und technologischer Innovationen kommen. Aber wehe, wenn der menschliche Erfindungsreichtum blockiert wird und die natürliche Innovationsbereitschaft sich einer „Das-darf-man-nicht-machen-Ideologie" unterordnen muss. „Geht-so-nicht", „Wollen-wir-so-nicht", „Machen-wir-nicht", „Haben-wir-immer-so-gemacht", „Haben-wir-nie-anders-gemacht", sind immer die verbalen Vorboten für konkrete Verbote und politische Doktrinen der Loser und Nichtskönner ohne Kreativität und Mut.

Warum stehen wir im weltweiten Ranking der Internetzugänge ganz weit unten? Warum ist Estland so weit vor uns an der Spitze? Warum ist es in Deutschland so verdammt schwer, eine schnelle Finanzierung neuer Ideen zu bekommen? Warum wandern aus Deutschland viele der im deutschen Universitätssystem hoch qualifizierten Absolventen in die USA ab? Warum ist unser Land für Fachkräfte aus dem Ausland wenig attraktiv? Zugleich kommen immer mehr Nachfrager (Zuwanderer), die in der Breite formal ungebildet sind oder nur über eine marginale (Schul-)Bildung und nicht über eine ausreichende formale (Berufs-)Ausbildung verfügen? Sie passen, trotz aller Euphorie und Anstrengungen nicht in einen hoch differenzierten Arbeitsmarkt, weil sie (wegen der Notwendigkeit einer Nachqualifizierung) für den Arbeitsmarkt zu teuer sind und dadurch die gesellschaftliche Ungleichheit weiter vergrößern.

Mit tradierten Arbeits- und Beschäftigungsideologien oder klassischen (Weiter-) Bildungsmaßnahmen, oder Gesetzen zur „gleichen" Bezahlung, oder zur Gender-Gerechtigkeit wird es nicht einen Schritt besser werden. Freies unternehmerisches Handeln zeichnet sich u. a. dadurch aus, dass ein minimaler Kapitaleinsatz zu maximalem Ertrag führen soll. Es verwundert immer wieder, was geschickte politische PR den Leuten einzureden vermag. *Soziale Gerechtigkeit* fällt nicht vom Himmel, sie muss konkret operationalisiert und nachhaltig finanziert werden. Nach wie vor gilt das Prinzip: Teure Mitarbeiter werden immer dann durch preiswertere Mitarbeiter ersetzt, wenn dies technisch möglich ist. Das ist das Urprinzip kapitalistischen Wirtschaftens. Und nichts wird auf dieser Welt von den Machern der Weltreiche so stark bekämpft wie der Wille zur sozialen Gleichheit. Und das aus gutem Grund.

Turbokapitalismus, Piratentum und Lohnsklaven. Mit dem Produkt „*soziale Gerechtigkeit*" wird immer nur ein marginaler Profit bei gleichzeitig sehr hohem Investment erzielt werden. Mindestens seit den Tagen des frühen 15. Jahrhunderts, als die Weltmächte Portugal und Spanien die damals bekannte Welt in Ost und West unterteilt hatten, gilt der Grundsatz, dass es legitim ist, alles zu unternehmen, um maximalen Profit und Reichtum zu erwirtschaften. Die Niederländer und Briten perfektionierten dieses Spiel. Menschen waren nicht erst im Frühkapitalismus nur Produktionsmittel. Der Sklavenhandel entstand im großen Stil, weil sonst die Felder in den Kolonien nicht bewirtschaftet werden konnten, und die Stärkeren nehmen sich mit Kanonen, was ihnen nicht gehörte. Ausbeutung und Diebstahl und die damit finanzierte politische Macht sind die einzigen Ziele der damaligen Großmächte. Gerechtigkeit, persönliche Freiheit und die Freiheit des Glaubens gab es nur für die Oberschicht. England steigt im Schlepptau globaler Aneignung und Ausbeutung unter *Elisabeth I.* zur dritten Weltmacht auf, weil es den Spaniern den gestohlenen Reichtum der Kolonien (Gold und Silber) mit Waffengewalt und Freibeutermethoden wieder abnimmt und in die darbende Wirtschaft Englands einbringt. London mit seiner von *Elisabeth I.* neu gebauten *Londoner Börse* kann das neue Geld gut gebrauchen. Im Umfeld der neuen Geldschwemme entsteht eine Fülle neuer Berufe und Dienstleistungen. Der neue *Turbokapitalismus* wird, so könnte man heute fast sagen, von nur einem Mann begründet: dem „Piraten" mit offiziellem Auftrag, *Francis Drake*, der später für „seine Leistung" dafür geadelt wird. Im Städtchen Plymouth hat man ihm ein bescheidenes Denkmal gesetzt.

Wenn wir heutzutage wirklich etwas grundlegend ändern wollten, müssten wir vielleicht zuerst die Anfänge und Bedingungen für das globale Wirtschaften und die Mechanismen der Kapitalwirtschaft überdenken. In der Zwischenzeit beschäftigen sich Politik und Öffentlichkeit mit Randthemen, vielleicht auch, weil man sich an das Große und Ganze nicht wirklich heranwagen will. Über den *Neokapitalismus* sich zu beklagen ist ok, aber ihn ersatzlos zu streichen? Das wird dann sehr schwer mit der Finanzierung des Zweit-SUVs in der Garage, wenn der Wettbewerb eingeschränkt oder ausgeschaltet wird. Besser wäre, wir reden über die alltäglichen Verwerfungen, die notwendigerweise daraus entstehen, und was man gegen sie tun kann. Wir reden ja auch nicht über die Abschaffung der Religionen, sondern nur über deren Auswüchse.

Unter den „Ungerechtigkeiten" des männerdominierten Neokapitalismus wird heute oft der *Gendergap* hervorgehoben. Er soll angeblich etwa 20% betragen – soll heißen: Männer verdienen im Schnitt 20% mehr als Frauen. Soweit, so schlecht. Doch was besagt diese Zahl? Etwa, dass eine Frau für die gleiche Arbeit 20% weniger erhält als eine Frau? Weit gefehlt! Der sogenannte *Gendergap* von ca. 20% ist nichts anderes als die banale ungewichtete Differenz zwischen dem Durchschnittsverdienst aller Frauen und dem aller Männer in Deutschland – ungeachtet des Umstandes, worin die Arbeit besteht, welche Qualifikation dafür verlangt wird oder ob es sich um Halbtags- oder Vollzeitjobs handelt. Unglaublich aber wahr! Was hat es mit Ungerechtigkeit zu tun, wenn ein Bauingenieur mehr verdient als eine Verkäuferin und eine Lehrerin mehr als ein Maurer? Gewichtet – also unter Berücksichtigung von Qualifikation, Arbeitszeit und sektoralen Besonderheiten – bleiben noch ca. 6% Differenz, aber auch hier sind noch viele Faktoren unberücksichtigt, z. B. die schlechteren Aufstiegschancen von Teilzeitbeschäftigten, die zumeist Frauen sind[13].

Aber selbst das ist noch zu kurz gedacht. Schon die Auswahl des Kriteriums „*gender*" ist nur *eine* soziale Selektion unter vielen anderen, wie Ethnie, Religion, Alter, Attraktivität, Gesundheit, IQ, Habitus, Körpergröße, Familiennamen, Beruf, Stadt, Region, Bundesland. Welchen Politiker interessiert es wirklich, dass Ingenieure in Berlin 29%, in Dresden sogar 34% weniger verdienen als in Frankfurt?[14] „*Gaps*" dieser Art gibt es überall und hinsichtlich fast aller genannten Merkmale. Warum werden einige wenige von ihnen zum Politikum und andere nicht? Ich wette, auch ohne über genauere Informationen zu verfügen, dass es ein „*Gap*" zwischen den Durchschnittsverdiensten der Baden-Württemberger und der Brandenburger gibt, und zwar zugunsten der ersteren.

Noch soviel Wehklagen wird die sich immer weiter öffnende Schere zwischen Arbeitsbesitzer und Nichtbesitzer nicht schließen. In technologisch reifen und globalen Märkten wird zukünftig der Arbeitsmarkt nicht von der Qualität der Anbieter definiert (Berufsqualifikation), sondern im Wesentlichen vom Grad der Technologisierung (Digitalisierung) der Produktion und der Automation.

Wer gut ausgebildet ist und preiswert zur Verfügung steht, hat eine Beschäftigungschance zu unpassenden Löhnen. Wer nicht gut ausgebildet ist und noch preiswerter zur Verfügung steht, ist Teil der neuen Klasse der Geringstlohn-Beschäftigten und später der Klasse der Rentner, die durch Arbeit in die Armutsfalle gefallen sind. Die Bundesrepublik ist seit Jahren auf dem Weg zur modernen *Lohnsklaven-Gesellschaft*, weil die Politik seit Jahren die Abwertung von Qualifikation und Leistung weiter befördert[15].

---

[13] *FAZ* 13.11.2015, Nr. 264, S. 20. Nach anderen Quellen beträgt die Differenz 4%.

[14] *FAZ*, 7. Sept. 2019, C1.

[15] Siehe *Christoph Eisenring* (Berlin): „*In Deutschland arbeiten Menschen zwei Mal so häufig zu niedrigen Löhnen wie in der Schweiz. Dafür gibt es vier Gründe*",

Für diese traurige und graue Zukunft sind die Grundsteine schon vor Jahren und mit den *Hartz-Gesetzen* gelegt worden, wenngleich die Idee, den Arbeitsmarkt zu reformieren – um die Arbeitslosenzahlen zu senken – grundsätzlich richtig und zwingend geboten war.[16] Aber die Welt war auch schon vor 20 Jahren dynamisch und falsche Entwicklungen müssen immer schnell korrigiert werden. Das hat die Politik bis heute versäumt, und sich in den Erfolgen der Exportwirtschaft gesonnt. Die Arbeitsmarkt- und Sozialpolitiker müssen sich daher schleunigst moderne und zukunftsweisende Modelle ausdenken, wie sie die kommenden (qualifizierten) Arbeitslosen – auch moralisch – bei der Stange halten, damit die Massen nicht in den Einkaufspassagen rumhängen. Ob die Politikstars von heute und morgen dazu die passende Qualifikation haben? Ich bin mir sicher, dass die *SPD* irgendwann wieder mit fantastischen Modellen aufwarten wird, die mit viel Steuergeld zu bezahlen sein werden. *But who cares?* Es ist ja nicht ihr eigenes Geld. Und solange die Bürger fleißig die Steuern erwirtschaften, klappt das alles – irgendwie.

Logik politischer Karrieren. Für die Verursacher von Disparität ändert sich, trotz des Wahldebakels, leider erst einmal gar nichts. Die Karrieremuster von Berufspolitikern sind mehr und mehr abgekoppelt von den prekären gesellschaftlichen Entwicklungen. Nicht wenige Funktionsträger haben überhaupt keine, oder nur eine – für das angedachte oder auszuübende Fach – marginale Qualifikation. Und sie machen es dennoch. Und das ist so gewollt.

Wir haben uns aus guten Gründen gegen eine „*Expertokratie*" und für eine pluralistische, repräsentative Parteien-Demokratie entschieden, und den daraus entstehenden Mangel der fortschreitenden Inkompetenz, allerdings durch die Hintertür, in Form von kostspieligen Beratern ausgeglichen. Das erinnert sehr an die Selbsteinschätzung der Amerikaner, den *besten Hotdog* der Welt anzubieten oder an das kollektive Überzeugtsein, das *beste* Justizsystem der Welt zu besitzen. Wer die Welt nicht oder nicht

---

ders. In NZZ vom 17.07.2019.
[16] Siehe dazu Ergänzungen im Anhang; ebd. „Anmerkung 16".

ausreichend oder nur aus Erzählungen Dritter kennt, und den direkten interkulturellen Vergleich (durch Besuche, Gespräche, Wohnen und Leben) scheut, kann zu keiner anderen Einschätzung kommen. Und er muss auch, um wenigstens auf dem Laufenden zu bleiben, zulassen, dass ihm die Experten sagen, was richtig und was falsch ist. Für den Einzelnen ist es wohltuend zu wissen, dass man zu den *best of the best* gehört. Für das Kollektiv ist das Besondere immer identitätsstiftend. Der amerikanische *Nationalism*, der britische *Exceptionalism* und die deutsche *Besserwisserei* und *Vorsageattitüde* sind darauf gegründet.

Die klassische Berufsqualifikation (also das Wissen und Können für die Ausübung einer bestimmten beruflichen Tätigkeit) wird in der Zukunft wahrscheinlich ersetzt durch einen Politikertypus, der in der *Überhöhung* der *banalen* Selbstdarstellung, in Sachen Anhänglichkeit (Fraktionsdisziplin) und der Technik des *„Nach-Dem-Munde-Redens"* (Ad-hoc-Politik) viel Übung haben muss. Das Tagesgeschäft erledigen dann die Experten im Hintergrund.

Warum wählen die Bürger Unerfahrene, aber redeerprobte und eloquente Bewerber? Weil wir alle so tolerant sind, und wir auch solche Menschen dringend mitnehmen müssen? Das wäre eine falsch verstandene politische Inklusion. Oder ist es, weil es dem Wähler mittlerweile einfach egal ist, welche „Performance" die Gewählten erbringen, weil dem Wähler längst klar ist, dass er nichts mehr daran ändern kann, was und wie etwas passiert, oder gemacht wird, oder welche Kandidaten aufgestellt werden? Und es scheint uns nach Jahren des Genormtseins auch egal zu sein, *wer* es macht.

Warum geben die Menschen ein Mandat an so viele Politiker, die sich zwar redlich mühen, tollen Lösungen das Wort reden, aber weniger auffallen bei der Erschaffung konkreter und Nutzen steigernder Lösungen für die Menschen? Warum glauben die von uns *Gewählten* bereits in jungen Jahren Lösungen von Problemen zu kennen, vor die sie in der Regel nicht gestellt waren? Ist Hörensagen oder Bücherwissen bereits gleichbedeutend mit Erfahrungswissen? Was motiviert sie also, sich der Auswahl um *the best of the best* zu stellen? Kann man alleine mit Diskurs- und Kompromissfähigkeit Schaden von der Demokratie abwenden und den Nutzen der Menschen mehren? Geht es in der Politik gar nicht um Kompetenz, um die Wahl der Besten der Besten?

Verspüren die Novizen keine Angst davor, an den Herausforderungen zu scheitern? Kennen sie keine Selbstzweifel, oder agieren sie nach dem „*Wanting-Prinzip*" (s. o.). Wenn die Voraussetzungen für die Teilhabe an Macht aber so simpel sind, und es scheinbar nahezu egal ist, was ein Kandidat kann und geleistet hat, und was er oder sie wirklich tun kann und wird, oder auch nicht, dann sollten wir Bürger bei der Wahl unserer Politiker dies wissen – es ist drei Minuten vor 12 Uhr. Das Land könnte in Gefahr sein. Wer nicht weiß, worum es in der Arbeitswelt geht, wer noch niemals seinen Lohn mit körperlicher oder helfender Arbeit verdient hat, wer sich im Elfenbeinturm des vermeintlichen Wissens über theoretische Möglichkeiten verschanzt, kann trefflich über den *hart arbeitenden* Mann oder die *hart arbeitende* Frau parlieren. Er wird ihre Leiden aber nicht ausreichend verstehen, weil er die Schmerzen nie körperlich und seelisch persönlich empfunden hat. Mit Schattenboxen kann man nicht Weltmeister werden, aber zum Vor- und Mitjubeln reicht es allemal.

Die Arbeit wird uns nie ausgehen, aber sie wird von den Menschen völlig andere Anforderungen abverlangen, als wir sie heute kennen oder benötigen. Das ist das Ergebnis ungehemmter, aber politisch gewollter Globalisierung. Andere Länder produzieren bereits heute wesentlich preiswerter als wir es je könnten und zukünftig können werden, weil die lokale Arbeitskraft in nicht wenigen Produktionsländern preiswerter ist als bei uns. Dass die Arbeits- und Menschenrechte in diesen Produktionsländern absichtsvoll mit Füßen getreten werden, gehört zu den Kosten dieser Entwicklung. Das riesige Heer der modernen Arbeitssklaven in den weniger entwickelten Ländern ist der Motor der Wirtschaft in den reichen Staaten. Und die jeweiligen „Eigentümer" leben schon immer bestens davon. Wir müssen nicht weit gehen, um die Verwerfungen einer zügellosen *freien* Marktwirtschaft zu sehen. Im andalusischen Almería gibt es riesige, ganzjährige Produktionsflächen unter Folie für frisches Obst und Gemüse, das billigst in europäischen Supermärkten landet. Aufgezogen und gehegt wird es von „Lohnsklaven", meist Flüchtlinge aus Nordafrika, die hier gestrandet sind, und, gegen alle EU-Schutzvorschriften des Mindestlohns, für Centbeträge schuften. Manchmal wird ihnen der Lohn gesetzeswidrig gar nicht ausgezahlt.

Seit Jahren kaufen die Verbraucher solche Produkte, ohne darüber nachzudenken, und profitieren damit von der Armut, ökonomisch gesprochen: der mangelnden Marktmacht der anderen. Das Bewusstsein für die Ausbeutung anderer Menschen und Nationen ist nicht nur in Deutschland unterentwickelt. In allen Industrienationen kaufen selbst die Jugendlichen in den einschlägigen und angesagten Shops die Modeprodukte, die in Bangladesch oder Vietnam von ihren zumeist nur angelernten Altersgenossen für Centbeträge gefertigt werden. Die *I-Phone*-Fans stehen sich die Füße bereits einen Tag und eine Nacht vor dem *Launch* (Markteinführung) des neuen Modells platt, um das begehrte und in China gefertigte Modeprodukt für viel Geld in die Hand zu bekommen. Warum produziert *Apple®* nicht zuhause? Dass die Produktionssysteme der Ausbeutung und Unterdrückung vorsätzlich und aktiv von der Politik befeuert werden, belegt u. a. der Export von Hühnerabfällen durch die EU nach Afrika. Oder das Handelsabkommen zwischen der EU und Kamerun[17], das der EU den Export billiger *holländischer Zwiebeln* in das Land der afrikanischen Zwiebelanbauer erlaubt. Ergebnis: Der Zwiebelanbau im eigenen Land lohnt sich nicht mehr für die einheimischen Bauern. Die Familien verarmen und verlieren ihre Lebensgrundlage. Von irgendetwas müssen die Menschen aber leben. Wenn nicht von eigener Arbeit, dann von einer „Sozialhilfe", die es im Heimatland aber nicht gibt. Wollen wir das wirklich, die Verarmung vieler für den Profit weniger? Wenn die Menschen aber zuhause kein Auskommen mehr haben, wohin werden sie dann gehen? Vielleicht dürfen wir die so Enteigneten in Kürze beispielsweise in den Niederlanden als Neubürger begrüßen? Die Nachbarn im Westen sollen angeblich auch ein viel besseres Flüchtlingsmanagementsystem als wir in Deutschland haben.

Der EU-Vertrag verbietet Kamerun ausdrücklich, Strafzölle gegen die Preisdumper zu erheben. Ist das das wahre EU-Gesicht und Prinzip des globalen und *freien* Handels, der angeblich eine moderne Weltwirtschaft ausmacht? Zugleich wehren wir uns gegen die *unfairen* Einseitigkeiten des *TTIP-Handelsabkommens* mit den USA. (Straf-) Zölle werden immer dort erhoben, wo sie dem

---

[17] Kamerun war von 1884-1916 die Kolonie *Deutsch-Kamerun*.

Marktbeherrscher ins Konzept passen und den eigenen Markt protektionieren. Der freie Handel wird immer dort lautstark gefordert, wo es keine eigene Marktmacht gibt. Was ist das? Die versehentliche oder gewollte Perversion des existierenden Machtgefüges oder ein knallhartes ökonomisch-logisches Kalkül? Ist das Spiel um den größtmöglichen Profit nur die logische Fortsetzung des alten Kolonialismus, der immer die Ausbeutung von Menschen, Land und Eigentum brauchte, um das eigene Vermögen zu mehren? Nur weil die „Ausbeutung" in gut klingenden Handelsabkommen verpackt ist[18], ist sie noch lange nicht fair für alle Partner des Deals. Es ist moderne Ausbeutung *at it's best,* und so ganz ohne verwerflichen Kolonialismus. Wir bewahren uns diese schöne „heile" Welt, da nur wir, als die Eigentümer der Waren und Güter, erhebliche Vorteile daraus ziehen. Das Primat der Globalisierung funktioniert reibungslos, weil die Konsumenten „freiwillig", beeinflusst durch Werbung und Preisdumping, dabei mitmachen. Die heimischen Konsumenten befeuern den unsozialen und verwerflichen Deal mit dem eigenen Kaufverhalten oft unreflektiert, manchmal auch wissentlich. Der Kanon der eigenen Ausreden ist so simpel wie universell: *„Ich alleine kann doch eh nichts daran ändern … und wenn ich könnte, dann würde ich … Woher das kommt, wusste ich gar nicht".*

Für die Verpackungen muss die EU Kommission dringend neue Aufkleber vorschreiben: <*Dieses Qualitätsprodukt haben für Sie Billigstlohnarbeiter aus Tunesien, Marokko und dem Sudan angebaut und geerntet. Manche von den Arbeitern wurden dafür auch gar nicht entlohnt. Unsere Produkte entsprechen den höchsten Anforderungen. Denn Qualität muss nicht teuer sein. Guten Appetit.>*

Fakt ist, wer arm ist, bleibt erfahrungsgemäß arm. Allemal dann, wenn die eigenen Regierenden selbst kein oder kaum Interesse daran haben, das eigene Land zu entwickeln, solange sie selbst und der Familienclan prächtig von der gewährten „Entwicklungshilfe" leben können. Solange sich selbst die Geberländer darum streiten, wer wo geben darf, gibt es keine eigenständige ökonomische oder gar soziale Entwicklung in den Nehmerländern. Die Politik, auch die deutsche, kennt die

---

[18] Siehe das *Economic Partnership Agreement zwischen der EU und Kamerun von 2014.*

Problematik sehr genau, betreibt aber seit Jahrzehnten nur Kosmetik und Brunnenbau.

Der ehemalige Diplomat *Volker Seitz* kritisiert das Geschäft mit der Entwicklung seit langem: *„David Signer schrieb am 18. August 2018 in der NZZ-Online („Entwicklungshilfe ist ein Auslaufmodell"): <Es ist einfacher, Hilfsgelder zu verlangen, als eine funktionierende Wirtschaft aufzubauen. In manchen Ländern gibt es mehr NGO als Firmen. Das ist eine fatale Interessenkonvergenz zwischen Wohlmeinenden und Despoten. Für einen Regenten ist es angenehm, wenn er kein Volk von Steuerzahlern vor sich hat, sondern Vertreter von Organisationen, die froh sind, wenn sie ihre Projekte durchführen können> Und weiter: <Es gibt vielerorts in Afrika, gerade unter Staatschefs, die Tendenz, die Weißen für alle Übel des Kontinents verantwortlich zu machen und sich so aus der Verantwortung zu stehlen. Bezeichnend ist allerdings, dass dabei der Europäer', auch im Verständnis der Bevölkerung, oft ambivalent besetzt ist. Er ist Übeltäter, Kolonialist, Ausbeuter, Unterdrücker, Rassist, aber auch Retter, Heilbringer, Geber, Wohltäter. Diese Widersprüchlichkeit spiegelt sich auch in der Migration, wenn sich Ausreisewillige Europa als Garten Eden vorstellen, zugleich aber einen angeblich allgegenwärtigen Rassismus beklagen.> … Der Kontinent degradierte sich zum ewigen Bittsteller. Die Hilfsgelder haben sich fest etabliert, weil die Schuldgefühle der ehemaligen Kolonialmächte in eine Goldmine internationaler Hilfe umgemünzt werden konnten. Beispiel „Handel": Es ist doch völlig unglaubwürdig, darüber zu reden, ohne zugleich die Handelsprivilegien zu erwähnen, die Amerikaner und Europäer ihnen eingeräumt haben … Die Geldgeber haben nichts getan, um zu verhindern, dass sich einige Länder zu autokratischen und gegenüber sozialen Belangen gleichgültigen Staaten entwickelt haben. Aus meinen vielen Gesprächen, Begegnungen und anderweitig gewonnenen Eindrücken in Afrika weiß ich, dass es immer öfter an Möglichkeiten fehlt, den Zustrom des Geldes sinnvoll einzusetzen. Wir werden mit unserer Übereifrigkeit und dem Zwang, das einmal bewilligte Geld auch ausgeben zu müssen, von Afrikanern nicht ernst genommen … Die Schriftstellerin* <u>Yvonne Adhiambo Owuor</u> *aus Kenia nennt <Entwicklungshelfer mit messianischen Funkeln in den Augen", die „Love-Africa-Typen" und fragt sich „Ist er ein Brunnenbauer? Ein Armutsbekämpfer?> Viele kritische Afrikaner (nur eine kleine Auswahl: Thabo Mbeki, Wole Soyinka, Teju Cole, Andrew Mwenda, Henry Lubega, Dambisa Mojo, Themba Sono) können die Wirklichkeit des Kontinents besser beschreiben als westliche Experten mit angestrengter Sprache und grandiosen Thesen … Gerne wird ihnen das*

*abwertende Etikett „umstritten" oder gar „ideologisch geprägte Programma-
tik" angehängt, weil sie sich gegen Entwicklungshilfe aussprechen. Es gibt
lautstarken Protest – aber nicht gegen die Zustände, sondern gegen die
Ehrlichkeit, die als Munition für Kürzungen im Entwicklungshilfehaushalt
gesehen wird. Welche Rolle spielen schon die Meinungen von Afrikanern,
wenn Weiße beschließen, ihnen zu „helfen"? ... Es sind unbequeme Wahrheiten – nicht zuletzt, weil afrikanische Regime, Entwicklungspolitiker und
die internationale Medienwelt das Elend der Bevölkerung systematisch als
Ressource nutzen. Der kongolesische Schriftsteller und Renaudot-Preisträger
<u>Alain Mabanckou</u> sagte schon im Februar 2009 in einem Interview mit der
französischen Zeitschrift „Jeune Afrique": <Man kann immer mit dem
Finger auf den Westen zeigen, aber wir sind auch für unsere eigenen
Unglücke verantwortlich. Wir suchen immer den westlichen Vermittler, der
die Lösung bringen soll. Ich gehöre zu denen, die zuerst die afrikanischen
Fehler sehen.> Im März 2018 zitiert der Deutschlandfunk James
Shikwati: <Die Hilfe subventioniert indirekt schlechte Politik. Nehmen Sie
zum Beispiel den Kongo oder auch Kenia. Die Konflikte dort werden im
Grunde von den Eliten verursacht, die sich um das Geld aus dem Westen
streiten> ... Und der bereits genannte Venance Konan sagt in einem Interview mit Radio France International am 14. Mai 2018: <Es gibt ein neues
Übel: die Entwicklungshilfe. Wir sind so weit gekommen, dass wir glauben,
nichts ohne Hilfe tun zu können. Nach fünfzig Jahren Unabhängigkeit
können wir nicht einmal eine elektrische Steckdose herstellen. 55 Staaten
bringen es nicht fertig, Geld für den Bau ihres Organisationssitzes (Afrikanische Union) aufzubringen. Es ist Zeit, sich zu erheben>."[19]*

Sale, sale und billig, billig sind die Lieblingsworte der glückli-
chen Teilhaber am Konsum. Noch ein neues T-Shirt und noch
ein paar neue Schuhe, oder irgendein sinnentleerter Krimskrams
für die Handtasche oder das Ikearegal, auch wenn gleichzeitig der
Schrank und die Entsorgungstonnen einer gedanken- und
sorgenlosen Wegwerfgesellschaft bersten.

Man kann das auch in den USA erleben, wenn Hausbesitzer
ihre Vorratslager leeren. Beim *Yard Sale* steht oft so viel auf dem
Rasen, dass man damit eine neue Wohnung ausstatten könnte.
Wenn ein Haus verkauft wird, werden die Kleiderschränke

---

[19] Ebd., *Volker Seitz, Afrika hat genug von seinen Helfern, in: Achgut vom
25.12.2018.*

entleert, damit die künftigen Käufer überhaupt noch den eigentlichen Einbauschrank zwischen dem Wohlstandsmüll erkennen. Dann tauchen plötzlich wieder Klamotten auf, die nie einen Körper berührt haben und noch das Originaletikett tragen.

Wir sind im Alltagsverhalten bereits gedanklich so weit weg vom Nutzen und der Notwendigkeit der Dinge, dass sich schon seit Jahren der Wohlstandsmüll direkt vor den Entsorgungstonnen der Wiederverwertung stapelt, in andere Länder exportiert, oder schlicht illegal in die Meere gekippt wird. Auch beim Essen oder der Verschwendung von Essen gibt es keine Entwarnung, obwohl wir es alle wissen. Das amerikanische 300 g Steak aus Nebraska für € 5.99-, oder die Avocado aus Mexiko, Guatemala oder West-Indien sind jederzeit beim Lieblingsdiscounter zu kaufen. Die Regale und Frischebackstationen werden auch noch 30 Minuten vor Ladenschluss nochmals aufgefüllt, um den Kunden zu ködern. Hauptsache der Konsum ist billig, und in Massen jederzeit verfügbar. Lebensmittelketten und wir selbst werfen täglich Tonnen von Lebensmittel achtlos weg, mit denen ganze Länder durchgefüttert werden könnten. Geschätzte 30% der leicht verderblichen Lebensmittel landen in noch genießbarer Form in der Biotonne oder in den Abfallcontainern der großen Märkte. Nur ein geringer Teil davon wird einem guten Zweck (etwa den „Tafeln") zugeführt.

Es ist kein Allokations- oder Logistikproblem, sondern ein Problem der Überflussproduktion. Wer Ananas einfliegen lässt, kann auch Lebensmittel ausfliegen. Der menschliche Kaufzwang und die latente Angst vor Mangel scheint eine der größten psycho-sozialen Erkrankungen zu sein, der wir noch nicht beigekommen sind. Wir leisten uns den irrationalen Luxus, im Überfluss unterzugehen. Das ist das Lebensbild, das vom Westen vermittelt und vom Internet beflügelt wird, um den vermeintlich anstrebenswerten Glückszustand für die Benachteiligten dieser Welt zu befördern. Warum ist *Facebook*® wohl so beliebt - bei den Warenproduzenten?

Wieso kommen die Menschen aus so vielen Ländern jetzt zu uns? Warum wollen sie Afrika verlassen und nach Deutschland? Bestimmt nicht, weil es bei uns etwas kühler ist. Warum gab es in den vergangenen 150 Jahren mehrere große Auswanderungswellen in die USA? Hauptsächlich aus den Armenhäusern Europas, wo der Bevölkerungsdruck bei limitierten Ressourcen und fehlenden Innovationen ein Ventil suchte oder Hungersnöte aufgrund von Nahrungsmittelknappheit als Auslöser wirkten (vgl. Irland). Wann beginnen wir zu verstehen, zu lernen und es besser zu machen?

Vom Tellerwäscher zum Millionär. Nur ein amerikanisches Modell? Der historische Blick zurück kann bei der Motiverkundung der aktuellen Migrationsströme helfen. Die erste große Auswanderungswelle in das gelobte Land am anderen Ende des Atlantiks speiste sich aus Spaniern, Franzosen, Engländern, Deutschen, Holländern, Schotten. Alleine in der ersten Hälfte des 19. Jhs. übersiedelten nahezu eine halbe Million Deutsche, die nur nach Arbeit und nach einem besseren Leben suchten, in die USA. In der Zeit der großen Hungersnot in Irland kamen in nur vier Jahren, von 1845 – 1849 etwa 2 Millionen Iren in das gelobte Land. Heute feiern die amerikanischen Iren jedes Jahr und voller Stolz das Erbe mit der *St. Patrick's Day Parade*. Millionen von Menschen haben seitdem ihr Glück in den USA gesucht, und Amerika ist nur mit und durch die Einwanderer das geworden, was es heute ist, eine Weltmacht für Produktion, Geld, Erfolg, Leistung und Chaos.

„The pursuit of happiness" („Das [Recht auf das] Streben nach Glück") ist das emotionale Grundgesetz des amerikanischen Traums auf der Suche nach individuellem Glück und Freiheit. Wer kennt das Bild nicht, das für das amerikanische Erfolgsmodell steht: *vom Tellerwäscher zum Millionär*. Dieses Gesetz übt interkulturell und international auf alle Suchenden eine große Anziehung aus. Wenn wir aus der Geschichte etwas lernen sollten, dann, dass alles wiederkehrt, nur manchmal in anderen Farben und Ausprägungen. Amerika hat das grundsätzliche Potenzial des Neuen und der neuen „Glückssucher" schnell erkannt und beides für sich genutzt. Erst 1921 ist das Einwandern mit dem *Emergency Quota Act* und dem *Immigration Act* von 1924 einer Obergrenze unterworfen, die viele Ausnahmen kennt, und zunächst einmal nur zur Eindämmung der ungezügelten Einwanderung aus Süd- und Osteuropa dienen sollte. Amerika hat sich mit den neuen Arbeitskräften arrangiert, kennt aber seit Jahrzehnten auch eine massive illegale Einwanderung.

Mit einem Präsidenten *Trump* werden sich die Einreisebedingungen und die Behandlung der Illegalen nochmals, wahrscheinlich sogar dramatisch, verändern, weil er Fakten und differenzierte Betrachtungen nicht mag.

In Deutschland weiß man es aufgrund der hiesigen Alterspyramide natürlich besser – und will es dennoch erst einmal nur mit den sogenannten *Facharbeitskräften* aus anderen Ländern versuchen. Aber auch das nur halbherzig. Es gibt keinen Masterplan, nur Stückwerk. Ein Einwanderungsgesetz gibt es nicht. Wie immer wollen wir eigentlich nur unter uns bleiben. Die sollen kommen (dürfen), aber einfach machen wir es ihnen dabei nicht, und dann sollten sie am besten wieder (freiwillig) zurückgehen, wenn der Mangel nicht mehr besteht und die Wirtschaft die (einst) preiswerte Arbeitskraft nicht mehr verwerten kann. Die Perfidie in Denken und Handeln der Politik hat Tradition und einen Namen, der Gutes suggeriert, aber Schlechtes erzeugt: *Strukturierte Arbeitsmarktpolitik.*

Einwanderung ist und war niemals ein Problem der Anzahl und der Qualität von Menschen, sondern der Qualität und Dynamik von Allokation und von Organisation und Verwaltung. Eigentlich werden die Deutschen, gerade im Ausland, für diese Fähigkeit international gelobt und geschätzt. Warum klappt es aber dieses Mal nicht? Liegt es an der Blauäugigkeit oder Dreistigkeit, mit der Politik nur vorgibt, immer alles schon irgendwie zu schaffen? Liegt es an einer Fehlabstimmung der jeweiligen landesspezifischen Bildungs- und Beschäftigungspolitik? Haben wir einfach keine ausreichend gut ausgebildeten Manager in den Verwaltungen des Bundes, der Länder und der Kommunen, die ein Masterprojekt dieser Größenordnung wie eine breite Menschenwanderung erfolgreich und möglichst friktionsfrei organisieren können? Haben wir diese Kompetenzen zugleich mit den Menschen in den letzten Jahren aus Gründen der Verwaltungsverschlankung weggespart? Oder sind einfach zu viele und in einem zu kurzen Zeitraum gekommen? Das ist die klassische Rolltreppenproblematik: Ein Stau am Ende der Treppe und Schlimmeres kann nur verhindert werden, wenn stabile seitliche Begrenzungen eingebaut werden, die das chaotische Nachdrängen in kontrollierbare Spuren lenkt. Konnte die Organisation, egal wie gut vorbereitet, aufgrund der schieren Zahl der Migranten, die auf einen Schlag hereinströmten, gar nicht greifen? Dann war der Aufruf der Kanzlerin *oh Kinderlein kommet* aber schlicht fahrlässig und zum Schaden des deutschen Volkes. Hat sie das einfach nur mal so dahingesagt? Oder ist ihr Sagen und Handeln bereits die Manifestation ihres alternativlosen Führungsstils? *ICH entscheide! – Folgt mir ihr Massen!*

Arbeit – Geld – gutes Leben? Das ist der einfache fundamentale Dreiklang, nach dem die ganze Welt funktioniert. Menschen suchen überall auf der Welt ihr Auskommen, ihr Glück und ihre Zukunft. Das ist legitim und niemals verwerflich. Das war es nicht vor 250 oder 120 Jahren in den USA, und es ist mit der Einwanderung in die reichen Länder dieser Welt auch heute nicht anders.

Diejenigen Länder und Machthaber, die selbst über die Jahrhunderte durch Ausbeutung von Menschen und Rohstoffen extrem reich geworden sind, sollten sich genau darüber im Klaren sein, warum sie diesen Reichtum *erarbeiten* konnten, oder welchen Völkern sie die Grundlagen zur eigenen Selbstentwicklung geraubt haben – und das völlig ohne irgendeine Gegenleistung. Heute zahlen wir den Diebstahl aus Gier und Bereicherung mit bescheidener Entwicklungshilfe zurück und freuen uns ob unserer Fürsorge und des großen Mitgefühls, wenn der eine oder andere Spendenmarathon Millionen einsammelt, zwanzig weitere Brunnen gebohrt sind, oder Schulen für Jungs und Mädchen errichtet wurden. Viele hochentwickelte und mächtige Länder sind aber nur reicher geworden, weil sie andere ärmer gemacht haben. Das widerspricht der Idee der Globalisierung, nach der jeder die Güter produziert, bei denen er einen komparativen Vorteil gegenüber den Konkurrenten hat. Aufgrund internationalen und freien Handels erhält jeder Nachfrager sein gewünschtes Produkt zum günstigsten Preis, Transaktionskosten eingerechnet. Dies ist im Lehrbuchmodell kein Nullsummenspiel, weil jeder am Ende besser dasteht als zu Anfang. Leider richtet sich die Wirklichkeit der Weltökonomie nicht immer nach dem Modell. Der Markt ist durch Quasi-Monopole, Oligopole und Kartelle verzerrt, er unterliegt politischen Deformationen, weil einzelne Staaten versuchen, ihre Position durch Zölle, Währungsmanipulationen, Bestechung und politischen Druck zu verbessern. Es gibt Kosten, die nicht im Voraus zu kalkulieren sind, z.B. Abhängigkeiten (Pharmamarkt!), die bei Störungen der Warenströme oder der Produktionsanlagen empfindliche Konsequenzen haben können. Und – es gibt in jedem Land Globalisierungsverlierer, die auf einmal nicht mehr konkurrenzfähig sind. Das ist das zugrunde liegende Dilemma, das nicht jeder Politiker freiwillig diskutiert, weil es für die Menschen im Dreieck aus Arbeit – Geld und Leben in einem enthemmten Kapitalismus kein vorbestimmtes *Happy End* gibt. Schon gar nicht, wenn Hunderttausende von Unqualifizierten einen hochdifferenzierten (deutschen) Arbeitsmarkt fluten werden.

Die aktuelle Politik signalisiert ein leichtfertiges Versprechen auf süße Kuchen und vielleicht auch auf Gerechtigkeit für alle. Warum die *CDU* und die Kanzlerin bisher nichts aus der eigenen Geschichte gelernt haben, ist noch nicht einmal bemerkenswert. Blühende Landschaften für alle und ohne Zusatzkosten (damals sollten keine Steuererhöhungen auf die Wessis zukommen) zu versprechen, wie das Kanzler *Helmut Kohl* getan hatte, war ein kaum zu verantwortendes Versprechen, für das man mit „blühender Phantasie" gesegnet oder immer noch vom „Glück der Geschichte" trunken sein musste. Und doch hat *Helmut Kohl* es getan, und die Kanzlerin verspricht jetzt wieder Unmögliches. Und wenn es offensichtlich nicht so funktioniert wie es versprochen wurde, wird auf die Nachfragen, die nicht gewünscht sind, ungehalten reagiert. Und auf Kritik, die nicht gewollt ist, wird mit massiven Gegenangriffen geantwortet. Ist das die Diskursgesellschaft 2.0? Reden ja, Verständigung nein. Vielleicht macht sich auch deshalb schon ein wenig Panik breit. Ich frage mich immer, wie der Mensch *Merkel* diese Widersprüche seelisch aushält? Agiert sie nicht gerade wie die humanoiden Politikroboter der alten *SED*?

Wenn Politik nicht das leistet, womit sie vor jeder Wahl mit großen Worten antritt, ist der Widerspruch die logische Folge, der dann in Ablehnung und Missmut umschlagen kann, wenn die Bürger nicht gehört werden. Bei *Trump* war das so, in Deutschland und in jedem Land dieser Welt ist das so. Und natürlich melden sich nicht nur Kritiker und machen konstruktive Vorschläge oder formulieren Widerspruch, auch Nörgler ohne Plan und Vorschlag melden sich zu Wort. Bislang konnte man getrost die letztere Gruppe ignorieren. Jetzt geht es nicht mehr, weil sich die Rahmenbedingungen von Politik mit der Wahl dramatisch verändert haben. Es ist sichtbar, dass die Entscheider damit überfordert sind. Auf wen reagieren die gescholtenen Politiker jetzt allergisch? Kann es sein, dass die politischen Akteure einfach nicht mehr registrieren (wollen), dass Bürger am politischen Alltag und an Entscheidungen mehr und direkter als nur durch eine Wahl alle vier oder fünf Jahre beteiligt sein wollen? Liegt der Irritation der Politik über dieses Verhalten das Missverständnis zugrunde, über das Wohl und Wehe der Nation als gewählte Repräsentanten alleine entscheiden zu dürfen? Dass die Bürger sich zu Wort melden ist verständlich, weil ihnen keine Lösungen, sondern wieder einmal nur Absichtserklärungen und schöne Worte geboten werden. Die Ostdeutschen erinnern sich sofort an die uneingelösten Versprechungen von den blühenden Landschaften und melden sich zu Wort. Ergebnis: neue Montagsdemonstrationen. Ist dieses Phänomen nicht genau das Gegenteil von der angeblichen Politikverdrossenheit?

Möglicherweise wünschen sich die Bürger immer schon ein Mehr an Mitwirkung? Oder wollen Sie eher ihre Ruhe, solange sie meinen, dass es einigermaßen gut läuft? Ist nicht davon auszugehen, dass im kollektiven Wissenspool ein besseres Handlungswissen verborgen ist, um Lösungswege einzuschlagen, die in der Praxis besser funktionieren? Genau darin liegt aber eine Gefahr für die Politik, die die alleinige Deutungshoheit beansprucht, sie aber nicht alleine verdient. Denn einerseits sind das zumeist andere Lösungen als jene, die die lobbydominierte Politik anbietet, und andererseits sind die Entscheidungen der Masse oft nicht von Weisheit und Weitsicht getragen. Ganz im Gegenteil. Herdenintelligenz erzielt nur unter besonderen Bedingungen bessere Ergebnisse als die Intelligenz des Einzelnen. Ein Agglomerat unverbundener Individuen hat bereits aus statistischen Gründen eine bessere Chance, ein Problem zu lösen als jedes einzelne Individuum dieses Agglomerats. Die Schaffung von Kommunikationsmöglichkeiten ohne physische Interaktion zwischen den Individuen vergrößert die Problemlösungsfähigkeit noch einmal. Sobald Gefühle, Furcht, Hass, Panik hinzukommen und die Herde als physisch verbundene Gruppe agiert, ist es aus mit der Intelligenz der Herde, dann regiert nicht mehr das Gehirn, sondern das endokrine System.

Unabhängig davon stellt sich die Frage, ob ein partizipatives Mitwirken vieler überhaupt von der Politik gewollt ist. Dem machtverwöhnten Politiker jeder Couleur dämmert es schon lange, dass das stetige Anwachsen von Wissen und Bildung kontraproduktiv für die eigene qualifikations- und wissensarme Karriere ist. Auch das könnte eine Erklärung sein, warum es z.b. mit der Bildungspolitik nicht richtig vorangeht. Selbst der Bedarf an Lehrern kann offenbar nicht rechtzeitig und korrekt ermittelt werden, obwohl man jeden beliebigen Personalplaner in jedem beliebigen Unternehmen fragen könnte, welche Techniken zur Nachfrageberechnung verfügbar sind.

Die Politik befindet sich in einem klassischen Dilemma. Es müssten sofort alle erforderlichen Maßnahmen ergriffen werden, um die sozialen Verwerfungen und die schon sichtbaren größeren Risse in der Gesellschaft zu schließen. Eigentlich müsste man die Politiker fragen, warum sie nicht längst in dieser Richtung tätig geworden sind. Wenn die Politik nicht proaktiv auf das Partizipationsbegehren reagiert, wird sich die Frustration jener Bürger erhöhen, denen nicht alles egal ist und das reale soziale Leben weit mehr wert ist als die virtuelle Teilhabe an der *Facebook®*- und *Twitter®*-Wirklichkeit. Gleichzeitig will aber die Politik die alten und vermeintlich bewährten Regeln der Entscheidungshoheit nicht aufgeben, weil damit die Machtfrage verbunden ist. Wenn die Politik das Angebot der konstruktiven Kritik nicht wahrnimmt, oder gar ablehnt, kann die Stimmung schnell kippen. Aus dem *guten* Angebot werden dann schnell Vorwürfe, Unterstellungen, Vor-Urteile und Frustration: *Die da oben machen, was sie wollen.* Wenn sich das Empfinden, *abgehängt zu werden* oder nicht (mehr) gehört zu werden, verstetigt, oder die Überzeugung, etwas zu Unrecht weggenommen zu bekommen, wenn sich Drogenhändler dort breitmachen dürfen, wo Kinder spielen, z.B. im *Görlitzer Park* in Berlin, wenn Familienclans ihre eigene Rechtsprechung praktizieren können, wenn sich Arbeit nicht mehr lohnt, wenn Reiche immer reicher und Arme immer ärmer werden und kaum einer der Politiker noch richtig hinschaut, dann könnte es mit der Zustimmung durch das Wahlvolk eng werden. Dann wird an den Grundpfeilern des gesellschaftlichen Zusammenlebens gerüttelt, die auf dem Vertrauen und der Überzeugung der Bürger errichtet wurden, dass die Politik für deren Standfestigkeit und Stabilität garantiert. Das ist der einzige Grund, warum Menschen in der Demokratie die Macht – per Wahl – an wenige auf Zeit abgeben. Wenn das Versprechen des Staates auf ein gutes Leben und

Sicherheit an Leib und Leben nicht mehr eingelöst wird, verspielt Politik fahrlässig den demokratischen Auftrag, und Heilsbringer jeder Couleur haben (wieder) eine Chance, es neu zu richten. Ein „Verstehen" allein genügt aber nicht. Man muss *richtig* verstehen und dann *methodisch* strukturiert, pragmatisch und nachhaltig handeln (siehe zur Methodik des Verstehens Ausführungen in Band 2). Soll also Politik auf das (klagende) Volk hören und das politische Handeln nach Befindlichkeiten und Bedürfnissen ausrichten?

Partizipatorisches Begehren und die Einbeziehung des Bürgerwillens sind keine neuen Phänome. Wir wissen alle, dass die Schweiz mit Volksabstimmungen seit Ende des 13. Jhs. mal gute, mal weniger gute Erfolge beim gesellschaftlich-politischen Lösungsfindungs- und Entscheidungsprozess vorweist. Und *rechts* gedrehte Politiker gibt es in der Schweiz nicht wenige. Nahezu alle Politiker finden fast unisono und reihum immer wieder gute und weniger gute, arrogante und manchmal auch kluge Gründe dafür, warum wir es den Schweizern überhaupt nicht nachmachen sollten. Vielleicht ist ein kurzes Innehalten angebracht. Vielleicht geht es ja bei diesem basisdemokratischen Modell primär nur um die *Möglichkeit* einer realen gesellschaftlichen Mitwirkung, also um die *Potenzialität* der Entscheidungsteilhabe, und nicht um die Abschaffung des Parlamentarismus? Vielleicht ist auch das *plebiszitäre Modell* der Politikmitgestaltung nicht die Krone der Schöpfung politischer Kultur und des gesellschaftlich Machbaren? Aber es scheint bislang eines der besten Modelle zu sein, auch wenn es zahlreiche Hintertürchen der Infiltration des „Bösen" hat, durch die auch Demokratieverweigerer eindringen könnten. Die Gefahr liegt, wie bei jedem Gesellschaftsmodell, in der Möglichkeit und Gefahr einer Verhärtung des Systemischen. Angesichts der sichtbaren Auflösungen des Gewohnten und der immer breiteren Abwendung vom Standardangebot bis hin zu populistischen Versprechen auf individuelles Glück und Reichtum ist eine Flexibilisierung des Standards nicht nur eine sinnvolle Erweiterung, sondern eine essenzielle Voraussetzung für den Fortbestand jedes demokratischen Systems. Dynamik statt Stillstand. Dazu gehört auch die Dynamisierung der Mitwirkung im öffentlichen Raum. Aktive Mitwirkung ist immer ein Stück harter Alltagsarbeit und frisst gewaltig an den persönlichen Zeitkonten, die der Einzelne dafür zu reservieren gewillt ist. Und auch nur 50% der Schweizer nehmen sich diese Zeit dafür. Aber sie tun es wenigsten, während die „Standardpolitiker" hierzulande sich der Mitgestaltung aus Gründen des eigenen Machterhalts zumeist versagen (siehe dazu Ausführungen in Band 2).

Sorry, der Lieferservice für gute Lösungen ist gerade eingestellt. Bei Wahlen messen die Statistiker seit Jahrzehnten stetig sinkende Beteiligungsraten. Seit 1976 wählen immer weniger Menschen und die vorläufigen Tiefststände wurden 1990 und 2006 erreicht (vgl. *zahlen und fakten bundestagswahlen, www.bpb.de*). Was aber steigt, ist der Anteil der „Nicht-Wähler", die, wenn Nicht-Wähler eine Partei wären, 2017 mit 23,8% als zweitstärkste Fraktion in den Bundestag eingezogen wären[20]. Ist es dem Einzelnen also egal, ob gewählt wird, und insbesondere wer gewählt wird? Ist das Statement *„Es ändert sich doch eh nichts"*, nur verbaler Frust oder schon die Objektivation der inneren Abkehr?

Die Relativität bei der Auswahl der Protagonisten scheint zumindest dem Souverän bewusst zu sein, etwas, worüber nicht wenige unserer Politiker aber erst dann nachdenken, wenn die Zustimmungsraten dramatisch sinken und der Jobverlust droht. Der drohende Jobverlust ist der entscheidende Faktor, um über die Gründe sinkender Zustimmungswerte nachzudenken. Erst dann reagieren die vom Machtverlust Betroffenen ebenso schnell wie dramatisch, leider oft mit Bedrohungsszenarien und nicht mit kluger Flexibilität. Sie reagieren darauf mitunter mit Einsicht, wie *Seehofer*, aber normalerweise nicht mit dem persönlichen Rückzug aus dem politischen Geschäft. Mitnichten. Ignoranz, Ablenkung und Verhöhnung sind des strahlenden Ritters scharfes Schwert: *Achtung Bürger, aufgepasst! Die anderen sind rechts oder links, oder radikal, allemal populistisch und damit undemokratisch. Bleibt bei mir!* Je nachdem, woher die Bedrohung gerade zu kommen scheint, oder wer sich latent bedroht fühlt, wer die Neuen wählt, wählt den Untergang, schallt es aus allen Parteizentralen, sekundiert von den Medien und bei jeder Gelegenheit und jeden Tag, rund um die Uhr - 24/7. Und wenn das aufrichtige Wehklagen nicht ausreicht, werden die *Neuen* mit größeren Geschützen beschossen. Die persönliche Diffamierung und Unterstellungen à la *Fake*

---

[20] *Adrian Arab, Das „ehrliche" Wahlergebnis der Bundestagswahl; in „Welt" vom 24.09.17.*

News sind dabei noch die kleineren Kaliber. Dass der eigene Lieferservice guter Lösungen für drängende Probleme in der Zwischenzeit längst eingestellt wurde, versteht sich von selbst. Das ist eine menschliche, allzu bekannte Verhaltensweise, wenn das vermeintlich Wahre und Eigene, die sorgsam eingerammten Sicherungspflöcke, wackeln und die eigene Lebenswelt und Zukunft bedroht ist.

Haben *Bündnis 90/DIE GRÜNEN* und die *Linken* schon wieder vergessen, wie sie seinerzeit von den etablierten Parteien im Parlament, teilweise mit grober Häme empfangen wurden? Die Bündnisgrünen werden im Januar 2020 ihr 40-jähriges Bestehen feiern. Ist das die Zeitspanne für das politische Erinnern? Wenn auf keinen Fall ein Abgeordneter der *AfD* zum Vize-Präsidenten des Bundestages gewählt werden darf, entspricht dies durchaus der bisher gelebten Tradition unserer Parlamentarier im Umgang mit dem Neuen, allemal, wenn es als „Betriebsunfall" der Demokratie gesehen wird. Bei Unfällen gibt es Ersthelfer und eine entsprechende „Behandlung". Die ehemalige „Turnschuhpartei" von *Fischer* und Kollegen hätte sich das sicherlich nicht gefallen lassen. Ist das ein Beispiel für die Verweigerung aus moralisch besseren Gründen, die damit zugleich selbst das opfert, was sie zu bewahren per Eid geschworen hat? Oder ist das nur gelebte Panik über den Wahlerfolg der *AfD*? Hat der Parlamentarismus in Deutschland doch nicht so stabile Wurzeln, dass gute demokratische Gepflogenheiten für die Schmuddelkinder einfach über Bord geworfen werden? Wo ist der Mut der Demokraten in rauer See? Hält die deutsche Demokratie Widerspruch und Abweichung nicht mehr aus? Gute Gepflogenheiten erwachsen aus historischer Erfahrung.

Für den gewollten Dezentralismus und für die neuen Regierungen und Behörden der neuen Bundesländer der Nachkriegszeit wurden viele, viele Experten und Eliten gebraucht. Woher sollten die kommen, wenn nicht aus den alten Behörden, Schulen, Vereinen, Wirtschaftsunternehmen? Hierfür gibt es historische Parallelen im Umgang mit den Funktionseliten des „Dritten Reiches" in der unmittelbaren Nachkriegszeit. Die rechte Hand *Adenauers*, Staatssekretär *Globke*[21], war nur ein Beispiel unter

---

[21] Jurist *Globke* war einer der Mitautoren der Nürnberger Rassegesetze von 1935. Machtmensch *Adenauer* hatte keine Probleme bei der

vielen. Aus heutiger Sicht ein nicht sehr überzeugender Start des Modells *„Demokratie Deutschland"*. Aber wäre es auch anders möglich gewesen, das Land wieder aufzubauen? Nach dem Kaiserreich, zwei brutalen Weltkriegen und den Verbrechen des Naziverbrecherpacks? Andererseits, Stalin hatte kein Problem mit dem „Austausch" der alten militärischen (aber nicht nur dieser) Funktionselite der sowjetischen Armee durch Liquidation eines Großteils des alten Offizierskorps noch kurz vor Beginn des 2. Weltkriegs – und er hat den Krieg dennoch (vermutlich aber zu einem höheren Preis) gewonnen. Was Deutschland angeht, so waren die positiven Erfahrungen mit der *Weimarer Republik* möglicherweise viel zu kurz, um den demokratischen Keim tief in der kollektiven Gehorsamsseele der Menschen zu verankern. Es gab nach 1945 nicht nur einen Mangel an Grundnahrungsmitteln, Wohnungen, Gebrauchsgütern und Brennstoffen, sondern auch an waschechten Demokraten. Selbst die Attentäter des 20. Juli 1944 um Oberst *Graf von Stauffenberg* galten noch bis in die 60er Jahre bei nicht wenigen Deutschen als „Landesverräter". Dass man nach so langer Zeit die eigenen historischen Sünden schon mal vergessen kann, wenn es ums Abwatschen der Neuen geht, liegt im Normalbereich des von Menschen gemachten Politischen. Es ist ethisch nicht aufrichtig, aber menschlich durchaus nachvollziehbar, dass Täter und Mitläufer gleichermaßen an einer sauberen Vergangenheit stricken. Hinsichtlich der Stabilität der Demokratie und des Vertrauens der Bürger in die Aufrichtigkeit der Politik könnte dieses „Normal"-Verhalten dem Land aber noch großen Schaden zufügen. Die Sünden nur zu beichten, reicht heute nicht aus. Sich selbst zu reinigen, ist *nur* eine Variante von Ablenkung von der eigenen Vergangenheit.

Partizipation – oder so *weitermachen wie bisher*? Empfindet die Politik das Begehren des Bürgers, bei komplexen oder systemischen Geltungs- und Gestaltungsfragen sich mitzuteilen oder teilzuhaben, als Arroganz des Bürgers, es besser zu wissen? Oder sieht die Politik in solchem Begehren bereits den politischen

---

„Aufarbeitung" der Nazi-Verbrechen und leistete sich im Stile der alten Herrschenden massive Diffamierungen gegen *Willy Brandt (Herr Brandt alias Frahm, seine uneheliche Herkunft)*. Die Kritiker haben seine Äußerungen als schlicht abgrundtief *böse* bezeichnet.

Kontrollverlust, ein Misstrauensvotum, möglicherweise sogar den Beginn des eigenen Bedeutungsverlusts?

Ist es berechtigt zu vermuten, dass dieses Bürgerverhalten bereits einen ersten Schritt hin zum Verlust des universalen politischen Machtanspruchs beschreibt? Fragt sich der Wähler vielleicht: Haben wir letztendlich mit viel Aufwand nur autokratische Herrscher gegen demokratische „Fürsten" eingetauscht und sollen uns alle vier Jahre darüber freuen? Und warum wird jetzt gerade von der gleichen verunsicherten Politik die Verlängerung der Legislaturperiode von vier auf fünf Jahre ins Spiel gebracht? *„Das würde der Komplexität vieler Gesetze gerecht, und es wären sinnvolle Nachsteuerungen noch vor der nächsten Wahl möglich."*, erklärt uns der *SPD*-Mann und Ex-Richter *Thomas Oppermann*. Für den Juristen ist das ein Sachargument. Und auch alle anderen Parteien sind sich darin einig. Es ist ein gemeinsames Ziel – nämlich weiterhin an der Macht zu bleiben. Bei den offenbar wirklich wichtigen Dingen – zumindest aus Sicht der Politik - scheinen sich Regierung und Opposition einig zu sein. 2021 soll es so kommen. Nach dieser Wahl gilt das Argument von einer angeblichen Politikverdrossenheit dann wohl nicht mehr?

Die Zahlen zur Wählerwanderung sind deutlich. Wer die „Stimmung" im Wahlvolk nicht „versteht", erhält die Quittung dafür. Die *SPD* stürzt nach der Wahl 2017 bei einer Wahlbeteiligung von 75,6% auf blamable 15,6% ab. Da mehr Wähler als 2013 abgestimmt haben, ist davon auszugehen, dass es immer mehr Bürgern reicht. Warten wir darauf, dass die Panik unter den *„SPD-Granden"* bald ausbricht. Nach den neuesten Studien zum Wahlverhalten der jungen Menschen können die Etablierten nur froh sein, dass die 16-18-Jährigen noch nicht wählen durften. Sonst wäre die *rote* Karte für die Parteien noch viel deutlicher ausgefallen. Allerdings hätte die *AfD* nur wenige Stimmen von den Jungwählern bekommen.

Das deutsche Politikmodell ist der historisch nachvollziehbare Schutzwall gegen die offensichtliche Anfälligkeit und die Sehnsucht der Deutschen nach falschen Führern. Aber Menschen ändern sich, Gesellschaften sind dynamisch und nicht statisch. Und wer die Starrheit zum Funktionsprinzip erhebt, ist für die Risse verantwortlich, die mit der Systemwahl selbst verursacht werden. Palmen, die sehr hoch gewachsen sind, weiß man aus Erfahrung, trotzen jedem Sturm, weil sie sich biegen. Könnte man unsere Gesellschaft nach diesem Muster so verändern, dass sie den Stürmen, denen auch die Demokratie ausgesetzt ist, besser trotzen kann?

Es gibt Problemfelder, bei denen sollte der Bürger (und Wähler) mitentscheiden, zumindest am Entscheidungsprozess zwingend mitwirken können. Zum Beispiel bei der Ansiedelung von Gewerbegebieten in Naturschutzzonen, beim Straßenbau, bei der Privatisierung öffentlichen Eigentums (z. B. von Sozialwohnungen), bei Kindergärten, bei kommunalen Krankenhäusern, beim Pflegeschlüssel (den es 2018 noch nicht gibt), u.v.a.m. Das alles sind Vorhaben, die die grundlegenden Bedürfnisse der Menschen betreffen, oft räumlich und zeitlich überschaubar sind, und bei denen die beteiligten Akteure feststehen. Hier müssen sich die Bürger einbringen, um den Gestaltungs- und Entscheidungsprozess vor Ort zu beeinflussen und ein aktives Controlling zu übernehmen. Schließlich geht es um das Geld der Bürger. Öffentliches Geld heißt nicht, dass es einer Partei oder einem Bürgermeister zusteht, der damit großzügig und zum eigenen Vorteil umzugehen weiß. Nachdem der OB Düsseldorfs, *Joachim Erwin (CDU)* ab 2001 das Tafelsilber der Stadt, die Stadtwerke, scheibchenweise an den Energiekonzern *EnBW* veräußerte, konnte er sich als Sanierer der hoch verschuldeten Landeshauptstadt am Rhein feiern lassen. In der Zwischenzeit sind die Gebühren natürlich wieder gestiegen, um den Rückkauf zu refinanzieren. Denn jetzt will die Stadt die Stadtwerke wiederhaben. Wieder mit dem Geld der Steuerzahler. Oder hat der seit 2018 regierende *OB Geisel (SPD)* bessere Ideen? Aber gefragt werden wir sicherlich wieder nicht, weil *de jure* nur die Stadtverordneten zustimmen müssen. Ähnliches droht uns Bürgern jetzt mit den Autobahnen. Der Steuerbürger *zahlt* den Bau der Fernstraßen und soll jetzt für deren Nutzung noch einmal extra zahlen. Zumindest wenn es nach der *CSU* und ihren „kruden" Mautplänen geht. Würden Industriemanager so ihre Arbeit machen, wären die Gerichte mit entsprechenden Schadensersatzprozessen gegen die Manager wahrscheinlich auf Jahre hinaus überlastet.

Partizipation als Programm der aktiven politischen Aus- und Weiterbildung geht in zwei Richtungen. Erstens lernen die Menschen, wie praktische Politik funktioniert, und zweitens verringert die öffentliche Beteiligung und Kontrolle die Zahl der Schlupflöcher, die den Boden für die hemmungslose öffentliche Geld-verschwendung bilden. So oder ähnlich passiert das bereits auf kommunaler Ebene in vielfacher Weise, in sogenannten „Bürger-initiativen" – teilweise angestoßen von der Kommunalpolitik selbst. Auf Bundesebene begegnet die Politik einer aktiven Bürgerbeteiligung eher zurückhaltend. Manche Politiker sollten vielleicht wieder die Schulbank drücken und nochmals lernen müssen, was Demokratie in der Praxis bedeutet. Denn Demokra-tie ist das Gesellschaftsmodell, bei dem dem Einzelnen klar sein muss, dass auch der konkurrierende Andere zwar andere persön-liche Ansprüche, aber die gleichen Rechte hat. In der Wirtschaft praktizieren wir diese *Ausgleichstechnik* jeden Tag, weil sie für alle Beteiligten einen großen Nutzen hat. Sie korrespondiert mit unserem intuitiven Verständnis nach der Wechselseitigkeit der Werte und dem Verständnis einer universellen Fairness. Die Partizipation im Rahmen betrieblicher Prozesse, z. B. in Form der betrieblichen Mitbestimmung, gilt als ein hohes und modernes Gut entwickelter Ökonomien. Das hat gute Gründe, und gilt selbst angesichts der viel beschworenen Alternativlosigkeit einer angeblich unabdingbaren Flexibilität von Arbeitskraft, Arbeits-prozessen, Arbeitszeiten und Entlohnung.

Warum werden im betrieblichen Alltag Teamprozesse geför-dert und nicht der Egoismus des Einzelnen? Weil es der (wissen-schaftlichen) Erkenntnis oder der Erfahrung folgt, dass Team-prozesse qualitativ hochwertige Ergebnisse (er)schaffen können.[22] Zudem steigen die Motivation in der Arbeitsausfüh-rung und damit die Qualität der Arbeitsergebnisse selbst – wenn-gleich man mitunter immer noch den Eindruck haben könnte, dass mit Blick auf die betrieblichen Hierarchien diese Erkenntnis

---

[22] Teamarbeit war lange eine Modeströmung in der Managementtheorie. Inzwischen ist die Euphorie etwas abgeklungen. Der „Mythos der Teamarbeit" ist dabei zu verblassen. Es hängt vom Typus der Aufgabe ab, ob ein Team oder eher ein Einzelkämpfer im Vorteil ist (vgl. *Hanna Drimalla & Matthias Schwoerer, Gemeinsam sind wir schwach*, in: Bild der Wissenschaft 3 (2012), 86-90). Auch in der Wissenschaft wurden die größten Durchbrüche bisher zumeist von Einzelnen erreicht (vgl. *Kerstin Bund & Marcus Rohwedder, Leiser, bitte!* in: DIE ZEIT, 28.11.2019, Nr. 49, S. 23-24.)

noch nicht weit nach oben durchgedrungen ist. Manische Egoisten und selbstverliebte Schauspieler führen nicht selten größte Unternehmen und treffen Entscheidungen, die der simplen Gewinnmaximierung und den Aktionären dienen, und nicht oder erst in zweiter oder dritter Linie dem Wohle der Mitarbeiter. Natürlich setzt letzteres voraus, dass sich das Unternehmen am Markt gut behauptet. Es nutzt nichts, Wohltaten zu verteilen, die dem Unternehmen nur Kosten verursachen, aber es ist erwiesen, dass zufriedenere Mitarbeiter bessere Arbeitsleistungen erbringen. Es geht um das Optimum, nicht um das Maximum. Betriebswirtschaftlich ist es rational, Investitionen in diesem Bereich solange zu tätigen, wie der Grenznutzen positiv bleibt.

Dass weniger Frauen im Topmanagement und in der Politik sind, liegt nach wie vor am Charakter und dem Korpsgeist dieser Top-Entscheider und nicht an fehlender Kompetenz der Frauen. Die Politik kopiert die Wirtschaft. Im Jahre 2019 liegt der Frauenanteil aller Abgeordneten bei 30,9% im Bundesparlament. In den Fraktionen sind es von 11 bis 58 Prozent, aber der Anteil ist, im Vergleich zum letzten Parlament, um 7 Prozentpunkte zurückgegangen *(Frauenanteile in Parlamente – Zahlen und Fakten; in: www.frauen-macht-politik.de)*. Andererseits entspricht der geringere Frauenanteil in den Parlamenten dem geringeren Frauenanteil bei den Mitgliedern der politischen Parteien, in deren Delegiertenversammlungen auch die Kandidaten für die Bundestagswahl bestimmt werden. Insofern hätten es die Frauen selbst in der Hand, ihren Anteil zu vergrößern – wenn sie es denn wollten und bereit wären, in die Parteien einzutreten, an den Versammlungen teilzunehmen, sich aufstellen und wählen zu lassen und dann die Kosten und Mühen der „Ochsentour" nach oben auf sich zu nehmen.

Partizipation ist immer zuerst eine, vielleicht sogar *die* Frage nach der Verteilung von Macht, und vice versa. Entscheidend sind die Organisationsformen und Rahmenbedingungen, unter denen politische Macht ausgeübt wird. Das deutsche Mitbestimmungsmodell führt vor allem zur Machterweiterung der starken Gewerkschaften, die dann – siehe VW oder Porsche – mit den Vorständen gegen entsprechende Gratifikationen auf Augenhöhe kuscheln dürfen.

Da sich der Wandel nicht mit parteilichen Ideologien oder Gewohnheiten aufhalten lässt, ist die Verweigerung der Partizipation für die Demokratie als Gesellschaftsform eines idealtypischen gerechten Zusammenlebens gefährlich. Starrheit, Eigensinn und Gewohnheitsverhalten sind immer die sichtbaren Vorboten kommender Veränderung ohne eigene Steuerungsmöglichkeit. Bleibt kein Raum zur Entfaltung der allen Systemen innewohnenden systemischen Flexibilität, verliert das System seine Dynamik und degeneriert.

So erschreckend die Öffnung der Diskurs- und Entscheidungswege für einige Politiker erscheinen mag, die Vorteile für die Stabilität des Systems liegen auf der Hand. Jetzt ist die Zeit, das 70 Jahre alte deutsche Demokratiemodell zu modernisieren. Die Menschen sind zum überwiegenden hoch gebildet und stehen zu ihrem Politikmodell, sie können Recht von Unrecht unterscheiden und möchten keinen Clan- oder Verbrecherstaat. Die Gestaltung der Zukunft ist auch bei den Jungen schon gut aufgehoben, wenn sie aktiv und besser mitgestalten dürfen, viel mehr, als das bereits geschieht. Wer das verweigert, ist mitverantwortlich für die Ergebnisse und Verwerfungen, die nicht erst jetzt mit Erstaunen entdeckt und beklagt werden. *Macron* denkt gerade darüber nach, warum er nicht sofort intensiv auf seine Freunde gehört hat, als der Sturm der *Gelbwesten* losbrach. Jetzt muss er von Gemeinde zu Gemeinde tingeln, um sich zu erklären und neue Versprechungen zu machen, die er nicht halten kann. Aber Frankreich ist nicht Deutschland.

Und jetzt auf Schwäbisch: *Händi koi Luscht mehr?* Wie schon erwähnt. Der „gemeine" (*normale*) Bürger will gar nicht alles entscheiden oder mitentscheiden, weil er als *Typus Bürger* dazu viel zu bequem ist, und einfach keine Lust zur Mitarbeit hat. Eigentlich will er nur dort mitmischen, wo der Erfolg sofort für ihn persönlich greifbar ist und es von anderen machen lassen, wenn es für ihn zu aufwendig und zu zeitintensiv ist. Selbst die Generation, deren Hände seit Jahren fest mit dem *cellphone* (dt. Handy) verwachsen sind, wird sofort mitmachen, wenn sie dazu ihr geliebtes Spielzeug benutzen darf. Das ist ein weiteres Argument für mehr Digitalisierung. Partizipation ist spiegelbildlich immer durch einen potenziellen generellen Nutzen oder durch einen persönlichen Vorteil des Einzelnen motiviert. Das ist auch der Fall in jeder anderen Organisation, insbesondere in Unternehmen und in Parteien. Das ist ein Effekt, der in der ökonomischen Theorie der Demokratie (*Rational Choice*-Theorie) schon länger bekannt ist. Also, was wir machen, oder was opportun ist, muss, bei möglichst geringem persönlichen Einsatz, viel bringen. Ökonomisch gesprochen: der Grenznutzen muss positiv sein. Das ist das klassische Verhalten des *homo rationalis*. Die Politik hat über die Jahre nicht nur dazu das immer gleiche Drehbuch zur maximalen Effizienz geschrieben, sondern auch die Rollen klar verteilt.

Politik wird seit Jahren entpolitisiert und dem Primat des Wirtschaftlichkeitsprinzips untergeordnet, also dem Bestreben, mit möglichst geringem Aufwand den höchsten Ertrag zu generieren. Mal ehrlich, das ist doch *just boring* (zutiefs langweilig)! Wo bleibt hier die mediale Komponente? Politik soll nicht nur die Organisationsprobleme einer Gesellschaft effektiv und effizient lösen. Der Bürger will auch unterhalten werden. Und in dieser Hinsicht ist der Dauerbrenner *Lindenstraße* viel interessanter. Dort werden sogar die Personen mitunter ausgetauscht und müssen die Serie verlassen, weil sie zur Story substanziell nichts mehr beitragen, oder dem Publikum schlicht auf die Nerven gehen. In der langweiligen „Politikshow" ist der Bürger dagegen längst zum Statisten der politischen Show der Parteien degradiert und seine Rolle ist übersichtlich definiert. Der politische Entscheidungsprozess ist zu einer unendlichen Posse verkommen. Wir sitzen dabei, schauen uns das Stück an und klatschen, wenn es gefällt. Und oft gefällt es schon deshalb, weil wir die Story, die Akteure und auch die als neue Lösungsmuster aufgetischten *alten* Lösungsvorschläge wiedererkennen.

Unser Gehirn belohnt die Wiedererkennung mit der Ausschüttung von *Serotonin*, quasi als Belohnung dafür, dass wir unser Gehirn nicht mit etwas Neuem belasten. Denn jede Neubelastung geht gleichzeitig immer einher mit einem hohen Energieverbrauch. Aber das kognitive System hält immer auch nach wohldosiert Neuem Ausschau, denn ein zu viel an *Redundanz* (gleichförmige Wiederholung) bedeutet Langeweile. Das gilt, sagen Forscher, auch für Tiere, scheint also genetisch verwurzelt zu sein. Politisch betrachtet, kann Neues Gefahr, aber auch Chance bedeuten.

In unserer Gesellschaft kann die Suche nach Neuem offenbar bei vielen durch bloßen Nervenkitzel befriedigt werden, der aber die Menschen letztlich unzufrieden zurücklässt und deshalb immer mehr gesteigert werden muss. Dennoch tut jede berechenbare Normalität der ängstlichen Seele gut. Leider wird der, der nichts tut, nicht nur träge, sondern auch dumm. Neurowissenschaftler empfehlen daher dringend, das Gehirn zumeist auf „Betriebstemperatur" zu halten. Das Gehirn braucht aber auch Mußestunden, um das Erlebte (neu) einzuordnen und mit dem gewohnten Denkmuster abzugleichen. Das zumindest haben viele Politiker offenbar sofort verstanden.

Partizipation ist erst einmal Mitreden. Letztendlich wollen wir immer, auch so eine menschliche Eigenart, mitreden und mitentscheiden. Und das, auch so eine Eigenart des zutiefst Menschlichen, immer ohne eigene Verantwortungsübernahme. Wir haben schätzungsweise 40 Millionen Fußballnationaltrainer, Besserwisser der Politik- und Polizeiarbeit und Mitklatscher in allen Talkshows, wenn die richtigen Begriffe an der richtigen Stelle fallen. Und das selbst bei direkter Publikumsbeschimpfung. Klatschen ist dann eine Art von Erlösungs- oder Übersprunghandlung aufgrund des Erkennens der Alternativlosigkeit des eigenen Daseins.

Wird keine Rettungsgasse auf Autobahnen freigehalten, regelt das der Staat. Wenn Einzelne das Telefonieren während des Autofahrens und das Rasen für einen Akt des freien Geistes mit möglicher Todesfolge halten, regelt das der Staat.[23] Wenn Müll unberechtigt auf die Straße gestellt oder in den Wald gekippt wird, regelt das der Staat. Und wenn wir weiterhin den Opfern, die zusammengeprügelt werden, Hilfe verweigern, und uns stattdessen mehr Sorgen um die mögliche Falschbehandlung der Täter (auch denen mit Migrationshintergrund) machen, dann regelt das auch der Staat. Und das scheint gut so und entspricht unserem Verständnis von rechtsstaatlicher Ordnung in einem sozialen

---

[23] Die Schweizer machen das übrigens selbst und aus einer einfachen Begründung heraus. <*Während die Deutschen jeden Morgen mindesten zwei Autofahrer auf die Autobahnen schicken, die dann mit möglichst hohem Tempo für das Ideal der Tempofreiheit mit ihrem Zusammenstoß und dem eigenen Tod demonstrieren, machen wir Schweizer das völlig anders…*>, sagt die Schweizer *Satirikerin Hazel Brugger* sinngemäß, <*wir fahren alle maximal 120 Std./km. Wir haben schlicht nicht so viel Personal*> (paraphrasiert durch den Autor).

Gemeinwesen. Aber es entlastet den einzelnen Bürger vom Mitdenken und vom aktiven Gestalten des Alltags und von der persönlichen Verantwortungsübernahme. Und im letzten Beispiel erzeugt es sogar prompt ein tiefes Unverständnis und erhebliche Zweifel an gerade dem, was wir zu schützen vorgeben, nämlich die Rechtsstaatlichkeit.

Diese wird auch vom Bürger zuweilen falsch verstanden, wenn er beim Anblick eines Unfalls reflexhaft das Handy zückt, um vom Opfer gute Videos zu machen und sie ins Internet zu stellen. Das ist eine moderne Unart der Befriedigung der Langeweile des eigenen Lebens durch Neues und Schreckliches, auch wenn es – von außen betrachtet - nicht nur total beschämend ist, sondern auch den Grad der eigenen Verrohung und Empathielosigkeit zeigt. Das hat etwas mit der Anonymität des modernen Lebens in Ballungsräumen zu tun. Experimente zeigen folgendes: Wenn in einem traditionell ländlich geprägten Dorf ein Mensch zusammenbricht und auf der Straße liegt, helfen ihm die zufälligen Beobachter der Szene innerhalb kurzer Zeit; passiert dies im großstädtischen Raum, gehen die Passanten eventuell über Stunden achtlos an dem Kollabierten vorüber.

Als die Köpfe nach der Revolution in Paris 1794 nach dem Rendevouz mit „Madame Guillotine" rollten, hatte das Volksfestcharakter. Bei Hexenverbrennungen und anderen öffentlichen Hinrichtungen soll es nicht anders gewesen sein. Die Massen haben gejohlt, ihre Kinder mitgebracht und manchmal im Blutrausch auch einen Nachschlag gefordert. Hätten wir damals schon Handy gehabt: Wow, Bilder vom Blutbad. Sogar Kinder und Jugendliche schauen sich heute Enthauptungsvideos im Internet an.

Die Ballergemeinde im Internet wächst. Die Kölner *Gamescom* freut sich Jahr für Jahr über steigende Besucherzahlen. Die Menschen wollen spielen. Virtuelle Blutbäder werden zum Entspannungsvergnügen vom stressigen Arbeitsalltag oder auch nur zum normalen Zeitvertreib gegen die Langeweile des eigenen Lebens. Und wem das nicht reicht, geht zum IS, oder schaut sich zumindest auf dem Smartphone an, wie der IS Köpfe in Echtzeit abschlägt.

Beinahe zur Normalität geworden ist das zwanghafte Verhalten, sofort Bilder von Verkehrsunfällen zu schießen und ins Netz zu stellen. Angeblich sehen sich die Schützen sogar im Recht, berichten Feuerwehr und Polizei. Die Opfer spielen nur eine Statistenrolle, sind austauschbar und Ersthelfer werden angepöbelt und verprügelt, wenn sie den guten Schuss verstellen. Dann ist es fast zynisch, wenn *mutige* Politiker immer wieder gerne fordern, sich persönlich *einzumischen* – bei Streitereien, oder wenn Menschen bedrängt oder gar angegriffen werden. Natürlich bitte immer nur sprachlich. Wir erinnern uns, die allheilende Kraft der Worte und des guten Arguments. Diesen verlogenen „Helden" in fremder Sache muss man nur entgegenhalten: JA, aber macht es bitte selbst. Werft euch zwischen die Waffe und das Opfer. Opfert euch für die wahren Werte und die gesalbten Worte. Wir brauchen dringend neue Vorbilder und Märtyrer des *reinen* Herzens. Und wenn es schiefgeht, wird auf dem Grabstein stehen: *Er war ein Mutiger. Die ideale Sache und das Wort waren ihm wichtiger als sein eigenes Leben.*

Also Vorsicht bei zu viel Eigeninitiative. Die direkte Ansprache des Delinquenten (z.B. eines Hundebesitzers) kann mitunter spontan als persönlicher Angriff missverstanden werden und beim Gegenüber sofort den Verteidigungsreflex auslösen: *„Was geht dich das an, bist du von der Polizei ... dann zeig mal deinen Ausweis."*

Partizipation ist auch Mitmachen. Möglicherweise ist es für das langfristige Funktionieren eines Sozialsystems doch *nicht* die beste aller Methoden, jedermann einfach nur das Recht zu garantieren, dass für ihn alles geregelt wird, und die Zusicherung zu geben, nicht abstürzen zu können. Vielleicht führt das gesellschaftliche *Pampern* zu gerade solchen Entwicklungen, die die Kritiker von offenen Sozialsystemen befürchten, nämlich die massenhafte „Prekarisierung" von kinderreichen Familien? Der *Run* der verzweifelten Habenichtse aus armen Ländern auf die Sozialsysteme entwickelter Länder ist angesichts fehlender Beschäftigungs- und sozialer Aufstiegschancen im Herkunftsland nachvollziehbar. Extreme Armut und fehlende Chancengleichheit bedeuten zunächst aber nicht, dass es keine Chance zum persönlichen Glück und zum sozialen Aufstieg gibt. Es bedeutet zunächst nur, dass es eine erschreckend große Diskrepanz zwischen wenigen Geld- und Machtbesitzern und den vielen Mittellosen auf dieser Welt gibt. Und die Machtbesitzer haben kein Interesse, diesen Zustand zu ändern. Es gibt extrem reiche Despoten in afrikanischen Ländern, aber auch extreme Armut,

Arbeitslosigkeit und hohe Kindersterblichkeit. Aber auch viele überlebende Kinder (ca. 5 pro Frau), aber keine Arbeitslosen- oder Rentenversicherung. Gibt es einen Zusammenhang? Was würden wir tun, wenn wir zur Gruppe der Chancenlosen gehören und nur (über)leben wollen? In der Zwischenzeit subventioniert die EU weiterhin den Export von Hühnerbeinchen. Das ist die andere, die dunkle Seite der Globalisierung. Hier ist der Handlungsbedarf extrem groß, weil bloßes Aussitzen die eigene Systemstabilität weiter erodiert. Und der Glaube, dass das Brunnenbohren und Schulenbauen schon ausreiche, um die Bedingungen vor Ort zu verbessern, entspringt dem Märchenbuch derjenigen, die solche Projekte nie vor Ort begleitet haben.

Was wirklich getan werden muss, ist, die massive Bestechung in den Griff zu bekommen. Wir müssen sofort damit aufhören, die Despoten und Fluchtverursacher auch noch zu sponsern. Nochmals dazu Ex-Botschafter und Kenner der Lage *Volker Seitz*:

„Das riesige Wachstumshemmnis Korruption wird dagegen bei uns immer noch kleingeredet. Diese Wohlstandsverluste kann keine Hilfe von außen ausgleichen … Die hoch gespannten Erwartungen im Wohltätigkeitsgeschäft sind in den letzten 60 Jahren im Sande verlaufen. Schulen, Gesundheitsstationen, Brunnen sind nach kurzer Zeit nur noch sehr eingeschränkt funktionsfähig. Grund dafür ist in der Regel mangelndes Interesse der staatlichen Verwaltung an der Fortführung dieser Projekte. In der Entwicklungspolitik kommt es letztlich nie auf abstrakte Begriffe wie „Solidarität" oder „soziale Gerechtigkeit", sondern immer auf deren konkrete Ausgestaltung an. Was nötig ist, ist eine grundsätzliche Kehrtwendung auf der Basis eigener, afrikanischer Ressourcen und unser Rückzug aus der klassischen Entwicklungshilfe … Regime, die bei Korruption und Betrug eine hohe Kreativität aufweisen, sollten nicht auch noch durch staatliche Hilfe legitimiert werden. Korruption wird vielerorts als Begleiterscheinung von Entwicklungshilfe toleriert. Die Frage ist, ob Hilfeleistung vielleicht ein Teil des Problems Korruption ist. Länder wie Angola, Kamerun brauchen keine Entwicklungshilfe, sie verfügen längst über genügend eigene Finanzmittel, um Armut zu bekämpfen. Die wirkliche Hilfe beginnt mit der intensiven Förderung von Geburtenkontrolle. Weniger Geburten haben in Teilen Asiens und Südamerikas zu besseren Lebensbedingungen geführt. Die Ignoranz, wenn es um das wahre Problem Afrikas geht, finde ich erstaunlich … Dennoch höre ich oft: Afrika leidet nicht aus eigenem Verschulden – es wird ausgebeutet und betrogen. Ich

halte es mit Napoleon, der gesagt haben soll: <Glaube nie an eine Verschwö-
rung, wenn schlichte Inkompetenz als Erklärung ausreicht!> [24]

Selbstverantwortung statt staatliches Pampern. Politik muss
sich der Realität stellen und darf nicht dem Idealismus und dem
Wunschdenken von „Heile-Welt-Ideologen" nacheifern. Eine
moderne demokratische Gesellschaft muss mehr in *die Selbstverantwortung* der Bürger investieren und dazu Ausbildungspro-
gramme bereitstellen, die sich von der herkömmlichen (politischen) Bildungsarbeit unterscheiden. Wir sollten die Bürger zu
mehr Bürgermitverantwortung ausbilden und das geht nur über
Partizipationsprojekte, die im Kindergarten beginnen sollten.
Keine Panik. Aus viel (eigener und fremder) Praxiserfahrung und
noch mehr (internationalen) Studien und mutigen Experimenten
gegen den Trend weiß man seit Jahren sehr genau, dass die aktive
Mitwirkung an Entscheidungsprozessen einen positiven Wandel
im Verständnis und in der Akzeptanz von erforderlichen Entscheidungen bewirkt. Dazu müssen auch die Verlockungen, alles
immer umsonst haben zu können, abgebaut werden. Denn Bürgerbeteiligung ist durchaus ein zweischneidiges Schwert. Wo
schnelle Entscheidungen getroffen werden müssen oder bei Projekten von nationaler infrastruktureller Bedeutung ist sie eher hinderlich, weil sie zu langer Verfahrensdauer führen kann. Bei
politisch kontroversen Projekten reproduzieren sich in der Regel
die politischen Bruchlinien in Form von Fraktionen innerhalb der
partizipierenden Bürgerschaft. Ist Partizipation institutionalisiert,
kann es bei sehr strittigen Vorhaben auch zu Blockaden kommen.
Der große Vorteil der Bürgerbeteiligung zeigt sich bei lokalen
Projekten. Zwar können gerade hier Partialinteressen bestimmter
Personen dominant werden, aber dieser Umstand wird überkom-
pensiert dadurch, dass das vorhandene lokale Wissen genutzt
werden und zu überraschenden Lösungsvarianten führen kann.
  Bill Clinton hatte sich in der Zeit seiner Präsidentschaft auch an
einer Reform des amerikanischen Sozialsystems versucht und
dabei vorgemacht, wie man sich jede Menge Ärger von den
eigenen Leistungsbeziehern einhandeln kann. Aber, wie so vieles,
war das nicht nur überfällig, sondern ohne Alternative, um den

---

[24] *Volker Seitz, Afrika: Die Fluchtursachen-Beschaffer, in Achgut: 15.12.2018.*

Absturz des Gesamtsystems zumindest zu verzögern. Bleibt die Politik weiter so inaktiv, werden vielleicht nicht wenige Politiker in den kommenden Jahren Gelegenheit haben, noch mehr *verstehen* zu *müssen*. Eine Reformation der Politik in Form von gewollter Aufklärung und direkter Teilhabe braucht zwingend eine wesentlich höhere Kompetenz als das indirekte Mitlaufen, auf beiden Seiten – auf Seiten der Politiker und der Bürger.

Kleine Ursachen und große Wirkungen. Kann es denn sein, dass immer noch keiner versteht, dass einem kleinen Ereignis, wie einem simplen *„Wir schaffen das"*, die elementare Kraft innewohnt, ein politisches Chaos in selten gesehener Dimension auszulösen? Ist das ein ungewolltes Ergebnis noch wenig bekanner Gesetze des Universums oder schlichte Unwissenheit oder Naivität der Beteiligten? Universales Gesetz oder doch bloß Unwissenheit? Vielleicht wäre wieder einmal eine intensivere Beschäftigung mit den Ergebnissen der Chaosforschung anzuraten. Hatte niemand die Fähigkeit, eins und eins zusammen zu zählen? Zumindest mit der Arithmetik der Sozialwissenschaften stand das Ergebnis bereits mit dem Start der *Smileoffensive*, der berühmten *Willkommenskultur*, fest. Wer das nicht sehen konnte, war, milde gesprochen, sowohl auf dem rechtsstaatlichen Auge als auch auf dem wissenschaftlichen Auge blind. Die „Guten" sahen sich sofort in der Pflicht, bei der Mammutaufgabe der Ersthilfe bei der „Errettung der Geknechteten" mitzumachen, was sie auch ohne ausdrückliche *Dienstanweisung* taten. Die Bürger taten das sicherlich auch, weil *das Helfen* eine weitere ureigene Fähigkeit des Menschen ist, so wie das Ausbeuten und Abschlachten der anderen. Oder war es – tiefenpsychologisch interpretiert - die erhoffte Errettung aus dem eigenen moralischen Dilemma gut sein zu wollen, aber es im alltäglichen Leben nicht zu können? In der Erstwahrnehmung der Helfer kamen nur die „Guten", die aus akuter Not vor den bösen Machthabern, Kriegstreibern und Unterdrückern im Nahen und Ferneren Osten und in Afrika geflohen sind. Die Ernüchterung kam später.

Es könnte aber auch sein, dass *Merkel* ihren Optimismus von *Obama* abgeschaut hatte. Immerhin hatte er es geschafft – gegen alle Widerstände, selbst in den eigenen Reihen, mit einer einzigen Aussage, der Nation eine neue und große Hoffnung zu geben. *Merkels „Wir schaffen das"* könnte eine 1:1 Übersetzung des

Zaubersatzes „*Yes we can!*" von *Obama* sein. Aber *Merkel* ist nicht *Obama* und hat uns über ihre wahre Motivation nicht unterrichtet. Tatsache ist: die Öffentlichkeit hat es für gut befunden. Dennoch ist mit der Teilnhme an der „Flüchtlingsrettung" bewiesen, dass auch die Deutschen noch den „Kern des Guten" in sich tragen. Man will sich nicht vorstellen, welches gigantische Organisations- und Sicherheitschaos sich in nur wenigen Tagen und Wochen hätte entwickeln können, wenn die Bürger der Politik nicht mit aktiver und selbstloser Arbeit unterstützend unter die Arme gegriffen hätten. Was ist mit den Kritikern? Zumindest darin waren sich Politik und Medien fast unisono einig. Kritisch denkende Bürger sollten sich doch bitte heraushalten und die Engagierten machen lassen. Schwarzseher waren und sind nie sonderlich erwünscht, wenn Handelnde gebraucht werden, oder wenn es gilt, der Gunst der Stunde zu nutzen oder dem Windhauch der Geschichte zu folgen.

Die Vorgehensweise erfahrener Projektmanager ist völlig anders. Sie halten erst einmal inne, um sich über die Systembedingungen und Bruchstellen klar zu werden. Sie analysieren die Gegebenheit methodisch, prüfen die Möglichkeiten und schlagen Lösungen vor, die dem Problem möglichst gerecht werden. Das dauert auch nicht sonderlich lange, wenn man es kann (Kompetenz) und auf geeignete Tools (Methodik) zurückgreifen kann. Im Projektentwicklungsplan werden dann die Lösungen und die Umsetzungszeiträume festgehalten und weitere Maßnahmen zu einem Plan B bis N mitgeführt, ganz im empirischen Bewusstsein (Erfahrung), dass sich Pläne niemals 1:1 umsetzen lassen. Das ist schlichte *Best Practice Methode*. Und erfahrene Projektmanager lassen sich auf keinen Fall von einer angeblichen Ressourcenknappheit oder einer angeblich extremen Dringlichkeit nötigen. Wer sich von äußeren Gegebenheiten und Vorbedingungen treiben lässt, hat verloren. Denn nichts ist wirklich neu oder unerwartet, oder von Gott so gewollt. Beim letzten Grund bin ich mir aber nicht ganz sicher.

Die Massenmigration hatte sich schon vor Jahren angekündigt und mit der direkten Weigerung 2014, die großen Flüchtlingslager in Nordafrika weiterhin mit Nahrung zu versorgen, wird der *Tipping Point* fahrlässig oder mit Vorsatz ausgelöst. *„Die Aussetzung der WFP-Nahrungsmittelhilfe bedroht die Gesundheit und Sicherheit dieser*

Flüchtlinge … Das Ende des WFP-Programms wird eine Katastrophe für viele ohnehin schon leidende Familien sein."[25]

Nur Laien basteln noch an Überlebenskonzepten, wenn die Lawine mit voller Wucht auf das Tal zurast. Genauso geschehen in Sachen Flüchtlingswelle. Es regnet einsame Entscheidungen von Hobby-Krisenmanagern. Die laxe Behandlung des *Dubliner* Übereinkommens von 1990 (regelt, welcher europäische Staat für die Prüfung eines Asylantrags zuständig ist) und der *Schengen* Vereinbarungen von 1990 (Verzicht der Kontrolle des Personenverkehrs an gemeinsamen EU-Grenzen)[26], z. B. durch Deutschland, machen die europäischen Partner ratlos und nervös. Trotz Überlastung fanden die Gescholtenen interessanterweise immer ausreichend Zeit und Gelegenheit, besonders wieder in den Monaten vor der Bundestagswahl, zum deftigen Bürger- und zum Neu-Parteien*bashing*. Wer erinnert sich nicht an die mahnenden Worte *Lafontaines* vor der Wiedervereinigung? Aber auch damals hat die konstruktive Kritik nichts genutzt. Und eine *Solidaritätssteuer* kann der Staat immer gebrauchen. Wer hat sich nicht alles über den *Brandbrief* des Tübinger OB *Palmer*[27] echauffiert? Munter wurde Monate lang in einem fast rechtsfreien Raum und zulasten des Rechtsstaats, der eigenen Bürger, der europäischen Partner und der Gefahr extrem hoher Folgekosten einfach nur weiter „gebastelt". Von Erfolg wird das fortwährende Unterlassungshandeln nicht gekrönt sein. Wäre es jetzt nicht an der besten Zeit mit dem Vorschlag einer *„Integrationssteuer"*? Kleiner Scherz! Aber noch ist die Stimmung zu kontrollieren. Noch hält das System durch Schönreden und durch die mehrheitliche Zustimmung der Bürger, die weiterhin mitmachen in dem Glauben, Integration sei mit einer Hauruck-Aktion zu bewältigen. Derweil verdienen sich Vermieter heruntergewirtschafteter Wohnblocks oder Besitzer

---

[25] *WFP (World Food Program)*-Direktorin *Ertharin Cousin; ZEIT ONLINE, 01.12.2014.*

[26] Die Briten haben nicht nur die europäische Währung *EURO* nicht eingeführt, sondern auch das *Schengen* Abkommen nie unterzeichnet. Der Zugeständnisse gab es nicht wenige an die Briten.

[27] *Boris Palmer* im August 2016. Er wird nach seinen kritischen Einlassungen umgehend und reflexhaft sofort als der grüne *Trump* Deutschland diffamiert, auch und gerade von den Fundamentalisten seiner Partei.

maroder Hotels eine goldene Nase bei der Befriedigung der Nachfrage der Kommunen (mit Steuergeld) nach Flüchtlingsunterkünften. Die Realität kommt nach der nächsten Regierungsbildung zurück.

Sind wir also, quasi aus dem Nichts und völlig unvorbereitet in das „Desaster" hineingeschlittert? Welches Desaster aber ist konkret gemeint? Die Flüchtlingskrise? Die Rentenkrise? Die Pflegekrise? Die Krise des Fachkräftearbeitsmarktes? Die Finanz- und die Investitionskrise? Die Bildungskrise? Krisen kommen nicht aus dem Nichts. Sie kündigen sich immer mit Vorlauf an. Desaster der Natur sind das Ergebnis der komplexen Interaktion von Naturkräften, und wir lernen mithilfe der (Natur-) Wissenschaften das Zusammenspiel langsam zu begreifen. Noch steht nicht eindeutig fest, ob der Klimawandel *man-* oder *nature-made* ist, oder welche Anteile beide daran haben. Auch wenn sich viele darin schon einig sind. Aber das Diktum der *Mehrheit* ist *keine Wahrheitskategorie* der modernen *Wissenschaften* (ausführlicher dazu in Band 2). Gesellschaftliche Krisen sind dagegen immer „*man-made*" (von Menschen verursacht), und sie wachsen weiter, wenn sie nicht beachtet werden und dann unkontrolliert reifen dürfen. Dann können sie zu Krebsgeschwüren im Körper der Demokratie werden. An bestimmten *Bifurkationspunkten* (Verzweigungspunkte in der Dynamik eines Systems) nimmt die Entwicklung einen der möglichen Entwicklungspfade, beispielsweise ob *sie* eskaliert, also chaotisch wird, oder versandet. Menschliche Eingriffe können darüber entscheiden, welcher Weg genommen wird.

So oder so, die Verantwortlichen haben ihre Hausaufgaben im Vorlauf zur Eskalation nicht gemacht. Für die Evaluierung möglicher gesellschaftlicher Weichen und die Berechnung des Grads der Weichenöffnung haben wir seit Jahren erprobte Instrumentarien. Es gibt die jährliche Sozialberichterstattung der amtlichen Statistik, Armutsberichte, Arbeitsmarktberichte, Berichte der Fünf Weisen, Schwarzbuch des Bundes der Steuerzahler, des Bundesrechnungshofs, Berichte einschlägiger nationaler und internationaler *NGO's, Club of Rome*, Berichte des *UNHCR Flüchtlingshochkommissars*, *Oxfam*, u.v.a.m. Gerade die regelmäßigen Berichte der Botschaften und Konsulate in den jeweiligen Ländern sind natürlich geeignet, einen drohenden Lawinenabgang rechtzeitig zu orten, um gegebenenfalls gegenzusteuern.

Die Flüchtlingskrise hat die Verantwortlichen nicht eiskalt oder überraschend erwischt. Das zu behaupten, ist reine Folklore und geübte Ablenkungsstrategie. Manche Politiker haben die *Vorzeichen*, vielleicht sogar vorsätzlich, missachtet und weiter gebastelt, nach dem Motto: es wird schon irgendwie gutgehen und irgendjemand wird es schon richten. Vielleicht aus der Gewßheit heraus: Uns ist doch auch nichts passiert bei der angeblich *völlig* überraschenden Finanzkrise 2008.

Aber das ist nicht ganz richtig. Denn viele haben sie kommen sehen, aber nicht verstanden, was auf uns zukommt und deshalb einfach so weitergemacht, wie bisher, bis zum Zusammenbruch. Und im Nachgang dazu hat die Politik, wie immer, nur oberflächliche Ad-hoc-Lösungen bereitgestellt, weil sie nicht weiß, oder nicht wissen will, was zu tun ist, um zukünftige Abstürze zu verhindern. *Obama* wusste es aber bereits 2008 und hat die Banken nach dem Finanzcrash in die Pflicht genommen. *Trump* dagegen revidiert das gerade wieder. Damit ist der nächste Crash vorprogrammiert.

Warum lassen sich die Bürger vieles klaglos gefallen?
Warum gibt es keinen Aufschrei der Aufrechten und Selbstgerechten angesichts der gesellschaftlich realen und zentralen Probleme, die jede für sich betrachtet seit Jahren über enorme Sprengkräfte für den menschlichen Zusammenhalt verfügen? Jedes Einzelne von ihnen hat das Potenzial, um den vermeintlichen gesellschaftlichen Konsens über das Richtige und das Falsche, das Wichtige und das Nachrangige zu zerstören. Warum gehen wir nicht alle jeden Montag auf die Straße, um die entwürdigende Situation von Menschen anzuklagen, die Flaschen sammeln müssen? Warum stehen wir nicht jeden Tag Mahnwache vor dem Gesundheitsministerium für die Rechte und für einen humanen Pflegealltag pflegebedürftiger Menschen, für die Sorgen de Familien und des zu Niedriglöhnen angestellten Pflegepersonals? Warum fokussieren wir den Blick auf die Mautdiskussion oder die vermeintlichen Vergehen des Herrn *Wulf*, und übersehen das Desaster maroder Schulen? Warum akzeptieren wir den Zynismus einer Wirtschaftsideologie, die von der Politik ungestraft die exzessive und ungleiche Geldvermehrung vor das Wohl der Menschen setzen darf?

Warum durfte Herr *Juncker* als Kommissionspräsident ein höchstes EU-Amt bekleiden, obwohl er, sagen investigative Journalisten, einer der geistigen Architekten der milliardenfachen europäischen Steuersparmodelle von ausländischen Konzernen ist?[28] Galt für ihn eine Sonderregelung: *Me first* und *Europe later?* *Me first* reklamiert *Trump* auch für sich, aber alle, gerade auch *Juncker*, tadeln ihn genau dafür. Ist das zweierlei Maß oder nur die übliche Ablenkung von den eigenen Versäumnissen und der Missachtung von Fairness und Ethik?

Die Auflistung der gesellschaftlichen Ungereimtheiten könnte weitere Seiten füllen. Aber die zugrunde liegende Systematik ist längst klar. Aufgrund von Konstruktionsfehlern des Gesamtsystems werden wir *Maslows* Stufe 7 der *Selbstverwirklichung* wohl erreichen, wenn wir darunter den Egoismus verstehen, aber die Stufe 8 der *Transzendenz*, niemals. Und so muss die Politik weiter basteln, weil es de facto keine auf Dauer funktionierenden Lösungen gibt.

Aber es gibt Handlungsoptionen. Erste Möglichkeit: Wir motivieren uns mit dem Ziel, dass immer alles möglich ist, auch wenn die Chancen dafür nicht allzu gut stehen; das ist der berühmte amerikanische Weg vom „Tellerwäscher zum Millionär". Grundlage hierfür sind ein nicht versiegender Lebensoptimismus und eine calvinistische Grundeinstellung zur Pflichterfüllung. Möglichkeit zwei: Wir handeln nach der Überzeugung des *DAOismus (TAOismus)*. Aufgrund von Erkenntnissen (Wissen), die wir aus der Beobachtung (Empirie) erlangen, müssen wir uns mittels Kompetenz und Rationalität für das Richtige entscheiden und dann tun, was notwendig ist (praktische Politik). „Die *Best-Case-Methodik* "ist daher vielleicht die einzige Überlebensmethode dynamischer Gesellschaften. Wir müssen (wieder) lernen, von anderen zu lernen, wir müssen die Übernahme von bereits bewährten Lösungen praktizieren, und nicht das Abschotten und

---

[28] Die Untersuchungen des *ICIJ (International Consortium of Investigative Journalists)* ergaben, dass auch *Juncker* an den Steuersparmodellen seines Landes mitgestrickt hatte. *„Juncker has firmly maintained that his home country`s tax practices are legitimate but also admitted after the <Lux Leaks> publications that the system was <not always in line with fiscal fairness> and many have breached <ethical and moral standards>"* (dies., *New Leak Reveals Luxembourg Tax Deals for Disney, Koch Brothers Empire*, Dec 1, 2014).

das Aussitzen als Politikform der Moderne weiter kultivieren. Nur weil wir selbst noch nicht auf eine gute Lösung gekommen sind, müssen wir bestehende Lösungen, die unsere Nachbarn mit Erfolg praktizieren, nicht als unbrauchbar oder für uns unpassend disqualifizieren. Wer das aber nicht tut, dokumentiert, dass er selbst nichts zu bieten hat und das auch weiß. Der *Taoismus* kennt keine Alternativlosigkeit, sondern nur den Verlust der Aufmerksamkeit. Erst daraus entstehen Fehler und Chaos. *Taoismus* ist die (Gesellschafts-) Philosophie der aktiven Veränderung zum Besseren. Zunächst die eigenen Fehler zu analysieren und aus ihnen zu lernen, wäre bereits ein guter Anfang.

Ich bin mir sicher, die politischen Protagonisten wissen das alles und lehnen sich dennoch zurück. Bei Lösung (1) ist es einfach bequem, die Verantwortung zur Problemlösung auf den Einzelnen zu schieben. Und bei Lösung (2) müssten Politiker beginnen, den eigenen (gesunden) Verstand (wieder) einzusetzen und Entscheidungen nach dem Wirksamkeitsprinzip (*Kompetenz* aus Wissen) treffen, und nicht nach dem Gefälligkeitsprinzip. Das ist aufwendig und für den Einzelnen risikobehaftet. Also bleibt wahrscheinlich wieder alles beim Alten. Lamentieren ja, Besserwissen sowieso, Vertagen in die Zukunft, wie immer, aber jetzt sofort und aktiv handeln - niemals. Das wird so bleiben, weil es so bequem und das Nicht-Handeln für Politiker nahezu risikolos ist. Wenn man schon nichts machen kann, oder nicht will, dann zumindest nicht noch Öl in die lodernde Flamme gießen, scheint das universelle Credo zu sein. Stattdessen gilt es, weiterhin von heilen Welten und vielen Anstrengungen und Segnungen zukünftigen Wollens und Handelns zu berichten oder zu lamentieren.

Man könnte fast den Eindruck gewinnen, dass sich die Flüchtlinge noch rechtzeitig auf den gefährlichen Weg zu uns aufgemacht hatten, um unsere Politik davor zu bewahren, liefern zu müssen. Angesichts der stetig sprudelnden Steuermehreinnahmen gab es langsam keine Gründe mehr, der Gottheit der *Schwarzen Null* weiter blind zu folgen. Gab es irgendwann einmal ein „*Wir schaffen das*" für die eigenen gesellschaftlichen Probleme, die nicht erst seit der Flüchtlingskrise evident sind? Gab es irgendwann einmal eine so große gesellschaftliche Hilfsbereitschaft der Bevölkerung für die Armen und Alten?

Sorry. Deutschland ist nicht das Schlaraffenland! Hat die Bundesrepublik keine Aufklärung gegen die kursierenden Heilsversprechen auf Reichtum, Arbeit, Wohnung und Lebensglück unternommen, die die Flüchtlinge im Gepäck haben? Viele auf der Flucht berichteten mit großem Leuchten in den Augen über das Land Ihrer Verheißung. Keiner wollte irgendwo anders bleiben. Nur schnell weiter ins gelobte Land, dort wo man Wohnungen und Autos bekommt, wo alle reich sind und junge Burschen unter willigen Frauen auswählen können. Das ist doch viel besser als die „Heilsversprechen" des Islam, wo es die Jungfrauen erst nach dem Märtyrertod gibt. Weshalb haben aber Hunderttausende, Millionen, den gleichen Traum? Wo kommt er her? Und alle sprechen die gleichen Worte. Die sozialen Medien und selbst das Internet mögen für die Generation der Kanzlerin eine neue Technologie sein, nicht für die jungen Leute in den Ursprungsländern der Migrationswelle. Informationen verbreiten sich rasend schnell in einer Welt von *Facebook*®, *WhatsApp*® und *Twitter*®-Nachrichten. Wer auch immer die Mär vom Schlaraffenland gestreut hat, weiß sehr genau, was er tut. Die Schlepper verdienen weltweit Millionen mit *Fake News* und sichern sich auch zukünftige Erträge, indem sie ihr Businessmodell mit immer neuen Reiserouten ins gelobte Land *up-to-date* halten.

Afrikaner träumen von Europa und von Goldadern. Die Regierung von Ghana bezahlt das Medizinstudium, aber ghanaische Mediziner wollen nach Europa. Europa ist für viele mit Gold gepflastert und Monatslöhne in Höhe Tausender Euro sind die Regel. Das ist das kollektive Narrativ. Deshalb nehmen Menschen aus Ghana die Gefahren der Flucht auf sich. Und weil die Flucht nicht kostenlos zu haben ist, können sich die Ärmsten der Armen das Wagnis der Flucht nicht leisten, dafür aber die aufstiegswilligen Sprößlinge der Wohlhabenderen. Einmal im Land der Verheißungen angekommen, dokumentieren *Selfies* vor schönen Gebäuden und Menschen in *immergrünen* Parks die Zielerreichung. Flüchtlinge aus Ghana haben nach deutschem Recht aber keine Chance, Asyl oder ein Bleiberecht zu bekommen, und können legal keiner Erwerbstätigkeit nachgehen. Wer kein Erfolg im Schlaraffenland hat, verliert zuhause sein Gesicht. Und das Geld ist zuhause fest eingeplant. Wer nicht zurückgeht, oder es nicht kann, rutscht zwangsläufig in die Illegalität ab. Die Folgen sind sichtbar. Beispiel Berlin: Die Zahl der Dealer aus Nordafrika in Berlin wächst rasant – mit allen bekannten Folgen für den Sozial- und Rechtsstaat und die Sicherheit der Bürger. Beispiel Kölner Domplatte: Die Frustration des Alleinseins sucht sich Ventile. Nach den Attacken auf Frauen schlägt das allgemeine *Willkommen* sofort in eine diffuse Angst der Bevölkerung vor „*Flüchtlingen*" um. Der Verlust des Vertrauens der Bürger in die Politik steht auf dem Spiel.

Das *IOM Ghana (International Organization for Migration)* betreibt Aufklärungskampagnen im eigenen Land, bekämpft Schleuser und unterstützt Rückkehrer (vgl. www.iom.int). Aber kollektive, millionenfache Visionen lassen sich nicht mit Aufklärung bekämpfen, wenn es um ökonomische Vorteile geht. Die Zielländer müssten aktive Aufklärung leisten und den Verbleib der Qualifizierten im Heimatland fördern, was selten geschieht. Die Motivation zur Migration ist aus einer einzigen Quelle gespeist. Denn wer „Arbeit" findet, oder „Einnahmen" hat, leistet Transferzahlungen in nicht unerheblicher Größenordnung in die Heimat. Der direkte Geldfluss in die Entwicklungsländer betrug 2015 ca. 440 Mrd. $ und übertraf damit die Entwicklungshilfe um das Dreifache (www.welt.de/wirtschaft/article146341383/). Allein in Ghana waren das im Jahr ca. 4 Mrd. US Dollars, die an die Familien der Flüchtlinge zuhause in Ghana geleistet wurden. Die Familienstruktur der Afrikaner verlangt, dass das in Europa erfolgreiche Familienmitglied die Familie in der Heimat unterstützt. Der Freiburger Ökonom *Raffelhüschen* weist darauf hin, dass gerade die Transferleistung eine stark unterschätzte Motivation für Migration ist. Während sich viele Europäer auf den Zuzug von Qualifizierten freuen, verhindert der *Braindrain* in die falsche Richtung die Entwicklung des Heimatlandes.

Wenn sich Politik nach wie vor erregt darüber freut, dass mit der Zuwanderung von „Qualifizierten" der eigene Arbeitsmarkt zu „heilen" sei, ist das – wohlwollend betrachtet – ein „kulturelles Missverständnis" jener Politiker, die wenig verstehen von der Lebenswirklichkeit in anderen Ländern und vielleicht auch nicht vom Zusammenhang zwischen (Niedrig-) Qualifikation und Unternehmensgewinn. Oder sie wissen es doch und lassen es einfach geschehen! Aus der Sicht der Fluchtländer betrachtet, ist es wesentlich dramatischer. Europa entzieht dem Ursprungsland die für dessen Entwicklung dringend erforderlichen Fachkräfte und verhindert dadurch genau das, was es mit Entwicklungshilfe und politischen Versprechen auf Menschenrechte zu erreichen versucht. Auch die Bemühungen der Politik, qualifizierte Menschen mit Geld- und Erfolgsversprechen nach Deutschland zu locken, hat eine fatale Kehrseite, weil sie Entwicklung dort verhindern, wo diese am meisten gebraucht wird. Die Migration von einigen Tausend Qualifizierten wird so zu einem fatalen *braindrain*, der die Entwicklung des jeweiligen Heimatlandes aktiv verhindert und zugleich wieder neue Migration auslöst.

Gab oder gibt es eine Gegenstrategie der Bundesregierung oder vielleicht sogar ein wissentliches oder vorsätzliches Gewährenlassen? Nochmals *Volker Seitz* dazu, der in einem eigenen Beitrag die Ergebnisse einer Studie der Universität Leipzig von *Michael Haller* zitiert: *„Annähernd 83 Prozent aller Zeitungsberichte vermitteln das Leitbild der Willkommenskultur in einem positiven oder mehr positiven Sinne" (ebd. 2017). Er fährt fort: „Sogar eine Äußerung wie <insgesamt gesehen könnten sicher mehr Flüchtlinge aufgenommen werden (so Manfred Rekowski, Präses der Evangelischen Kirche Rheinland …> wird rasend schnell über die sozialen Medien in Afrika bekannt. Bedauerlicherweise veröffentlichen viele Zeitungen, Zeitschriften und Online-Medien keine Leserbriefe zu diesem Thema. Auch im Hörfunk und Fernsehen kommen Befürworter der massenhaften Zuwanderung ungleich häufiger zu Wort als die Gegner. Kritik an der Meinung von politisch einseitigen Redakteuren ist offenbar unerwünscht"*.[29] Und weiter berichtet er: *„Radiosender … und soziale Medien bringen diese frohen Botschaften, informieren über den Anspruch auf finanzielle Leistungen von Griechenland bis Dänemark, sogar in abgelegene Regionen. Nicht zuletzt erklärt das die starke Sogwirkung nach Deutschland … Viele Migranten haben keine Vorstellung, was sie in Europa erwartet, sie sind <auf gut Glück> aufgebrochen …"* (ebd.).

Wäre es also nicht geboten, staatliche Gegenpropaganda zu betreiben, statt Milliarden in Kooperationsprojekte mit afrikanischen Staatsführern zu stecken? Investiert die Bundesregierung Mittel in die Aufklärung? Werden die neuen Partner damit den Druck abbauen oder befördern, weil sie die Möglichkeiten des Zusatzgeschäfts sofort erkennen? Anzunehmen ist, dass das Kind bereits in den Brunnen gefallen ist und sich die Entwicklung nicht

---

[29] Ebd., *Volker Seitz, Afrikas Migrationsdrama (1): Gerüchte im Radio,* in *Achgut.com* vom 01.09.2017.

mehr zurückdrehen lässt. Aus vielen Gründen wird aus der illegalen Einreise früher oder später ein faktisches „Bleiberecht" und wir sollten jetzt sofort mit dem genauen Rechnen beginnen.
1 Billion = 1 hoch 12 oder 1,000 000 000 000. Das weckt Erinnerungen an ein Erlebnis in der Zeit kurz nach dem Mauerfall und einen Augenblick der privaten Erleuchtung. Wir verfolgten fasziniert und fast amüsiert, was sich schon seit Tagen und täglich auf der großen Parkfläche vor unserem Bürokomplex in einer Kleinstadt i. d. Opf. zutrug. Pünktlich vor Geschäftsöffnung des lokalen Supermarkts rückte die Zweitakter-Armada auf die Parkfläche. Ordentlich in Reih und Glied geparkt warteten die Insassen geduldig und schon mit Einkaufswagen bewaffnet auf die Geschäftsöffnung. Die Plastebüchsen verströmten den Geruch einer vergessenen frühindustriellen Zweitaktergesellschaft in einer modernen Turbowelt. Dann Ladenöffnung. Maschine aus und die Masse ergoß sich in den Laden, um nach einer relativ kurzen Zeit wieder mit voll bepackten Einkaufswagen herauszukommen. Die Trabis wurden beladen und *tuk tuk tuk* leerte sich der Parkplatz wieder. Von oben – aus der Distanz betrachtet - war das ein sehr geordneter Abzug. Und jeden Tag wiederholte sich das gleiche Schauspiel. So schnell kann man die Vorteile des Kapitalismus schätzen lernen, konnte man denken. Nach einigen Tagen hatten wir den Filialleiter des Supermarkts zu seinen gigantischen Umsätzen beglückwünscht. *„Ihr habt sie wohl nicht alle"*, schrie er uns an. Für einen Oberpfälzer war das eine unerwartete Reaktion. *„Die kommen rein, laden sich alles in die Wagen und wenn es ans Bezahlen geht, pflaumen die dich an <Ihr habt euch 40 Jahre lang vollgefressen. Und jetzt sind wir dran>"*. Ob das alles der Eigenversorgung diente, oder an die „Bürger" weiterverkauft wurde, die über keinen Trabi verfügten, entzog sich unserer Kenntnis und hatte uns ehrlicherweise auch nicht interessiert. Die Verluste der Händler wurden vermutlich von der Gemeinde oder dem Land Bayern ausgeglichen. Die *CSU* war damals sehr rege im „Seelenfangen" und mit vielen Bussen unterwegs, um die neuen Bürger für die Partei zu begeistern.

Das Bild vom Schlaraffenland war jedenfalls fest in den Köpfen der Neubürger verankert, ein sehr nahes Land, wo Milch und Honig fließen und das Geld und der persönliche Wohlstand auf den Bäumen wachsen. Und auch diese Willkommenskultur war ernst gemeint, und Nörgler waren auch damals nicht gerne gesehen. *Germany and Bavaria,* pardon umgekehrt, *Bavaria and Germany first, the whole rest later.* Die gute alte Zeit.

Nur wer die Fakten nicht kennt, kann aus Überzeugung Optimist bleiben. 25 Jahre danach und etwa 1,5 bis 2 Billionen Euro „*Integrationsgeld*" später, so genau lässt sich das nicht berechnen, sind wir uns aber ganz sicher: So etwas wird uns hoffentlich nie mehr passieren.

Die Bedürfnisse der meisten der neuen Chancen- und das Lebensglück suchenden Menschen sind seit Jahren am unteren Level der Bedürfnisbefriedigung unverrückbar einzementiert. Und die Heilsversprechen sind gigantisch. Frieden, ja, keine Verfolgung mehr von Leib und Leben, ja, und gleich danach, Wohnung, Haus, Auto, etc. So riskieren die Menschen das eigene Leben und das ihrer Frauen und Kinder, um aus der tödlichen Umarmung aus Krieg, Armut, Bildungsferne und Hunger zu entfliehen.

Und dann gibt es ein Land, das scheinbar alle Hoffnungen erfüllt, und alle gerne willkommen heißt. Das erinnert stark an die in allen Regenbogenfarben schillernden Hoffnungen und Visionen der DDR-Bürger, genährt vom *Kohlschen* Versprechen auf *blühende* Landschaften und die ebenso schnelle Ernüchterung. Wie viel Kompetenz und Weitsicht haben eigentlich *CDU* Kanzler? Und jetzt ist *Merkel* überrascht ob des Widerspruchs? Mal ehrlich. Wer jahrzehntelang predigt, dass nur mit einem Mehr an Bildung zukünftigen Herausforderungen getrotzt werden könne, sollte jetzt nicht überrascht sein, dass die Träger von Bildung ihr eigenes Wissen und geschultes Denken auch anzuwenden wissen.

Auf die Parteien ist (kein) Verlass. Auf die Medien ist Verlass. Hält die Formel noch, *Parteien sind der Transmissionsriemen* und halten, was sie versprechen? Erfüllen die tradierten Parteien noch die Funktion, die ihnen zugewiesen war, i. e. die Übersetzung des *Bürgerwillens* in machbare Politik? Dient die Politik (noch) dem „Souverän"? Die Bürger haben sich seit Jahrzehnten auf die Partizipationsfähigkeit der Parteien verlassen. Keilriemen halten bekanntlich nicht ewig, weiß jeder Autofahrer, zumindest jeder Autoschlosser. Und man kann den Alterungsprozess beschleunigen, wenn man ihn nicht ordentlich pflegt.

Die Politik verfährt nach der alten Formel: Der Bürger wählt, das ist vielleicht seine Pflicht, zuerst ist es aber sein gutes, sogar zentrales originäres demokratisches Recht. Danach gilt die Erwartung: Der Rest ist „*up to us*". Und wenn dem Bürger die Ergebnisse des Regierens nicht passen, kann er ja in vier Jahren, bald vielleicht auch erst nach fünf Jahren, seine (falsche) Entscheidung korrigieren. Trotzdem wählen wir manchmal das alte und beschädigte Modell, vielleicht aus Langeweile, vielleicht aus Unwissenheit oder mangelnder Alternative eines besseren Fahrzeugs. Menschen sind Gewohnheitstiere, sagt man. Mit einem alten, spröden und leicht rissigen Keilriemen aber einfach weiter zu fahren, ist nicht wirklich klug, sondern leichtfertig oder gar fahrlässig, wenn man überhaupt und auch noch sicher ankommen will. In unbekanntem Gelände und wenn mit Serpentinen, gigantischen Steigungen und Abfahrten zu rechnen ist, sollte der Riemen nicht reißen.

Hat die Politik immer noch nicht verstanden, dass für den Wähler eine Wahl schon lange kein Versprechen mehr auf Qualität, hohe Lösungskompetenz und beste Ergebnisse ist, sondern nur eine Bestätigung des „*Weiter-so*" aus Gewohnheit?

Dennoch kann sich der Bürger nicht einfach von seiner Wahlentscheidung nachträglich mit Mängelrügen freisprechen. Er hat das Recht und die Pflicht, sich vor jeder Wahl über die Kandidaten und das jeweilige Wahlprogramm zu informieren. Zur Meinungsfindung unterstützen ihn die verschiedenen Medien und deren Informationsformate. Das ist gut gemeint, funktioniert aber nicht wirklich. Nicht viele Wähler betreiben Recherche, fragen sich, wer sich um ein Mandat bewirbt oder sich aufgrund welcher Kompetenz oder Erfahrung für die hohe Verantwortung anbietet. In den USA ist es mit dem Wissen um Staat und Gesellschaft ebenso schlecht bestellt. Befragungen von jungen Menschen auf der Straße lassen vermuten, dass die *Shopping-Generation* sehr genau weiß, wo es das nächste Schnäppchen zu ergattern gibt, wer aber der *Gouvernor von Georgia* ist, könnte eine Fangfrage sein. Und jeder weiß, dass *Berny Sanders* ein „*f* socialist*" ist, sagen seine politischen „Feinde". Vor-Urteile und Halbwissen wachsen schneller als das Faktenwissen, weil wir darüber auch nicht unbedingt *en Detail* Bescheid wissen müssen. *Alles läuft irgendwie – auch wenn ich nicht weiß, wie das geht.* Diese Einstellung haben auch die Deutschen übernommen. Und das hat Konsequenzen.

Die Medien müssen nacharbeiten, was Elternhaus, das Erziehungswesen, die Schulen und selbst die Hochschulen und selbst die Medien nicht mehr leisten, und überschreiten dabei manchmal gesetzte Grenzen. Beim *GEZ*-Angebot sollte die Grenzüberschreitung eigentlich passieren. Die gesetzliche Rahmenordnung und die zulässige Form der Wissens- und Informationsvermittlung geben die Landesrundfunkgesetze vor, die wiederum selbst Formvorschriften auf Basis des Grundgesetzes sind, weshalb für das *öffentlich-rechtliche Angebot* strenge Grenzen vorgesehen sind. Das Angebot ist der Wahrheit, der Neutralität und der Objektivität in der Berichterstattung verpflichtet.

In der Praxis jedoch ist die saubere Trennung von Fakten und Meinungen nicht immer zu leisten. Das wissen die Medienschaffenden natürlich auch und bieten und bieten zu allen relevanten Ereignissen oder gesellschaftlichen Strömungen sogenannte „*Kommentare*" an, die explizit die Meinung des Kommentierenden darstellen. Kommt der Kommentar direkt hinter einer Meldung, kann eine edukative Absicht unterstellt werden. Neutrale Information und politische „Erziehung" sind aber nicht immer methodisch einfach voreinander zu trennen, weil manchmal auch gesagt werden muss, was nach Meinung „klingt". Auch das *Framing* ist nicht wirklich etwas Neues (siehe ausführlicher dazu in Buch 2), sondern ein bewährtes und probates Mittel der Meinungslenkung und –verstärkung. Man könnte auch sagen der *Manipulation*.

Das sorgt verständlicherweise für Kritik an den Informationsbeschaffern selbst. Die freie Informationsbeschaffung, eine unbegrenzte Teilhabe an unlimitierter Information und die Zulassung der Gegenmeinung sind die Nuklei jeder demokratischen Gesellschaftsordnung, weshalb die als „*Lügenpresse*" beschimpften Meinungsbildner zu Unrecht sauer sind. Das Selbstbild ist ein anderes, weil sie sich als vierte Macht des Staats verstehen und – in einer *Mediendemokratie* - von der Politik hofiert werden. Die laute Gegenmeinung kratzt am Image und am Selbstverständnis der tradierten Medien. Im direkten Gegenzug wird dann lautstark und zuweilen penetrant in Wort und Schrift gewarnt vor jenen, die angeblich die Ziele der Demokratie nicht verteidigen, sie mit Füssen treten und Unwahrheiten verbreiten. Von Diskurs keine Spur. Dafür hat das wechselseitige *Bashing* jetzt Hochkonjunktur.

Auf die Journalisten der öffentlich-rechtlichen Medien sollten sich die Bürger eigentlich verlassen können. Wahrheit, Objektivität und Neutralität sind die Säulen des journalistischen Selbstverständnisses. Natürlich gibt es Ausnahmen. *Trump, Orbán, Putin,*

Erdogan, vielleicht all jene, die von *der Norm* abweichen? Trotz großer Gesten der Selbstverpflichtung reagieren einige Vertreter der etablierte Politik- und der Medienzirkus manchmal fast reiz-reaktiv auf jede vermeintliche Abweichung. *Fake News* werden dann als solche *sofort* identifiziert, die Produzenten an den Pranger gestellt, und wenn das nicht reicht, werden Anstrengungen unter-nommen, *wahre* von *falschen* Informationen zu trennen. *Fakten-Checker* ist ein neuer Beruf. Wenn aber Fakten-Checker Fakten checken, wer überprüft dann die Fakten-Checker? Der Einsatz von *social bots* gilt als ein direkter Angriff auf demokratische Meinungsbildung, aber niemand regt sich über *„human bots"* auf, bei denen man den Eindruck gewinnen könnte, dass sie die Fehl-leitung der Menschen offen und mit Vorsatz betreiben. Wenn sich diese Entwicklung fortsetzt, werden sich allzu kritisch äußernde Bürger vielleicht bald mit rechtlichen Restriktionen der freien Meinungsäußerung konfrontiert werden. Die Beschrän-kungen werden zunächst subtil an der Hintertür der Meinung anklopfen (*„Darf man das sagen?"*), dann schrittweise offensiver (*„Das sollte man nicht sagen dürfen"*) durch den Haupteingang in die Freiheitsrechte von Bürgern einbrechen, um sich schließlich zu verselbständigen (*„Diese Meinungsäußerung ist strafbewehrt"*). Selbst-verständlich werden diese „Maßnahmen" der „Informations- und Meinungskontrolle" guten Zwecken dienen – der Verhinderung angeblicher Fehlinformationen und deren Verbreitung. sowie dem Schutz betroffener Personen. Es geht niemals um einen formal juristischen oder mathematisch-algorithmischen Eingriff (mittels *Staatstrojaner, Uploadfilter,* etc.) in die Meinungsfreiheit nach Artikel 5 GG. Die Fachleute müssen dann prüfen, ob dieses Vorhaben einer „Informationskontrolle", wenn es Gesetzeskraft erlangen sollte, bereits ein Verfassungsbruch ist.

Warten wir also ab, was passiert, wenn sich Hassparolen, Politikerbeschimpfungen und Morddrohungen mit gutem Zureden, Aufklärung oder politischer Erziehung weder eindäm-men noch heilen lassen. Wer wird dann freiwillig das Amt eines Bundeszensors einnehmen?

Die Demokratieanstrengungen der Chinesen und einzelner islamischer Staaten müssen sich daran messen lassen, ob und wie sie den freien Informationszugang zulassen, sagen die Demokra-ten der *alten* Demokratien, und verweisen auf Zensur. Sollte sich irgendeine deutsche Regierung irgendwann einmal dazu entschließen, die Internetnutzung des einzelnen Users zu überwachen oder die freie Meinungsäußerung im Netz zu reglementieren, ist für die freiheitliche Grundordnung Gefahr im Verzug. Mit unserer Erfahrung mit Überwachung (Drittes Reich und *SED* Diktatur) sind wir dagegen immun, denke ich. *Hope so!* Doch Lernprozesse in Staaten vollziehen sich nicht über den einzelnen Bürger, sondern über neue Institutionen. Wir werden sehen, ob diese robust genug sind, um ein Überwachungssystem vom Typ *China-Light* zu verhindern.

„Die Verzerrung der Realität im Bericht ist der wahrheitsgetreue Bericht über die Realität", schreibt schon *Karl Kraus* seiner Zunft in die Gebetsbücher. Warum also die Panik vor *Fakes*? Besteht bereits (wieder) die Gefahr, dass der geschätzte Wähler möglicherweise das nicht politisch Gewünschte oder gar das „Falsche" zu denken beginnt, oder auch nur eine nicht opportune Meinung vertritt, oder sogar eine falsche Partei wählen könnte, was offenbar 12,6% der Wähler 2017 getan haben. Dann sagen und berichten wir ihm, dass das nicht geht, weil sonst die Demokratie beschädigt würde. Wir geben ihm sogar Erklärungen vor, damit er nicht selbst nachdenken muss. So weiß er dann, oder kann er jetzt zumindest wissen, was falsch ist, oder warum die anderen, die Falschen, auf keinen Fall dem demokratischen Lager zuzurechnen sind. Eine konkrete Auseinandersetzung mit dem Anderssein, dem Andersdenken oder anderen Methoden, oder Lösungswegen oder alternativen Einschätzung von Lebenswirklichkeit und Lebensmöglichkeit, ist nicht erforderlich, weil das Andere per se schlecht, oder falsch ist, und nicht gewollt sein kann.

Die Bildungs- und Wissenskatastrophe des Landes ist aber nicht im Bildungskeller der Unterschicht stecken geblieben, sondern auch längst bei den Chefsesseln der Macht angekommen. Erinnern wir uns noch einmal an die Gründe, warum *Trump* gewählt wurde. Nach dem offiziellen Narrativ waren angeblich die Unzufriedenen und Abgehängten das Zünglein an der Waage. Wirklich, es war nicht seine Haartolle? Warum wurde der Aufruf der Nazis zum Boykott jüdischer Geschäfte von den Deutschen damals befolgt? War es wegen der schlechten Warenqualität? Und *Luther* wurde nicht einfach so „sozial auffällig" und zum Feind der katholischen Obrigkeit wegen seiner drastischen Ansichten zu Juden und Frauen erklärt. Sondern erst, als er den universellen Machtanspruch der kirchlichen Obrigkeit, allmächtig über die

Lebenswelt der Menschen zu bestimmen, infrage stellte. Nicht auszudenken, in welche Ecke ihn die Inhaber weltlicher Interpretationsmacht heute stecken würden.

Normalerweise übernimmt die Politik die Aufklärungsarbeit über das Gute und das Schlechte, und manchmal stehen der Politik bei diesem Tagwerk auch die Medien zur Seite. Das ist nicht ungewöhnlich bei einer öffentlich-rechtlichen Konstruktion, bei der die sogenannten gesellschaftlich relevanten Gruppen in den Fernseh- und Rundfunkräten der Sendeanstalten paritätisch vertreten sind, zumindest es sein sollen. So auch die Ministerpräsidenten der Länder, die Vertreter der Kirchen und alle anderen Gruppen auch, die dort mitreden und mitentscheiden wollen und sollen, auch darüber, wer Chefredakteur oder Intendant sein darf. Und die Gewählten geben erwartungsgemäß dann die große Linie nach unten weiter, in die Redaktionen und zu den Moderatoren - zumindest in der Theorie. Und die sagen dann schon einmal bei den viel geliebten Talkshows unter Umständen etwas, bei denen der normale Bürger auch mal etwas sagen darf, was er vielleicht sonst so nicht sagen würde oder sollte, zumindest nicht mit diesen Worten.

Gut ist auch, dass der Bürger für diese besondere Form der Nach- und Umerziehung auch selbst bezahlen darf. Nur was wirklich etwas kostet, ist auch wertvoll. Noch gibt es öffentlich-rechtliche Formate, die manche Politiker auch selbst fürchten, *Panorama (NDR/ARD)*, ist ein Beispiel unter anderen für guten kritischen Journalismus. Auch das *Auslandsjournal (ZDF)*, vielleicht, weil es sich in die inneren Angelegenheiten nicht einmischt. Wer sich sonst über Deutschland informieren will oder muss, kann auf ausländische Medien zurückgreifen. Wieso also Kontrolle der Information? Wieso also *GEZ* und nicht *Free media* und *Free speech*? Wieso wird ein Nachrichtensprecher zum Regierungssprecher? Gibt es keine Unterschiede oder Schamhürden mehr? Können die Deutschen immer noch nicht alleine denken? Ist die *AfD* trotz oder gerade wegen so viel aufmerksamer Kontrolle zweistellig gewählt worden? Haben die Medien also versagt, „ihren Job" nicht gemacht, wie es einige der „Etablierten" angesichts der eigenen Niederlage kolportieren?

Im Alltagsgeschäft sind widerstreitende Positionen Chancen zu konstruktiven Streitereien, in *bester* akademischer Tradition, eine Kultur der *besten* dialektischen Auseinandersetzung um das *sowohl-als-auch.* Bei der konkreten Auseinandersetzung mit dem politischen Gegner wird das Bild aber viel primitiver und in Schwarz-Weiß gezeichnet: *Die* sind rechts und radikal und *die* wollen wir nicht. Fast jede Diskussion oder Interview mit *AfD* Vertretern mündet irgendwann, oft meist umgehend, in der Frage, wann man sich von den rechtsradikalen Äußerungen oder Aktivitäten irgendeines Kandidaten oder Sympathisanten distanzieren würde, oder den Kandidaten selbst aus der Partei (endlich) rausschmeißen würde? Natürlich dürfen – darin ist man sich weitgehend einig – die *f* Nazis* oder solche, die glauben, rechte Position wären bereits der *rechte* Glaube für eine *gute* Gesellschaft, identifiziert und aus öffentlichen Funktionen entfernt oder von ihnen ferngehalten werden. Wer die eigene Vorstellung von *heiler* oder *richtiger* Welt gewahrt sehen will, glaubt den Finger in jede zu beklagende Wunde legen zu müssen, auch und gerade, weil es in der Vergangenheit in der eigenen Historie der etablierten Parteien zu oft keine vergleichbaren Anstrengungen zur Distanzierung von den Ewiggestrigen gab.

Gibt es Distanzierungsversuche der aktuell politisch Handelnden vor der jeweils eigenen braunen Vergangenheit der eigenen, früheren Parteipolitiker? Vielleicht ist das auch schon wieder zu lange her? Vielleicht vertrauen die Parteien auf die Erinnerungslücken der Bürger in Sachen Geschichte? Und vielleicht ist es ein schlechter Stil, daran zu erinnern, dass alle Parteien aus alten Nazis neue Demokraten geklont haben? Aber so war es eben (vgl. Wikipedia: Liste ehemaliger NSDAP-Mitglieder, die nach Mai 1945 politisch tätig waren). In der Nachkriegszeit, also noch vor wenigen Jahrzehnten, waren alle Parteien, wenn auch nicht gleich stark, von ehemaligen Nationalsozialisten durchsetzt. Die oft in höchsten Positionen des Nazireichs aktiv Verantwortlichen, insbesondere die sogenannten Funktionseliten, setzen nach dem Krieg und im Besitz des obligaten „Persilscheines" genauso selbstverständlich ihren Dienst an der neuen Volksgemeinschaft in höchsten Ämtern und unter dem Schutz und Diktum der Rechtsstaatlichkeit der neuen Verfassung fort. So als wäre das Nazireich der Verbrecher und Schlächter einfach über Nacht über sie hereingebrochen, und sie selbst hatten selbstverständlich nichts damit zu tun.

Natürlich gab es Tausende von Tätern und Mitläufern, die jetzt wie von Zauberhand geläutert waren und wieder nach Ämtern und Macht strebten. Zumindest wollen sie nicht mehr an ihre Taten erinnert werden. Und die neue bundesdeutsche Demokratie hat sie gerne genommen.[30] Woher sollten die neuen Demokraten auch kommen? Und ganz in der Tradition stets aufrechter „Demokraten" hat man *Willy Brandt* sehr schnell als Verräter und Nicht-Deutschen diffamiert. *Always the same procedures.* Die sogenannten „Nazi-Prozesse" hätte es ohne mutige Menschen wie das Ehepaar *Beate und Serge Klarsfeld* oder den Frankfurter Staatsanwalt *Fritz Bauer* wahrscheinlich nicht gegeben. Nazi-Verbrecher wie der Gestapochef *Lischka*, der „Schlächter von Lyon, *Klaus Barbie*, und auch „Mitläufer", wie der SA Mann und spätere Ministerpräsident des Landes Baden-Württemberg *Hans Filbinger (CDU)*, hätten ohne Bestrafung weitermachen können. Nach den Taten wollen auch Täter nur noch ihre Ruhe haben. Die Volksseele spricht immer die Wahrheit: *Es muss ja auch irgendwann einmal Schluss sein mit den alten Geschichten. Nach vorne schauen. Die Zukunft schaffen.* Der neue Bürger nach 1945 macht es der Politik nach und hatte natürlich nichts mit den Verbrechen, die im Namen des deutschen Herrenvolkes geschehen waren, zu tun.

Womit der Bürger aber unbedingt etwas zu tun haben wollte, war der neue Massenkonsum. Es sind immer die gleichen Sprüche, wie heute, nur mit 70 Jahre alter Patina. Und was ist mit den anderen Aufrichtigen? Tragen *Bündnis 90 / DIE GRÜNEN* keine Altlasten? Aber ja doch. Im Giftschrank der Natur-, Tier-

---

[30] Aus der sogenannten *Flakhelfergeneration* saßen nicht wenige an den Kabinettstischen der Nachkriegsregierungen und keine Regierung hatte großes Interesse gezeigt, über die Altlasten der neuen Demokraten aufzuklären. „*Die im BCD (Berlin Document Center; Anmerkung des Autors) verwahrte Mitgliederkartei der NSDAP gab vertraute Namen preis: drei Bundespräsidenten – Karl Carstens (CDU), Heinrich Lübke (CDU) und Walter Scheel (FDP), der zuvor Außenminister war, der ehemalige Präsident des Deutschen Bundestages, Richard Stücklen (CSU), der Außenminister Hans-Dietrich Genscher (FDP), die Wirtschafts- und Finanzminister Karl Schiller (SPD) und Liselotte Funcke (SPD), der Kanzleramtschef Horst Ehmke (SPD), der ehemalige Fraktionschef der CDU/CSU-Bundestagsfraktion, Alfred Dregger, und viele andere. Der Eindruck täuscht nicht. Allein in der Regierung Willy Brandts saßen zwölf ehemalige Nationalsozialisten am Kabinettstisch"* (siehe *Katja Tichomirowa*, *Nazi-Vergangenheit von Politikern. Ein doppeltes Spiel*. In Berliner Zeitung vom 15.04.2013).

und Weltenretter stapeln sich, ohne Anspruch auf Vollständigkeit, aber gut versteckt, die gar nicht so ehrenwerten Ex-Mitglieder, wie das Ex-SA, Ex-SS und Ex-NSDAP-Mitglied und Bauer *Baldur Springmann* und ein *Werner Vogel*, immerhin Spitzenkandidat der (damals nur) *GRÜNEN* für die Bundestagswahl 1983, der vor 1945 Karriere im SA- und NSDAP-Führungszirkel des Reichsinnenministeriums machte[31]. Pikanterweise gibt es aber auch eine sachliche Nähe: NS-Deutschland war führend im Umwelt- und Tierschutz. Für einen „Menschen-, besser Untermenschen-Schutz" konnten sich die Nazis und die vielen Mitläufer dagegen nie erwärmen. Der Schutz der Ausgegrenzten und Verfolgten blieb den wenigen Mutigen überlassen. Wie sieht es mit den Altlasten bei der *LINKEN* aus? Die Verquickungen zwischen *SED*, Staatssicherheit, *PDS* mit Abgeordneten der *LINKEN* sind bis heute nicht abschließend geklärt. Die *PDS* war die Verpuppung der *SED* unter den Bedingungen des Vereinigungsvertrages des geeinten Deutschlands und arbeitet mit Nachdruck an der Bereinigung der Altlasten, sagt der Historiker *Knabe*[32] Und der Liebling der Massen, *Gregor Gysi,* mischt, trotz „interessanter" Biografie, weit vorne mit. Die „neue *"Linke* in der Republik ist das legitime Kind der *PDS* und einiger linker *SPDler,* die krampfhaft versuchen, ihren Ursprung vergessen zu machen und vorgibt, erwachsen geworden zu sein.

Die wenigen Politiker, die jetzt so plötzlich verstanden haben wollen, wären auch hier gut beraten gewesen, sich von ihren Ex-Nazi- oder *SED/PDS*-Parteifreunden, wenn auch Jahrzehnte später, öffentlich und in gleicher Form zu distanzieren, wie sie es jetzt von der *AfD* verlangen. Die Medien könnten bei den Äußerungen der Politiker zu den neuen Nazis immer an die eigene Geschichte des gewollten Vergessens und an die besondere Behandlung der Vergangenheitsaufklärung erinnern. Einige waren vielleicht überrascht zu erfahren, dass der ehemalige Ministerpräsident von Baden-Württemberg, *Hans Filbinger* ein Ex-Nazi-Militärrichter war, der einen Fahnenflüchtigen selbst noch kurz vor der Kapitulation zum Tode verurteilte. Will man

---

[31] *Rupert Darwall, Das Grüne Reich*, 2018; auch *Pascal Beucker. Der alternative Altnazi*, in: Spiegel 03.03.2008.
[32] *Hubertus Knabe*: *Gysis Mission;* in www.hubertus-knabe.de vom 01.05.2019.

sich deshalb an die eigenen Altlasten nicht erinnern, weil man selbst nicht ohne Schuld ist? Oder entlastet die Schuldzuweisung an andere die eigene Seele? Oder fürchtet man mit der Akzeptanz der *AfD* die Rückerinnerung an die eigenen braunen Parteimitglieder?

Latente Schuld sucht immer auch die Entlastung im fremden Anderen. Oder einfacher gesagt, Sündenböcke tauchen immer dann auf, wenn es mit der Authentizität der eigenen Lebenswelt nicht mehr stimmt. Wäre es daher nicht wünschenswerter und mit Blick auf die Demonstration der Grundfestigkeit der Demokratie erforderlich, dass die schäumenden Demokraten die Wahl der *AfD* nicht als Ausrutscher in der Geschichte, sondern als Chance begreifen, mit guten Argumenten klarzumachen, dass wir eine solche Alternative nicht brauchen und nicht wollen? Nie mehr! Warum also haben so viele Wähler dieser Partei ihre Stimme gegeben? Sind die Erfolge der Etablierten zu unbedeutend oder weist ihre politische Praxis in eine Richtung, die nicht wenige als falsch erkennen wollen?

Hier ist eine analytische Differenzung notwendig. Es ist klar, dass eine *AfD* zu Zeiten eines Franz-Josef Strauss und Helmut Kohl nicht derart groß geworden wäre. Die Politik der *CDU/CSU* bestand vor Merkel darin, keine Partei rechts von ihr aufkommen zu lassen, sondern den rechten Rand des Parteienspektrums, der nach Einstellungsforschern etwa 15% beträgt, mit zu integrieren. Dies gelang nicht immer vollständig, aber dennoch in hinreichender Weise. Ansätze rechter Parteien (*NPD, Republikaner*, etc.) kamen über Anfangserfolge nicht hinaus und erreichten selten die 5%-Marke. Die *SPD* hatte dieses Problem bis 1989 nicht, da der linke Rand infolge des Kalten Krieges als von der Stasi gesteuerte Marionettenorganisation diskreditiert und parteimäßig kaum repräsentiert war. Unter Merkel ist der *CDU* die Integrationsfähigkeit nach rechts abhanden gekommen. Das rechte Wählerpotential war ohne Heimat und blieb der Wahlurne fern. Dass es für viele Jahre nicht in Erscheinung trat, lag daran, dass ihm die großen Themen und damit die Kristallisationskerne für eine parteimäßige Organisation fehlte. Dies änderte sich mit dem Auftritt der *AfD*. Die *AfD*, entstanden als eine Sammlungsbewegung von Euro- und Europakritikern ohne einheitliche politische Herkunft, wurde im Zuge der Flüchtlingskrise Schritt für Schritt – ablesbar am Wechsel der Vorsitzenden

– in ein Sammelbecken des rechten Parteienspektrums transformiert, in dem sich die Anhänger des moderateren, aber inhomogenen Teils (der alten *Lucke-AfD*) mit Anhängern des homogeneren und besser organisierten völkisch-nationalen Flügels um die Vorherrschaft streiten. Das weitere Schicksal dieser Partei wird auch vom zukünftigen Kurs der *CDU/CSU* abhängen. Bleibt letztere bei ihrem aktuellen Kurs und treten neue politische Krisenmomente in Erscheinung (neue Finanzkrise, Wirtschaftskrise, neue Flüchtlingswelle, muslimische Anschläge, ein *Talebscher Black Swan*) wird die *AfD* weiter wachsen. Sie kann dann nur noch an sich selbst scheitern, etwa indem sie sich spaltet.

„Lassen Sie mich raus aus ihrem Wir". *Wir* und *wir* und … wer ist eigentlich *wir*? Die mediale Auseinandersetzung mit dem Eindringling *AfD* in das eigene Haus in Form eines offenen Diskurses wird keinen Erfolg haben, weil sich die Protagonisten aus elitären Gründen (noch) dem konstruktiven Dialog versagen. Vielleicht tun sie das, weil sie keine Lust haben zu argumentieren, oder schlicht keine besseren Argumente vorweisen, die die Kritik auszuhebeln imstande ist? Vielleicht auch, weil sie de facto der Kritik keine eigenen Erfolgsstories entgegenstellen können. Die Politik der Koalition ist seit Langem im Krisenmodus, und jetzt im unpassenden Moment kommt die Herausforderung. Bereits im Wahlkampf verweigerte die Kanzlerin selbst den direkten Dialog mit dem Koalitionspartner und zugleich Herausforderer *SPD*. Einmal war sie in der „Bütt". Das sollte genügen. Das ist Teil der Dienstpflicht der Königin.

Die selbstgefällige Verweigerung der Macht-Eliten zur konstruktiven Auseinandersetzung mit der vermeintlichen Abweichung hat den Unmut der Bürger deshalb nur zusätzlich befeuert. Die vielen Schaukämpfe und Scheindiskussionen haben die Lücken in den eigenen Positionen nicht vertuschen können. Alle betonen, dass es angesichts des Terrors in deutschen und europäischen Städten und der Todesopfer und der Verletzten eine 100%ige Sicherheit nicht geben könne. Danach hatte aber keiner gefragt. Gefragt wurde danach, warum jeder erneute Fall von Mord oder von Vergewaltigung, der von einem Flüchtling ausgeht, ein Einzelfall sein soll, und mit Blick auf die Kriminalitätsstatistik …. bla, bla. Und nicht weniger irritierend und beschämend war, dass den Tätern oft größeres Verständnis, zumindest in einigen Teilen der Öffentlichkeit, zuteil wurde, als den Opfern selbst und deren Familien. Wir erinnern uns, das „mutmaßliche" Trauma der Flucht, die traurigen Familien- und Einzelschicksale, etc. Ernüchternd ist auch, dass trotz der massiven Strukturveränderungen, die sich in der Gesellschaft ergeben haben, auch weiterhin die Zukunft variabel und verhandelbar sein soll. Darauf hat sich zumindest die Politik eingerichtet und lebt prächtig vom Wegschauen und von der „Kultur" sprachlicher Relativierung.

Mit der zur Schau getragenen *Coolness* und Lockerheit, des *wir machen das schon,* ist es nach dem 24. September 2017 schlagartig vorbei. Die *AfD* ist nach der Bundestagswahl im Parlament mit 94 (minus 3 Abweichlern) Abgeordneten vertreten und sie behaupten, dass sie gewählt wurden, weil sie dem Bürger zugehört haben. Die Methode „*Trump"* lässt grüßen. Und zwar vor der Wahl und nicht nach der Wahl. Wer also trägt zumindest eine Mit-Schuld am Erstarken der *Alternative?*

Und wer ist „*wir"* beim Verstehen in den Befreiungsreden des Herrn *Seehofer?* Er gibt wenigstens zu, dass er vor dieser Wahl ziemlich weit weg war vom Verstehen der Bürger. Die *Ex-GRÜNE Jutta Ditfurth,* immer noch messerscharf in ihren Analysen und für die meisten ihrer Gesprächspartner zu intellektuell und rhetorisch zu elegant, verbittet sich die ungefragte Vereinnahmung in das Allgemeine und kontert pointiert jeden ungehörigen Versuch: „*Lassen Sie mich raus aus ihrem Wir".*

Das „*wir"* bei *Bündnis 90/DIE GRÜNEN* bekommt nach der Wahl einen neuen Anstrich und mit der neuen Doppelspitze *Robert Habeck* und *Anna-Lena Baerbock* ein neues frisches Aussehen. Die alte Garde ist längst zu sehr in der bequemen Langeweile der Dienstfahrzeuge, der Maßanzüge und Kostüme oder grellfarbigen Tücher, der entspannten Sitzpositionen im Parlament und der abendlichen Cocktails angekommen, um wirklich Neues und Substanzielles von sich zu geben. Nach dem Wahlergebnis so scheint es - sind *Bündnis 90/DIE GRÜNEN* auf dem Weg zum neuen Koalitionspartner der *CDU/CSU.* Sie werden ihre Chance zu nutzen wissen. Aber sie müssen aufpassen. Was *Merkel* wirklich kann, ist, den politischen Feind in das Netz der eigenen Strategien so einzuspinnen, dass er gar nicht merkt, dass er gleichzeitig langsam von innen aufgelöst wird.

Denn sie wissen nicht, was die anderen tun. Ein wesentlicher Grund für die Misere der Politik, besser gesagt, des einzelnen Politikers, liegt darin, dass Politiker nicht (mehr) zu wissen scheinen, was der Bürger *wirklich* will. Statt regelmäßig Gespräche mit den Bürgern zu führen, vertrauen sie auf Umfragen und richten ihr Sagen und Handeln nach statistischen Mehrheiten aus. Sie verwechseln das statistische Meinungsbild im Land mit dem tatsächlichen Wollen und den persönlichen aber objektiven Bedürfnissen der einfachen Leute und behaupten zugleich, diese doch zu erfüllen. Stellen sie überhaupt die richtigen Fragen? Haben sie Antworten auf diese? Oder folgen sie alten Parolen und gehen ausgetretene und bequeme Pfade? Politiker sind überzeugt von sich und von den eigenen Fähigkeiten und Fertigkeiten. Sie werben dafür, dass wir ihnen deshalb vertrauen sollen. Aber sind sie überhaupt ausreichend für den Job qualifiziert und vorbereitet? Nicht wenige Gesetze müssen in Vermittlungsausschüssen nachverhandelt werden oder werden gar von den Gerichten zur Nachbesserung an die Gesetzesmacher zurückverwiesen. Woher kommt diese große Zuversicht? Die Komplexität des Lebens nimmt zu. Können unsere Politiker nachziehen und neues Faktenwissen und neue Arbeitstechniken – on the job - erwerben?

Es ist zu befürchten, dass das Wissens- und Bildungsproblem des Landes schon lange auch in so manchem Sessel von Politikern Platz genommen hat. Die Fertigkeiten und Fähigkeiten und die Zeit, so scheint es mitunter, reichen schon lange nicht mehr aus, um die strukturellen und vielfach miteinander eng verschränkten und verschachtelten Probleme zu beherrschen. Das könnte ein Grund dafür sein, dass das Expertenwissen von externen Beratern in Ministerien und Behörden in den letzten Jahren so gewaltig angewachsen ist. Das wäre noch zu ertragen und aus Sicht des Steuerzahlers zu akzeptieren, obwohl die eigentliche Fachkompetenz per se doch bei den hoch bezahlten Staatssekretären und deren Beamten vermutet werden sollte. Was aber nach wie vor von allen Politikern selbst zu leisten wäre, ist die Verstehens- und Verständnisarbeit hinsichtlich der Sorgen und Bedürfnisse der Menschen. Wenn auch die Protagonisten das nicht mehr selbst zu leisten in der Lage sind, sollten wir sie ersetzen. Wie könnte man den Bürgerdialog qualitativ verbessern? Zuerst sollten die *richtigen* Fragen gestellt werden. Politiker müssen wieder lernen, das *richtige* Fragekonstrukt zu verwenden, wenn sie die *wahren* Bedürfnisse der Bürger wirklich ausloten wollen. Die Frage muss lauten: *„WIE kann ich Dir helfen?"*, oder *„Was fehlt Dir, geschätzter Bürger?"*

Das *WIE* fokussiert sich auf die Bedürfnisse und den Bedarf des Befragten und signalisiert dem Gegenüber, dass mir als Fragendem dieses *besondere* Bedürfnis *bedeutsam* ist. Partizipative (empathische) „Befragungen" kosten Zeit, sind aber in der Tiefe und der Reichweite des Ergebnisses (i. e., der konkreten Antwort) viel genauer als übliche Umfragen dies ermitteln könnten. Die persönlichen Antworten sind authentisch – aus der Sicht der Befragten. Und darauf kommt es an, wenn ich Menschen verstehen möchte. Wer verstehen will, warum Menschen zu anderen als den traditionellen oder konformen und gewünschten Ideologien neigen oder diese praktizieren, muss sie *konkret* fragen.

Ersatzhandlungen erfüllen hierbei nicht den erwünschten Zweck. Dass sich die Zuschauer der öffenlich-rechtlichen Anstalten in letzter Zeit – nahezu in Endlosschleifen – Sendungen ansehen können, die mit den immer gleichen Bildern über die Entstehung, Geschichte und Gräueltaten der Nationalsozialisten berichten, oder über die diversen Feldzüge, militärischen Taktiken und Strategien der beiden Weltkriege, u.a.m., wirft die Frage auf, welche Intention dahinter steht? Ganz zu schweigen von solchen Sendungen, die sich an der Darstellung und Huldigung von Vernichtungswaffen versuchen. Wem soll das dienlich sein? Was ist die Absicht, die hinter solchen *Features* steckt? Dient das der reinen Sachinformation für *interessierte* Zuschauer? Eine solche, auf der Basis seriöser historischer Quellen, ausgewogener Argumentation und wissenschaftlicher Fundierung, ist natürlich notwendig um Fragen wie die folgenden zu beantworten: Wie konnte es dazu kommen? Welche strukturellen Konstellationen, gewollten Interventionen und zufälligen Umstände führten zu diesem oder jenem Ergebnis? Wo liegen die Befurkationspunkte, die darüber entschieden, ob ein Prozess sich zum Guten oder Schlechten für diesen oder jenen Akteur entwickelte? Hätte es auch ganz anders kommen können?[33] Solche von der historischen Forschung diskutierten Fragen finden in den öffentlichen Medien keinen adäquaten Niederschlag. Differenzierte Analysen mit

---

[33] Siehe dazu Ergänzungen im Anhang; ebd. „Anmerkung 33".

analytischem Tiefgang und ohne die obligate und zuweilen penetrante auftretende volkserzieherische Absicht findet man unter all den angebotenen, schnell und billig zusammengeschusterten Schrott-Dokus eher selten. Ein bekannter deutsch-französischer Gemeinschaftssender bildet dabei eine löbliche Ausnahme.

Der Alltag hält genügend Beispiele dafür bereit und nährt beständig die Erkenntnis, dass sich trotz allen Wissens und aller Erfahrungen Kriege nicht abschaffen lassen, zum Beispiel, weil wenige damit riesige Gewinne machen können. Aber die Ursachen von Kriegen sind natürlich vielfältig, und man sollte die für die Kriegführung benutzten Mittel nicht mit den Ursachen der zugrundeliegenden strukturellen Konflikte, ethnischen Auseinandersetzungen, Verteilungskämpfe oder machtpolitischen Motive verwechseln. Um Hunderttausende in wenigen Tagen zu töten, braucht man keine Hightech-Waffen. Dafür genügen Macheten, die nicht zum Töten von Menschen, sondern für die Ernte von Nahrungsmitteln hergestellt wurden.

Als Ausgleich für den Verzicht auf Schrott-Dokus könnte man das Geld in Produktionen stecken, die den Alt- und den Neubürgern an Beispielen erläutern, was die wesentlichen Elemente einer säkularen Demokratie sind. Und exemplifizieren, warum es wichtig ist, dass Kirche und Staat getrennt sind, wie man sich in unserer Kultur Frauen gegenüber verhält, wie das Arbeitsleben hier funktioniert und wie man sich im Schwimmbad benimmt, etc. Wer optimistisch ist, mag annehmen, dass die Immigranten diese Produktionen anschauen, vorausgesetzt, sie sind gut gemacht. Dazu verpflichten kann man sie nicht, und ob die Lehrfilme die gewünschte Wirkung haben oder eher Abwehr auslösen, bleibt abzuwarten.

Hauptdarsteller in den vielfach wiederholten zeitgeschichtlichen Dokumentationen ist natürlich Adolf Hitler, zumeist in seiner Funktion als „Führer" in den Untergang, manchmal auch privat. Historisch steht fest, schuld am Wahnsinn des „Tausendjährigen Reiches" war nicht er allein. Auch in anderer Hinsicht werden Erwartungen enttäuscht. Hochrangige ausländische Besucher beschreiben Hitler oft als charmant, wohlinformiert und kultiviert. Man kann eben niemandem hinter die Stirn schauen. Wäre Hitler, wie es sein Wunsch war, Kunstmaler geworden, hätte er außer mittelmäßigen Bildern vermutlich keine Spuren in der Geschichte hinterlassen. Es gibt auch keinen

Grund anzunehmen, dass er in die Kriminalität abgerutscht wäre. Aber er hatte ein brennendes historisches Interesse und eine ausgeprägte Rednerbegabung, die ihn, begünstigt durch die politischen Wirren der späten Weimarer Republik, an die Spitze des Staates spülte und ihm Gelegenheit gab, seine abstruse Geschichtsphilosophie in die Tat umzusetzen. Und so kann er im Rückblick als der teuflische Anstifter unzählbaren Grausamkeiten, als ein durch und durch verkommenes Subjekt und vielleicht auch als ein im pathologischen Sinne seelisch Gestörter beschrieben werden. Er war aber nicht alleine. Er war kein Einzeltäter. Sein Tun und Sagen und Anstiften gedieh auf einem fruchtbaren Boden des Mitmachen-Wollens Vieler.

Ein riesiges Heer von willigen Helfern, Mitläufern, Kriminellen, psychisch Gestörten, Abgehängten und Wirtschaftsgewinnlern hat den Wahnsinn und das Massenmorden erst möglich gemacht, auch und gerade weil ihnen eine Chance geboten wurde, daran mitzuverdienen. Die Gestörten, weil sie ihre Triebe ausleben konnten, Menschen quälen und ermorden durften, die Kriminellen, weil sie rauben durften, die Unternehmer, weil sie große Profite machen konnten, die damaligen Politiker, weil sie eine nahezu unbegrenzte Macht ausleben durften, einige Mediziner, weil sie unmenschliche und skrupellose Forschung ohne ethische Leitplanken an rassisch „Minderwertigen" betreiben durften, einige Juristen, weil sie Justitia legal zum *Recht des Stärkeren* verbiegen durften, die Kirchen, weil sie (vielleicht) eine zweitausend Jahre alte Rechnung offen hatten, die Intellektuellen, Schreiberlinge und Lehrer, weil sie *gute deutsche Werte* propagieren durften.[34] Zur Legitimation des Ungeheuerlichen bedurfte es nur der Ausweisung angeblich „historischer" oder „neuer" Rechte und Ansprüche, der Propagierung eindeutiger Sündenböcke mit Hilfe der angepassten Medien und einer kleinen Gruppe gewissenloser und egozentrischer und narzisstischer Anstifter. Die in solchen Situationen wirksame „Schweigespirale" sorgte dafür, dass diejenigen, die nicht einverstanden waren, mit dem Schicksal einiger vorlauter unvorsichtiger Zeitgenossen vor Augen, die „Klappe hielten", um nicht selbst zu Opfern zu werden.

---

[34] Nach dem Anschluss Österreichs an das Deutsche Reich hatte die Hitlerregierung die größte Zustimmung in der Bevölkerung, die eine deutsche Regierung je hatte.

Solche sozialen Prozesse gehorchen immer der gleichen Logik, sind aber getönt durch die zeitgeschichtlichen und kulturellen Umstände. Mitmachen ist oft einfacher und lukrativer als das Nach- und Querdenken. Kriege ermöglichen die Entwicklung schlimmster Vernichtungswaffen, an denen wenige gut verdienen und mit denen unendliches Leid erzeugt wird. Der Krieg ist auch der „Vater vieler Neuerungen", nicht nur im Bereich der Waffen. Die versteckte oder sogar teils offene Legitimation von (medizinischen und physikalischen) Experimenten zeigt, dass auch Wissenschaftler nicht frei sind von Mitläufertum, dem Vorbereiten und der Durchführung des Bösen. Erst die Mitläufer ermöglichen die massenhafte Entwertung der Werte, die ungesetzliche Umverteilung und den Raub von Eigentum, die unbarmherzige Abrechnung mit Andersdenkenden, mit anderen Ethnien und Glaubensgemeinschaften. Damit stiftet jeder neue Krieg an zur willentlichen Aufgabe von Freiheit und Humanität. Wer dabei mitmacht, will auch etwas dafür bekommen. Wer nach Waffen ruft, will sie einsetzen. Und wenn es nur die Bestätigung dafür ist, Teil einer angeblichen *wichtigen*, *richtigen* und *guten* Sache zu sein.

Wie schwierig es ist, auch Jahrzehnte danach, das Geraubte wieder zurückzubekommen, belegen die Bemühungen zur „*Restitution*" (Rückgabe) von Kunstgegenständen aus einst jüdischem Besitz. Keine Frage sollte sein, dass, wer Menschen das Leben zur Hölle gemacht oder sogar genommen hat, und wer zum Morden und Stehlen angestiftet hat, seiner Strafe zugeführt werden muss. Und die Gesellschaft muss die Täter benennen, sodass kein Zweifel darüber besteht, wer das Böse begangen hat. Wieso berichtet man nicht ausführlich über diese Täter und benennt auch jene aus der zweiten und dritten Reihe konkret beim Namen? Auch gewöhnliche Denunzianten und sogenannte „Judas-Frauen" haben viel menschliches Leid verursacht. Warum wird über deren (extrinsische) Motivation und psychisch-soziale Disposition nicht genauer berichtet, damit junge Menschen daran lernen können? Es sind nicht nur die geistigen Brandstifter und aktiven Anführer, sondern auch die gedankenlosen Mitmacher, egoistischen Profiteure, böswilligen Anschwärzer, verblendeten Idealisten und gewissenlosen Funktionäre, die ein inhumanes Regime tragen und am Leben halten.

Für den Bestand eines demokratischen Staatswesens ist es fundamental wichtig, dass die Bürger über diese *Mechanismen*

Bescheid wissen, weil sie sonst vergessen, wie die geschichtlich-sozialen Grundmuster funktionieren und dann glauben, dass alles ohne ihr Zutun geschieht. Es gehören Aufklärungssendungen dazu, die erklären, warum Menschen immer wieder auf geschickte Verführer hereinfallen, die gut reden können und die besondere Fähigkeit haben, die Massen mit irrationalen und menschen-verachtenden Ideologien zu verwirren. Jede Demokratie braucht Aufklärung über die Persönlichkeitsmuster der sich bewerbenden Kandidaten.

„Man sollte ... man müsste ... ich glaube ... ich meine ...“ Die Aussagen vieler Politiker sind in aller Regel und aus gutem Grund ungenau und vage gehalten. Denn das Konkrete ist überprüfbar, und der Faktencheck entlarvt Nichtwissen oder Lügen und damit den Sprecher selbst. Ist es überraschend, dass der eine oder andere Politiker nicht weiß, worüber er abstimmt – Beispiel Griechenlandhilfen? Manchmal sind nicht einmal die Abkürzungen und auch nicht die detaillierten Zusammenhänge neuer Abstimmungs- oder Gesetzesvorlagen klar. Die Abgeord-neten nehmen dennoch, wie selbstverständlich, das Abstim-mungsrecht im Parlament wahr. Wer eine höhere (berufliche) Position innehat, wird in der Regel nicht eingestehen, dass er etwas nicht weiß oder nicht versteht. Das sind die sichtbaren Aspekte eines Phänomens, das Psychologen als das *„Aufsteigen bis zur Inkompetenz“* oder kurz als das *„Peter-Prinzip“* bezeichnen.[35]

Das Peter-Prinzip besagt, dass ein Aufstieg in der Hierarchie einer Organisation bis zur Stufe der eigenen faktischen „Inkom-petenz“ weitergehen kann. Um nicht aufzufallen, müsste der betreffende Positionsinhaber „Wissenden“ um sich versammeln, die mit ihrer kompenten Leistung von der Inkompetenz des „Chefs“ ablenken. Allerdings sind Kompetentere immer eine reale Gefahr für die Position der höherrangigen Inkompetente-ren, weshalb „Peter“-Manager nur auf solche *Mit*-Arbeiter setzen, die an die eigene „Befähigung“ nicht heranreichen. Die Inkom-petenten ziehen daher zumeist noch mehr Inkompetenz nach sich. Inkompetente Manager bauen zur Eigensicherung deshalb fast zwangsläufig an einer inkompetenten Mannschaft, sagen die Forscher. Wer Erfolg haben will, muss sich ein- oder unterordnen

---

[35] *Laurence J. Peter, Rymund Hull, The Peter Principle, 1969/1970.*

oder seine Kreise selbständig ziehen, um Erfolg zu haben. Der Typus, der sich durch „Wissen, Eigeninitiative, Fachkompetenz, Mut und Sozialkompetenz" auszeichnet, wird von *schwachen und inkompetenten* Managern nicht nachgefragt. Der Preis dieses Verfahrens besteht darin, dass die Inkompetenz der Positionsinhaber mittelfristig, in kritischen Situationen auch kurzfristig, für alle nicht noch Inkometenteren sichtbar wird.

Merkel würde nach dieser Theorie keine „Stars" als Mitstreiter an ihrer Seite dulden, und ihre künftigen Nachfolger (nur) aus der Gruppe derjenigen auswählen, die nicht an sie heranreichen. Wer gefährlich ist, oder es werden könnte, wird weggebissen oder auf eine riskante Position abgeschoben. So werden ihre Mitstreiter früher oder später in der vermeintlichen Gewißheit, die potenzielle Nachfolge anzutreten, vielleicht nur das eigene Scheitern erleben. Die Gefahr dieser „Strategie" liegt auf der Hand. Früher oder später verursachen die Inkompetenten einen Gesamtschaden von möglicherweise enormen Ausmaßen.

Die Sabotage des Vertrauens, das der Wähler in die Kompetenz von Politikern setzt, beginnt immer mit kleinen Nachlässigkeiten, erwiesenen Gefälligkeiten und dem Zwang zum Mitlaufen, dem der Einzelne in der Herde ausgesetzt ist. Dass auch Top-Politiker sich mit ihren Äußerungen oft im „Land des Konjunktivs" bewegen, erscheint zwar ehrlich, aber zugleich bedenklich: *„Man sollte ... man müsste ... ich glaube ... ich meine ... ich denke, es gibt Studien, die belegen, dass ... es ist logisch, dass ..."* Welche „Logik" ist damit eigentlich gemeint? Die bloße Anmaßung von Wissen ist natürlich keine Lösung. Was fehlt, ist der Versuch, das beste verfügbare Wissen von Experten und Praktikern zusammenzuführen und ohne parteipolitische Scheuklappen für die Lösung der Probleme zu nutzen. Aber dies geschieht in vielen Fällen nicht. Die Lösungen der Politik greifen daher oft zu kurz und sind zumeist nur Reflexe auf äußere Ereignisse, z. B. EU-Schuldenkrise, Finanzkrise, Fukushima und der Ausstieg aus der Atomindustrie. Bereits 1997 „entdeckten" die Deutschen das Thema „Klima" (Bonn Climate Change 1997) und dann nahm der Reisezirkus für das Klima Fahrt auf: Kyoto 1997, Buenos Aires 1998, wieder Bonn 1999, Lyon, Den Haag, Marrakesch, dazwischen immer wieder Bonn, Neu Delhi, Montreal, Nairobi, Wien, Bali, Bangkok, Poznań, Barcelona, Kopenhagen, Tianjin, Cancun, Panama, Durban, Doha, Warschau, Lima, Genf, Paris und dann die *UN Konferenz Climate Change* 2017. 20 Jahre lang "*entdeckten*" die internationale Politik und die Vertreter der Zivilgesellschaft im Schlepptau von Klimaforschern, Konzernen und Lobbyverbänden jedes Jahr aufs Neue ihre mehr oder minder gemeinsame Verantwortung für das weltweite Klima. Die Teilnehmer bekennen in wohlgeformten und fast immer gleichlautenden Abschlusskommuniqués, dass sie verstünden, dass es dem Planeten (und seinem Klima) schlecht gehe. Die unverbindlichen Vereinbarungen, die Erwärmung des Planeten auf 1,5% zu begrenzen, werden nie eingehalten[36]. Insgesamt ist die Diskussion um die richtigen Werte und Interpretationen aus dem Ruder gelaufen und die Positionen stehen sich weltweit unversöhnlich gegenüber. Statt Faktenchecks durchzuführen, echauffieren sich die Gemüter lieber darüber, wer "Klimaschützer" oder "Klimaleugner" ist. Deutschland und die Politik jedenfalls haben Stellung bezogen und wollen das Klima bis 2035 oder 2050 "retten".[37] Je nachdem, was zuerst eintritt, die Rettung oder das Jahr.

Dass derweil alles aus dem Ruder läuft, ist kein Wunder, wenn Tausende Delegierter durch die Welt hin- und herjetten. In der

---

[36] Für eine verbindliche Definition im Sinne eines international einheitlichen Klimaziels ist das sogenannte *Referenzniveau* entscheidend. Worauf soll sich der Wert der Klimabegrenzung, der mit 1,5% festgelegt wurde, konkret beziehen? Der Weltklimarat der UN - IPCC - hat sich auf das sogenannte "*vorindustrielle Niveau*" zwischen 1850 – 1900 festgelegt. Zu diesem Zeitraum war die Industrialisierung aber in vollem Gange und der Himmel war lokal begrenzt bereits schwarz. Eigentlich, sagen Kritiker, wäre der Zeitraum von 1500 – 1900 aussagekräftiger (400 Jahre). Aber es existieren zu diesem Zeitraum keine validen Daten. Also bleibt es bei der Festlegung, auch im Wissen darüber, dass die zeitlichen Ausgangsbedingungen des Klimamodells (40 Jahre) für valide Projektionen viel zu kurz sind.

[37] Zum Erreichen der von der Regierung vorgegebenen deutschen Klimaziele fehlen bereits heute 100 Millionen Tonnen an CO^2-Reduktion (= die Menge, die die Chinesen Anfang 2020 innerhalb von 2 Monaten durch den COVID-19 Ausbruch eingespart haben [nach CarbonBrief und statista.com]). Das war zu erwarten, weil mehr Kohle verbrannt wird, und immer mehr Autos auf den Straßen fahren. Überdies sind die Erwartungen an die E-Mobilität hoch idealistisch und vernachlässigen die Opportunitätskosten.

Zwischenzeit überbieten sich die Retter mit Ideen und Absichts-erklärungen. Und aus einem Bundeskabinett wird per Beschluss ein deutsches *Klimakabinett*. Glaubt man, dass alles jetzt besser werden wird, weil das Kind einen Namen hat? In der Zwischen-zeit ersetzen fragwürdige Verbote die erforderliche Kreativität. Dieselfahrverbote beuteln die Menschen, die das Auto benötigen, um Steuern zu erwirtschaften, und diskreditieren eine Technolo-gie, für die Deutschland jahrzehntelang Weltmeister war. Eine künftige generelle CO^2-Abgabe[38] bedroht den Atemvorgang der normalen Menschen und ganz nebenbei den Wirtschaftsstandort Deutschland. Aufgeregte Schüler folgen jeden Freitag einer jungen Schwedin, die die Schule für die *gute Sache* schwänzt. Es scheint so, als könne sich *das Klima* auf seine baldige Rettung freuen. Aber Worte sind keine Taten. Und politische Taten blei-ben oft in bloßem Aktivismus und Symbolhandlungen stecken.

Von der Politikstrategie der zufälligen Zickzackkurse gibt es endlose Beispiele und die Gründe dafür sind nachvollziehbar. Sie sind in der Angst von Politikern begründet, für Fehlhandeln persönlich verantwortlich gemacht zu werden.[39] Eine formale

---

[38] Bis 2010 saugt die *Deutsche Bank* alle Zertifikate auf und liefert sie an die *Deutsche Bank* London. Dort kassieren Betrüger unrechtmäßig die Umsatzsteuer. Am sogenannten *Karussellbetrug* mit Zertifikaten verdient die Deutsche Bank Provisionen beim Zertifikatskauf und -verkauf. Der Betrugsschaden für den Steuerzahler liegt bei geschätzt sieben Mrd. Euro. Die deutsche Politik redet nicht gerne über das Betrugsschema, weil es auf Lücken im Steuerrecht hinweist. Die europäischen Länder stimmen sich nicht ab, weil jedes Land die Steuerdaten geheim hält und die Steuerhoheit nicht abgeben will. Das ist eine Aufforderung zum Karussellbetrug. Einfachste Lösung: Auf alle Handelsgeschäfte zwischen EU-Ländern wird generell USt. fällig. Dann lohnt sich das *Karussell* nicht mehr. Die Staaten müssen die eingenommenen Steuern dann nur ehrlich untereinander abführen.

[39] *„Der rheinland-pfälzische Ex-Finanzminister Ingolf Deubel (SPD) hat in seinem neuen Untreue-Prozess erstmals öffentlich deutliche Selbstkritik bei der gescheiterten Privatfinanzierung des Nürburgring-Ausbaus eingeräumt…Im neuen Prozess muss das Gericht eine Gesamtstrafe für eine Falschaussage Deubels vor dem einstigen Untersuchungsausschuss Nürburgring und vier vorherige Fälle von Untreue bilden.“* (www.n-tv.de; Bericht vom 30.01.2020). Das könnte einer der

„*Amtshaftung*" gibt es nicht. Aber nichts fürchtet ein Politiker mehr als den Verlust seiner Macht und die damit verbundenen Privilegien. *Angst treibt den Aktionismus voran.* Um nicht liefern zu müssen, wird er die Wirklichkeit relativieren und solange biegen und verbiegen, bis das zwingend Notwendige und eigentlich Machbare in den Bereich des Unerheblichen verschoben ist. Das Nichtliefern scheint nach wie vor ebenso legitim wie opportun, weil Politiker in der Regel nicht unter Konkretisierungs- und Lieferzwang leiden, obwohl sie selbst dies von anderen immer fordern. Ist das schizophren oder clever? Die Öffentlichkeit mahnt den Liefermangel an, zugleich fehlen ihr die Mittel, diesen zu erzwingen.

Vielleicht ist das politisch *Normale* auch dem *Gewöhnungseffekt* geschuldet. Politiker müssen allenfalls *alternative* Lösungen und *gute* Erklärungen, oder halbwegs *nachvollziehbare Projektionen des Wünsch-* und weniger des *Machbaren* parat haben, oder bei Nachfrage nachliefern oder nachbessern können. Und sollte mal etwas schiefgehen, war es halt *„zu komplex, nicht vorhersehbar oder schlicht alternativlos ... keiner konnte doch wissen, dass ..."* Es gibt keine Stelle, die bei Fehlhandlungen der Politiker zum Schaden des Bürgers oder der Gemeinschaft den Schadensverursacher juristisch oder monetär zu Rechenschaft ziehen könnte. Letztendlich heißt das, der Staat, also der Bürger selbst, muss für jeden Schaden aufkommen, den Politiker als seine Repräsentanten verursachen. Es gibt keine Amtshaftung für diese Gruppe. *Wir*, die Gemeinschaft der Steuerbürger ist damit gemeint, nicht irgendeine abstrakte Entität, *wir* zahlen *immer* die Rechnung. Der *Bundesrechnungshof* weist Jahr für Jahr verantwortungsbewusst auf jede öffentliche Steuergeldverschwendung hin. Sanktionen gibt es aber kaum, allenfalls ein kurzes Rauschen im Blätterwald oder, wenn es sehr schlimm wird, einen Untersuchungsausschuss. Einige Politiker bedienen sich der Institutionen, wie sich einst die Fürsten den Hofnarren hielten. Wahres Zeug reden darf er. Aber das ist schon alles. Wer wird beispielsweise die direkten und indirekten Kosten der Flüchtlingskrise bezahlen? Das ist natürlich eine rhetorische

---

wenigen Fälle sein, dass ein Ex-Minister persönlich für seine Verfehlungen im Amt juristisch haftbar gemacht und die generelle Frage nach einer Amtshaftung für Politiker neu gestellt wird.

Frage. Letztendlich immer die Gemeinschaft selbst und nicht eine Partei oder schon gar nicht ein einzelner Politiker und auch nicht der Gutbürger, der sich für die Aufnahme lediglich aus Gründen der Humanität eingesetzt hat. Verfassungsbeschwerden gegen die Kanzlerin werden daher ins Leere laufen und sind reine Spiegelfechtereien.

Haftung ist nicht vorgesehen, das macht das Regieren so einfach und lustvoll. Geht es gut, werden sich die Macher feiern lassen und nicht aufhören, allen klarzumachen, dass der Erfolg nur ihrer und ausschließlich ihrer brillanten und vorausschauenden Politik zu verdanken sei. Geht es aber schief ... *again, who cares!* Wahlbürger haben leider ein kurzes Gedächtnis und solange keine grobe Fahrlässigkeit vorliegt, ist alles *OK!*

Politisches Handeln ist ein (fast) risikofreier Raum und hat seine eigenen Gesetzmäßigkeiten nicht nur für das Spitzenpersonal, sondern auch für die Gruppenmitglieder. Möglicherweise ist das auch einer der Gründe, warum die Öffentlichkeit gerne und mit vollem Schwung und mit Wonne auf den privaten und vermeintlichen Verfehlungen von Politikern herum dreschen. Das war schon immer so und folgt einer uralten genetischen „Verdrahtung", die den Menschen veranlasst, nach tiefer Enttäuschung nach Rache zu trachten. Es ist einer verständlichen Entlastungshandlung bei übermäßigem Stress vergleichbar. Wehe den Opfern!

Natürlich gibt es wahre Könner im Politikbetrieb. Wahrscheinlich sind sie irgendwo in der dritten oder vierten Reihe und in Ausschüssen geparkt, um den Normal-Typus (s. o.) nicht zu beschädigen. Wir sind weiter denn je entfernt von einer kritischen politischen Klasse, um eine Kehrtwende vom Standard des „Normal"-Politikers zum Bürger-Politiker anzustoßen. Und noch weniger Kandidaten bringen das richtige handwerkliche Rüstzeug mit, das zu einem kompetenten Problemlösungsverhalten nach bestem Stand des Wissens i.o.g.S. befähigen würde.

Wer wird Politiker und was ist seine Motivation? Der 24 Jahre junge Bundestagsabgeordnete *Philipp Amthor*, Kind einer alleinerziehenden Mutter aus Torgelow und das neue, junge Gesicht der *CDU* für Erneuerung, wurde befragt, und er hatte keine konkrete Antwort dazu. Das ist altersgerecht und *OK*.

Wenn er jetzt noch richtig zuhören lernt und sich darin übt, eher klug zu handeln als nur das zu sagen, was andere von ihm erwarten, ist er eine Hoffnung für den Politikbetrieb.

Wie so viele Abgeordnete ist Amthor Jurist. Dass so viele Volksvertreter *Juristen* oder *Politologen* oder *Lehrer* mit Beamtenstatus sind, daran haben wir uns gewöhnt. Und dass Handwerker, Selbstständige, oder Repräsentanten der sogenannten hart arbeitenden Bevölkerung – die Gruppe der *kleinen Leute* - unterrepräsentiert sind, hat oft banale Alltagsgründe. Wer „hart" (ein Ausdruck, den Politiker oft verwenden) arbeitet, hat in aller Regel keine Zeit mehr fürs Palavern. Wie stark sind die Gruppen der Jungwähler, der Rentner, der Migranten mit deutschem Pass, der Frauen im parlamentarischen System vertreten? Zumindest sind sie nicht repräsentativ vertreten.

Das ist auch nicht erforderlich, denn ein repräsentatives politisches System wie das deutsche beruht auf dem Prinzip der flexiblen Aggregation von Interessen. Dieses verlangt nicht, dass die Bäcker, Mechatroniker, Verkäuferinnen, Bankmanager, Apotheker, Hausbesitzer, Mieter, Obdachlose, Veganer, Fleischesser, etc., entsprechend ihrer Anzahl (warum eigentlich nicht entsprechend ihres wirtschaftlichen Gewichts?) in den Parlamenten vertreten sind. Das ist weder erforderlich noch würde es die Qualität der parlamentarischen Arbeitsprozesse anheben. Der Bundestag ist kein Abbild der Gesellschaft und kann dies aufgrund der Differenziertheit einer modernen Gesellschaft auch gar nicht sein. Gesellschaftliche Interessen werden über intermediäre Gruppen aggregiert und in Form von Parteien in den Parlamenten repräsentiert. Moderne Gesellschaften sind nicht mehr nach den Regeln einer Ständegesellschaft gegliedert, sondern unterliegen einer „Verflüssigung" der sozialen Strukturen. Die Gruppenstrukturen sind dabei ebenso fluide wie die Grenzen zwischen ihnen. Alte Gruppen verblassen oder verschwinden durch den wirtschaftlichen, kulturellen und politischen Wandel, neue kristallisieren sich heraus. In der „Erlebnisgesellschaft" (G. Schulze, 1992) werden Klassen und Schichten tendenziell durch „Erlebnismilieus" (Niveaumilieu, Harmoniemilieu, Integrationsmilieu, Selbstverwirklichungsmilieu, Unterhaltungsmilieu) ersetzt. Eine neue Einteilung der Initiative „More in Common" identifiziert 6 Gruppen, die ebenfalls nichts mehr mit der herkömmlichen Einteilung in Klassen oder Schichten zu tun haben: die Offenen, die Involvierten, die Etablierten, die Pragmatischen, die Enttäuschten und schließlich die Wütenden (www.dieandereteilung.de). Ein im engeren Sinne repräsentatives politisches System müsste je nach verwendetem Sozialmodell zu einer anderen Zusammensetzung der Parlamente führen. Es sei denn, seine Gestalter würden eine der Möglichkeiten der Abbildung des Sozialen dogmatisch für die einzig wahre erklären. Eine fluide Sozialstruktur mit vielen sich überkreuzenden Dimensionen kann nicht durch ein Quotensystem abgebildet werden. Jede Festlegung wäre entweder die Prämierung einer von vielen wechselseitig inkompatiblen Möglichkeiten oder das eingefrorene Abbild einer Momentaufnahme der Gesellschaft, die sich schon im Moment der Abbildung wieder verändert hat.

Repräsentative Systeme können durchaus zu Besonderheiten und Ungleichgewichten führen, im Guten wie im Schlechten. Die lautstarke Partei der *GRAUEN* (Generationenpartei *DIE GRAUEN*) - als extrem parteiische Interessenvertretung der Alten – gibt es nicht mehr im politischen Raum – und das ist ein Verlust! Einer der Autoren hat die stets unruhige (lebhafte) und streitbare *Trude Unruh* persönlich noch kennengelernt. Diese Frau hat ob ihrer Erfahrung, Güte, Energie und ihrer positiven Ungeduld zutiefst beeindruckt. Angesichts des Debakels in der Pflege bräuchten wir diese Unruhe dringend.

Jugendliche werden erst mit 18 ernst genommen, und die Unterrepräsentation der Gruppe der Frauen in politischen Handlungsfeldern wird vielfach beklagt. Selbst im Managementbereich der Wirtschaft glaubt man *Gleichheit per Gesetz* erzwingen und damit das in Norwegen ironisch „Goldröckchen"-Modell genannte und hierzulande von Personalberatern kritisierte Verfahren auf deutsche Unternehmensvorstände übertragen zu müssen. Für die Politik gäbe es eine andere einfache Lösung: Frauen können in die Parteien eintreten und sich in den Ortsvereinen für die Unterbezirksversammlungen aufstellen und (von anderen Frauen) wählen lassen, dort wieder für die Bezirksversammlungen, usw! Von oben her einsteigen ist natürlich bequem, wäre aber unfair und der Sache nicht dienlich. Bei der „*Ochsentour*" lernt man unter anderem auch, wie (gute und schlechte) Politik gemacht wird und wie Netzwerke und Seilschaften funktionieren.

Wer das Paritätsprinzip als oberste politische Maxime ansieht, könnte, sofern die Frauen trotz aller Lockmittel nicht in ausreichender Zahl in die Parteien eintreten, vielleicht daran denken, im Gegenzug so viele Männer auszuschließen, bis die Parität wieder hergestellt ist. Um die Ausgeschlossenen mit ihrem harten Schicksal zu versöhnen, könnte man z. B. eine Lotterie veranstalten: Die Gewinner erhalten eine Eintrittskarte für den nächsten Feministinnenkongress, an dem sie als Gäste – natürlich ohne Rederecht – teilnehmen dürfen. Man könnte auch die Mitgliedschaften unter den eintrittswilligen Männern versteigern und aus dem Erlös Prämien für eintrittswillige Frauen finanzieren. Wir geben aber zu, dass dies ein Vorschlag mit geringen Chancen zur Umsetzung ist, zumindest bei der derzeitigen Lage der Dinge. Schließlich und endlich würde es für die Parteien auch Verzicht auf Mitgliedsbeiträge (der ausgeschlossenen Männer) bedeuten. Ohne eine Portion Optimismus müssten wir uns sofort dem langweiligen Standard des *who cares* ergeben. Aber woran könnte es liegen, dass die Frauen nicht in die Parteien eintreten oder neue Parteien gründen? Hindert sie jemand daran? Oder haben sie einfach keine Lust, sind zu bequem, ist es ihnen die Mühe nicht wert, ihre staatsbürgerlichen Rechte wahrzunehmen? Nach der „Logik kollektiven Handelns" (Olson) könnte es die Motivation der Frauen zur kollektiven Organisation stärken, wenn man ihnen mit dem Parteieintritt zusätzliche Gratifikationen oder Leistungen anbietet, etwa Yoga-Kurse, Ernährungsberatung, Schmink- und Frisierkurse, Lifestyle-Angebote. Kreative Lösungen sind gefragt.

Natürlich ist es traurig, dass man schon seit Jahren den Eindruck gewinnen könnte, dass die jeweils eigenen Vorteile von Amtsträgern und Abgeordneten (regelmäßige Anpassung der Bezüge, großzügige Ausstattung der Abgeordnetenbüros, zudem Zweit-Pöstchen in der Wirtschaft, Beraterverträge, großzügig bemesssene Rentenansprüche, etc.) oftmals mehr im Vordergrund stehen als das aktive problembezogene Wirken und das sinnvolle Entscheiden zum Nutzen der Bürger: Absicherung im Alter; Absicherung bei Krankheit; Sicherheit des Alltags, etc. Und es raubt mir manchmal den Schlaf, wenn ich an die vertanen Chancen unseres Landes denke. Als verwöhnte Bürger haben wir das aber vielleicht unbewußt fahrlässig zugelassen. Das Land schwimmt im Geld und wir investieren nicht einmal in die eigene Zukunft. Oder spart der Staat für Notfälle, die die Normalbürger (noch) nicht zu erkennen vermögen? Rasen wir möglicherweise auf die nächste weltweite Finanzkrise zu? Ist das, was wir jetzt erleben, nur der Anfang einer millionenfachen Migration in den kommenden Jahren? Wird dann unser Sozialsystem unter der Last der berechtigten oder unberechtigten Ansprüche zusammenbrechen?

Das Volk akzeptiert, ohne zu murren, das Credo eines alternden Ministers, der keinen Mut zur Zukunft zeigt, und sich mit dem Verwalten von Steuergeldern ein Denkmal mit der *Schwarzen Null* setzt. Zumindest bis zur Konstituierung des neuen Bundestages. Dass der Bundeshaushalt seit 2008 aufgrund der sparerfeindlichen *EZB-Politik* nahezu 242 Milliarden Euro an Zinsausgaben gespart hat, die Euroländer insgesamt ca. eine Billion Euro, erfreut den politischen „Sparfuchs". Zugleich ist der Realverlust bei den Ersparnissen der Bürger, der realiter einer versteckten, aber gewaltigen Steuererhöhung gleichkommt, die viel beschworene notwendige, eigene Absicherung für die Magerjahre des Alters riesig, und die prekären Arbeitsplätze vermehren sich inflationär. In einer EU, in der Schuldenmachen von der EZB ermutigt und von den EU-Südstaaten exzessiv in Anspruch genommen wird, kann der Sparer nur verlieren. Logisch wäre in dieser Situation der Übergang in eine „Schuldenkonkurrenz-EU". Wer die größten Schulden macht, hat gewonnen. Warum sollten wir das nicht auch schaffen, Italien auf seinem ureigensten Feld zu schlagen? Dann hätte die EZB endlich die Inflationsrate, die sie will, und die EU-Südstaaten hätten kein Motiv mehr, nach „Eurobonds" zu schreien, denn sie müssten nun gleichermaßen für die Schulden der EU-Nordstaaten haften. Das mögen sie gar nicht.

Da die Deutschen immer das gute Beispiel geben wollen, aber es in politischer Klugheit nicht mit den Franzosen oder Italienern aufnehmen können (daran hat sich seit dem Dreißigjährigen Krieg nichts geändert), bleibt es einstweilen bei der Vermehrung der prekären Arbeitsplätze. Wer das nicht glaubt, muss nur die Jobangebote im Schaufenster jedes Jobcenters lesen. Wer die Arbeitskosten senken will, und den Segnungen des globalen und freien Handels frönt, muss zwangsläufig mit prekären Arbeitslöhnen rechnen. Oder ist das, was die Regierung mit Klauen und Zähnen verteidigt, eine neue Form von Ökonomie, die eine

Verarmung der Arbeitskraft ausschließt? Natürlich ist das Gegenteil der Fall. So rechnet sich die Politik immer wieder unehrlich, um das wahre Ausmaß der Krise des Beschäftigungssektors zu verschleiern. Arbeitslose in Weiterbildungsmaßnahmen zählen in der Arbeitslosenstatistik nicht als Arbeitslose. *Good job!* Und wer nicht qualifiziert ist, kann doch froh sein, dass er überhaupt eine Arbeit bekommt - egal welche.

„Für ein Deutschland, in dem wir gut und gerne leben." Die Bürger verstehen schon lange sehr gut, dass die Diskrepanz zwischen Besitz und Besitzlosigkeit, zwischen Reichtum und Armut hausgemacht ist und viele Politiker dabei bislang nur zuschauen. Wenn das in naher Zukunft allerdings zum Breitenwissen wird, steht morgens kaum noch einer auf, um arbeiten zu gehen.

Lange Zeit war das alles gut, wie es gelaufen ist. Und natürlich wissen wir, dass es das perfekte System nicht gibt. Das begreifen die Amerikaner in der Zwischenzeit auch[40]. Und *Trump* wird es schwer haben, das Gefälle zwischen Armen und Reichen zu reduzieren. Alle Zeichen deuten darauf hin, dass er das gar nicht will, sondern zunächst angebliche Ungerechtigkeiten gegenüber amerikanischen Firmen, ohne Rücksicht auf Verluste, mit Strafen belegen wird (siehe Zolldiskussion). Wenn es ihm tatsächlich damit ernst ist, bedeutet er ein extremes Risiko für jede exportlastige Ökonomie, insbesondere für den Exportweltmeister Deutschland. Ob Herr *Trump* das weiß, ist nicht bekannt, aber deutsche Politiker und die Medien sollten vielleicht umgehend mit dem bedingungslosen *Bashen* des „*Trumpers*" innehalten. Aber Achtung: *Silver lining* - Licht am Horizont. Nach maximal acht Jahren kann es ein anderer Spitzenmann oder eine andere Spitzenfrau versuchen, wenn er scheitern oder Chaos anrichten sollte. Vielleicht ist er auch ein Kandidat für ein *Impeachment*, das schon lange abgekündigt wird. Fakt ist, nach maximal acht Jahren kommt ein neuer Politiker an die Macht.

Einen Zwangs- oder geregelten Ausstieg sieht das deutsche politische System für Führungspersonen in der Politik nicht vor. Vielleicht ist das auch gut so. Wo sollten wir die Politikstars auch alle unterbringen bei der oft eindimensionalen Qualifikation, bei

---

[40] Siehe die Anmerkungen von *Stiglitz*, ebd.

einer mitunter nur sehr geringen Markterfahrung und dem konformen Gleichschritt im Sagen und Tun? Im deutschen Politiksystem dürfen sich die Gewählten so lange als „Erwählte" versuchen, bis die zur Qualifikation des Amtsinhabers passende Position gefunden ist.

Ein Blick auf die andere Seite: Wollen die Bürger wirklich die Verantwortung haben, die die gewählten Repräsentanten haben, und das Risiko eines Systemabsturzes eingehen? Also nicht mehr als Betroffener, sondern als Verursacher eines möglichen Chaos? Unsere Politiker wollen das offenbar. Oder sie schrecken möglicherweise aus Mangel an Wissen vor der großen Verantwortung nicht zurück?

Der „Normalbürger" hat eine völlig andere Interessenlage. Eigentlich will er abends nur das Licht ausmachen im Bewusstsein, dass am Morgen die Sonne wieder aufgeht. Und am besten ist doch, wenn er selbst nichts oder nur ganz wenig dafür tun muss. Das ist, mit Verlaub gesagt, *keine* Karikatur des Bürgers. Er ist darauf gepolt, dass andere ihm die Verantwortung abnehmen. Schließlich hat fast jeder seinen Beruf, der ihn fordert, und steht unter dem Zwang, „Kohle zu machen". Woher die Zeit nehmen, sich auch noch intensiv um Politik zu kümmern? Das wissen auch Politiker und ihre Werbestrategen. Wahlplakate tragen normalerweise keine Botschaften für Intellektuelle, sondern sprechen ursprüngliche und tiefliegenden Wünsche, Hoffnungen und Ängste an. Der Wahlslogan der *CDU* gibt dem Lebensplan des Normalbürgers eine nachvollziehbare, gelungene Überschrift: *„Für ein Deutschland, in dem wir gut und gerne leben."* Das Wort *„sicher"* fehlt noch, dann wäre das *Maslow*-Modell wieder perfekt repräsentiert.

Mit ein bisschen mehr Nachdenken, ein bisschen mehr Aufmerksamkeit und noch ein wenig Selbstkritik, wissen wir natürlich, dass unsere Gemütlichkeit und die Sicherheit unserer Lebenswelt immer an einem seidenen Faden der wechselseitigen Toleranz und an den Rahmenbedingungen der (ökonomischen) Umwelt hängen. Stabile friktionsfreie Lebensphasen sind eher die Ausnahme als die Regel. Bei politischen Systemen ist das ähnlich. Wir haben uns nur zu sehr daran gewöhnt, dass die von uns Gewählten das schon irgendwie richten und uns von der eigenen Mitverantwortung freisprechen. Gleichzeitig wird die Lebenswelt vermeintlich immer dynamischer und komplexer. Das gilt natürlich auch für Politiker. Wie lösen sie, wie lösen wir diesen spürbaren Widerspruch im Alltag auf? Vielleicht, indem wir etwas *cheaten*. Das *Mogeln* oder gar das *Lügen* sind nicht ohne Grund beliebte (Ausweich-) Strategien zur Zielerreichung auch und gerade in der politischen Klasse (ausführlicher dazu: Band 2).

Das chaotische und völlig unzureichende organisatorische „*Handling*" der Flüchtlingsproblematik war nur der *Tipping Point,* der den Frust der Briten mit der EU zum Überlaufen brachte. Kritiker geben Kanzlerin *Merkel* einen nicht geringen Anteil an der Panik der Briten, die EU jetzt möglichst schnell vor einem sprachlich falsch „Supergau" bezeichneten Ereignis zu verlassen. Der laxe und teilweise nicht professionelle Umgang mit der Masseneinwanderung durch die deutsche Regierung war wie ein Brandbeschleuniger für die Sache der *BREXIT*-Befürworter. *And by the way:* Das war zu erwarten. Die Europapolitik der Briten war nie auf eine Einigung des Kontinents ausgerichtet. Im Bewusstsein, zu schwach für eine Beherrschung der europäischen Staatenwelt zu sein, hat Großbrittannien immer versucht, ein Gegengewicht gegen die gerade dominierende europäische Macht zu bilden. Nach der Gründung der EWG und ihrer stufenweisen Entwicklung zur heutigen EU schien diese Politik für einige Jahrzehnte außer Kraft gesetzt.[41] Großbritannien war als Gegengewicht gegen den wachsenden Koloss zu leichtgewichtig. Die Briten schwenkten um, frei nach der Devise „*If you can's beat them, join them*", wurden aber zunächst von *De Gaulle* brüsk zurückgewiesen. Erst unter *Margaret Thatcher* gelang ihnen der Beitritt, jetzt sogar mit Sonderkonditionen. Die „Eiserne Lady" wollte die Vorteile des Gemeinsamen Marktes nutzen, ohne dafür allzu viele Zugeständnisse zu machen und verlangte besondere Bedingungen, die man ihr auch zugestand. Die Rolle des dauerhaften Nettozahlers erschien ihnen nicht ökonomisch sinnvoll. Wie jeder rationale Kaufmann wollten die Briten am Ende des Tages etwas für ihr Geld sehen. *Margaret Thatcher* formulierte es so, dass es alle verstehen konnten: „*I want my money back!*". Nach der Osterweiterung der EU strömten allerdings so viele Arbeitsmigranten aus den neuen EU-Ländern auf die Insel (und vergrößerten damit das aus den Ländern des ehemaligen Commonwealth

---

[41] Siehe dazu Ergänzungen im Anhang; ebd. „Anmerkung 41"

stammende Reservoir an billigen Arbeitskräften), dass einheimische Beschäftigte zunehmend verdrängt wurden und sozial abstiegen. Neben jenen, die die Souveränität der Nation in Gefahr, sich von Ausländern überflutet und von der EU-Regelungsbürokratie immer mehr eingeengt sehen, bilden die sozialen Absteiger das Reservoir der Brexit-Befürworter.

Wenn sich die Schere zwischen Arm und Reich in der Welt weiter öffnet[42], wird der weitere Zustrom an Migranten allenfalls mit drastischen Maßnahmen zu stoppen sein. Angesichts der sich weltweit vergrößernden sozialen (Chancen-) Ungleichheit, Korruption und wirtschaftlicher Ausbeutung in den Entwicklungsländern, sowie einer kaum gebremsten Bevölkerungsexplosion in Afrika, ist es keine Frage des *OB*, sondern nur eine Frage des *WANN*. Nur Idealisten oder Ignoranten streiten ab, dass die wahren Gründe der neuen Völkerwanderung *nicht* in der Armut der Menschen und der Aussichtslosigkeit liegen. Sich aus eigener Kraft aus der Armutsfalle herauszuarbeiten, gelingt nur den wenigsten. Die hiervon Betroffenen verfügen nicht über die Mittel, den riskanten und illegalen Weg in die hochentwickelten Staaten zu zu finanzieren. Es kommen deshalb nicht die Ärmsten, sondern die, die sich schon ein Stück aus der Armut herausgearbeitet haben. Man braucht Ressourcen, um den gefährlichen Weg ins EU-Wohlfahrtsparadies zu schaffen. Die Zahl der potentiellen Migranten ist gigantisch und wird mit wachsendem Wohlstand in den Auswanderungsländern zunächst steigen und erst ab einem bestimmten Wohlstandniveau wieder fallen. So sagen es zumindest die Prognosen.

Die Deutschen haben nicht die Vorstellung einer *pursuit of happiness*, die die Amerikaner wie den *Heiligen Gral* vor sich hertragen. Und Daoisten sind die Deutschen schon lange nicht. In Deutschland ist man es gewohnt, sich zurückzulehnen und den Staat die Vorsorge für das persönliche Wohlergehen und das soziale Glück regeln zu lassen. Die preußischen Tugenden von Ordnung und Gehorsamkeit sind nach wie vor das Mantra des *deutschen Michels*. Und darauf hat sich die Politik stets verlassen können. Aufmucken ja, aber keine Revolution. Diese vermeintlich historisch valide Erkenntnis könnte sich jetzt als Irrtum

---

[42] Das gilt tendenziell für die USA und für die Bundesrepublik. Hinsichtlich der Welt insgesamt sind die Zahlen widersprüchlich.

erweisen. Nichts ist von Dauer, außer dem Wandel, wie es so schön heißt. Ab einem bestimmten Grad der Entwicklung von gesellschaftlichen Verzerrungen oder Brüchen ist die schöne *Vorstellung eines Landes, in dem man gut und gerne lebt,* nur noch kindliche Folklore und gelebter Zynismus von Machteliten und Naiven. Dreißig Jahre nach der Wiedervereinigung der beiden deutschen Staaten werden die Karten möglicherweise neu gemischt. Reicht eine Vertiefung der sichtbaren sozialen und politischen Bruchlinien hierfür aus oder braucht es dafür einen *Talebschen* „Schwarzen Schwan"?

Brotpreise und Revolution. Wie passt das zusammen? Wenn das Chaos eintritt, dann passiert es explosionsartig, weil die Logik der Prozessentwicklung keiner linearen Kausalität folgt. Kleine Ursachen haben dann mitunter große, unerwartete und nicht immer angenehme Wirkungen. Valide Vorhersagen sind schwer zu treffen, weil die Datenbasis zu schmal ist und lineare Analysemodelle für die Prozessmessung ungeeignet sind. Damit sind dynamische Prozesse kaum zutreffend (*reliabel*) zu erfassen, und noch weniger *valide* zu analysieren. Der Sturm auf die *Bastille in Paris* brach los, weil die Brotpreise erhöht wurden und das Volk hungerte. Und der flapsige Vorschlag der lebenslustigen Königin[43], *dann solle der „Plebs" (die Armen) doch Kuchen essen, wenn es für das Brot nicht mehr reiche,* hat den revolutionären Schmetterling fliegen lassen. Historisch betrachtet, ist dieser Ausspruch vermutlich eine *fake story,* politisch war er aber effektiv und vielleicht der berühmte Tropfen, der das Fass, angefüllt mit sozialen Rissen und Verwerfungen, dann zum Überlaufen (Revolution) brachte.

Die kurze Phase der langsamen Ankündigung und Sichtbarwerdung des gesellschaftlichen Risses, der sich mit der Uneinlösbarkeit des Willkommensversprechens 2015-2016 auftat, ist mit der Bundestagswahl 2017 vorbei. Das Misstrauen der Bürger gegenüber der Handlungskompetenz der regierenden Politik

---

[43] *Königin Marie-Antoinette* 1792: *„Wenn sie kein Brot haben, sollen sie doch Kuchen essen."* Das Zitat geht zurück auf *Jean-Jacques Rousseau, Bekenntnisse, Band VI.* Mit Kuchen sind die französischen *Brioches* gemeint (vergleichbar mit deutschen Rosinenkuchen). Umstritten ist allerdings, ob das Zitat echt ist. Wahrscheinlich wurde es der Königin nur „zugedichtet".

nimmt dramatisch zu. Wir werden sehen, ob die Politik darauf angemessen reagiert oder sich weiter hinter unrealistischen Wunschmodellen und wohlmeinenden „Gut-Reden" des offensichtlichen Chaos versteckt.

Krisenhafte Prozesse und systemische Brüche innerhalb von Gesellschaften gibt es seit dem Entstehen der ersten Familienverbände. Sie sind dynamischen Gesellschaften immanent und keine isolierten Ereignisse. Also nichts, vor dem man unbegründet Angst haben müsste, oder von denen man schlagartig überrascht wird. Aber die Politik darf die Herausforderung von 2015 und danach nicht unterschätzen, herunterspielen oder kleinreden. Es ist eine ausgewachsene Aufgabe, der man sich stellen muss. Wegducken löst nicht das Problem.

Stellen wir die möglichen Krisenszenarien kurz zurück, um die übliche „Logik des politischen Handelns" am Beispiel der Klimapolitik zu verdeutlichen. Trotz der umfangreichen und überwiegend glaubwürdigen Klimadaten, die der Politik seit Jahren vorliegen, nutzt die Politik die Ergebnisse nur insoweit, wie sie zur eigenen politischen Ideologie oder zu den (kurzfristigen) notwendigen Pflästerchen passen.

Die Kanzlerin verfügt in einer Panikreaktion, so scheint es, mit einem Federstrich die Abschaltung der Kernkraftwerke und fährt gleichzeitig die Braunkohleproduktion bundesweit hoch. Die Abschaltung führt langfristig zu sehr hohen Kosten für den Steuerzahler und ist für die Gesundheit der Menschen, und für kommende Generationen, möglicherweise *„eine tödliche Fehlkalkulation"*.[44] Die von den Teilnehmern des *Pariser Klimagipfels* gefeierten (neuen) Grenzwerte (Klimaziel) lassen sich damit natürlich niemals erreichen. Der von den Braunkohlewerken erzeugte Strom reduziert nicht die CO^2 Emissionen, sondern steigert sie. Eine notwenige Opportunitätskostenrechnung wird in der Öffentlichkeit nicht aufgemacht. Die viel gepriesene *Energieumlage* (Erneuerbare-Energien-Gesetz, kurz *EEG*) verteuert den Strom

---

[44] Siehe dazu Ergänzungen im Anhang; ebd. „Anmerkung 44".

der privaten Haushalte, dient damit den Gewinnen der Energie-
konzerne und weniger dem Ausbau der erneuerbaren Energieträger. Die Folgekosten der „Pflästerchen"-Politik in Milliardenhöhe, u. a. durch die Regressforderungen der Atomindustrie, und
bald auch der Braunkohleindustrie, zahlt, wie immer, der Steuerzahler. Die „Nummer", dass die Bürger immer als Bezahlkuh
auch für die aberwitzigsten Fehlhandlungen herangezogen
werden, ist dreist, seit Jahren ausgereift und kaum noch hinter-
fragt. Politiker sind gewählt worden, um zu *machen*, nicht um zu
basteln. In der gegenwärtigen Lage eine aktive Partizipation für die
Bürger am politischen Geschäft zu verlangen, wäre kontraproduktiv für deren Verursacher.

Der „Druck der Straße" fordert seinen Tribut. Die Regierung
verfügt, getrieben durch den Druck der öffentlichen Meinung
und die Dynamik der Ereignisse rund um den Dieselskandal, den
Ausbau alternativer Energien und will die Elektromobilität
fördern. Die eindimensionale und egoistische Fokussierung auf
die neue *Mono*technologie bringt alleine schon aus technisch-
technologischen und in besonderem Maße aus ökologischen
Gründen nicht wenige Experten auf die Palme, was die politische
Öffentlichkeit, so scheint es, aber nicht sonderlich interessiert.
Und viele Politiker schon gar nicht. Wer den Ball ins Spiel
gebracht hat, muss ihn auch spielen, sonst verliert er das Spiel.
Zuviel Wissen ist bekanntlich auch nicht förderlich für die gute
Absicht.

Nicht eingerechnet sind wieder einmal die Folgeschäden der
angeblichen Zukunftstechnologie, sagen die Kritiker. Wie steht
es um die fragwürdigen Abbau- und Beschaffungsmodelle der
Grundmaterialien der Batterien? Wer baut das erforderliche
Coltan (Tantal-Erz) und mit welchen Methoden ab? Welche
„Kollateralschäden" verursachen der Kobaltabbau im Kongo
und die Lithiumgewinnung in Bolivien? Wohin sollen die ausran-
gierten Batterien entsorgt werden? Und wie lange halten die
eigentlich? Ist in einer Gesamtkostenrechnung die Elektromobilität *wirklich* die neue CO^2-Killertechnologie? Berechnungen
zeigen, dass Elektrofahrzeuge bei Berücksichtigung der Gesamt-
herstellung von Fahrzeug und Batterien erst nach vieljähriger
Betriebsdauer und hoher Fahrleistung eine geringere Gesamt-
emission als Verbrenner haben. Ab wann E-Fahrzeuge besser
sind, hängt dabei auch vom Strommix ab. E-Fahrzeuge, die diese

Fahrleistungen nicht erreichen, erzeugen in ihrer „Lebens-zeit" mehr CO^2 als entsprechende Verbrenner. *Perfect Distraction!* Die Kanzlerin wird die Folgen hierfür nicht mehr tragen müssen, weil sie dann längst nicht mehr Verantwortung für dieses Land trägt. Der Bürger denkt, die Politik habe wieder einmal alles im Griff, dabei sind die Macher nur wieder am Basteln, weil sie nicht alle bekannten Faktoren in die vermeintliche „Rettungs"-Technologie einbauen. Politisches Handeln reduziert sich leider oft auf die Produktion populistischer Schlagzeilen auf Basis halb-durchdachter Ideen oder Daten.

„Hätte ich das gewusst, hätte ich mich niemals darauf eingelassen" (Ein Bürge). Die vielen, vielen guten Gründe und Erkenntnisse, Erfahrungen und Abwägungen, die uns im Laufe des Lebens aufgrund unseres Wissens, der Logik und nicht zuletzt des gesunden Menschenverstands zum Handeln oder Nicht-Handeln bewegen, sind dem jeweiligen Ereignis, von dem wir dann oft überrascht werden, völlig egal. Das Ereignis kennt nicht unsere Erfahrungen, Meinungen, Hoffnungen, Befürchtun-gen oder Wunschvorstellungen, die wir damit verbinden. Es passiert einfach. Und durch Ignoranz, Schönreden oder Zerreden verschwindet das Ereignis nicht.

Wir haben auf dieser Welt ein umfangreiches Netz von Früh-warnsystemen, um Erdbeben- oder Tsunami-Warnungen auszu-lösen, am Bosporus, in Neapel, im Yosemite Park, in San Francisco, in Japan, in Indonesien und vielen anderen Orten der Welt. Und manchmal gelingt die Vorwarnung. Die Menschen kennen die Gefahren und wissen, dass die Zerstörung von Leib und Leben, Hab und Gut mit Sicherheit kommen wird. Aber sie blenden die Gefahren schlicht aus und bauen munter weiter an ihrem kleinen persönlichen Lebensglück und dokumentieren ihren Lebensoptimismus - der Natur zum Trotz – auch mit wunderbaren glitzernden Wolkenkratzern und Städten am Fuß des Vulkans. Die Westküste der USA, speziell La Jolla, ca. dreißig Meilen nördlich von San Diego ist ein wunderbarer Ort mit fantastischen Sonnenuntergängen und sehr netten Menschen aus allen Ecken dieser Welt. Hier sind die schicken, teuren Villen, wie üblich, nah an die Klippen herangebaut, die jedes Jahr ein Stück-chen weiter abbrechen. Und wenn das Unheil dann geschieht, ist die Empörung über so viel Ungerechtigkeit der Natur mitunter groß, und das Verständnis dafür gering. Warum ich? Warum passiert uns das? Im persönlichen Chaos vermuten Menschen offenbar die Verursachung im Schicksal, im Zufall oder, wenn es richtig amerikanisch kommt, im Göttlichen, das wir also nicht beeinflussen können. Und dann sind wir richtig sauer, weil der Schöpfer uns bestraft. Warum tut er ausgerechnet mir das an? Ich habe meinem Land gedient, die Familie geehrt und den Armen gespendet. Warum bin *ich* ein Opfer?

Die Deutschen trifft die „göttliche" Strafe nicht ganz so unmittelbar, wenn das Ereignis eintritt. Als durchorganisiertes Land und säkularer Rechtsstaat übernehmen die Sozialämter gerne die Last der Bestrafung und sammeln von gutgläubigen Samaritern (Amtsdeutsch „Bürgen") gnadenlos, aber rechtskonform, die gewährten Eingliederungshilfen für Migranten wieder ein, wenn die Maßnahme erfolglos ist oder war, oder der Kandidat der großherzigen Tat das Land wieder verlassen muss. Dann hebt Wehklagen ob der Bestrafung der „guten" Tat (Bürgschaft) an: Wieso muss ich das Geld zurückzahlen? Ich habe doch nur Gutes getan! *„Hätte ich das gewusst, hätte ich mich niemals darauf eingelassen".*[45] Um diesen kollektiven Irrtum zu erklären, bedarf es nicht einmal eines übermächtigen Schicksals, des Zufalls oder des persönlichen Pechs: *It`s simply the (German) law, my dear social hero. Real life charges private bills.* Wenn es ums eigene Geld geht, werden Deutsche immer ganz schnell ehrlich und machen sich einen schlanken Fuß. Das gefällige Beifallklatschen dagegen kostet bekanntlich nichts. Das weiß die Politik auch und bastelt ruck-zuck an einer Generalamnestie für die gutgläubigen Bürgen,[46] um die Mitmacher weiter bei der Stange zu halten. Sie werden noch gebraucht, wenn die ganze große Rechnung kommt.

„Wir schaffen das so nicht mehr". Noch während das durch die schiere Masse der einströmenden Menschen unkontrolliert anwachsende Organisationschaos munter die nächste Stufe der

---

[45] *„Ein Vater von drei Kindern muss drei Jahre lang für zwei Syrer aufkommen"*, berichtet die WELT am 11.12.2017. „Das bestätigt ein Urteil. Der Mann hatte für die Flüchtlinge gebürgt. <*Hätte ich das gewusst, hätte ich mich niemals darauf eingelassen*>". Solche Urteile sind keine Einzelfälle und die Jobcenter schlagen erbarmungslos zu.
[46] Pressekonferenz Arbeitsminister *Hubertus Heil* vom 24.01.2019.

totalen Überforderung aller Beteiligten erklomm, allemal die der Kommunen, die für die Unterbringung verantwortlich sind, und selbst die Enthusiasten der Willkommenskultur ab und an kleinlaut sagen „*wir schaffen das so nicht mehr*", streitet sich die etablierte Politik auf allen medialen Kanälen munter weiter über die korrekte definitorische Zuordnung der Ankommenden, die teils Asylsuchende, teils Flüchtlinge, teils Migranten auf der Suche nach einem besseren oder schöneren Leben sind. Aufmerksame Warner aus fast allen Lagern beklagen dagegen immer mehr das Fehlen von wirksam greifenden Mechanismen und Regelungen zur Integration, Annahme, Ablehnung, Duldung oder Abschiebung.

Politik und Medien verstärken den Hype in einer Weise, wie sie es schon in der Folge der Traumatisierung der Massen nach 9/11 getan haben. Auch damals gab es keinen – politischen - Zweifel daran, dass der irakische Terrorfürst *Saddam Hussein* Massenvernichtungswaffen hat und sein Regime vernichtet werden muss. Die meisten Medien stoßen in das gleiche Horn. Und einige halten es sogar für einen von „Gott" gewollten neuen Kreuzzug. Ergebnis: In vielen arabischen Ländern lösen sich die bis dato herrschenden Machtverhältnisse auf und nur die immer gleichen Idealisten oder Politiker mit besonderen Absichten sprechen von einem „*Frühling*".

Auch Deutschland pflegt *allgemein gültige* Wahrheiten und Wunschgedanken: Alle Flüchtlinge sind bedürftig, allesamt gute Seelen und die meisten von ihnen sind „qualifiziert". Nahezu jede Kritik an *diesen* „Wahrheiten" wird schnell zurückgewiesen. Es soll nur *eine* Wahrheit geben und die Deutungshoheit über das sichtbare Chaos reklamieren die Aufrichtigen und die Besitzer des *richtigen* Wissens für sich. Reflexartig weisen nicht wenige Politiker und Medienschaffenden die vermeintliche Desaster-Kritik der „*Populisten*" zurück, in deren Reihen sie zielsicher auch „*rechte*" Radikale outen. Selbst ausgewiesenen Kennern der komplexen Islam-Thematik soll es schwer gemacht werden, eigene Wahrheit zu verbreiten. „*Bravo, YouTube! Islamisten wollen mich umbringen, um mich zum Schweigen zu bringen, und YouTube erfüllt ihnen den Wunsch! Mein YouTube-Kanal Hamed. TV wurde gestern von YouTube gelöscht, ohne Vorwarnung. In diesem Kanal richte ich mich hauptsächlich an Muslime in der arabischen Welt. Ich diskutiere darin mit gläubigen Muslimen, mit säkularen Stimmen und mit Atheisten über die Probleme der islamischen Welt. In diesem Kanal veröffentlichte ich letztes Jahr einen Appell an junge Muslime und warnte sie darin vor der terroristischen Propaganda des IS. Mein Kanal hat über 120.000 Abonnenten und über 25 Millionen Klicks. Aber das interessiert YouTube nicht. Das soziale Netzwerk lässt sämtliche islamistische Kanäle laufen, die zu Hass und Gewalt aufrufen, bringt aber ständig kritische Stimmen zum Schweigen und unterstützt somit den medialen Dschihad, den die Islamisten weltweit betreiben! Wo soll das hinführen? Wollen wir das einfach hinnehmen?"*[47] Es folgt ein regelrechter Medienhype. Für die Gleichschaltung der Meinungen bedarf es keines Ratgebers in Form eines „Framing"-Gutachtens (ausführlicher hierzu in Band 2). Dazu reicht es aus, die einzig zulässige Deutung rund um die Uhr - 24/7 – immer nur zu wiederholen. *Redundanz schafft Wahrheit.* Die Wahrhaftigkeit bleibt auf der Strecke. Es steht zu vermuten, dass wir alle lange brauchen werden, um aus Orwellschen Schleife wieder herauszukommen. Was bleibt steht jetzt schon fest: ein gewaltiger Vertrauensverlust in die Politik und die etablierten Medien.

No-Skin-In-The-Game. In Deutschland der Jahre 2015 und 2016 haben nur wenige ein Interesse am *richtigen Motiv-Verstehen* für die Flucht. Die Flucht per se ist geadelt, wird überwiegend nur mit vermeintlich offensichtlichen Ursachen erklärt, und bedarf keines breit angelegten ethnologischen Feldversuchs.[48] Den Menschen, die helfen, scheint es um ein undefiniertes *Grundsätzliches* zu gehen, das einem *höheren* Zweck untergeordnet scheint. Ich nenne diesen *Zweck* einen naiven multi-ethnischen „Universal-Humanismus", dessen Rahmenbedingungen und Reichweite man vordringlich erklären müsste, um Missverständnisse zu vermeiden und Fehlentwicklungen zu stoppen, die möglicherweise ein unreflektiertes Mit- und Nachmachen auslösen.

Aber kaum einer tut das. Ein gefühltes „*So-ist-das-schon-in-Ordnung*" ersetzt den wissenschaftlichen, zumindest den öffentlich-kritischen Diskurs. So war das auch mit dem Christianisierungsgedanken von katholischen Missionaren bestellt, die alles Fremde anders bewerteten als es war, um dem *einzig wahren* Glauben zum Sieg gegen den Unglaube und die *natürliche*

---

[47] *Hamed Abdel-Samad: „YouTube sperrt meinen Kanal!"* Aufruf des Politikwissenschaftlers in Pachtgut vom 20.06.2019.
[48] Siehe dazu Ergänzungen im Anhang; ebd. „Anmerkung 48".

Unziviliertheit zu verhelfen. Natürlich nicht nur des „Wortes" wegen. Das fremde Land musste schleunigst gegen die gierigen Hände der Mitbewerber (andere europäische Kolonialmächte) „gesichert" werden.

Bar jeder Empirie und gesicherter Daten darüber, wer kommt und warum er kommt, wer bleiben darf und wer zurück muss, wird die Deutungskraft der eigenen Gefühlswelt als universales Merkmal des „Objektiven" (so ist es, und nicht anders!) schlicht vorausgesetzt. Und wer beim Idealisieren des „realen Seins" nicht mitmacht, oder sich gar dagegen ausspricht, wird aus der „Gemeinschaft der Guten" ausgestoßen. Eine Warnung der Geschichte: Naive Gutmenschen sind wie die nicht teilnehmenden, naiven Ethnologen des 18. und 19. Jhs. Ihre Vorgehensweise war für lange Jahre ein „wissenschaftliches Gesetz": Das Fremde anschauen ja, von außen bewerten und klassifizieren aus der Perspektive des überlegenen (weißen) Kulturmenschen, ja, aber nicht mitten drin sein. Ergebnis: „Wilde" haben keine Kultur und taugen nur als rechtlose (Arbeits-) Sklaven und Studien*objekte*. Welchen Wert haben solche „Erkenntnisse"?

Auf die aktuelle Lage angewandt würde das bedeuten: nicht nur jubeln, Plakate schwenken, Teddybären schenken und *Muttiherzchen* in die TV-Kameras zeigen, oder *Selfies* mit den Zugewanderten *posten*. Wahrhaftige Teilhabe am Schicksal der Menschen beginnt erst mit gemeinsamen Wohn- und sozialen Alltagsprojekten. Wer es *richtig* machen möchte, sollte direkt bei und mit den Neuankömmlingen in die Aufnahmelager einziehen. Oder das Gästezimmer für *airbnb®* sperren und für unsere Neubürger herrichten. Das ist die geeignete und konsequente Form, Empathie wirklich zu praktizieren: Das gemeinsame Erleben des Alltags der neuen Forschungssubjekte mit allen Höhen und Tiefen und interkulturellen Missverständnissen – *on a daily base* - selbst erfahren. Das wäre wahrhaftige Teilhabe! Ganz nebenbei würde es den Staatshaushalt gewaltig entlasten und die Gemüter der aufgeschreckten Kritiker besänftigen. Sollte der (männliche) Gast (aber) beginnen, die Tochter und die Mutter der Gastfamilie aufzufordern, sich sittsam zu verschleiern, rate ich dringend zum umgehenden Abbruch dieser Art der Hilfsbereitschaft! So ist es aber nur eine gute Tat ohne (Selbst-) Verpflichtung.

Nicht wenige der frühen Ethnologen haben die Rituale, Sitten und Bräuche der unbekannten Kultur im Kontext nicht richtig verstanden, und das Missverstehen mit dem eigenen Leben bezahlt. Tiefe kulturelle Differenzen kann man mit Worten und Überzeugen in aller Regel nicht einebnen. Wechselseitiges Verstehen und Verständnis sind immer eine Frage von Erziehung, Religion, Bildung, Intelligenz und den jeweils ausreichend zur Verfügung stehenden Ressourcen (Essen, Wohnung, Geld).

Eine *Lessingsche* Toleranz kann sich der Einzelne nur leisten, wenn er die Maslowsche Stufe der Erfüllung der Grundbedürfnisse hinter sich gelassen hat. Bei vielen Migranten ist davon auszugehen, dass sie in Gesellschaften migrieren wollen, die ihnen mehr als die Erfüllung der elementaren Bedürfnisse bieten. Wer also davon überzeugt ist, dass die eigene humanistische Attitüde und Bildung ausreichen, die weitergehenden Bedürfnisse der Flüchtlinge nachhaltig und in angemessener Zeit zu befriedigen, mag dies versuchen. Durch diese aktive Mitwirkung kann die Realitätsnähe des eigenen Humanismuskonstrukts jeden Tag aufs Neue überprüft werden. Das wäre praktische ethnologische Arbeit im Sinne von *Malinowski*, also klassische „Feldarbeit".

Solche *Alltagsforscher* soll es auch in Deutschland geben. Das „Experiment" haben nicht viele, aber einige gemacht. Und die, die es gemacht haben, würden es nicht als Experiment bezeichnen, sondern als normale Konsequenz einer universalen inneren Verpflichtung verstehen, die sie selbst gefühlt haben.

So weit, so gut gemeint. Aber nicht wenige der Mitstreiter für die gute Sache sind schon 2017 geläutert, weil die Theorie des Multi-Humanismus leider oft nicht mit der Praxis des modernen westlichen Alltags zusammengeht. Und wer nicht glaubt, oder nicht wissen kann, was das Hineingeworfensein in eine fremde Kultur für tiefe Ängste triggern kann, lese die Berichte der Menschen, die beruflich mit den jungen Wilden zu tun haben. Vorsicht, das ist oft nicht jugendfrei und es verschlägt sogar hart gesottenen Optimisten den Atem, ob der Brutalität, mit der Leistungen von der Allgemeinheit gefordert und Eigenleistungen verweigert werden. Wenn Sozialpsycholologen recht haben, dann folgt aus Angst Hoffnungslosigkeit, aus Hoffnungslosigkeit folgt Isolation, dann Aggression und Abweichung, dann das Abtauchen in Alternativwelten oder in die Kriminalität. Manche - allemal diejenigen, die keine Bleibeperspektive haben (s. o.) sparen sich die Umwege und tauchen sofort in die Kriminalität ab, solange eine links-aufgeklärte Öffentlichkeit in der Hauptstadt die

Selbstverwirklichung als Drogenhändler als *freien* Lebensentwurf akzeptiert.[49]

Von Integration zu reden und sie aktiv zu praktizieren sind immer schon zwei unterschiedliche Seiten des gesellschaftlichen Miteinanders gewesen. Teil eins ist einfach und jeder freut sich, wenn er auf der Seite der Guten steht. Der eigene Aufwand ist gering. Und man kann sich reinen Herzens in den entsprechenden Gruppen und auf einschlägigen Internetforen ausweisen. Die Kehrseite dagegen ist sehr arbeits- und zeitintensiv und selbst für Profis nicht frei von Frustration und Gefahren. Wir konnten in den letzten Jahrzehnten nicht einmal unsere Mit-Bürger aus der Türkei so auf- und annehmen, dass sie sich rund fünfzig Jahre danach rundum wohlfühlen.

Warum müssen wir Deutsche und einige Politiker immer wieder solche Groß-Experimente wagen? Die Ergebnisse zu diesem Themenkomplex sind schon lange bekannt und es gibt eine ausreichende Zahl an soziologischen Studien dazu. Und selbst wenn Empirie und der *gesunde Menschenverstand* nicht mehr ausreichen, eine „*Sonderlage*" angemessen zu beurteilen, wäre es dann nicht zumindest wünschenswert, dass die Verfechter eines „Multi-Kulti-Optimismus" und die immer gleichen *intellektuellen Vorbeter* der besten aller Welten, die *IYI*, die „*Intellectuals yet Idiots*" *(s. o.)*, doch wenigsten einmal in der Woche das richtige Buch oder den richtigen Artikel lesen würden? Oder sich zumindest mit jenen Menschen direkt unterhalten, die wirklich nahe am Thema und der alltäglichen Normalität des Chaos dran sind.

„We first!" Das genaue Gegenteil zur Selbstaufklärung findet statt. Das Gros der Politik(er) fühlt sich sofort aufgerufen, die Eckpunkte der wichtigen gesellschaftlichen Diskussion stellvertretend zu definieren, und fühlt sich aufgehoben im kollektiven Narrativ. Konkrete Lösungen stehen primär nicht im Fokus der Anstrengungen. Stattdessen wurde das reflexartige Wegschieben der Verantwortung für das sichtbare Chaos und die Vertröstung auf die Zukunft mit großer und viel beklatschter Geste verbunden: „*Wir schaffen das*". Natürlich haben die Medien es der Politik auch nicht allzu schwer gemacht. Keiner fragte nach, wie die Mammutaufgabe tagtäglich und mit Blick auf die Ressourcen

---

[49] Siehe dazu Ergänzungen im Anhang; ebd. „Anmerkung 49".

überhaupt geleistet werden könne. Welche Gesetze greifen? Welche Kräfte werden eingesetzt? Wie werden die Menschen untergebracht? Und wie versorgt? Nicht nur materiell, sondern auch sozial und kulturell. Das mutige und viel versprechende Credo „*Wir schaffen das*" scheint alle zu beruhigen. Das Handeln wird den unvorbereiteten Behörden und Bürgern vor Ort selbst überlassen, weil es offenbar keine konkreten Vorschriften oder Handlungsszenarien für solche Ereignisse gibt. Hat keiner der Verantwortlichen die Lawine gesehen, die auf uns zurollt? Seit Jahrzehnten verkaufen wir Waffen in spätere Krisengebiete und noch viel lieber an unseren *NATO*-Partner Türkei – und wenn wir es nicht tun, nehmen andere das Angebot dankbar an.

Seit Jahrzehnten versagen wir ärmeren Ländern die eigene Entwicklung, indem wir unseren Wohlstandsmüll ankarren, die Wirtschaft mit Dumpingpreisen für EU-Abfälle ruinieren und Anreize für einen verhängnisvollen *Braindrain* geben. Die Löcher stopfen wir gönnerhaft mit preiswerten und zu oft wirkungslosen Maßnahmen der Entwicklungspolitik.

Und alle haben geglaubt, dass dies bereits ausreiche, um die Besitz- und Rechtlosen von uns fernzuhalten? Gibt es für solche Invasionen oder Grenzwertereignisse überhaupt Pläne, damit wir uns nicht selbst paralysieren? Heute wissen wir, dass es keine Vorbereitung und kein Frühwarnsystem in der Anfangszeit gab, und trotz eines wenn auch sehr kurzen zeitlichen Vorlaufs keine wesentlichen Maßnahmen vorbereitet waren. Dabei hätte man es besser wissen können, zumal es Warnungen gab. Wenn das Essen nicht zu den Flüchtlingen in den Lagern kommt, dann gehen die Flüchtlinge halt zum Essen, so weit die Reise auch ist. Viel anders war es auch nicht in den Wochen vor dem Fall der Berliner Mauer. Nur die Helden des Alltags haben damals – auf beiden Seiten - wie auch im Jahre 2015 - Schlimmeres verhindert. Jetzt stellen wir erschreckt fest, dass die viel beschworene Solidarität der EU-Länder offenbar nur für den Bereich der Geldbeschaffung gilt. So oder so, das Miteinander der EU-Partner ist offenbar in den engen Grenzen des *We-First* eingehegt. Haben sich die neuen Mitglieder nur auf die Fleischtöpfe konzentriert, an denen sie teilhaben wollen? Oder ist das ganze Gezerre und Finger-

Zeigen hausgemachte Folklore und dient der Ablenkung der Zuschauer vom eigenen politischen Falschmanagement?[50] Massenphänomene haben immer direkte Auswirkungen auf tradiertes organisatorisches Denken und Handeln. Routinen werden dann auf die Systemprobe gestellt. Wer unvorbereitet ist, muss mit Funktionsverlusten rechnen. Die Regierungspolitik hatte in den Jahren 2015/16 so gut wie keine vorbereitete Organisationslösung und war sich offenbar zu schade, Experten auf breiter Front zurate zu ziehen. Ein die Parteien übergreifendes Zusammenarbeiten wäre zwingend erforderlich und methodisch zielführend gewesen. Aber niemand wollte sich die Blöße geben, selbst nicht *die* Lösung finden zu können oder gar als inkompetent zu gelten. Und die Verweigerung der Zusammenarbeit ist, aus Sicht der plitischen Konkurrenten, ein phantastisches Verfahren, den politischen Gegner bloßzustellen und vor sich herzutreiben.

Retter werden den *Losern* immer vorgezogen. Alle wissen, dass Krieg, (politische, ethnische, religiöse) Verfolgung und relative Armut, gepaart mit Perspektivlosigkeit, die Migrations- und Fluchtursachen Nummer 1 sind. Das ist auf die Schnelle nicht zu lösen. Zunächst gibt es in vielen Ländern und Regionen Modernisierungskonflikte, die von außen kaum zu lösen sind. Sie haben in Zeiten der Globalisierung zwar oft auch äußere Ursachen,

---

[50] Es hat sich eingebürgert, auf die ungarische Position mit dem Finger der Empörung zu zeigen, weil sich die Regierung *Orbán* weigert, neue Flüchtlinge aufzunehmen. Fakt ist, hinsichtlich der absoluten Anzahl aller Asylbewerber, die nach Europa kommen, nimmt Deutschland Platz 1 ein. Setzt man die Antragszahlen aber in Relation zur Gesamtbevölkerung, weist Schweden den höchsten Anteil aus, gefolgt von Ungarn mit 4,3 Anträgen pro tausend Einwohner (siehe *UNHCR* 2015 – also vor der großen Wanderungsbewegung ab Mitte 2015). Deutschland nimmt bei dieser Darstellung nur noch Platz 13 ein! Allerdings will kaum einer der Flüchtlinge nach Ungarn oder dort bleiben. In der großen Flüchtlingswelle ab Mitte 2015 machte Ungarn dann die „Schotten dicht". Statistische Kurzzeitaufnahmen sind wenig aussagekräftig, weil sich die Bilder je nach betrachtetem Zeitraum, nach politischer Lage und nach statistischen Erfassungskriterien mehr oder weniger stark unterscheiden.

unterliegen in ihrer Ausprägung und ihrem Verlauf aber endogenen Bedingungen. Viele der realen Verlierer und von den Siegern gefundenen Sündenböcke solcher Konflikte reihen sich in die weltweiten Migrationsströme ein, die zumeist nur in die Nachbarländer gehen und an Mächtigkeit alles übertreffen, über das die Europä reden.

Es gibt aber auch Fehler der entwickelten Länder die das Problem lokal eher verschärft haben. In den vergangenen Jahrzehnten hat die Bundesrepublik viele Brunnen bohren lassen und noch mehr Unterstützung bei der Aus- und Weiterbildung von Führungspersonal aus sogenannten Dritte und Vierte Welt Ländern geleistet, Projekte angeschoben und vor Ort begleitet. Aber das reicht nicht aus. Und vieles ist auch nicht gut gelungen, weil man nicht wirklich weiß, was man tut. Brunnen zu bohren kann zum Beispiel dazu führen, dass die Einwohner die Zahl ihrer Tiere erhöhen und damit mittelfristig wiederum die Vegetation der Region überlasten und neuen Hunger verursachen. Weiteres Beispiel: Deutschland sieht sich moralisch aufgefordert und technisch in der Lage, die *Polizeiausbildung* in Afghanistan mit einem gigantischen 3-stelligen Millionenaufwand an Steuer-Euros durchzuführen. Das Fazit ist ernüchternd, weil die deutschen „Berater" schlicht die Kultur und Mentalität der afghanischen „*Kollegen*" nicht verstanden haben. Sie hätten natürlich auch den Analysen des amerikanischen *Pentagons* vertrauen können, die auch der eigenen Leistung in Afghanistan, bereits unter *Obama*, schlechte Noten ausgestellt hatten. Die Amerikaner geben zu, dass sie mit völlig falschen Vor-Annahmen an die Sache herangegangen waren. Endlich ehrlich?

Jede Bundesregierung weiß seit Jahrzehnten und beklagt dies selbst Jahr für Jahr, dass der monetäre Beitrag zur Entwicklungshilfe viel zu niedrig ist, und oft noch in den Taschen der regierenden Despoten landet, die einen Teil der Mittel prompt in Steueroasen transferieren. Und alle wissen auch, dass die Waffenhersteller mit Waffenexporten in kurzer Zeit viel Ertrag erwirtschaften können. Das Landgericht Stuttgart bemerkt in seiner Urteilsbegründung gegen die angeklagten fünf Ex-Mitarbeiter der Waffenschmiede Heckler & Koch: *Das Kontrollsystem der Bundesrepublik ist an vielen Stellen ungeeignet.* Die Richter sprechen von „*Gesetzeslücken*" und Verwaltungsregeln, denen die „*hinreichende*

Bestimmtheit' fehlt.[51] Ist diese „Gesetzeslücke" vorher niemandem aufgefallen?

Hatten wir zumindest rechtzeitig Kenntnis davon haben können, was sich vor unserer europäischen Haustür zusammenbraut? Oder sind wir vom Tsunami der Massenimmigration einfach nur überrascht worden? In fast jedem Land dieser Welt unterhält Deutschland Botschaften oder Konsulate. Die Vertreter sind mit den lokalen Verhältnissen hervorragend vertraut, die Beamten und das Fachpersonal vor Ort sind geübte Analytiker. Es gibt die Angebote der Dienste, der *DSE/ZGB*, der zahllosen *NGO's* der Zivilgesellschaft, wie *Ärzte ohne Grenzen*, u. a. m. Und alle waren wir überrascht, was sich da zusammenbraute? Gespielte Naivität! Dass die Einstellung der Zahlungen von Lebensmittellieferungen und weiteren Hilfen in die teilweise riesigen Flüchtlingslager massive Folgen haben musste, war bekannt. Kurz danach haben wir gelernt, was „Balkan-Route" heißt. Nach ihrer partiellen Schließung wurde sie durch die „Mittelmeer-Route" abgelöst. Flucht ist zu einem lukrativen Geschäft für kriminelle Schleuser geworden.

Die Variante der selbstbewerkstelligten Flucht verlagert das Risiko einzig auf die Flüchtenden und deren Familien. Die Gewinner sind die Fluchthelfer und die Anbieter von Wohnungen und Dienstleistungen für Migranten (z. B. juristische Beratung und Vertretung). Das *legale* Abschiebegeschäft ist für die Fluggesellschaften aber ein Bombengeschäft. *Air Berlin* hat für 26 Sammelabschiebeflüge von *Frontex* etwa 1,5 Millionen Euro erhalten. War das ein versteckter Rettungsversuch für die Fluglinie?[52] Und neuerdings können sich alle Gesellschaften auf diese deutschen *ConAir* Geschäfte bewerben. Die Regierung verliert immer, und damit der Steuerzahler.

---

[51] Ebd. *Stuttgarter Nachrichten*, 21. Febr. 2019.

[52] Nach jahrelangem Hin und Her, Kooperationsversuchen, Sanierungs- und Rettungsaktionen (Staatskredit in Höhe von 150 Millionen Euro) und vielen Schulden, kommt der letzte Flug der Airline am 27. Oktober 2017 am Flughafen Berlin-Tegel an. Der Pilot dreht vor der Landung mehrere Schleifen, die wie ein Herz aussehen. Am 1. November wird die Insolvenz eröffnet.

Ist die Frage gestattet, ob Politik nicht mehr liefern will, oder kann sie es nicht mehr, weil sie schon am Ende ihrer Möglichkeiten ist? Manche Politiker haben das Desaster kommen sehen und trotzdem nichts dagegen unternommen, weil sie vielleicht vom Dominoeffekt der Massenmigration und der großen Dimension der Herausforderung überrascht wurden. Aber dies würde die Defizite der politschen Lagebeurteilung nur umso deutlicher offenbaren. Viele politische Akteure demonstrieren seit Jahren ein faktisches Handlungsvakuum bei zentralen Problemen, nicht nur, weil das Ausputzen und Nachjustieren keine wirklichen Lösungen sind. Es ist zum Teil ein Systemproblem, weil sich bei zustimmungspflichtigen Gesetzen Regierung und Opposition wechselseitig blockieren, indem sie auf ihren partei-ideologischen Standpunkten beharren. Heraus kommt dann bestenfalls ein Kompromiss auf der Basis des kleinesten gemeinsamen Nenners. Es klemmt schon bei der Problemanamnese, weil die Parteien aufgrund ihrer spezifischen Wahrnehmung eine realitätskonforme Analyse handwerklich einfach nicht hinbekommen. Die Länder, Städte und Kommunen müssen es ausbaden und teilweise auf eigene Faust und Rechnung, und nicht selten in einer juristischen Grauzone (vgl. Grenzkontrollen durch die Polizei des Freistaats Bayern) Lösungen finden. Alles verkommt mehr oder minder zu einer legislativen Bastelarbeit oder zu hektischem Aktionismus des Ausflickens auf der Ebene der Exekutive. Ist es das, was *Popper* unter *piecemeal engineering* verstand?

Die Akteure der Mega-Finanzkrise 2008 und Folgejahre hatten schon die gierigen Klauen nach den Ersparnissen der Bürger ausgestreckt, und nur eine Sicherungserklärung von *Merkel* und *Steinbrück* konnte die aufgebrachten Sparer beruhigen. Aber auch hier, keine rechtzeitige Vorwarnung und keine *Schutzmaßnahmen* vor einem möglichen *Crash*. Ganz im Gegenteil: Die Politik hatte die Spekulation und die *Kasino*-Geschäfte, gewollt oder ungewollt, erst ermöglicht. Nachdem das Kind dann in den tiefen Brunnen gefallen war, sicherte die Regierung in einer Hauruck-Aktion und mit großer Geste die Ersparnisse des Bürgers. Natürlich – wie immer - mit dem Steuergeld der Bürger, womit denn sonst. Selbst Krisenpolitik kann so einfach sein, wenn man für die Rechnung nicht selbst aufkommen muss. Und was kam dann? Nichts! Haben die Regierenden daraus etwas gelernt? Heute ist die Lage des Finanzsektors fast noch schlimmer als vor 2008, kritisieren

Experten: Die Depots für *faule Papiere* sind übervoll und der Schuldenturm wächst rasant weiter in die Höhe und das billige Geld überschwemmt die Märkte und puscht die Zahl von „Zombiefirmen", die irgendwann mit einem großen Knall zusammenkrachen. Aber solange die Politik des billigen Geldes in großem Stil weitergeht, siechen sie vor sich hin, behindern durch ihre schiere Existenz und Größe notwendige Innovationen und paralysieren Volkswirtschaften.

In der öffentlichen Wahrnehmung erscheint es so, als würden Regierungen für veritable Lösungen eigenes Geld einsetzen. Und als könne der Bürger froh sein, dass der Staat als Retter „einspringt". Die Politik ist aber nur der erste Sachwalter des Willens des Souveräns. Er ist der *Diener des Souveräns,* nicht sein Spekulant. Und deshalb ist es wichtig, dass die Regierenden umsichtig mit den Ersparnissen der Bürger umgehen. Im Falle der Bankenrettung hat sich die Regierung, erprobt wie immer, den Erfolg an die Brust geheftet und hoch und heilig versprochen, dass sich so etwas nie wieder ereignen würde. Aber wie soll das gehen? Die Krise vermeiden konnte die Politik schon deshalb nicht, weil sie von den „Mechanismen" des internationalen Finanzspekulationsmarktes und dem „Kasinoverhalten" der wenigen Akteure nicht ausreichend viel verstand, oder beides durch eigenes Fehlhandeln erst zugelassen hatte. Daran hat sich nichts geändert.

Was kommt als nächstes auf uns zu? Ach ja, die Flüchtlingskrise und die damit verbundenen Kollateralschäden. Nach offiziellen Angaben des Verfassungsschutzes befinden sich 900 – 1200 sogenannte Gefährder unter uns. Aber wie definiert man „*Gefährder*"? Die Behörden verweisen auf die dramatische Zunahme „islamistisch motivierter Straftaten", und die Bürger rechnen mit weiteren Blutbädern. Statistisch gesehen besteht für jeden einzelnen von 80 Millionen Bundesbürgern ein geringes Risiko, sagen Innenpolitiker, und Medienvertreter wiederholen das. Für die Betroffenen ist die Statistik allerdings irrelevant. Und wie die Politik mit Kollateralschäden verfährt, ist den Familien der Opfer des Anschlags am *Berliner Breitscheidplatz* noch gut in Erinnerung.

Die Politik reagiert nach erprobtem Muster, Beileid bekunden, dann daran erinnern, dass ein 100%iger Schutz niemals möglich sei, dann zur Tagesordnung übergehen, vielleicht noch die Bedrohungslage mithilfe der Statistik relativieren. Kann es wirklich sein,

dass die Kanzlerin den Opfern und Familien des Berliner Breit-
scheidplatz-Anschlags bis heute nicht persönlich kondoliert hat?
Kann es wirklich sein, dass sie das Wort Empathie schreiben, aber
inhaltlich nicht ausfüllen kann? In einem solchen Land soll man
gut und gerne leben können? Zugleich nimmt die Politik fahrlässig in Kauf, dass die Einwohnermeldebehörden der Länder keine
Technik vorhalten, um z. B. gefälschte Pässe zu identifizieren.
Nur weil es Ländersache ist? Wir haben seit Jahren ein marodes
Bildungswesen, das an allen Ecken knarrt und knirscht, und damit
Schülern und Lehrern vorsätzlich Schaden zufügt. Und jetzt
kommen Zigtausende von Schülern hinzu, die der deutschen
Sprache nicht mächtig sind. Wie ist das zu stemmen, da doch
offensichtlich nie Geld für genug Lehrer und sanierte Schulen da
ist?

Stichwort Gerechtigkeit: Was ist mit den Verursachern der
Finanzkrise geschehen? Viele Sprüche, viel Propaganda, aber in
der Summe nur wenig Substanzielles. Die Schuldigen wurden
nicht bestraft. Nicht in Deutschland. Die *Deutsche Bank* kann
ihren Investmentgeschäften weiter nachgehen. *Obama* stabilisierte
mit Milliarden Dollars größte Unternehmen, ließ aber zu, dass
Lehman-Brothers zurecht in die Insolvenz gehen musste. Das
Banken-Retten kostet den Steuerzahler jede Menge Geld, auch
wenn es bis dato fast nur ein Zahlungsversprechen ist. Wehe uns
aber, wenn die schlummernden Wechsel gezogen werden. Dann
werden die Börsen so schnell abstürzen, dass wir für die
Geschwindigkeit einen neuen Zeitbegriff brauchen.

Ist auch das Kasinogebaren der Finanzwirtschaft, die die halbe
Welt an den Rand des Systemabsturzes schubste, ein veritabler
Grund für das Wahlergebnis? Ist das nicht längst aus dem Kurz-
zeitgedächtnis der Bürger verschwunden? In der Zwischenzeit
üben sich die immer gleichen Protagonisten des Politikbetriebs
weiterhin im Reden und Zerreden grundsätzlicher Konstruktionsfehler und in der Ablenkung auf *minor issues*. *Distraction Baby*.
„Ablenkung" ist nicht nur das originäre Medium der amerikanischen Politik eines Herrn *Trump*. Aber Realitätsferne und das
Aussitzen sind keine wirklichen Masterqualifikationen von Profis.
Wir machen den Amerikanern bekanntlich fast alles nach. Dabei
gibt es genügend Beispiele dafür, dass nicht alles 1:1 kopierfähig
ist.

The Eastman Kodak Company® (Gründungsjahr 1888) war das größte Fotounternehmen der Welt, mit Sitz Rochester, New York und in vielerlei Hinsicht ein Beispiel für den hausgemachten Untergang, wenn man nur noch verharrt oder sich im Kreis dreht. Wer Qualität bei Produkten für Film und Foto brauchte, war bei *Kodak®* richtig.[53] *„The Kodak Moment"* schaffte es als geflügeltes Wort in die Wörterbücher. Konkurrenten gab es weltweit nicht. Aber nichts ist, wie man weiß, von Ewigkeit. Schon gar nicht in dynamischen Märkten. Die unzureichende Kompetenz, eine Politik des *„Weiter-so"*, fehlendes kreatives und innovatives Zukunftsdenken und die tradierten Routinen des Managements zerstörten das Weltunternehmen in wenigen Jahren. Im Januar 2012 stellte *Kodak®* in den USA den Antrag auf Gläubigerschutz nach *„Chapter 11"* und *„stirbt"* im Jahre 2013. Das Unternehmen wird in zwei kleinere Einheiten aufgeteilt. Mehr als 40.000 Mitarbeiter verlieren ihre Arbeit. Milliarden an Kapital sind vernichtet.[54] Wer nicht in das Neue investiert, sondern das Alte zwanghaft bewahrt, setzt keine Innovationskräfte frei, sondern zerstört sich selbst das eigene Fundament. Es ist ein altes Gesetz: Von der Spitze geht es nur noch abwärts – wenn man sich nur ausruht.

Gibt es Parallelen zu der Stabilität von Staatsformen? Nicht nur Unternehmen müssen sich als offene und dynamische Systeme der Konkurrenz anderer Systeme stellen, sondern auch Staaten. In beiden Fällen ist eine stetige Anpassung an neue Umweltbedingungen und Herausforderungen und eine Suche nach neuen, besser passenden Zukunftslösungen notwendig. Solange wir nicht in der Zeit zurückreisen können, um die in der eigenen Vergangenheit gemachten Fehler wieder auszubügeln,[55] sind eine hohe Aufmerksamkeit und profunde Evaluation der möglichen Konsequenzen unseres Handelns gefordert. Überleben ist eine

---

[53] Mit *Kodachrome*, dem Farbfilm von *Kodak®* wurden die Olympischen Spiele von 1936 gefilmt und haben den Machthabern fantastische Bilder zur Propaganda geliefert.
[54] Siehe dazu Ergänzungen im Anhang; ebd. „Anmerkung 54".
[55] Dies würde im Übrigen nicht helfen, denn da die anderen das gleiche tun würden, wäre das Ergebnis wiederum unbestimmt. Das Spiel der Korrektur der Vergangenheit könnte – mit wechselndem Erfolg – endlos weitergehen.

unabdingbare Voraussetzung, um im Markt zu bleiben, stellt aber noch keine Verbesserung der Konkurrenzposition dar und ist auf Dauer zu wenig. In der Praxis geht es um Marktanteile, um die Verdrängung von Konkurrenten und um Besetzung ökologischer Nischen. Und dazu bedarf es der Innovation und manchmal auch radikaler Maßnahmen. Immer nur Aus- oder Nachbessern ist zu wenig.

Die *Merkelsche* Politik hat selbst die 250 Jahre alten Befürchtungen des Staatsphilosophen *Tocqueville* zur alternativlosen Realität werden lassen (ausführlich dazu in Buch 2). Zwölf Jahre *Merkel* haben die *Marke* Deutschland Stück für Stück entwertet – ungeachtet des hohen Ansehens, das sie in Teilen des Auslands genießt. Das *Land der Schwarzen Null*, werden die Chronisten in naher Zukunft schreiben, „starb" Ende des 21. Jahrhunderts an innerer Austrocknung. Deutschland wurde das Schicksal von *Kodak®* zuteil, und China ist der unangefochtene neue *„Apple"* der Welt. Alle Menschen dieser Welt arbeiten mehr oder weniger für die neue gelbe Weltmacht und ihre Leistung wird mit *Sozialpunkten* bewertet, die den persönlichen Aufstieg oder, wenn es schlecht kommt, den sozialen Abstieg bedeuten. Wollen wir diese Zukunft?

Im pragmatischen oder vorausschauenden Handeln sind wir leider nur dritt- und oft auch nur viertklassig. Was war in der Zwischenzeit mit den anderen kleinen *Problemchen* geschehen, die dieses Land sonst so bewegten? Kinder- und Altersarmut, Pflegenotstand, Geburtenrückgang, Rentenproblematik, *prekäre* Beschäftigungsverhältnisse, Essens-Tafeln, Clankriminalität, multiresistente Keime in den Kliniken, Ultrafeinstaubproblematik, wachsende Müllberge, die Schere zwischen Arm und Reich, etc., etc.? Haben sich diese Probleme verflüchtigt oder gar aufgelöst? Keineswegs. Die Kanzlerin hat sich, so scheint es – im schnöden Alltagsgeschäft – nur nicht (mehr) dafür interessiert. Chefsache ist immer das internationale-außenpolitische Geschehen. Und der politische Rest ruht sich hinter ihrem Rücken aus. *Helmut Kohl* hatte seinerzeit Probleme immer ausgesessen, und ist damit (fast) immer durchgekommen. Übelgenommen hatte man ihm nur, dass er bei Parteispenden eine recht persönliche Ansicht von Recht und Gesetz hatte. Die Schicksalsgemeinschaften aus *CDU/CSU*, *FDP* und *SPD* hat in den vergangenen Koalitionsjahren kräftig mitgerührt in der Suppe medial vorgetragener

Ablenkungsmanöver von den wirklichen Problemen der Menschen. Und wenn es ganz schlimm kommt, werden mit berechenbarer Wahrscheinlichkeit auch Koalitionen mit den vormals *No-Go-Parteien* geschmiedet. Dann hat selbst *Die Linke* noch gute Chancen auf eine Regierungsbeteiligung. Nur die *AfD* muss (zumindest noch) draußen bleiben.

Der kleine Mann hat immer Konjunktur. In nahezu jeder Talkshow war eine pseudo-aufklärerisch vorgetragene Entrüstung über die *Trumps, Orbáns* und *Erdogans* dieser Welt wichtiger als die öffentliche Auseinandersetzung über die realen Probleme der aktuellen deutschen Politik und einer auseinanderdriftenden Gesellschaft. Kann man von Berufspolitikern aber nicht zumindest die Fokussierung auf das Wesentliche erwarten, selbst dann, wenn sie offenbar keinen realen Bezug mehr zu den Sorgen und Nöten des *kleinen Mannes* haben?

Sie verstehen die Begrenztheit und Starrheit der prekären Lebenswelt nicht, weil sie diese nie persönlich erlebt haben, und auch nicht wirklich in der Gefahr sind, in die Normalwelt der Alltagssorgen abzurutschen. Die eigene Betroffenenperspektive scheint ihnen völlig fremd. Wer finanziell abgesichert ist, und schon in jungen Jahren weiß, dass er in 50 Jahren keine Altersarmut befürchten muss, weiß sehr genau, dass andere von *Hartz IV* gut leben können, wie es der junge Herr *Spahn* einmal trefflich zu sagen wusste. Wer sich bei der Pflege eines geliebten Menschen fast selbst aufreibt, erlebt täglich, dass er nicht nur sein sauer verdientes eigenes Geld verzehrt, sondern selbst in der Gefahr ist, in die Armutsfalle zu rutschen, weil nichts mehr vom Ersparten übrigbleibt. Die physisch-psychischen Belastungen, zum Beispiel bei der Pflege von an Demenz Erkrankten, sind mitunter so enorm, dass die Pflegenden nicht selten selbst erkranken und arbeitsunfähig werden.

Die vor Wahlen zur Schau getragene Volksnähe, die Hausbesuche und Bürgergespräche mit dem *kleinen Mann*, das geheuchelte „*Minuten-Verständnis*", haben etwas seltsam Unnatürliches und Verklemmtes.

Und wer ist eigentlich dieser ominöse „*kleine Mann*", den alle immer bemühen, wenn sie sich volksnah zeigen? Nach *Roland Barthes* ist der <*kleine Mann*> ein klassischer Mythos des Alltags und beschreibt die schweigende und vielleicht auch hilflose

Mehrheit, die mit einem imaginären Kollektivwillen ausgestattet sein soll. Aber der kleine Mann macht nichts daraus. Das weiß auch die Politik und kann ihn ungestraft für die eigene Sache instrumentalisieren. Der Psychoanalytiker *Wilhelm Reich* warnt 1946 in seiner Rede an den kleinen Mann vor möglichen und nicht gewollten Konsequenzen: *„Du hast vor mir geweint, gejammert, deine Sehnsüchte beschrieben. Du lässt Machthaber Macht für den <kleinen Mann> beanspruchen. Doch du selbst bist stumm".* Worauf *Reich* aufmerksam machte, ist die historische Wahrheit, dass trotz der vermeintlich großen individuellen Freiheitsgrade seiner Zeit (Weimarer Republik), der *kleine Mann* am Ende (doch) die *reaktionäre* Karte gezogen hatte[56]. Muss die Politik bangen, dass er sie gerade wieder zieht?

---

[56] *Nils Marquardt, Kleiner Mann, warum? In: Der Freitag,* Ausgabe 20/2016.

3.1 Nach mir die Sintflut

Wir brauchen Politiker eines neuen Typus. Notwendige systemische Veränderungen wurden vorsätzlich nicht konkret genug angepackt (Modernisierung der Infrastruktur, Digitalisierung, Pflegenotstand, Wahl- und Parlamentsreform, innere und äußere Sicherheit, Bandenkriminalität, Korruption, Steuerhinterziehung im internationalen Stil, Migrationsproblematik, Euro-Krise, u.v.a.m.) und fast ausnahmslos immer in die Zukunft verschoben, oder schlicht ignoriert.

Mit jeder neuen Wahl soll dann plötzlich alles anders werden. Das Diktum bleibt dasselbe: Nach mir die Sintflut. Die Wähler haben den *Trick* längst durchschaut und hoffen doch wieder auf Besserung. Das ähnelt alles sehr dem menschlichen Verhalten bei Aktienspekulationen. Nur in diesem Fall zocken wir mit dem eigenen Lebensglück. Der Zeitpunkt, wann man aus dem Engagement raus sollte, um das Anfangsinvestment zumindest zu sichern, ist nie ganz klar, kündigt sich aber an. Zum Beispiel werden Gewinnwarnungen ausgegeben, weil der Warenabsatz (Export) stagniert. In der Regel ist es dann bereits zu spät, weil die Aktie schon in den Keller geht (Panikverkäufe). Oder schlechte Manager leiten die Geschicke des Unternehmens und erkennen nicht die Zeichen der Zeit (siehe *Kodak®*). Oder es sind schlicht Gier, Spekulation oder Betrug im Spiel (Mehrfachverbriefungen von Immobilienhypotheken; Selbstsicherheit und Arroganz von Eliten). Ob eine Aktie oder gar der Finanzmarkt wirklich abstürzen, ist manchmal objektiven Daten geschuldet, ein andermal geheimnisvollen Kausalitäten, die sich irgendwo zwischen Unternehmenshandeln (Politikhandeln) und Wertentwicklung der Aktien (Entwicklung des Lebensglücks, des persönlichen Eigentums und der Lebenssicherheit) verstecken. Einige Spezialisten geben vor, anstehende Verluste oder Zusammenbrüche mathematisch berechnen können. Sie erkennen Algorithmen und „*Fraktale*" im vermeintlich Gleichförmigen. *Benoit Mandelbrot*, der Entdecker der *fraktalen Geometrie* hat daraus geschlossen, dass Aktien viel *risikoreicher seien als bislang angenommen.*[57] Politikwissen-

---

[57] Der belgisch-amerikanische Mathematiker *Benoit Mandelbrot* (1924-2010) und (ein) Vater der Chaostheorie, unternahm mithilfe seiner

schaftler könnten aus dem immerwährenden chaotischen Partei-
engezerrre schließen, dass das Standardmodell von Politik sehr
risikobehaftet ist und jederzeit kollaborieren könnte. Aber das wäre
ein Fehlschluss. Der Versuch, das Chaos zu bändigen, erzeugt
immer und unweigerlich Spannungen, die sich aufstauen und
explosiv entladen können. Aber große Veränderungen geschehen
selten, aber wenn sie geschehen, dann mit unbändiger Kraft.

In der Summe sind es die kleinen Strukturen, die Zerklüftun-
gen im politischen Alltagshandeln, die die großen Veränderungen
triggern. In den Märkten ist der Gewinn oder Verlust eine Frage
rationaler Kalkulation, valider Zukunftserwartungen, guter
Verkaufsstrategien, informierter Spekulation über zukünftige
Entwicklungen (Nachfrage, Technologien, Trends, neue
Konkurrenten), individueller Risikokonditionierung. Wie in der
Politik gibt es Warnzeichen, etwa ein Verlust an Dynamik und ein
Übergang in eine Phase gleichförmiger, scheinbar kontinuierli-
cher Entwicklung, an die sich immer heftiger werdende Fluktua-
tionen anschließen. Dann ist es an der Zeit, auszusteigen, sich neu
zu orientieren oder massiv gegenzusteuern. Schließlich brechen
alle Märkte (irgendwann einmal) zusammen. Wie lange ein
solcher Zyklus dauert, ist ungewiss.

Börsenspekulanten leben immer in einem Spannungsverhältnis zwischen unendlicher Gier und eigener (Pseudo-) Rationalität
und ignorieren zu oft das bereits Sichtbare. Letzteres beobachten
wir auch bei gesellschaftlichen Entwicklungen. Als Wähler hoffen
wir, dass es beim nächsten Mal besser wird. Wir geben wieder
einen Vertrauensvorschuss und wenn wir wieder enttäuscht
werden, erklären wir die eigene Fehlentscheidung mit allgemeinen
Floskeln wie: *Wer hätte das wissen können. Die machen eh, was sie wollen.*
Man konnte ja nicht erwarten, dass die Menschen vor Krieg und Not im
eigenen Land ausgerechnet zu uns fliehen, etc., etc. Das sind Beispiele für
die fragile Struktur der eigenen Lebensweltgewissheiten. Die
Amerikaner sagen dazu *Certainty of life*. Solange Politik nur *lineares*

„*Theorie der Fraktale Geometrie*" (Teilgebiet der *Chaostheorie*) den Versuch,
den Aktienmarkt und seine Entwicklungen besser zu verstehen. Eine
zentrale These lautet; Aktienkurse und Küstenlandschaften ähneln sich
in der geometrischen Struktur. Sie sind nicht glatt oder linear, sondern
stark zerklüftet, i. e. *fraktal*. Die fraktale Struktur kann man berechnen.
Ders. und Richard L. Hudson, Fraktale und Finanzen. Piper 2005.

Handeln praktiziert, weil sie die Wirklichkeit zwar mitunter als äußerst komplex versteht, aber ihr methodisch nicht angemessen begegnet, ist mit dem Chaos schneller zu rechnen als vermutet. Um die wirklichen Zusammenhänge des vermeintlich Offensichtlichen zu verstehen, um dann angemessen zu handeln, dazu bedarf es eines großen Sachverstands sowie die Bereitschaft und die Fähigkeit, über den Tellerrand hinaus zu schauen.

Die Rissbildungen im Gesellschaftsgefüge sind nie theoretischer oder unerwarteter, zufälliger Natur, sondern ganz normale dynamische Ereignisse, mit denen wir rechnen können, wenn wir aufmerksam sind. Wir sind ihnen also nicht hilflos ausgeliefert. Es gibt für alle (gesellschaftlichen) Probleme dieser Welt allerdings nicht immer die *eine* Paradelösung, sondern oft nur ein Herantasten an das Sinnvolle und Machbare. Das globale Klima lässt sich nicht von Verboten oder genehmen Denkblasen beeindrucken. Die Zukunft ist nicht allumfassend zu planen, denn es gibt keine Zukunftsgewissheit, auch nicht mit Hilfe der Wissenschaft. Auch wissenschaftliches Wissen ist unsicher und revidierbar. Wir müssen die Welt Stück für Stück, in kleinen, aber sinnvoll aufeinander abgestimmten Schritten in unserem Sinne verändern, damit sie uns nicht ausspuckt, weil sie von unserer pseudoelitären Allwissenheit genug hat. Wenn es stimmt, dass alles mit allem vernetzt ist, können kleinste Maßnahmen oder Unterlassungen Auswirkungen haben. Welche das sind und wo sie genau auftreten, wissen wir nicht. Wir können aber begründete Vermutungen anstellen und dann versuchen, diese mit Unterstützung der Wissenschaften zu testen und zu verbessern. Den wirklichen Zusammenhängen können wir uns dabei immer nur annähern. Könnte die Anstrengung gemeinsam gelingen, wenn wir bereit wären, jenseits aller Egoismen und kollidierender Interessen offen zusammen zu arbeiten? Damit ist die einschränkende Bedingung bereits genannt. Konfligierende Interessen und individueller Egoismus sind die Basis gesunder Konkurrenzprozesse und damit die Triebkräfte von Wirtschaft und Gesellschaft. Sie auszuschalten, gelingt allenfalls kurzfristig zur Erreichung wichtiger gemeinsamer Ziele (Gruppendynamische Experimente von M. Sherif 1949-1954). Aber die Menschheit verfügt über ein (altes) kollektives Wissen, das wir besser nutzen könnten.[58] Aber auch dabei ist Vorsicht geboten, damit keine selbsterfüllenden Prophezeihungen im Sinne des *Thomas-Theorems*[59] entstehen. *„Wenn aber alle alles wissen, werden kollektive Mythen zu Wahrheiten"*, sagt der ehemalige Professor für Englische Literatur und Kultur *Dietrich Schwanitz* an der Universität Hamburg.[60]

Schau selbst nach, vertraue keiner Autorität: *„Nullius in verba"*. Weil jeder Mensch anfällig ist für Aberglauben, Betrug, Lüge und Unvollkommenheit, sollten wir nicht den Vor- und Nachplapperern der angeblich einzigen Wahrheit, sondern der Evolution und der Statistik vertrauen, die früher oder später ein Genie vorbei schickt, das uns den richtigen Weg aus der Finsternis weisen kann. Leider ist die Wahrscheinlichkeit, dass man es auslachen, ignorieren oder davonjagen wird, größer als die Chance, dass man ihm folgen wird. Führer sind ohnehin eine gefährliche Species, der zu vertrauen hochriskant ist. Auch geniale Führer können scheitern (Napoleon, Hannibal) oder mit ihrer Hybris Nationen in den Untergang reißen. Man braucht institutionelle Mechanismen, um sie zu einzubinden. Andere setzen auf Schwarmintelligenz, das Erfolgsrezept der Ameisen. Ob sie die Lösung für alle Probleme bringt, bleibt zweifelhaft. Der gesunde Menschenverstand des Individuums bleibt einstweilen unverzichtbar. Die großen Innovationen, die Wissenschaft, Technologie, Kultur und Gesellschaft weiterbringen, sind von ihm ebensowenig wie von der Intelligenz des Schwarms zu erwarten.

Die Wissenschaft hat Erfahrungen mit Genies. Das Genie des Jahrtausends, *Isaac Newton,* dachte gerne im stillen Kämmerlein über die Geheimnisse der Natur nach. Er war ein Einzelgänger, hatte kaum Freunde, war ein begeisterter Alchimist und ein begnadeter Denker und Mathematiker. Als er seinem Kollegen *Halley* berichtete, dass er bereits vor Jahren den Lauf der Planeten

---

[58] Siehe dazu Ergänzungen im Anhang; ebd. „Anmerkung 58".
[59] *"If men define situations as real, they are real in their consequences." (William I. Thomas und Dorothy Swaine Thomas,* 1928). Der Satz besagt, dass die Realitätswahrnehmung von der Situationsinterpretation eines Individuums abhängt.
[60] *Dietrich Schwanitz, Die Bildung ist tot, es lebe die Bildung.* Vortrag aus dem Jahr 2000; in Teleakademie (Wiederholung) vom 23.11.2016.

berechnet hätte, drängte ihn dieser zur Veröffentlichung der revolutionären Ergebnisse. Mit der Möglichkeit der mathematischen Berechnung der physikalischen Planetenbahnen ist das bislang geltende „*Uhrmachermodell*" (i. e. das Universum als perfekter Mechanismus, der durch eine Kombination von kreisförmigen Bewegungen die sichtbaren Planetenbewegungen erzeugt) abgelöst[61]. Das war die Geburtsstunde der modernen Naturwissenschaften. Beobachtung, Hypothese, empirische Überprüfung, mathematische Begründung und Gesetz. Die methodischen Prinzipien seines Erfolgs formulierte *Newton* in drei Regeln (*Regulae philosophandi* – Leitgedanken zur Erforschung der Natur). Seine Forschungseinstellung folgt dabei dem Motto der *Royal Society,* das da lautet: „*Nullius in Verba*" (*Take nobody's word for it;* sinngemäß: *Schau selbst nach, vertraue keiner Autorität).*

Als *Einstein* 1905 und 1915 mit seinen Thesen zur Relativität sowie zur *Raum-Zeit-Krümmung* auf den Plan trat, betrachtete die Physik die Naturzusammenhänge eigentlich – auf der Basis der *Newtonschen klassischen Mechanik* und des *Gravitationsgesetzes* - als geklärt. Die Wissenschaftler waren sich einig: Man hatte die Zusammenhänge bis auf wenige Randprobleme verstanden. Wieder erschüttert eine einzelne abweichende Meinung eines einzelnen Denkers, der als „Experte dritter Klasse" in einem schweizerischen Patentamt arbeitet, das universale Verständnis von den Gesetzmäßigkeiten der Natur so stark, dass wir nach *Einstein* von einer *anderen* Physik (*Paradigmenwechsel*) sprechen[62]. Wissenschaftshistoriker sehen heute in Einsteins Theorien den Schlussstein der klassischen Physik. Eine Revolution stellt sie insofern dar, da sie zu einer neuen Auffassung von Raum und Zeit führte.

Eine wahrhaftig neue Physik begann zur gleichen Zeit mit der Entdeckung des Wirkungsquantums durch Max Planck. Auch zu dieser Revolution hat Einstein wichtige Beiträge geleistet. Die entscheidenten Protagonisten waren jedoch andere wie Bohr, Born, Heisenberg, Dirac. Die damit verbundene Revolution des physikalischen Bildes der Wirklichkeit wollte Einstein nicht

---

[61] Siehe dazu Ergänzungen im Anhang; ebd. „Anmerkung 61".

[62] *Newtons* geniale Leistung war die *Berechnung* der Gravitationskraft; *Einstein* wollte wissen, was Gravitation überhaupt ist? Nach *Einstein* ist Gravitation gekrümmter Raum.

akzeptieren, obwohl er mit seiner Arbeit dazu beigetragen hatte, dieses neue Bild zu ermöglichen. Ähnliches galt für Planck und Schrödinger.

Die *Pangäa* These des Geologen und Forschungsreisenden *Alfred Wegener* hatte die etablierte Zunft zu Lachanfällen verleitet. Die Erde solle in Urzeiten einmal ein einziger zusammenhängender Kontinent gewesen sein. Was für ein Unsinn! *Wegener* wurde wegen seiner Annahme der *Kontinentaldrift* von seinen Zunftkollegen schlicht ausgelacht oder ignoriert. Fragt sich, was schlimmer ist. Es war ein Bündel neuer Erkenntnisse, die schließlich dazu geführt haben, Wegeners Hypothese zu bestätigen: komparative Untersuchungen von Pflanzen, Sedimenten und Gesteinen an der afrikanischen Westküste und an der südamerikanischen Ostküste; die aus militärischen Gründen erfolgte Vermessung der Meeresböden nach dem Ende des 2. Weltkrieges, die zur Entdeckung des mittelatlantischen Rückens und des hier emporquellenden Magmas führten; genaue Vermessungen der relativen Geschwindigkeiten der Kontinente mit Satelliten, etc. Den Triumph seiner Hypothese hat Wegener nicht mehr erlebt, da er vorher auf einer Grönlandexpedition im Eis verschollen war. Heute kann man millimetergenau messen, wie schnell sich die Kontinente relativ zueinander bewegen.

Fazit: Wer behauptet, dass etwas so ist und nicht anders, dass es keine Alternativen zu den gängigen Lösungen gäbe, hat zu wenig Phantasie und leidet an einem Mangel an historischer Bildung. Wer die Alternativlosigkeit eines Lösungsweges oder eines Denkansatzes betont, ist ein klassischer Dogmatiker, der das scheinbar objektive Wissen der Elite über die Möglichkeiten anderer Wege des Denkens und Handelns stellt. In den Wissenschaften ist es nur ein kleiner Schritt vom Dogmatismus zum Ignorantentum und damit zum Verlust dessen, was Wissenschaft ausmacht, nämlich altes Wissen zu testen und bei Versagen auszusondern und neues Wissen konstruktion kühner Hypothesen und gehaltvoller Modelle zu generieren. Wie funktioniert das? Durch einen Prozess der Fehlerelimination und der konstruktiven Verbesserung der Hypothesen und Modelle. Der Wissenschaftler muss also Daten suchen, die seinem Modell widersprechen, um ihre Schwachstellen aufzuspüren. Die Wissenschaft funktioniert im Wechselspiel von Konstruktion und Kritik. Das Prinzip der *Falsifikation* ist dabei das Masterprinzip objektiver

Wissenschaften. Solange es niemand schafft, ihn zu widerlegen, kann der Forscher darauf hoffen, dass er recht haben könnte. Niemals ist aber die Anzahl der Zustimmung(en) zu einer Theorie ein Ausweis von Wahrheit, nicht einmal der Wahrscheinlichkeit einer Theorie. 15000 Forscher weltweit stimmen der These zu, dass der Klimawandel „*man made*" ist. *Ich glaube daran,* sagt der Chefplauderer *Lanz.* Na und? Ich will nur den einen finden, der das vermeintliche universale „Gesetz" durch einen klugen Test widerlegt oder korrigiert. Der Widerspruch zwischen Modell und neuen Daten zeigt den Widerstand der Realität gegen eine möglicherweise kühne, aber offenbar falsche Hypothese. Die neunhundertachtundsiebzigste Bestätigung einer Messung ist dagegen keine Erkenntnis mehr, sondern nur noch eine Affirmation des Bestehenden. In den Wissenschaften sollte man deshalb nicht unbedingt auf die Intelligenz des Schwarms vertrauen. Man braucht vielmehr „Abweichler", Vorreiter eines neuen Weges, um zunächst einige Mitglieder des Schwarms und am Ende die Mehrheit hinter sich zu bringen. Vorsicht! Die meisten Abweichler scheitern; es ist ein lohnender, aber auch gefährlicher Weg. Ein Einzelner kann die Wahrheit sprechen. Die Masse bringt ihn manchmal dafür um. Vielleicht nicht physisch, wie Toqueville richtig sagte, aber in Form seiner bürgerlichen Existenz.

Was ist die Lösung für unsere politischen Alltagsprobleme? Es ist vor allem die Bereitschaft der Politik und der Eliten, wieder *aktiv zuzuhören,* die Bereitschaft des Zulassens von *alternativen Lösungen* und die Fähigkeit und der *Wille zum Redesign* von angeblich alternativlosen Strategien. Das sind die drei Mastervoraussetzungen für sogenannte *Best-Case*-Lösungen. Und genau daran fehlt es bei mit wenigen unserer Politiker, am aktiven Zuhören, an alternativen Lösungen und am Mut zu konkretem Handeln. Weil es nicht wenigen Politikern sogar am notwendigen Wollen und an der Kompetenz fehlt, müssen wir uns nicht wundern, dass *Best-Case-Lösungen* Jahr um Jahr zugunsten von *Ad-Hoc-Lösungen* verschoben und so vielleicht nie realisiert werden. Wir brauchen einen neuen Politikertypus und nicht immer neue Idee oder Absichtserklärungen.

„Wir stehen angesichts des Wahlergebnisses vom 24. September diesen Jahres für den Eintritt in eine große Koalition nicht zur Verfügung".[63] Der Bundeswahlleiter gibt am 12. Oktober 2017 das offizielle Wahlergebnis der 19. Wahl zum Bundestag bekannt. Danach entfallen auf die *CDU* 26,8% (2013 34,1%), die *SPD* 20,5% (2013 25,7%), die *AfD* 12,6% (2013 4,7%), die *FDP* 10,7% (2013 4,8%), *DIE LINKE* 9,2% (2013 8,6%), *Bündnis 90/ DIE GRÜNEN* 8,9% (2013 8,4%), CSU 6,2% (2013 7,4%), Sonstige 5,0% (2013 6,2%)[64]. Und es hat *boom* gemacht! Nach eigenen Auswertungen der *CDU* hat die Partei jeweils eine Million Wähler an die *FDP* und die *AfD* verloren.

Wie reagiert die Politik auf die systemischen Verwerfungen? Die einen sind beleidigt. Die anderen sind nassforsch, als ob sie gerade die Wahrheit neu gepachtet haben. *Bündnis 90/DIE GRÜNEN* Parlamentarier sind aufgeregt wie die Jungstiere vor der ersten Begattung und wollen möglichst ohne Umwege schnell ran an die Objekte der Begierde, auch wenn die älteren Vertreter dieser Art seit längerer Zeit diverse Ausfallerscheinungen zeigen. Das sind keine idealen Voraussetzungen für guten Nachwuchs und *Best-Case*-Ergebnisse, die das Land braucht. Angesichts des eigenen Wahlerfolgs hat die *AfD* die Jagdsaison eröffnet, und Frau *Nahles* aus der Eifel will *„trumpös"* den ehemaligen und bis zur nächsten Regierung Noch-Koalitionspartnern *in die Fresse hauen. A la bonheur, Andrea,* um es mit den Worten des einstigen Buchhändlers und Ex-Heilands der *SPD* aus Würselen zu sagen. Was soll der Wähler bloß von diesen Leuten halten? Ich freue mich jetzt schon darauf, wie dieser Ausfall in einigen Wochen erklärt oder verklärt wird, wenn die *SPD* dann wieder mitmischen will. Und sie werden es wollen. Das ist dann wirklich *alternativlos. Nahles* Äußerung ist der ganz normale Reflex von Menschen, die unsicher sind und nur über eine unzureichende Krisenkompetenz verfügen. Sie ist schlicht sauer, dass sie nicht mehr mitmischen darf und sieht ihre Felle davonschwimmen. Der ach so heldenhafte Plan, diesem Land und den Menschen uneigennützig zu *dienen,* ist ausgeträumt. Die Kunden wollen lieber ein anderes Produkt. Relativ gesehen 20,4% (absolut 13,7%) weniger Zustimmung haben die Regierungsparteien bei dieser Wahl

---

[63] *Martin Schulz* in der Pressekonferenz vom 21.11.2017.
[64] Der Bundeswahlleiter, Pressemitteilung Nr. 34 /17 vom 12.10 2017

eingefahren. Wenn das immer noch ein *Auftrag durch den Bürger* ist, dann leiden die Protagonisten an diversen Problemen menschlichen Sendungsbewusstseins und gestörter Selbstwahrnehmung und bedürfen jetzt einer therapeutischen Betreuung.

Tränen lügen nicht, sagt man, und die offiziellen Zahlen am Wahlabend auch nicht. Die einstige Volkspartei *SPD* kann nur noch etwa neun Millionen Wähler an sich binden und agiert wie gelähmt. Wer ist schuld? Aus Unternehmen kennen wir das. Wenn es nicht mehr rund läuft, dann wird alles Mögliche und nahezu jedermann für das eigene Versagen verantwortlich gemacht, nur nicht der Verursacher selbst. Beispiel *Karstadt* und *Middelhoff*, Beispiel *VW* und *Winterkorn*. Schönwetter-Kapitäne haben nie ein Krisenkonzept, aber eine reichhaltige Palette an Fremdschuldzuweisungen und persönliches Wehklagen hebt an, wenn es für den Einzelnen nicht gut ausgeht. Zugegeben, richtige Krisenmanager sind aber auch eine sehr seltene Spezies. Denn wer auf Probleme und Verwerfungen hinweist, wird nicht gemocht. Spielverderber haben es schwer, weil sie den vermeintlichen Stars den Spiegel vorhalten. Auch Narren haben im Mittelalter schon mal den Kopf verloren, wenn der Spiegel, den sie den Herrschenden vorgehalten haben, zu klar war.

Vor gerade einmal ca. 30 Jahren gab es in der Managementliteratur einen Hype zum Thema *Sozialkompetenz*. Die Fachjournalisten und Buchautoren schrieben sich die Finger wund ob der Notwendigkeit profunder Sozialkompetenz für den Unternehmenserfolg und den eigenen Aufstieg. Wer *soziale Kompetenz* vorweisen konnte und diese auch leichtsinnigerweise zum Einsatz brachte, musste aber mit Gegenwind rechnen. Unternehmensführer folgen in aller Regel nur einer Linie: *ICH* bin der Star. Alle folgen *MIR*, bis in den Absturz. Nörgler und Besserwissende (sozial kompetente Narren) sind rote Tücher. Für den Kritiker selbst geht die konstruktive Kritik in aller Regel nicht gut aus und er geht am besten sofort und freiwillig. Stürzt der Fürst, dann haben es natürlich alle (die stillen Mitläufer) immer schon gewusst. Im Absturz aus dem Olymp der Macht werden dann selbst Machtmanager oft wieder zu verunsicherten Kindern. Ab einer bestimmten Fallhöhe ähnelt der Typus des Machtpolitikers dem des Machtmanagers. Deshalb verstehen sich beide so gut. Nur wenige von ihnen sind wirklich weitsichtig und zocken nicht wie die Börsenzombies, getrieben von der Sucht nach frischem Blut, immer weiter, selbst dann noch, wenn der bereits erwähnte Tsunami gerade über sie hinweg rast.[65]

Bei Politikern hat sich seit Jahren eine *Überlebensstrategie* als besonders wirkungsvoll herauskristallisiert. Was gegen den Untergang im Amt immer hilft, ist ein schneller Wechsel in die Industrie oder zu Lobbyverbänden, natürlich nur solange es ohne großen Widerspruch geht. Wie man es richtig macht, zeigt, zeitgleich zur Verantwortungsverweigerung der *SPD* Führung und unsensibel wie immer, der Altkanzler der Partei der kleinen Leute noch einmal aufs Neue. Zum Entsetzen und Schaden der Genossen demonstriert der Großverdiener und *Putin*-Freund-Versteher *Schröder*, was er unter Verantwortung für die *hart arbeitenden Menschen* wirklich versteht. Das hat bei ihm Tradition. Auch die vermeintlich geniale *ICH-AG-Idee* aus 2003 (Erfindung der *SPD*) war keine im Barolorausch geborene schwammige Vision für vormals Arbeitslose, jetzt „Existenzgründer". Die Aktion war von langer Hand vorbereitet, um erfolgreiche Selbstständige - im Falle des Nachweises einer sogenannten Scheinselbstständigkeit von freien Mitarbeitern - dingfest zu machen und von ihnen für die maroden Sozialkassen angeblich fehlenden Sozialbeiträge abzukassieren. Die Behörden haben die Nachzahlung von Fehlbeträgen oft auch für die Vorjahre gefordert, was nicht wenige Unternehmer sofort in Existenznot brachte. Wer bereits jahrelang für sich selbst und die Kollegen gesorgt und reichlich Steuern in den Staatstopf gezahlt hatte, musste sich aufgrund der neuen Gesetzeslage von den „Sitzfleisch"-Politikern und der Sozialverwaltung sagen lassen, dass er jetzt scheinselbstständig sei, oder Scheinselbstständige beschäftige. Irgendjemand muss die Löcher für die leeren Renten- und Sozialkassen mit auffüllen. Die paar wenigen neuen *Ich-AGs* konnten gar nicht so viele leerstehende Bierbüdchen und Pizzabäckereien finden, wie die Leute, die sie aufmachen wollten, um aus prekären und befristeten Arbeitsjobs

---

[65] Siehe das Verhalten der *Deutschen Bank,* als bereits längst klar war, dass die eigene Finanzzockerei Mitauslöser der Finanzkrise war. Die amerikanischen Bundesbehörden belegen die bereits von den eigenen Managern und Investmentbankern ausgeplünderte Bank auch noch 10 Jahre nach dem selbst gemachten Desaster mit weiteren Strafgeldern in Milliardenhöhe.

oder der Arbeitslosigkeit in einen prekären Selbstständigenstatus zu entfliehen, suchten. Heute scheitert ein auskömmliches Leben der sogenannten Solo-Selbstständigen allein schon an der Bemessungsuntergrenze der gesetzlichen Krankenversicherung, die mit knapp über 2200 Euro angesetzt ist. Nicht wenige der sogenannten Selbstständigen verdienen aber wesentlich weniger im Monat. Damit ist die Aufstockung für viele Selbstständige zwingend erforderlich, um alleine aus der Versicherungsfalle herauszukommen. Die *CDU*-Politik hat Änderungen dazu bislang immer blockiert. Gleichzeitig nehmen mit der staatlich verordneten Auflockerung der Rahmenbedingungen des ersten Arbeitsmarkts *Minijobs* und die Niedrigeinkommen inflationär zu. Ist das ein Plan? Und es wird für die Betroffenen noch schlimmer werden, wenn es die *SPD* schafft, im Rahmen einer künftigen neuen Regierungsbeteiligung mit ihrer Forderung durchzukommen, alle, auch die Selbstständigen, in die gesetzliche *Bürgerversicherung* hineinzuzwingen. Alle? Aber doch nicht die Beamten! Es geht nie um eine umfassende Gerechtigkeit. *That's just funny fake.* Es geht ausschließlich immer nur um eigene Pfründe, die mit Klauen und Zähnen verteidigt werden.

Not a very good job SPD. Die Verwerfungen auf dem Arbeitsmarkt interessieren die Genossen nicht wirklich. Wie so oft, *me first, der Rest later.* Die Wahl ist die Quittung für Ignoranz, Besserwisserei und Augenwischerei, vielleicht auch für mangelnde Kommunikationsfähigkeit. Markenanzüge à la *Brioni* und edle *Cohibas* schienen eben nicht für alle hart arbeitenden Menschen vorgesehen, und schon gar nicht für den kleinen Mann. Hat die *SPD* wirklich angenommen, dass die Wähler eine Sozial- und Arbeitsmarktpolitik à la *Hartz* klaglos erleiden?

Natürlich hatte diese Politik Ursachen und Gründe, vielleicht sogar gute Gründe. Natürlich wirkte sich die Globalisierung auch auf den deutschen Arbeitsmarkt aus, der bei hohen Löhnen und inflexiblen Beschäftigungskonditionen für steigende Arbeitslosenzahlen sorgte. Die Politik der Schröder-Regierung ließ den „kranken Mann" Europas vielleicht nicht gesunden, sorgte aber für mehr Beschäftigung und Wachstum. Nach den Abstiegsjahren 2001 bis 2003, in denen das Wirtschaftswachstum von 1,7 auf -0,7% fiel, stiegen die Wachstumsraten 2006 und 2007 wieder auf knapp 4% an. Die Arbeitslosigkeit, die von 2001 bis 2005 von 7,8 auf 11% gestiegen war, fiel bis 2019 kontinuierlich auf 5%.

Ironie der Geschichte: Nicht die Regierung Schröder, sondern die erste Merkel-Regierung erntete die Früchte dieser Politik. Der Preis für diesen Erfolg war der neue Niedriglohnsektor, 400-Euro-Jobs, Leiharbeit, prekäre Beschäftigungsverhältnisse, etc. Viele Beschäftigte stecken in prekären Beschäftigungsverhältnissen fest und befürchten, dass sie als Rentner in die Falle der Altersarmut rutschen und auch dort steckenbleiben. Sie fragten sich, ob Teile der Politik nichts mehr damit anfangen können, dass die Menschen sagen, sie fühlen sich nicht verstanden und abgehängt?

Trump hat – im Gegensatz zur deutschen Regierungskoalition – weder solche Zustände noch das Gefühl der frustrierten Wähler, nicht verstanden zu werden, geschaffen. Er hat beides nur aufgenommen und mit einem gezieltem und systematischen Eliten- und Medienbashing (*sic! Fake News*) die Wahl gewonnen. *Hillary* galt den amerikanischen Wählern als die typische Repräsentantin des arroganten Establishments, das mit dem Großkapital kuschelt und den Wählern zugleich Wohlstand und Glück versprach. Das hat sie, trotz der Belege, immer bestritten. Die Amerikaner sind, trotz gezielter Fehlernährung durch die *Fastfood*-Industrie, nicht dumm, und hatten die Lüge der Kandidatin längst durchschaut. Sie ist ihrem eigenen *Narrativ* auf den Leim gegangen und hat zu zielsicher auf die *Genderkarte* gesetzt. Die Geschichte verlange jetzt nach einer Frau als Präsidentin. *Period!* Die sozialen Belange der „Abgehängten" hat auch sie ignoriert und den Kollegen und „Sozialisten" *Bernie Sanders*, wo immer sich die Gelegenheit dazu bot, diffamiert und der Lächerlichkeit preisgegeben. Dass sich dann *Trump* mit großer Geste bei den Russen bedankt, die offenbar die Daten des *DNC (Democratic National Committee)* gehackt hatten, und via *Wikileaks* die verwerflichen Maßnahmen *Clintons* gegen den „Unabhängigen" *Bernie Sanders* offenlegten, war zu erwarten. *Hillary* ist möglicherweise doch nur die weibliche Form des klassischen Politikertypus: *Viel sagen, wenig halten*. *Trump* ist der Typus „politischer Vampir": Er kennt nur Feinde und genießt das Blut der Verlierer (siehe Anmerkungen in Band 2).

Die deutsche Politik hat nur staunend zugeschaut und das selbstgefällige Hin und Her als blanken Populismus diffamiert. Auch der *kleine Mann* in den USA hat als Antwort auf die sozialen Fragen wieder einmal die reaktionäre Karte gezogen. Und das, obwohl nicht wenige Amerikaner diesen vermeintlich besten Präsidenten aller Zeiten nicht mögen. Die Zustimmungsraten von *Trump* fallen beständig, und im *Weißen Haus* werden mehr Anstrengungen unternommen, Dinge zu verhindern als zu gestalten. Aber auch das wird sich ändern. Nur Herumblöken und sich lustig machen ist keine Politik und wäre auch exakt das gleiche beschämende Verhalten, das die Demokraten unter *Obama* den Republikanern im Senat zu Recht vorgeworfen haben. *Trump wurde* gewählt, weil er den Abgehängten sprachlich glaubhaft versicherte, sie zu hören und sie zu verstehen. Dass das reiner Unsinn ist, und dass *Trump* überhaupt kein Interesse hat, irgendjemanden zu verstehen, der nicht seiner Meinung ist, weiß jeder. Und jeder weiß auch, dass *Twitter®* keine reife Kommunikationsform ist, sondern „*Hirnfürze*" *(brain farts)* verbreitet, wie es der für seine klaren Worte gefürchtete Talkshowhost *Bill Maher* treffend formuliert. Aber darum ging es nicht bei dieser Wahl. Die Mehrheit der amerikanischen Wähler fühlte sich von den sogenannten Eliten verschaukelt, die da im fernen Washington, die uns kleine Leute nicht mehr verstehen (wollen). *Period!* Ist das der wahre Grund für die unendlichen Tiraden der politischen Verlierer und von Medienvertretern, dass sie deshalb gegen *Trump* schießen, um vom eigenen elitären Anspruch auf alleinige Deutungshoheit abzulenken? Das wäre *distraction at it's best* und keinen Deut besser als *Trumps* Verhaltensweise.

Nur wenige trauen auch der *AfD* eine wirkliche Alternative zu, und dennoch haben viele ihre Wahlstimme der Partei gegeben. Wenn man die Klatsche nicht jetzt versteht, muss man sich nicht wundern, wenn sich die Auseinandersetzungen verschärfen. Wer die Wähler der *AfD* jetzt diffamiert, kann sich schon mal im Bumerang einfangen trainieren. Und *Seehofer* sagt nach der Wahl wirklich, dass er jetzt verstanden hat?

Die Wahl von *Trump* war eine klassische Denkzettelwahl, wie auch die Wahl 2017 zum Deutschen Bundestag. Mit einem rührenden „*wir haben verstanden*" kommt auch die deutsche Politikelite nicht mehr davon. Die deutschen Wähler haben die amerikanische Wahl in der Motivation und dem Ergebnis einfach nur kopiert, auch wenn sie glauben, jetzt erst recht, die besseren Demokraten zu sein. Das könnte ein Irrtum aus Unwissenheit und Selbstgefälligkeit sein. Man kann deshalb Zweifel an einer künftigen guten und von wechselseitigem Nutzen geprägten deutsch-amerikanischen Zusammenarbeit hegen, die mit der mitunter offensiv zynischen und arroganten Sprache deutscher Politiker und Medien nachhaltig beschädigt wird.

Willy Brandt hat in seiner Regierungserklärung als neuer Bundeskanzler am 28. Oktober 1969 den Parlamentariern, nur 24 Jahre nach Kriegsende, wieder ins Gedächtnis rufen müssen: *„Wir sind keine Erwählten, wir sind Gewählte. Deshalb suchen wir das Gespräch mit allen, die sich um diese Demokratie bemühen.“* Es ist zweifelhaft, ob diese Verpflichtung heute für den ordinären Machtpolitiker noch bedeutsam ist.

Panta rei. Die ökonomische Globalisierung ist eine politisch-systemische Globalisierung, auch wenn die hieraus entstehenden Konsequenzen den Bewahrern des Nationalstaatsgedankens nicht recht sein können. Aber viele tradierte Gesellschaften sind vom Virus der Veränderung und der schleichenden Auflösung befallen, auch wenn das nichts Neues und per se auch nichts Schlechtes ist. Denn nur aus Veränderung entsteht Neues. Allerdings ist nicht alles Neue gut, Wachsamkeit ist notwendig. Offene Gesellschaften entwickeln sich nie linear, sondern chaotisch und zyklisch. Manchmal ist das nicht sofort zu erkennen, weil die Betrachtungsräume für eine adäquate Analyse zeitlich zu kurz sind. Die tradierten Analysemodelle basieren in der Regel auf idealtypischen Modellprämissen, die den Untersuchungsgegenstand nicht umfassend und daher nicht korrekt abbilden. Es folgt daraus, dass man als Politiker klugerweise nur in den Strom der Veränderung eintauchen und mit kleinsten korrigierenden Paddel- und Lenkaktionen zu steuern lernen sollte. Dann kann man mit größerer Wahrscheinlichkeit rechtzeitig Hürden und mächtige Felsbrocken umschiffen und das Absaufen verhindern. Hektisches Strampeln oder Blockaden bewirken oft das Gegenteil.

Die Kanzlerin lügt nicht, wenn sie sagt: *„Ich sehe nicht, was wir anders machen sollten.“*[66] Es scheint so, als ob sie das Prinzip des *Heraklit - panta rei -* fest im Blick hat. Sie sagt es uns aber nicht und lässt Möglichkeiten zur Spekulation zu, ob ihr Sagen und Verhalten nicht doch bloß ein Reflex einer Unwissenheit in der

---

[66] *Angela Merkel* auf der Pressekonferenz der *CDU* am 25.09.2017.

Sache ist oder eine mögliche Objektivation moralischer „Biegsamkeit" aus Prinzip und Erfahrung. Who knows? Vergessen sollte man nicht die langen Jahre der „*sozialistischen*" Primär- und Sekundärsozialisation. Steckt dahinter also eine „*unbedarfte Naivität*", die sich aus möglicher Unwissenheit nährt, oder ist das Verhalten bereits eine Form von „*gelebtem Herrschaftswissen*" ohne Rücksicht auf die Betroffenen? Alles, was sie sagt und zeigt, kann auch Resultat großen Wissens und noch größerer Erfahrung sein. Schließlich ist sie seit Jahren im Amt. Wie bei Nichtschwimmern kommt es in rauhen Gewässern auf geschickte und unaufgeregte Bewegungen an, und nicht auf blinden Aktionismus. Das ist der richtige Weg. Aber gar nichts zu tun und alles nur auszusitzen, der *Kohlsche* Weg, verstärkt nur die Tendenz des Phänomens, i. e. die Abkehr des Wählers von der „Kanzlerin der Herzen".

Was für den beständigen politischen Erfolg erforderlich ist, ist die richtige Aktion an der richtigen Stelle mit der richtigen Technik und in der richtigen Tonlage. Und mit der richtigen Aktion hat es in der Vergangenheit nicht immer funktioniert. Ihre Politik findet, so erscheint es, nicht in der realen Welt des kleinen Mannes statt, sondern in einem fernen Land namens *Konjunktivismus*, in dem alles rosa ist und alles möglich erscheint. Ausschließlich mit *Babysteps* sind die großen Probleme des Landes aber nicht mehr zu lösen. Weil nicht alle Wähler bekommen, was sie suchen, suchen sie nach Alternativen.

Vielleicht suchen die Menschen nicht nach einer neuen Politik, sondern nach einem anderen Typus von politischer Führungskraft? Den Typus des *Empathikers*, der die Sorgen der Menschen versteht, und den Typus *Professional*, der schnelle, effiziente und nachhaltige Ergebnisse schafft? Dieser *Idealtypus* regiert uns aber nicht. Ganz im Gegenteil. Teil 1 des Anforderungsprofils wird vorgeheuchelt. Teil 2 kann oder will nicht (mehr) erbracht werden. Die Wähler des Wahljahrs 2017 sind es möglicherweise leid gewesen, vom Typus eines unmotivierten und inkompetenten Versprechers auf eine blühende Zukunft zugetextet, vertröstet und irregeleitet zu werden, wenn gleichzeitig der Alltag auseinanderbricht.

Das Land braucht keine neuen Konzepte, davon gibt es reichlich und viele schlechte, aber auch gute, weil passende. Das Machen ist wichtig, nicht das Reden darüber. Das Land braucht *konkrete* Lösungen, die effizient, effektiv, pragmatisch und nachhaltig sind. Und natürlich gibt es bereits solche Lösungen für die drängenden Probleme. Auch wenn wir sie noch nicht selbst gefunden haben, dann haben sie vielleicht andere lange vor uns gefunden. Wir müssen sie nur übernehmen und für unsere Zwecke passend machen. *Fuck egoism*! Egoismus ist eine Qualität von *Losern*, nicht von Könnern. Oder verhindert die Angst, etwas falsch zu machen, und dafür zur Verantwortung gezogen zu werden, die richtige Tat?

Die ganze Welt steht uns offen bei der Suche nach funktionierenden Strategien und Lösungen. Man muss nach den *Cases* nur konsequent suchen und sie an die Gegebenheiten anpassen. Oder befürchten die eigenen Politiker vom Wähler nicht mehr als Könner der eigenen Sache geachtet zu werden? Was ist so falsch am kanadischen Einwanderungssystem, dass wir nicht zumindest einen Teil davon sofort übernehmen könnten? Was ist so falsch am niederländischen Modell der Migrationskontrolle[67], dass wir unser eigenes Verfahren nicht sofort verbessern könnten. Was ist so falsch am österreichischen Rentenmodell, dass wir weiter fast verbissen am eigenen Modell festhalten und vorsätzlich die Altersarmut befeuern? Was ist so falsch am generellen amerikanischen Tempolimit, dass wir es nicht sofort kopieren könnten. Ist Deutschland flächenmäßig zu klein für eine Geschwindigkeitsbegrenzung? Oder reicht die Vernunft nicht mehr aus, um die Vorteile gegen die angeblichen volkswirtschaftlichen Schäden vorzurechnen? Natürlich kann eine starre Höchstgeschwindigkeit bei schwachem Verkehr lästig sein. Aber gemach: Intelligente Verkehrsleitsysteme werden dieses Problem zukünftig auf flexible Weise lösen. Funktioniert das System *Lernen aus Erfahrung* deshalb nicht, weil die Übernahme funktionierender Lösungen mit einem Kompetenzverlust unserer Politiker einherginge? Ironische Gegenfrage: Kann etwas verloren gehen, was nicht vorhanden ist? Als junger Vertriebschef eines japanischen Technologiemultis konnte man lernen, dass es *nicht* darauf ankommt, alles neu zu erfinden. Die höchste Ingenieurs- und Managementkunst besteht darin, sagen die Japaner, das bereits gute Produkt,

---

[67] Das allerdings nach *Ruud Koopmans* gescheitert ist. Vgl. ders., *Assimation oder Multikulturalismus*? Berlin 2017.

oder die bereits gute Vertriebs- oder Marketingstrategie, oder das bereits gut qualifizierte Personal oder die passende Kundenstrategie, alles, was auch immer zum Erfolg des Ganzen beiträgt, immer noch ein Stückchen besser zu machen, als es schon ist. Die 360-Grad-Betrachtung des eigenen Schaffens ist die Voraussetzung für das Überleben des Unternehmens. Wer das nicht tut, arbeitet bereits am eigenen Untergang. Das ist keine neue Erkenntnis oder unbekanntes Managementterrain. Es ist das Grundprinzip der Natur.

Das ist genau der Grund, warum Japaner immer alles abfotografieren. Das Kopieren gilt nicht als vorsätzliche Verletzung fremden *Copyrights*, was zudem aus Compliancegründen, lange bevor der Begriff hoffähig wurde, aus Fairnessgründen (Ethik des Handelns) nie erlaubt war, sondern es wurde verstanden als originäre Verpflichtung zur Zukunftssicherung des Unternehmens und der Arbeitsplätze der Mitarbeiter. Die Dinge besser zu machen, Abläufe reibungsloser zu organisieren und es dem Kunden immer schwerer zu machen, sich dem Mitbewerber zuzuwenden, war die primäre Aufgabe des Managements. Als gute Manager galten daher genau und nur solche, die innovativ, kreativ und mutig waren, Gutes zu übernehmen und einzupassen, aber auch Neues zu wagen, oder aus Tradiertem, Innovationen zu (er)schaffen.

Politiker des tradierten Typs erfüllen diese Voraussetzungen nur schwer. Wer sich aber durch dieses Profil auszeichnet, hat beste Chancen, auf der Karriereleiter weit nach oben zu steigen. Wer keine Angst davor hat zu scheitern oder zuzugeben, dass er etwas nicht weiß, kommt schneller voran, weil er sich Ehrenschleifen erspart. Wer aber in der Politik will schon Kompetenz, Kreativität und Mut im eigenen Stall? Und so soll am besten immer alles so bleiben, wie es war. Wenn die Dinge nicht funktionieren, dann liegt es nicht an der Politik oder am einzelnen Politiker, sagen die Gescholtenen.

Das ist falsch und pure Ablenkung von den wahren Gründen. Das Land braucht neue Kapitäne und neue Besatzungsmitglieder und nicht wieder nur Mitschwimmer mit Seepferdchenabzeichen. Das Land braucht kluge und aufrichtige Köpfe mit Ideen und dem notwendigen praxiserprobten Handwerkzeug. Gerne auch Quereinsteiger, die wissen, wie das Zusammenspiel von Wirtschaft und Gesellschaft wirklich funktioniert, nämlich aus der

Erfahrung des praktischen Handelns und nicht aus Visionen und Modellen. Wir brauchen mehr Kindererzieher, Handwerker, Techniker, Bürokauffrauen, Außendienstmitarbeiter und Altenpfleger in den Parlamenten, damit der Praxisbezug nicht verloren geht. Tradierten Modellen und einem theoretischen Studienwissen ist handwerkliches Können immer vorzuziehen. Wir könnten zu einer raschen Lösung der sogenannten Dieselproblematik kommen, wenn wir die Lobbyisten aus dem Geschäft heraushalten würden. Wir brauchen Sozialrechtsjuristen als Minister, die aus der eigenen Praxis wissen, was ein *Hartz-Gesetz* bewirkt, wem es nutzt und wem es schadet. Wir brauchen Parlamentarier mit großer Alltagserfahrung und keine Studienabbrecher, die die parlamentarische Arbeit als alternative Beschäftigungstherapie verstehen, statt als einen Ort, wo über Sommer und Winter, Licht und Dunkel, Freude und Leid im Leben von richtigen Menschen entschieden wird. Leider leben wir in einer völlig anderen Welt.

Es gibt leider zu viele Parteien, Gremien, Institutionen und Politiker, die sich ohne tiefere Kenntnis der Sache für bestimmte Gesetze oder fragwürdige Grenzwerte stark machen und es immer wieder tun werden. Wissenschaftler, die die „Begründungen" dafür geliefert haben, und es immer wieder tun werden. Konzerne, deren Produkte keiner mehr haben will, aber die zuerst abverkauft werden müssen, bevor ein Umdenken erfolgen kann. Sparer, deren Investitionen und Erspartes schleichend entwertet werden. Politiker, die sich weit aus dem Fenster lehnen oder in Gremien oder Aufsichtsräten sitzen, aber die erforderlichen Lösungen gerne in eine ferne Zukunft verschieben, etc. Gleiches gilt für die „Behandlung" der Bildungs-, Armuts-, Pflege- und Rentenproblematik. Es hilft nichts, sich nur dem Großen und Ganzen verpflichtet zu fühlen.

Die meisten Politiker brauchen sich nicht über den Kurz-, Mittel- und Langfristnutzen ihres Handelns oder Nicht-Handels zu sorgen, denn ganz gleich, was bei dem, was sie tun oder unterlassen, herauskommt, es ist damit keine eigene Verpflichtung verbunden. Wenn die Gesetze nicht greifen, die Maßnahmen keinen Schutz der Bürger und ihres Eigentums bewirken und Generationen verelenden, ist das schlimm, weil es die Politk in Erklärungsnot bringt. Aber es ist für den „Normal"-Politiker nicht gefährlich. In der Not halten die Akteure zusammen und verkaufen den Systemabsturz als *Wandel* mit dem Potenzial großer Zukunftschancen. Und passend dazu: Weil so viele „hoch qualifizierte" Flüchtlinge zu uns gekommen sind, können wir endlich unser Fachkräftemangelproblem lösen. *Heureka!* Endlich ein Silberstreifen am Horizont der ewig gleichen Problemlage. Soweit zumindest die Theorie oder Fantasie, je nach Tiefenverständnis der Gläubigen.

Willkommen am deutschen Arbeitsmarkt. Gibt es einen Zusammenhang zwischen Willkommenskultur und Arbeitsmarkt, der sich dem naiven Betrachter vielleicht nicht sofort erschließt? Aber ja, den gibt es, und er geht zurück in das Jahr 2005. Industrie- und Arbeitgeberverbände fordern eine *Kultur des Willkommens* gegenüber Migranten, weil sie dringend zusätzliche Arbeitskräfte ins Land holen müssen. Die Arbeitskräfte in einer alternden Gesellschaft, in der die Jungen keine Kinder mehr bekommen und aufziehen möchten, gehen ihnen aus. Die Parteien übernehmen dann die Forderungen der Verbände in ihre Parteiprogramme. In den Leitmedien gerinnt die Forderung nach preiswerten Arbeitskräften zu einer moralisch verklärten Zauberformel des neuen Humanismus. Das Narrativ „*Willkommenskultur*" ist geboren.[68]

In der Politik brauchen wir Profis, die gelernt haben, systematisch und methodisch über den Tellerrand zu schauen, und nicht weiter die alte Nabelschaupolitik betreiben. Wir brauchen solche Politiker, die keine Altlasten mit sich herumschleppen oder alte und gewohnte Verpflichtungen aus wechselseitigen Verpflichtungen abarbeiten. Aber wo sind sie, die wirklichen Stars im Kampf um eine bessere Welt? Kleine Ansätze hier und dort ja, zumindest rhetorisch. Einzelne Persönlichkeiten, ja, zumindest in der Mitte und am Rand des politischen Speckgürtels in allen Parteien. Noch wenige davon sind nahe an der Spitze der Macht. Wer wenig Erfahrung vorweist, kennt in der Regel immer viele gute und sogar beste Lösungen. Das ist bei vielen Menschen so, weil Menschen immer nach ihren eigenen bedeutsamen 15 Minuten suchen, um erfolgreich oder bekannt zu werden. Das ist das gleiche Phänomen, überall, in jeder Kultur und sozialen Schicht,

---

[68] Siehe *BDA-Broschüre "Willkommenskultur - Ein Leitfaden für Unternehmen.* 2015.

bei Jung und Alt, Frau oder Mann und allen dazwischen, Kindern, Jugendlichen und Erwachsenen. Menschen wollen zumeist bedeutsam erscheinen, sonst ist das Leben vielleicht sinnlos. Und das gilt auch für *Trump* oder *Boris* und auch für jeden Selbstmordattentäter. Oft steckt dahinter nnr Wichtigtuerei. Glaubt der Delinquent selbst an sein unbegrenztes Wissen, ist das pathologisch und schafft für die Wähler keinen Nutzen, eher Schaden.

Man könnte fast meinen, dass Unwissenheit manchmal als Ersatzerklärung für übervorsichtiges Vorangehen herhalten muss. Unwissenheit schafft in aller Regel nur Chaos. Wer nur wenig weiß, ist sich zumeist sicher, dass alles irgendwie geht. Und wenn man wenig oder nichts weiß oder nur unzureichend versteht, wie die Dinge funktionieren, kennt man zumindest diejenigen, denen man vertrauen kann – Politiker, Wissenschaftler, Experten. Wirklich?

Beispiel: Klimadiskussion. Seit der x-ten Klimakonferenz steht für die meisten Wissenschaftler und die meisten Politiker – abgesehen von DJT und Bolsonaro – fest, die Erde brennt. Die Staatengemeinschaft muss etwas tun, um die fortschreitende Erderwärmung zu stoppen. Die Daten dazu liefern Klimaforscher weltweit. Und sofort entbrennt der Streit darüber, wer die richtigen Daten oder Modelle hat. Warum das? Weil auch die Wissenschaften *nur* Diskursgemeinschaften sind, die sich um die richtigen Daten, die besten Modelle, die korrekten Interpretationen, um Forschungsfördermittel, Anerkennung, internationale Sichtbarkeit und Preise streiten. Soweit der natürliche Konkurrenzprozess, der den Erkenntnisfortschritt in Gang hält. Hinter den schlimmen Ergebnissen der Forscher könnte sich aber eine noch schlimmere Wahrheit verstecken. Die Forschungseinrichtungen leben schon lange nicht mehr nur von akademischen Ehren und Würden, sondern sind knallhart agierende Wirtschaftsunternehmen. Im Topf der globalen Umwelt- und Klimaforschung werden Jahr für Jahr Milliarden US Dollars verteilt. Wer populäre politische Meinungen vertritt, untermauert sie möglicherweise durch *gefällige Gutachten* und macht aus Meinungen objektive Tatsachen. Wer unpopuläre Meinungen vertritt, nutzt die Forschungsergebnisse der Wissenschaften zur Verteidigung der behaupteten Alternativlosigkeit der ersteren. Und so werden immer die neuen, alten Panik-, Heils- und Rettungsbotschaften der Politik aus dem Glaskugelwissen der Wissenschaften hervorgezaubert, wenn es für die eigenen Zwecke notwendig erscheint. Bei näherer - methodologischer - Betrachtung produzieren sie aber keine klaren Fakten, sondern nur interpretationsbedürftige Daten und Modellierungen ausgewählter Aspekte der Realtität. Beide Komponenten enthalten statistische Unschärfen (siehe ausführlicher dazu in Band 2).[69]

Wenn wir es aus der Geschichte nicht besser wüssten, könnte man kaum glauben, dass der kollektive deutsche Wahnsinn einer neuen Weltrettung schon wieder grassiert und wir vielleicht damit rechnen müssen, dass die Schafotte bald wieder aufgestellt werden, um diesmal die Klimasünder und Klimaleugner einen Kopf kürzer zu machen, oder zumindest ihrer bürgerliche Existenz (vgl. Toqueville) zu zerstören, indem man sie unter soziale und geistige Quarantäne stellt.[70] Man kann Gegner auch mit

---

[69] Fast alle Mahner berufen sich auf die Daten der UN Klimakonferenz *IPCC*. Bei der Wahl des Vorsitzenden der IPCC wurden aber offenbar Stimmen gekauft, lautet der Vorwurf. Der Südkoreaner *Hoesung Lee* wird dem renommierten Schweizer Klimaforscher *Thomas Stocker* vorgezogen. Siehe: *Simon Christen, SRF-NEWS vom 02.09.2018: Im Sturm des Klimawandels-Klimaforscher Thomas Stocker und seine Gegner.*

[70] Die Kritiker verweisen auf die Geschichte und verspieltes Vertrauen. In den 80-er Jahren war die Panik groß, dass der saure Regen die Wälder zerstört. Der Wald hat eine nahezu mystische Bedeutung für die Menschen. Der Tenor war: *Ist der Wald tot, stirbt der Mensch.* Die Lösung war dann denkbar einfach, indem man nach dem Blei nun auch den Schwefel aus dem Sprit herausnahm. Der Wald hat sich fast vollständig erholt. Die Dramaturgie und Horrorszenarien des Waldsterben-Hypes wiederholen sich heute fast 1:1. Konkrete Fahr- und Denkverbote haben wieder Konjunktur und jeder Wichtigtuer fühlt sich bemüßigt, Vorschläge zu machen, wie die Welt vor dem Untergang zu bewahren ist. Die Regierung sieht in einer neuen Steuer die Musterlösung und fast alle Experten und Kollegen finden es gut. Die Spielverderber der *AfD* und einige „Wissenschaftler" vertreten (Achtung Ironie) völlig *irreale Gegenpositionen.* Offenbar sind die dummen Menschen sonst nicht zu motivieren, die Vergiftung der Erde zu stoppen. Dass es Belege für die These gibt, dass die mittlere Klimaerwärmung nicht insgesamt von Menschen verursacht ist, ist bekannt. Der Anteil daran, wird aber als marginal „interpretiert".

anderen als physischen Mitteln so „fertigmachen", dass sie die Vernichtung ihrer öffentlichen Existenz eingestehen, sprich: ihren *Facebook*-Account freiwillig abmelden.

Neue Koalition – neue Hoffnung? Der jugendliche Hoffnungsträger und Ex-Staatssekretär von Minister *Schäuble*, *Jens Spahn* ist so ein neuer Prototyp eines Hoffnungsträgers. Im TV immer vorne dabei, wenn es etwas zu sagen gibt. Er hat auch immer etwas zu sagen und wird von den ganz Eifrigen und den aufmerksamen Medien schon mal als Kanzler der Zukunft gehandelt. *Merkel* lächelt hintersinnig und versagt sich jeden Kommentar dazu. Der profilierte Journalist *Peter Zudeick* ist deutlicher und reduziert *Spahn* auf das, was er in seinem Sinne sei, nämlich die „*Westentaschenausgabe*" des designierten österreichischen Bundeskanzlers *Thomas Kurz*. Gequältes Lachen in der Runde[71]. Viel zu ehrlich und viel zu deutlich für eine Aufklärungsrunde zur besten Sendezeit, w.g. *political correctness*. Bla, bla. *Zudeick* wird nicht oft in solchen Runden gesichtet. So viel Klarheit kann die Zuschauer verwirren und das Narrativ der Medien ankratzen. Es ist nicht gewollt, den Konsens zu stören, damit das Normale nicht versehentlich als das Banale entlarvt oder gar die wirklichen Zusammenhänge enthüllt werden. *Spahn* steht für den klassischen Typus des „normalen" Politikers, i. e. die klassische Ochsentour durchlaufen, jung, eloquent und angeblich oder tatsächlich in dem, was er tut, sehr erfahren. *Spahn* ist Bankkaufmann und hat einen Master in Politikwissenschaften von der Fernuni Hagen. Reicht das nicht aus? Nicht für eine Top-Management Position mit Personal- und Umsatzverantwortung in der Wirtschaft, soviel weiß ich. Das wären die Voraussetzungen für einen Jungmanager, aber nicht für einen Abteilungschef oder gar Geschäftsführer. Aber aus *Spahn* wird bestimmt noch was, weil *Merkel* ihre Kritiker immer auf eine besondere Art mit Ämtern belohnt, sprich neutralisiert. Wenn es für ihn schiefgehen sollte, wird er eine weitere Kerbe auf ihrem Schlachtermesser. Wahrscheinlich bekommt er bald ein undankbares Amt, an dem er mittelfristig scheitern darf. So hat sie das immer gemacht. Und für den Kandidaten gilt, was der Verkäufer am *Frankfurter hot dog Stand* an der *5th. Ave./Corner Central Park* in New York wie selbstverständlich für sich reklamiert. Er wirbt damit *the best Hotdogs in the world* zu verkaufen. Und

---

[71] Sendung *Hart aber Fair* vom 16.10.2017.

das ist sicherlich richtig für diesen überschaubaren Teil seiner eigenen kleinen Lebenswelt. Man könnte diese besondere Wirklichkeitssicht als „Hotdog"-Theorem bezeichnen. Und sicherlich war der überzeugte Wurstverkäufer noch nicht in Frankfurt, Germany. So wüsste er, wo es wirklich die besten aller Frankfurter gibt. Nämlich in Wien! Sorry guys.

Wenn man über den Tellerrand, aus welchen Gründen auch immer, noch nicht hinausgeschaut hat oder es gar nicht will oder nicht kann, hat die eigene Lösung immer den Anschein bedeutsamer allumfassender Großartigkeit und Qualität. Dann mutiert das eigene kleine Produkt auf nicht mehr ganz so wundersame Weise mitunter zur Masterlösung für das ganz große Geschmackserlebnis. Als zahlende Bürger müssen wir das Fehlurteil der selbst gemachten Stars vielleicht respektieren, sollten es aber nicht hinnehmen.

Fachliche Defizite oder Lebensunerfahrenheit sind kein Ausweis für Kompetenz, sondern sollten der Anstoß sein, Lücken zu füllen und andere Länder, Menschen, Sitten und Gebräuche und deren Lösungswege kennenzulernen. Dies entspricht der Maxime, die der französische Naturforscher René Descartes sich selbst zur Befolgung auferlegt hat, um seine Ausbildung abzurunden (Discours de la méthode). Zum grenzenlosen Erkenntnisgewinn reicht es aber auch schon, das Problemviertel oder den Vorort in der eigenen Großstadt zu besuchen und dort längere Zeit zu verweilen. Trumps Erfolg kann man besser verstehen, wenn man eine Zeit lang in Idaho oder in Flint gelebt hat, oder in den weniger fancy areas in Miami, z. B. in Dade County. Das gilt auch für einige Bezirke in Berlin, oder in Duisburg, oder in Frankfurt am Main (!), the so called No-go-Areas. Eintauchen in die Lebenswelt von Berlin-Neukölln statt Eisessen in Kalifornien, das wäre ein erster sinnhafter Schritt aktiver Teilhabe an der Lebenswelt der Bürger, die nicht für ein Eis ins Ausland fliegen können. Das ist dann ein ganz realer Erkenntnisgewinn. Promise! Wer aber faktisch keine Verantwortung für das eigene Handeln übernehmen muss, kann klug daherreden, sieht keine Sperrbezirke, und wird daher immer noch mehr versprechen. Für Spahn selbst reicht deshalb der Hartz IV Satz bestens aus, lässt er die verblüfften Hartz-Empfänger wissen. Und sie liegen ihm sofort zu Füssen. Keiner erwartet so viel Empathie bei einem jungen Politiker. Der hat wirklich ein Kanzler-Gen.

Deutschland 2017 sucht eine neue Koalition, weil es für keine Partei alleine reicht. Vielleicht kann er bald beweisen, was wirklich in ihm steckt. Was ist die Bilanz aus vier Jahren *GroKo?* Was ist aus dem letzten Koalitionsvertrag tatsächlich umgesetzt worden, und in welcher Form? Das Fazit ist ernüchternd. Vieles wurde einfach wieder in die Zukunft vertagt. Rechnet die Politik damit, nach dieser Wahl einfach so weitermachen zu können? Jeder Business Development Manager wäre für solche Ergebnisse, die sich einige Politiker bisher geleistet haben und als gutes politisches Handeln verkaufen, schon im ersten Jahr seines Wirkens der Position enthoben worden. Schließlich hatte er eine Verantwortung für das Unternehmen und die Mitarbeiter. Ohne Abfindung rausgeworfen, hätte er in diesem Ressort auch keinen Job mehr gefunden. Natürlich gehört auch in der Politik das Scheitern zum Kleingedruckten und kann auch gefährliche Konsequenzen für die eigene Karriere haben. Daher vermeiden alle die persönliche Verantwortung wie die Pest. Was richtig Arbeit macht, wird dann verständlicherweise auf die lange Bank geschoben oder gar nicht erst angepackt. Stichwort *Digitalisierung.* Wir reden nicht erst seit dieser Wahl darüber. Stichwort *Bildung.* Wir reden vor jeder Wahl mit den fast identischen Worthülsen und Versprechungen darüber. Neues Stichwort unkontrollierte *Zuwanderung.* Der Sachverhalt ist auch nicht neu. Wir haben in den letzten 70 Jahren schon etliche Wellen von (illegaler) Zuwanderung abgearbeitet. Stichwort *Steuerverschwendung.* Der Bund der Steuerzahler fordert in seinem aktuellen *Schwarzbuch 2017* wieder einmal, dass der Straftatbestand der *Steuerverschwendung* gesetzlich formuliert wird. Steuerverschwendung ist und bleibt ein unscharfer Begriff, weil, wenn einmal deutlich formuliert und mit juristischen Sanktionen belegt, das Ausgeben von Steuergeldern nicht mehr ohne persönliches Risiko ist. Die *Linken,* ebenso wie *Bündnis 90 / DIE GRÜNEN,* betrachten die Ausgaben für die Bundeswehr als Steuerverschwendung, stimmen für „friedensstiftende" Maßnahmen aber gerne mit. Andere, nicht so *Bündnis 90 / DIE GRÜNEN,* sehen einen großen Teil der Kosten für die „*Energiewende*" als Steuerverschwendung an. Die Verschrottung der deutschen Atommeiler ist faktisch eine vorsätzliche Verschleuderung von Volkseinkommen. Stattdessen wird noch ein „*Kohleausstieg*" draufgesattelt. Die

Ausstiegskosten werden astronomisch sein, obwohl das Speicherproblem für die benötigten großen *grünen* Strommengen noch ungelöst ist. Um die illusorische CO^2 Reduktion von 55% bis 2030 (Basis 1990) zu erreichen, werden den Konsumenten, Hausbesitzern, Autofahrern und Steuerzahlern zukünftig weitere gigantische Summen abverlangt werden. Wer also bestimmt, wo nur Verschwendung und wo vorsätzliche Misswirtschaft herrschen, oder sind das die beiden Seiten der falschen Medaille? Die Beispiele, die der Bund der Steuerzahler nennt, mögen eine Minimalmenge definieren, aber das sind „*Peanuts*" im Vergleich zur realen ideologiegetriebenen Abzocke und Verschwendung, die uns alle erreicht, wenn die *Klimarettung* staatlich verordnet wird. Denn worin läge der Nutzen einer solchen „Aktion" für die Politik selbst? Wenn darin wenigsten ein Ethos des politischen Handelns zu erkennen wäre oder ein nachvollziehbarer Plan für die Zukunft? Nichts davon ist zu erkennen. Es herrscht ein von der Straße getriebener Aktionismus auf der Basis vermeintlicher Rationalität und angeblich objektiven Daten. Erst einmal geht es nur wieder darum, wer bei der Reise nach Jerusalem zuerst auf dem Stuhl der Meinungsführerschaft sitzt. Der internationale Klimazirkus ist von Gipfel zu Gipfel gejettet und hat sich für Beschlüsse ohne Konsequenzen feiern lassen.

Der Soli soll verschwinden. Lindner fordert Mitte Oktober medienwirksam vor den *Jamaika*–Verhandlungen, dass der *Soli* abgeschafft werden muss. Mit Jamaika verbindet man Sonne und Wohlfühlgefühle. Der *Soli* ist seine rote Linie für ein neues Regierungsbündnis. Ein guter Zug des Vorsitzenden, aber doch durchschaubar. Die Steuerersparnis nutzt fast ausschließlich den sogenannten Besserverdienenden. Linke und Grüne kritisieren das. Aber natürlich kann man nur denen Steuern erlassen, die überhaupt welche bezahlen, und der Erlass ist umso höher, je höher ihr Grenzsteuersatz ist. Im Gegensatz zur *SPD*, die nie genug Steuern für die geplanten Wohltaten haben kann, fordert auch ein großer Teil der *Union* die Soli-Streichung. Letztere wäre von der Sache her gefordert, weil dies eine zweckgebundene Steuer war. Und Steuer ist der richtige Begriff, nicht *Solidarität*. Das war nur der PR Begriff für die notwendige Steuergenerierung für den Ankauf und die Finanzierung der DDR. Es scheint fast so, als hätte *Trump* in eigener Sache diesen Trick ausnahmsweise von den Deutschen abgeschaut, als er die *Reichensteuer* in *death tax* (ebd., Band 2) umdefinierte.

Ein Versprechen ist ein Vertrag, und Verträge müssen eingehalten werden. *Pacta sunt servanda!* Versprechen einzuhalten ist der Kitt jeder Beziehung. Wer Versprechen nicht einhält, sät Unfrieden und muss sehen, wie er mit dem Vertrauensverlust, den er auslöst, klarkommt. Die neuen Bundesländer sind ausreichend an den Milchdrüsen der alten Länder gesäugt und hochgepäppelt worden. *Time is not the issue!* Wir leisten uns heute noch die *Sektsteuer*, mit der der *Deutsche Kaiser* einst seine Flotte (mit)finanzieren wollte. Niemand fordert aber die Abschaffung der Sektsteuer. Und die marode Marine bekommt auch nichts von der Sektsteuer ab. Was man hat, hat man, und Verbesserungen sind der Dynamik der übrigen Welt geschuldet. Wer also von der Politik annimmt, dass eine „zweckgebundene" Steuer nach Erfüllung des Zwecks wieder abschafft, ist wohl per se ein hoffnungsloser Fall. Gib es Erfahrungswerte? Natürlich![72] Der sogenannte „*Kohlepfennig*" wurde 1995 vom Bundesverfassungsgericht als verfassungswidrige *Sonderabgabe* befunden. Mal sehen, wie lange *Lindner* also diese Linie durchhält. Wer so etwas fordert, rechnet automatisch damit, dass er diese Forderung nicht durchbekommt. Dann kann er monatelang mit der Abfuhr haussieren gehen. Irgendwann wird er dann bekennen, dass der Kompromiss Medium der wahren demokratischen Auseinandersetzung mit dem politischen Gegner ist. Das alles ist Teil des politischen Zirkusspiels, das die Protagonisten untereinander spielen. Und wie bei der Reise nach ... nach Berlin fliegt einer nach dem anderen raus. Er muss jetzt nur hart bleiben und die Sondierungsgespräche platzen lassen, wenn sich niemand bewegt. Von den *Gelben*, oder *Violetten*, oder welchen Anstrich sie ihren Überzeugungen auch geben, kann man erfahrungsgemäß vieles erwarten, aber kaum Standfestigkeit. Bleibt die ehemalige „Umfall-Partei" jetzt wirklich auf Kurs?

Deutschland lernt von China. Der neue Bundestag wird jetzt über 700 Abgeordneten Raum geben müssen. Nach der Volksrepublik China beherbergt er dann zahlenmäßig das zweitgrößte

---

[72] *Siehe: Reiner Sahm, Von der Aufruhrsteuer bis zum Zehnten. Fiskalische Raffinessen aus 5000 Jahren. Wiesbaden: Springer Verlag 2018.*

Parlament. Masse ist nicht gleich Qualität. Das wissen natürlich auch die Abgeordneten selbst. Daher sollten wir auch nicht mit besseren Entscheidungen und Lösungen rechnen. Das vorsätzliche Aufpumpen der Anzahl der Abgeordneten ist Ausdruck des vorsätzlich gewollten Entscheidungsversagens und des absichtlichen Verzögerns der herrschenden Parteien, die Vorgaben des Bundesverfassungsgerichts hinsichtlich einer notwendigen Korrektur des Wahlrechts umzusetzen. Von den *Überhangs– und Ausgleichsmandaten* hat die *CSU* bislang einen überproportionalen Vorteil. Das Problem liegt im deutschen Wahlrecht begründet, das eine Mischform zwischen Verhältnis- und Mehrheitssystem darstellt und dazu führen kann, dass einerseits eine Partei mehr Direktmandate gewinnen kann als ihr entsprechend ihrem Stimmenanteil zustünde (Überhangsmandate), und andererseits kleine Parteien ohne Direktmandate bleiben können. Das deutsche Wahlrecht sieht in diesen Fällen vor, dass die anderen, insbesondere die kleinen Parteien so viele zusätzliche Sitze (Ausgleichsmandate) erhalten, bis die Proportionen wieder stimmen. Hat eine Partei aufgrund einer hohen Zahl von Direktmandaten viele „Überhangsmandate", dann führt dies zur Aufblähung des Parlaments. Die einfachste Lösung für dieses Problem wäre eine Verringerung der Zahl der Wahlkreise und damit der Direktmandate.

Von den bislang 631 Abgeordneten hatte immer nur eine Handvoll das Sagen. Und es waren und sind immer wieder die Gleichen. Es ist davon auszugehen, dass sich das Raumschiff Deutschland auch mit der neuen Besatzung weiterhin nicht mit *WARP*-Geschwindigkeit voran bewegt, weil der neue *Captain* der alte *Captain* sein wird und den *speed button* immer noch nicht findet. Der vertikale Machterwerb (hierarchischer Aufstieg) bleibt weiterhin den bereits politisch machtvollen Eliten vorbehalten. Aufstieg ist möglich, aber er kostet etwas. Auch im neuen Team wird es zu Rückgradverkrümmungen kommen. Das Machtwort der Führenden und die Parteidisziplin ersetzen den konstruktiv-kritischen und letztendlich nur auf diese Weise demokratischen Dialog. In der Praxis der politischen Entscheidungsfindung regeln auch weiterhin die Abschottung nach unten, die Buckeltour nach oben, und das *Weiter-so* im Kreis der Gleichgesinnten die jeweilige Form und Qualität der angebotenen Lösungen. Damit werden sich zwangsläufig die Inkompetenz der Beteiligten und die Beliebigkeit der Entscheidungen weiter verfestigen. Das wären keine guten Aussichten für die Wähler. *The society is not getting smarter, they are dummy down*[73]. Kritische und kompetente Geister innerhalb der Parteien gibt es, aber sie brauchen lange, bis sie ganz nach oben auf die hell scheinende Plattform politischer Macht geschwommen sind. Was dann noch von Kompetenz und Handlungswillen übrig ist, ist nicht viel. Aufgrund des lange Jahre dauernden Schwimmens gegen diverse Widerstände sind sie dann mehr oder minder selbst so stromlinienförmig oder aalglatt, dass sie problemlos inmitten der bestehenden Schwärme ohne nennenswerte Anpassungsverluste mitschwimmen und jede neue Futterstelle erreichen können. Manche haben durch das Training sogar dicke Oberarme bekommen und verwechseln Kraft (Masse mal Beschleunigung) mit Macht. Für die Etablierten richten sie keinen Schaden an. Ganz im Gegenteil. Das Schwarmverhalten bestimmt den Überlebenskodex im Haifischbecken der Politik und ist ein zutreffendes Bild der besonderen Handlungskompetenz von Politikern. Das *Mitschwimmen* wird in aller Regel belohnt. So funktioniert die Rekrutierung von politischem Führungsnachwuchs, dessen Aufzucht und sein Überleben. Aus Kofferträgern werden irgendwann einmal Leitfische, wenn sie nicht gerade etwas grundlegend falsch gemacht haben.

„Ich sehe nicht, was wir anders machen sollten". Oder wie es der Demotivationsexperte *Nico Semsrott* treffend ausdrückt: *„Freude ist nur ein Mangel an Information"*[74]. Leider erzeugt die viel gerühmte Kompetenz oft nur das Gegenteil dessen, was man sich darunter vorstellt, also nicht die Fähigkeit zur methodischen und sachkonformen Lösung eines Problems, sondern erschreckenderweise oft Widerstand bei den Betroffenen. Sogenannte *sozial kompetente* oder (sozial) hochintelligente *Manager* haben auch in der Wirtschaft oft einen schweren Stand und sind von den „Normalen" mehr geduldet als erwünscht. Wandel findet nicht mehr statt, oder nur auf Druck von außen. Und wenn es nicht mehr geht, werden sogenannte Experten von außen damit beauftragt, den angerichteten Schlamassel zu richten. Wird nach dieser

---

[73] *"Idiocracy", (amerik. Spielfilm), Twentieth Century Fox et al., 2007.*
[74] www.nicosemsrott.de

152

Wahl jetzt alles anders? Erste Entwarnung: „*Ich sehe nicht, was wir anders machen sollten*", sagt die Kanzlerin und zeigt sich sichtlich irritiert allein ob dieser Frage. Aus der Elitenforschung weiß man, dass ein Zuviel an Macht und die Dauer der Machtausübung oder Teilhabe an Macht den Blick für die Realitäten vernebeln kann. Wer sich zu lange in den Höhen der Macht gesonnt hat, dem kommt das Gefühl für die Sorgen und Nöte derer „da unten" leicht abhanden.

Wenn ein Personalwechsel auf der Führungsebene der Politik stattfindet, dann geschieht das in aller Regel aus Gründen der Machterhaltung. Minister A übernimmt das Amt B. Ministerin B wechselt in die Amtsstube A, usw. Dieses Ämterkarussell ist gendergerecht, Männer und Frauen machen es, aber es ist keine Objektivation von Persönlichkeit oder Kompetenz. Ganz im Gegenteil: Alle können offenbar immer irgendwie alles. Loyalität ist die höchste Kompetenz der Kandidaten. Wer dann doch rausfliegt, hat sich irgendwie und irgendwann daneben benommen. Im Notfall greift man, natürlich im Hintergrund, deshalb notwendigerweise auch auf externe Experten zurück. Auch gerne auf Lobbyisten oder Institute, oder auf Interessenverbände, die den Parteien nahestehen, und lässt sich das eine oder andere Gesetz vorschreiben. Kartelle tun das auch zum Schutz ihrer eigenen Wirk- und Ertragsräume. Und anders als bei ökonomischen oder kriminellen Kartellen kann das politische Kartell nur – per Wahl und Abwahl - von außen aufgebrochen werden.

Damit aber politisches Handeln nicht weiterhin in alternativlosen Endlosschleifen verharrt und unwirksam wird, brauchen wir klare Gesetze, eine große Portion an Kreativität und müssen vorsätzlich Ungewohntes tun. Wir brauchen eine Begrenzung der Anzahl der Parlamentarier, wie es das Verfassungsgericht explizit vorschreibt. Ein Mehr an Personal bringt nicht automatisch ein Mehr an guten Lösungen und Entscheidungen mit sich. Genau das Gegenteil ist der Fall. Was man aus der Management-, Team- und Performanceforschung sehr genau weiß, ist, dass zu viele Köche (immer) den Brei verderben, sprich, nur wenige „Stars" erarbeiten die richtigen, weil problem- oder weiterführenden Lösungen. Der Rückschluss, von den wenigen Stars auf die Kollektivkompetenz und Leistungsfähigkeit der zugehörigen Gruppe zu schließen, ist logisch zulässig, aber empirisch falsch. Teamarbeit ist und bleibt harte Tagesarbeit und bedarf der Stars.

In der Wirtschaft definieren der jeweilige Produktionsprozess und die relevanten globalen Kennzahlen (z. B. die Arbeitskosten pro Stück), wie viele Mitarbeiter dem Ertragsziel der Unternehmung guttun. Die umfassende technisch-fachliche Kompetenz und interkulturelles Wissen (bei global agierenden Unternehmen) sind daher zwangsläufig *Basis*qualifikationen der Player im internationalen Wettstreit um die Vorherrschaft in globalen Märkten, der Waren- und Logistikprozesse.

Nicht so in der Politik. Hier ist alles Verhalten und Handeln zuerst dem Bewahren und dem Ordnen der eigenen Pfründe, dann dem Ausbau der eigenen politischen Macht verpflichtet. Der Vorteil liegt auf der Hand. Für das eigene Handeln und Überleben schafft die Strategie der Entscheidungsverlagerung in eine ferne Zukunft eigene Handlungsspielräume. Die Chance zum eigenen Scheitern wird methodisch geschickt reduziert. Der Berufspolitiker, der dieses Modell präferiert, ist, ganz im Sinne von *Max Weber* sicherlich ein *„Idealtypus"*, aber es gibt ihn in jeder Partei mit langer Tradition. Das Gegenmodell des klugen, aufrichtigen, sozial, wissenschaftlich-technologisch kompetenten und mutigen Menschen ist ebenfalls zu finden, wenngleich wesentlich seltener. Das liegt auch an den Risiken und Gefahren, also an den evolutionären Nachteilen, denen dieser Typus ausgesetzt ist. Gerade die wirklich Mutigen werden nicht selten schnell diffamiert, oder selbst von den eigenen Parteifreunden abgestraft. Die Mutigen führen den im Fraktionszwang eingepassten „Normal"-Politikern ihre Indifferenz, fundamentale Bedeutungslosigkeit und rasche Ersetzbarkeit vor Augen. Wir haben nach wie vor zu viele vom letzteren (*„Ich kann Deine Fresse nicht mehr sehen"*) Typus und zu wenige vom ersteren Typus, obwohl wir uns das nicht leisten können. Das ist schade, aber dem System selbst geschuldet, wenn der freie Wille des Abgeordneten zwar auf dem Papier steht, aber alleine die Fraktion und nicht die Leistung oder die Ethik über die vertikalen Karrierechancen des Einzelnen entscheiden. In der politischen Nachwuchspflege funktioniert das viel beschworene Szenario des „mehr Wissen ist gleich mehr Erfolg" ebenso wenig wie in der Wirtschaft.

Dass sich der *CDU*-Generalsekretär *Tauber* ohne Not in eine blamable Situation bringt, ist ein idealtypisches Beispiel für eine Handlungsweise, wie sie in einer von Machtpolitik bestimmten Atmosphäre gang und gäbe ist *„Wenn Sie was Ordentliches gelernt* *haben, dann brauchen Sie keine drei Minijobs.'*[75] Autsch! Frei nach dem Satiriker *U. Priol,* soll die passende Antwort auf das eitle Gequatsche des jungen Machtpolitikers von *Jean-Luc Piccard, Captain* des *Raumkreuzers Enterprise* stammen: *Die Summe der Intelligenz auf diesem Planeten ist eine Konstante, aber die Bevölkerung wächst stetig.* Und mit dem bereits zitierten *Nicholas Taleb* könnten wir nur vermuten, dass der „*Wohlwissende*" Herr *Tauber* möglicherweise einfach nicht informiert genug ist, um zu verstehen, was wirklich ist, und deshalb andere für lernunwillig erklärt, weil sie Dinge tun, die _er_ nicht versteht – dabei aber nicht realisiert, dass _er_ vielleicht derjenige ist, der *nicht ganz durchblickt.*[76] *Tauber* hatte sich zumindest dafür entschuldigt.

Kompetenz bringt in der Politik – im Gegensatz zum gezielten *Groomen* (Einschmirgeln) – offensichtlich nur wenig Ertrag, weshalb sich darauf auch fast vollständig verzichten lässt. Die Biografien nicht weniger Abgeordneter geben der Vermutung Nahrung. Was könnten wir nicht alles an entlarvenden Denk- und Sprechblasen erwarten dürfen, wenn diese selbstauferlegte Sprechbegrenzung Marke *political correctness* endlich auf den Müllhaufen einer modernen Parteien- und Politiksprache gekippt werden würde?

Wer würde nicht zustimmen, dass es so nicht weitergehen kann. Gibt es aber Lösungen? Zu allererst wären die direkte Partizipation des Bürgers und eine direkte Kontrolle der Entscheidungsträger wünschenswerte und wirksame Verfahren, um den tradierten Verwerfungen des gesellschaftlichen Alltags im Politikbetrieb beizukommen. Und es gibt bereits gute Ansätze, zum Beispiel das *Filderstadter Modell*[77]. Kritisch könnte man anmerken, dass bei Bürgerbeteiligungsverfahren erfahrungsgemäß davon auszugehen ist, dass es keine 20% sind, die zur Versammlung erscheinen werden, es sei denn, die eigenen

---

[75] Der *re-tweet* von *Peter Tauber* auf einen User-Kommentar zum Wahlprogramm der *CDU* am 04. Juli 2017, löst einen *Shitstorm* aus.
[76]Ders., *Die Wohlwissenden, in: Neue Züricher Zeitung,* 15.11.2016. *Taleb* hat seinen Kommentar nicht auf *Tauber* (weil ihm wahrscheinlich unbekannt) auf die sogenannten *IYI* bezogen, denen er seit Jahren süffisant den intellektuellen Kampf ansagt (siehe Ausführungen dazu in diesem Text).
[77] Siehe dazu Ergänzungen im Anhang; ebd. „Anmerkung 77".

Belange sind massiv berührt, wie: Anliegerbeiträge für Straßen, Erhöhung der Grundsteuer, neue Strom- oder Bahntrassen, Windräder im Vorgarten oder direkt neben der Wohnsiedlung, Ausweisung neuer Baugebiete, Bau von staatlichen Kindergärten, etc.

Beim *Filderstädter Modell* geht es primär nicht um Einzelfalllösungen, sondern um das Praktizieren des politischen Dialogs. Wie weit dieses Diskursmodell auch für die „große Politik" geeignet ist, wird sich erweisen müssen. Es ist ein Anfang und kein Einzelfall. Für den erfahrenen Teamentwickler ist das Mitwirkungsmodell nichts Neues. Es ist eine der besseren Methoden, um aus der Fülle des in Gruppen (Unternehmen, Verbänden, Klassen, etc.) ungleich verteilten Wissens auf methodische Weise beste Lösungen zum Nutzen aller herauszufiltern[78]. Könnten die *Filderstädter* Bürgerräte und eine moderne Teamkommunikation Lösung für eine kontinuierliche und offene Form des Politiker-Bürger-Dialogs sein?

Solche Verfahren bedeuten nicht, und das ist eine der Befürchtungen der Kritiker von Partizipationsverfahren, dass die (lokale) Politik dann Gefälligkeitsentscheidungen nach dem Munde trifft. Die von den Räten erarbeiteten Vorschläge finden den Weg zurück in die normale Gemeinderatsarbeit. Die demokratisch gewählten Gemeinderäte entscheiden dann in einer nächsten Runde gemäß formaljuristischen Vorgaben, was sein soll und was nicht. Bei Entscheidungen kann die Politik jetzt zuversichtlich mit der Akzeptanz der Bürger rechnen, weil der Prozess der Entscheidungsfindung in einer besonderen Form transparent war. Das Konzept der sogenannten Bürgerräte ist bei allen Bedenken (Beteiligungsquote; faktisches Interesse an Problemen, die nicht persönlich betreffen; Nachbarn, die man nicht leiden kann, etc.), die es gibt, *ein* möglicher Weg für eine *aktive* Beteiligungsarbeit. Und es wäre mutig, wenn sich die gewählten Entscheider tatsächlich – nach Klärung juristischer und sachlicher Fragen – für eine Umsetzung der von den Bürgern erarbeiteten Vorschläge erwärmen könnten. Das ist aktuell sicherlich noch viel zu futuristisch, oder zu radikal gedacht für den „Normal"-Politiker, weil es das tradierte Bild von Politik und

---

[78] Siehe dazu Ergänzungen im Anhang; ebd. „Anmerkung 78".

Eigenverantwortung auf den Kopf stellt. Aber auch, weil die meisten Politiker, wie die meisten Manager auch, davor Angst haben, keine besondere Position mehr zu bekleiden, oder gar der Bedeutungslosigkeit anheimzufallen. Er wird sich daher zuerst fragen, welche Rolle soll ich dann noch einnehmen? Was soll aus mir werden, wenn die Bürger beginnen mitzudenken und sich selbst als zentralen und aktiven Part in der Lösungserarbeitung verstehen? Partizipation fängt bereits beim Selbstverständnis des einzelnen Politikers an.

Partizipation bedeutet also nicht eine spontane Revolution, sondern ist im Wesentlichen ein Modell, das Wissen über die Dinge und die Zusammenhänge systematisch zusammenzutragen und zu optimieren. Und hier besteht ein großer Bedarf, auch und gerade bei Parlamentariern. Mit Grauen kommen dem Zeitgenossen Antworten im Rahmen von Befragungen von Parlamentariern zu den Themen *Rettungsschirm, Griechenland, TTIP*, u. a. m. in den Sinn. Nicht wenige von ihnen hatten schlicht keine Ahnung davon, worüber sie abstimmen sollten, oder worüber sie gerade abgestimmt hatten. Manche konnten nicht einmal entsprechende Abkürzungen entschlüsseln, obwohl sie gerade aus der Sitzung kamen, wo diese Worte und Abkürzungen gefallen waren. Wer könnte vor diesem Hintergrund ernsthaft etwas gegen partizipative Modelle haben? Stattdessen schätzen gerade Politiker in Top-Verantwortung gerne den „*Rat*" von Lobbyisten.

Die Mitarbeiter von *Lobby Control* in Köln beklagen seit Jahren den großen Einfluss der vielen Lobbyisten auf den Politikalltag und die Intransparenz der Zusammenarbeit zwischen Lobbyist und Politiker. Ein altbekanntes Beispiel sogar offener Zusammenarbeit zwischen Lobbyisten und externen Interessenvertretern ist die wechselseitige Beratungstätigkeit von höchsten Finanzbeamten und Steuerberatungsunternehmen. Das ist quasi das Standard-Prozedere und natürlich ist die Leistung nicht umsonst zu haben. Der Grund für die externe Fleißarbeit soll darin liegen, dass Steuergesetze in ihrer Auswirkung irgendwie zu den Gegebenheiten passen müssen. Was das konkret bedeutet, kann man am Ergebnis gut sehen. Im europäischen Umfeld gibt es einen Unterbietungswettbewerb um die niedrigsten Unternehmenssteuern. Eine neue Replikationsstudie zur Steuerbelastung deutscher Kapitalgesellschaften kommt immerhin auf einen effektiven Steuersatz von 29,1% (Huber & Maiterth, in: StuW,

1/2020, S. 18ff.; s. auch: Studie über Steuerquote widerlegt, FAZ 30.12.2019). Das ist wesentlich mehr als Kritiker aus dem grün-roten Lager vermutet hatten, kommt aber lange nicht an die Steuerquote des Normalbürgers heran. Die Gesamtbelastung (Steuern plus Sozialabgaben) des arbeitenden Bürgers beträgt durchschnittlich satte 49,5%, ist aber im Einzelfall stark abhängig von Einkommen und Familienstand. Damit nimmt Deutschland, hinter Belgien, den Top Platz 2 aller *OECD* Länder ein.[79]

Schön, dass wir frei reisen dürfen. Schön, dass sich alle zum freien Handeln bekennen. Aber was sind die realen Konsequenzen eines freien Arbeitsmarkts? Wenn die Antwort nicht gleich zur Hand ist, eine einwöchige Mitfahrt auf Viehtransportern quer durch Europa klärt auf. Ein weiteres Beispiel für Lobbyarbeit, das nicht oft hervorgeholt wird, aber angesichts von *Diesel-Gate up to date* ist, ist *Biodiesel*. Eine schöne Wortschöpfung. Ist das Klima *bio*, dann also gut, oder ist das Klima *man-made* und deshalb dem Untergang geweiht? Wieso muss Biodiesel dem regulären Kraftstoff beigemischt werden? Schnelle Antwort: weil die Ökobilanz dann besser wird. Das ist zumindest die Folklore, die die Lobbyisten in die Parlamente eingebracht, und die Parlamentarier in Gesetzesform gegossen haben. Mit sogenannten *Biosiegeln* beteiligt sich auch die Regierung am „*Greenwashing*" der beteiligten Unternehmen. Und das zum Leidwesen der Regionen, in denen Jahrtausende alte Urwälder (z. B. in Kalimantan, Indonesien) für Monokulturen abgeholzt werden. Die dort seit Generationen lebenden Menschen werden des Eigentums und der Eigenversorgung beraubt und müssen schlecht bezahlte Handlangerarbeiten auf ihren ehemaligen Feldern für die neuen Großgrundbesitzer leisten. In der Folge können sie sich nicht mehr selbst versorgen und verarmen innerhalb einer Generation. Einheimische Tiere, z. B. die *Orang-Utans (des Waldes)* stehen kurz vor der Ausrottung. Aber dafür stimmt angeblich die Ökobilanz in Europa. Und genau das ist nicht korrekt. Es ist Ausdruck eines Neo-Wirtschaftskolonialismus und ein perverses Gedankenspielchen derjenigen, die daran verdienen. Wer etwas für die Ökobilanz tun möchte, muss sofort die erste Generation von Palmöl per Gesetz verbieten. Wer dem Lobbyisten folgt, verfolgt in aller Regel nicht das Bürger- oder Umweltinteresse, sondern andere Ziele. In

---

[79] *Siehe: OECD Studie <Taxing Wages 2019>.*

158

Kürze muss über die Verlängerung des *Glyphosateinsatzes* in der EU neu entschieden werden. Wir können jetzt schon gespannt sein auf die Verrenkungen und Behauptungen, mit denen der Bürger wieder belästigt wird, um eine Verlängerung durchzuboxen, die möglicherweise nicht im Interesse des Konsumenten oder der Natur ist. Dabei herrscht keineswegs Klarheit über die Schädlichkeit von Glyphosat. So hält die US-Umweltbehörde EPA die Chemikalie bei sachgemäßer Anwendung nicht für krebserregend, ungeachtet des Umstandes, dass einige US-Gerichte anderslautende Urteile gefällt haben. Für eine Ambivalenz in der Risikobewertung gibt es viele ähnliche Beispiele. Sie zeichnen sich dadurch aus, dass das Wissen um die Konsequenzen der zu bewertenden Sache noch unsicher ist – und vielleicht noch lange Zeit unsicher bleibt – die Politik aber aufgefordert ist im Interesse der Bürger zu handeln. Die Politik steht jedoch selbst im Schnittpunkt konfligierender Interessen von Wirtschaft, Gesellschaft, Recht, Wissenschaft, etc.

Die Gier nach Profit kennt in einer offenen und vom Globalismus eingehegten Gesellschaft keine Grenzen. Warum wird der Zigarettenkonsum in der Öffentlichkeit nicht schon längst komplett verboten? Der Tabakanbau geschieht in Monokulturen und vernichtet die lokale Biodiversität in den Anbaugebieten. Und bitte nicht über die Waffenlobby schimpfen und die Zigarettenlobby ob ihrer angeblichen Innovationsfähigkeit loben. E-Zigaretten sind keine die Gesundheit fördernde Alternative. Was von Rauchern überhaupt nicht reflektiert wird, ist die Gefahr, die von Zigarettenstummeln selbst ausgeht, die überall achtlos hingeworfen oder verschämt fallengelassen werden. 4000 Chemikalien sind in den Kippenresten nachweisbar, sagen die Forscher. Darin sind hoch toxische Stoffe, wie Nikotin, Arsen und Quecksilber. Nikotin ist ein Nervengift. Werden die Kippen nicht vollständig aufbereitet und gelangen zum Beispiel in das Grundwasser, ist es kaum möglich, das Nikotin herauszufiltern. Tonnen davon liegen achtlos herum. Wir lassen uns schleichend vergiften und die Politik erzeugt mehr Rauch als klare Luft.

An der Dynamik der Welt werden wir nichts ändern können. Dass alles irgendwie mit allem verbunden ist, daran werden wir nichts ändern können. Dass die Natur macht, was sie will, auch daran werden wir nichts ändern können. Und in der menschengemachten Welt? Seien wir kurz optimistisch: Wer eine Veränderung in der Politik will, wer Partizipation wünscht und Transparenz als notwendige Voraussetzung demokratischer Entscheidungsfindung fordert, und wer wirklich gerne und gut in diesem Land leben will, muss über das Wesentliche nachdenken. Wir müssen das Gewohnte und das Übliche einer generellen Überprüfung unterziehen. Das heißt, primär, wir müssen Nachdenken über den *Typus des Politikers,* der uns repräsentieren soll, damit er uns nicht weiter am Nasenring der Selbstgefälligkeit und fehlender Eigenkompetenz durch die Manege der politischen Alternativlosigkeit ziehen kann.

Wir verdienen die Besten der Besten. Die Forderungen an den Politikkandidaten sind weitreichend aber eindeutig:

Forderung 1: Wer sich berufen fühlt, politisch zu wirken, muss seine fachliche Qualifikation zunächst offiziell nachweisen. Die Fähigkeit oder Befähigung zum Reden reichen alleine nicht aus. Bleibt es weiterhin beim Alten, könnten wir wahrscheinlich auf die beliebten Satiresendungen verzichten, weil die Realität nicht mehr zu toppen wäre.

Kritik: Die Realisierung dieses Vorschlages wird schwierig sein. In einer Demokratie könnte das nur in einem parlamentarischen Verfahren geschehen. Das heißt, gegenwärtige Parlamentarier müssten über Fähigkeitsvoraussetzungen (oder zumindest über Methoden zu Feststellung ihres Vorliegens) befinden, die sie eventuell bei der nächsten Wahl selbst nicht erfüllen können. Welche Maßstäbe sollen für die Vorauswahl der Kandidaten, die sich überhaupt zur Wahl stellen dürfen, gelten? Und, wer legt diese fest? Welche fachlichen und menschlichen Qualifikationen sind essentiell? Wenn wegen der Unverzichtbarkeit ihrer alltagsweltlichen Erfahrung nicht nur Juristen, Politologen, Lehrer, Beamte und Akademiker, sondern auch Kindererzieher, Handwerker, Außendienstmitarbeiter, Techniker, Bürokauffrauen, und Altenpfleger (s.o.) in den Parlamenten vertreten sein sollen, kann eine möglichst hohe formale Qualifikation nicht das Kriterium sein. Das Problem würde entschärft, wenn ein *Nachweis der fachlichen und menschlichen Qualifikation,* sowie seine *Führungsfähigkeiten* nicht für Parlamentarier, sondern nur für Amtsträger wie Minister, Staatssekretäre, etc. erbracht werden müsste.

Forderung 2: Wer politisch wirken will, muss sich verpflichten, die direkte Eigen-Verantwortung für sein Handeln zu übernehmen. Ob sich durch die Maßnahme das Parlament strukturell verändert, weil sich eine neue Klasse von Politikern herausbildet, oder ob einfach die Prämien für die Amtshaftungsversicherung, und, um diese bezahlen zu können, natürlich die Abgeordnetendiäten und die Amtsträgergehälter kräftig ansteigen werden, bleibt abzuwarten, aber die Wahrscheinlichkeit, dass viele bereit wären, eine hundertprozentige Verantwortung für das eigene politische Handeln zu übernehmen, ist erfahrungsgemäß nahe Null. Sich weiterhin bei Fehlschüssen hinter Parteibeschlüssen, oder der Alternativlosigkeit, oder fragwürdigen Gutachten zu verstecken, kann sich nur Prinzessin *Lillifee* im Takatukaland oder solche Politiker leisten, die wissen, dass ihnen bei allen Fehlurteilen oder Fehlhandlungen in aller Regeln nicht viel geschieht[80].

Wir sind eine der modernsten Volkswirtschaften auf diesem Planeten, und wir Bürger verdienen deshalb auch das Beste vom Besten. Auch und gerade beim Personal. Wir sollten, wie in Unternehmen auch, nicht solche Kandidaten auf den wichtigsten politischen Posten akzeptieren, die nur Kompetenzen im „Sich-nach-oben-Andienen" oder im Schönreden erworben haben. In der Wirtschaft kennt man das *Assessment Center* als differenziertes Ermittlungsverfahren für fachliche und soziale Kompetenzen. Wer bei einem Assessment durchkommt, hat die notwendigen Qualifikationen und Kompetenzen für eine Managementposition. Warum gilt das nicht auch in der Politik? Auf Parteitagen bekunden die Kandidaten ihre Kandidatur und begründen das mit einer programmatischen Rede. Ein ausführliches Assessment geht der Wahlentscheidung der Mitglieder aber nicht voraus. Gewählt wird, wer charismatisch und ein guter Redner ist, die Parteidoktrin angemessen repräsentiert und machtvoll genug erscheint, um dem politischen Gegner Paroli zu bieten. Vieles, aber nicht alles, ist bereits im Vorfeld durch das Wirken der parteiinternen Netzwerke entschieden. Das ist die Praxis der

---

[80] Der Fall des Landtagspräsidenten des Saarlands *Meiser* (siehe ebd., Band 2) ist nicht die berühmte Ausnahme von der Regel. Von der Macht verabschieden wollte er sich nicht aus Überzeugung oder als Ergebnis seiner Läuterung.

Kandidatenwahl. Ob der Kandidat die fachlichen und persönlichen Voraussetzungen für eine verantwortliche Position wirklich vorweist, zeigt die spätere Praxis der faktischen Politikarbeit. Mit den realen Ergebnissen haben wir alle unsere Erfahrungen.

Warum wählen die Parteien die Kandidaten nach einem *Standard*-Verfahren aus, das seine Kandidaten *nicht* auf Herz und Nieren prüft. Chirurgen können auf eine sehr lange Ausbildungszeit verweisen und ihre Leistungen und Arbeitstechniken werden kontinuierlich einem Evaluationsprozess unterzogen. Warum ist das so? Weil, wenn das nicht so wäre, die Patienten bei risikoreichen und komplexen Operationen nicht von einer hohen Überlebenschance ausgehen könnten. Übertrüge man das Auswahlverfahren in der Politik auf die Chirurgie, so sähe das so aus: Wir lesen den Marketingprospekt der Klinik (Parteiprogramm), von der wir uns operieren lassen wollen, verlangen aber nicht die Zeugnisse der behandelnden Ärzte (Kandidaten). Aus Gewohnheit, aus Fahrlässigkeit oder fehlender Alternativen, geben wir uns mit den Hochglanzversprechen ab.

Eine notwendige Ergänzung, die die Qualität der Kandidaten offenbart und so den Bürgern Hintergrunddaten bei seiner Wahlentscheidung bieten könnte, sind *öffentliche Assessments*. Die Amerikaner machen das vor. Die Wähler lernen die potenziellen Präsidentschaftskandidaten der Parteien in der Phase der *Primaries* kennen, in denen die Kandidaten zugleich und parallel in aufwendigen Medienveranstaltungen von den Journalisten auf Herz und Nieren geprüft werden. Das ist viel *Show* und ein Hauen und Stechen unter den Kandidaten (siehe dazu auch in Band 2) und es kommt auf die Moderatoren an, das Wesentliche aus den Kandidaten herauszukitzeln. Aus der Summe der vielen kleinen und größeren Veranstaltungen im ganzen Land gewinnen die Bürger sukzessive einen direkten Einblick, wer sich zur Wahl stellt und warum er es tut. Vor der finalen Kandidatenkür erfahren die Menschen immer mehr Biografisches über die Kandidaten, den sozialen Background und die *assets*, weil es im besonderen und öffentlichen Interesse ist, zu wissen, wem man die *Macht des Volkes* übergibt. Die Summe der Daten ergibt das öffentliche Bild des Kandidaten. Vielleicht liegt darin auch die Motivation *Trumps*, 2019 seine Steuererklärungen noch nicht offenzulegen.

Die Moderatoren müssen nicht zwingend Journalisten sein, sondern können aus allen relevanten Gruppen der Gesellschaft kommen. Die Amerikaner praktizieren sehr offen den Bürgerdialog bei solchen Befragungsrunden. Wieso musste man die amtierende Kanzlerin eigentlich zu Bürgergesprächen vor der Wahl tragen? Stand das Ergebnis bereits fest, weil sich die politischen Mehrheitsverhältnisse nie ändern werden, wenn es für das Weiter-so bereits ausreicht, 30% der Wähler hinter sich zu wissen? Und warum waren die Fragen der Journalisten in den wenigen „*Bürgerrunden*" oft so vorhersehbar und sanft gewesen? Ich gebe zu, ich hätte meinen Spaß an dem Chaos und der Panik, die sich sofort ausbreiten würden, wenn wir Assessments mit den Kandidaten veranstalten dürften. Wir würden schnell feststellen, wer ein Krisen-, und wer ein Schönwettermanager oder -politiker ist. 2017 wollte die amtierende Kanzlerin vor der Wahl aber nur ein einziges Mal antreten, und niemand, auch nicht die viel gerühmte Vierte Gewalt im Staate konnte sie dazu bewegen, ein zweites Mal bei der Elefantenrunde vorbeizuschauen. Ob sie die Nähe zu *Putin* bemerkt? Der nimmt auch nicht an Fernsehduellen teil. Warum sollte er? Könige kann man nicht wählen und nicht abwählen, nur absetzen, köpfen oder ins Exil schicken. Kann *Seehofer* das auch verstehen? *No offense, Sir*! Sind die Regierenden Krisen- oder Schönwetterkapitäne?

Deutschland und seine Menschen sind immer das höchste Gut, sagen sie, wenn ihnen nichts mehr einfällt. Und natürlich wollen alle immer wirklich etwas Substanzielles für die Menschen und für Deutschland tun. Der junge Hoffnungsträger *Jens Spahn* spielt diese Melodie bereits meisterhaft, wenn er bei allen problematischen Aktionen, selbst der eigenen Mitspieler, dafür plädiert, doch das *Wesentliche nicht zu vergessen, Deutschland und seine Menschen*. Mit dieser Rhetorik wird er es weit bringen, weil auch die Medien ihn gerne und seit Wochen verstärkt einladen, um seine Reaktion zu testen, wenn man unterstellt, dass er als Hoffnungsträger der Partei oder gar künftiger Minister- und später dann als ein möglicher Kanzlerkandidat gehandelt wird.

So schnell kann das gehen. Das sind die wahren Geschichten, die die Medien, vielleicht auch die Öffentlichkeit interessieren. Keiner interessiert sich dafür, was ihn konkret für irgendein Amt qualifiziert. So viel Klarheit kann auch nicht gewollt sein. Es ist legitim, dass die Parteien dazu ihren Durchgriff auf die Medienredaktionen nutzen. Aber worin besteht zum Beispiel die Motivation gestandener Richter, sich zur Wahl zu stellen? Diese Berufsgruppe ist hervorragend qualifiziert und leistet bereits eine sehr wichtige und notwendige Arbeit für die Gemeinschaft. Und seit Jahren fehlen bereits viele Richter, weil viele Kollegen die Verrentungsgrenze erreichen oder in den vergangenen Jahren im öffentlichen Sektor extrem gespart wurde. Das Gleiche gilt auch für die Finanz- und Polizeibeamten und bei der verbeamteten und nichtverbeamteten Lehrerschaft. Die Richterschaft beklagt selbst, dass teilweise Schwerverbrecher wieder aus der Haft entlassen werden müssen, weil der Prozess aus Terminüberfülle nicht innerhalb der vorgegebenen Frist stattfinden kann.[81] Zigtausende von Haftbefehlen können von der Polizei wegen Personalmangels nicht vollzogen werden. Prozesse finden erst gar nicht statt, weil sie aus der Verjährung herauslaufen, so aktuell der Prozess gegen den *Ex-Hypo Real Estate* Vorstandsvorsitzenden *Georg Funke*. Ergebnis: wenn kein Verfahren, dann kein Urteil gegen die Verursacher der Megapleite. *Funke* klagt zeitgleich um eine Abfindung in Millionenhöhe. Und man kann Gift darauf nehmen, dass seine Anwälte zu seinen Gunsten keine Fristen verpassen werden. Nachvollziehbar ist die enorme Arbeitsbelastung bei Richtern, die auch und gerade aufgrund der aktuellen Rahmenbedingungen (z. B. Zunahme der Klagen gegen Abschiebung) noch weiter dramatisch ansteigen wird. Dann macht es natürlich Sinn, sich eine neue, geregelte Arbeit zu suchen. Mit der Bezahlung ist es auch nicht so toll bei den genannten Berufsgruppen im Vergleich zur großen Verantwortung, die sie tragen. Da macht es noch mehr Sinn, einer gut dotierten Arbeit nachzugehen, die zudem völlig verantwortungsbefreit ist. Ist die Kandidatur also nur dem Frust und den schlechten Arbeitsbedingungen im Amt geschuldet?

Der rational denkende Mensch sucht immer nach den besten Möglichkeiten bei möglichst geringem Einsatz. Bei öffentlichen Ämtern sollten wir das nicht akzeptieren. Gerade weil es um Deutschland und die Menschen geht, haben wir ein Recht auf die Besten der Besten und dürfen den Frustrierten und Aussteigern

---

[81] *Heike Anger, Erosion des Rechts*, In: Handelsblatt 19.10.2017; S.

164

kein gut bezahltes Forum bieten. Und für Europaabgeordnete gilt das in besonderem Maße.

Ich verspreche, dass ich nichts tue. Der Europaabgeordnete der Partei *DIE PARTEI*, *Martin Sonneborn*, hat bei seiner Kandidatur zur letzten Europawahl den einzig wahren Grund seiner Kandidatur bewusst auf die Spitze getrieben und ist angetreten mit der ehrlichen Parole: *Ich verspreche, dass ich nichts tue.* Deshalb sollten wir bei ihm sicher sein, dass er keinen volkswirtschaftlichen oder steuerlichen Schaden aus Unwissenheit, Leichtsinn oder gar Gefälligkeit anrichtet. Sicher ist, er wird Schaden anrichten, weil er, nach eigenem Bekunden, keinen Lobbytermin wegen des freien Campus und der Häppchen verpassen will.

Für das aktuelle System der Repräsentation zahlen wir jetzt schon riesige Summen an Steuern. Und wir tun das gerne für gute Leistungen, und würden akzeptieren, dass wir noch viel mehr dafür bezahlen. Dass wir aber nach wie vor die Höhe der Entlohnung den Abgeordneten selbst überlassen, fördert natürlich die kritische Nachfrage der „Normal"-Verdiener. Auf Basis welcher Ergebnisse gestehen sich die Abgeordneten eine Erhöhung der Diäten zu? Dass sie zur Diätenanpassung berechtig sind, ist ihr demokratisches Recht. Aber ist das auch zeitgemäß? Die lustigste Antwort der Parlamentarier ist die, dass man *das* eine ganze Zeit lang gar nicht mehr gemacht habe, und es *jetzt wieder an der Zeit wäre*. Also, dass sie es jetzt tun, weil sie die Wahl hinter sich haben, und ein solches Bekunden vor der Wahl, unmittelbar nach der Wahl die Diäten zu erhöhen, nicht unbedingt der eigenen Wahl förderlich gewesen wäre? Die Begründung zur Notwendigkeit einer Anpassung wird nur noch getoppt von der Einlassung, dass man gegenüber der allgemeinen Preissteigerung und dem Anstieg der Löhne nicht ins Hintertreffen geraten dürfe. Der *rheinland-pfälzische Landtag* beschließt kürzlich die Erhöhung der Abgeordnetendiäten bis 2020 um € 1000.- pro Monat. Das entspricht einer Erhöhung von 17,5% innerhalb von vier Jahren. Damit werden die Diäten der Besoldungsgruppe A16 des Öffentlichen Dienstes (z.B. Oberstudiendirektoren). Ab 2019 sollen die Parlamentarier soll sich die Höhe der Diäten nach der durchschnittlichen allgemeinen Verdienstentwicklung richten. Zur Durchsetzung der Steigerung bedarf es keines Arbeitskampfes oder gar der Androhung einer Arbeitsniederlegung. Die Fraktionen, mit Ausnahme der *AfD*, die nicht mitmacht, brauchen zur Heraufsetzung der Bezüge gerade einmal 14 Tage und begründen diesen Schritt mit mehr Kosten, mehr Arbeit und dem Aufholen eines Rückstands im Ländervergleich. Die Argumente dafür mögen korrekt, zumindest aus Sicht der Parlamentarier verständlich sein, aber die Geschwindigkeit, mit der diese Entscheidung durchverhandelt wurde, ist phänomenal. Der Bürger würde sich wünschen, dass über drängende Probleme, die in die Länderkompetenz fallen, ebenso schnell entschieden werden könnte.

Leistung muss sich wieder lohnen. An die ganz großen Herausforderungen wagen sich nur wenige Politiker und das auch nur zögerlich heran. Die Forderung *„Leistung muss sich wieder lohnen"*[82], war und ist der Lieblingsspruch der Partei der Besserverdienenden. Die Forderung klingt modern und sinnvoll, und ist schnell dahingesagt. Sie ist oft keine Aufforderung an sich selbst, weshalb sich nur sehr wenige Politiker damit schwertun, sie auszusprechen. Allemal wenn es darum geht, die Leistungsthematik auf die ungleiche Bezahlung zwischen den Geschlechtern oder die zwischen Managern und Beschäftigten zu reduzieren. En detail geht es aber gar nicht um Leistung per se, sondern um die Entlohnung von Arbeit. Wieso also verdienen Frauen immer noch im Schnitt und standardisiert maximal 6% (!) weniger als Männer in vergleichbaren Positionen und bei vergleichbaren Qualifikationen. Da hierbei noch nicht alle Faktoren berücksichtigt sind, könnte es auch weniger sein. Es sind jedenfalls nicht 30%, wie manchmal behauptet wird, und auch nicht 21%, wie in einer statista-Grafik vom 5.3.2020 (Quelle: Oxfam/Bundesregierung) angegeben?[83] Bei solchen Fake-Statistiken werden Äpfel mit Birnen verglichen, um ideologische Bedürfnisse zu bedienen. Ironie Anfang: Die *hart arbeitenden Bürger* haben sich sichtlich sehr darüber gefreut, dass die Forderung ausgerechnet von der Seite kam, die gerade nicht dafür bekannt sind, selbst viel zu leisten (Ironie Ende), über gerechte Bezahlung dafür aber umso mehr reden, zugleich aber bei jeder Gelegenheit

---

[82] *Soll sich Leistung wirklich lohnen? (Patrick Bernau*, in: *FASZ*, Nr. 51 vom 25.12.2018; S. 21).
[83] Siehe dazu Ergänzungen im Anhang; ebd. „Anmerkung 83".

dem Primat der neo-liberalen Gewinnmaximierung das Wort reden.

Der sichtbare Widerspruch beim Versuch, eine logische Verknüpfung von Leistungen und den Erfolgschancen herstellen zu wollen, besteht darin, dass das Grundprinzip der freien Marktwirtschaft, nämlich den bestmöglichen Profit mit möglichst geringem Einsatz zu erzeugen, systemisch nicht mit der Forderung nach annähernder Gleichheit in Einklang zu bringen ist. Alle Versuche, Gleichheit per Gesetz herzustellen, zum Beispiel die Quote für Frauen in Führungspositionen, dienen nicht dem Gerechtigkeitsprinzip, sondern mehren sogar das Gefühl der Zunahme der Ungerechtigkeit bei den Leistungsträgern, weil es suggeriert, dass zum Beispiel hohe Positionen für Frauen ausschließlich eine Funktion der Geschlechterzugehörigkeit ist. Frauen, die dieser Gruppe zugehören, haben ein besonderes *MeToo* Gefühl vorzuweisen. *Sorry!* Erfolgreiche Frauen wehren sich deshalb gegen diese genderkonforme Zurichtung des Leistungsprinzips, weil damit die wirkliche Leistung der erfolgreichen Frauen sofort abgewertet wird. Der Tadel an den hohen Einkünften von Topmanagern (auch Frauen) ist im Grunde nur ein Ergebnis einer generellen Nebel- und Neiddebatte, die vorgibt, dass es prinzipiell aus Gründen der Gleichheit nicht gerecht sei, große Gehaltsunterschiede zu generieren.

Risiko soll sich (auch schon) wieder lohnen? Wenn die richtigen Rahmenbedingungen Unheil verhindern und einen wechselseitigen Nutzen bieten, ist das *OK*, weil es die Leistungsbereitschaft der Macher befeuert. Abgeordnete und Minister, allemal der Chef oder die Chefin dieses großartigen Landes sollten mindestens so viel verdienen, wie der CEO eines großen börsennotierten Unternehmens. Wer Qualität sucht, darf kompetente Kandidaten nicht möglichst billig einkaufen, oder den Ritualen der Parteien überlassen (Ochsentour), sondern muss sie *angemessen* bezahlen. Vielleicht müssten wir dann nicht immer wieder auch politische Sonderangebote oder Ladenhüter ertragen. Vielleicht wären die Amtsinhaber dann auch wieder Experten in eigener Sache, und sie müssten nicht das für politisches Erklären und Handeln notwendige Fach- und Detailwissen extern und zu hohen Kosten und noch höheren Folgekosten für die Gemeinschaft *extern* einkaufen.[84] Wenn die Amtsinhaber die fachlichen Grundlagen Ihres Jobs nicht beherrschen, werden sie nicht in der Lage sein, die Lösungsverschläge ihrer Experten zu beurteilen und auf ihrer Grundlage kluge Handlungsstrategien zu entwickeln.

Über Jahrzehnte hat die Politik das Spiel gelernt und nach den eigenen Regeln gespielt. *Ihr habt uns das Mandat gegeben, und ihr müsst halt aushalten, was wir daraus machen. Und, sollte es euch nicht gefallen, könnt ihr ja bei der nächsten Wahl eine Korrektur durchführen.* Mangelndes Interesse und geringes Engagement der Bürger hat das Handlungsmuster des Politikers legitimiert. Über die Jahre hat sich dieses Quasi-Dialogschema der impliziten Zustimmung in den Köpfen der Politiker als gewohntes Legitimationsmodell verfestigt. Solange niemand wirkliche Konsequenzen fordert, kann man es weiterspielen. Und vor jeder Wahl gibt es geeignete Marketing-Tricks, um den Wähler zu motivieren, nicht am eingespielten System zu kratzen. Die Politik kann sich seit Jahrzehnten auf diese Strategie verlassen. Versprechen *Ja*, vor allem vor einer Wahl, diese aber umsetzen, oder nur daran festhalten, *Nein*. Versprechen, die umgesetzt werden, kosten immer das Geld der Steuerzahler. Der Wähler wird also geködert mit Geschenken, die er selbst bezahlen müsste, aber dann oft doch nicht erhält, da dafür Steuern oder Abgaben erhöht werden müssten, die wiederum Wählerstimmten kosten...

Mit dem Wahlergebnis der Bundestagswahl 2017 ändern sich die Außenbedingungen. Und wenn das passiert, dann ist das tradierte Politik- und Demokratiegefüge bereits erheblich beschädigt. Die Volatilität der politischen Lebenswelt wird spürbar, und reflexartig wird die Umarmung des Bürgers gesucht. Der Bürger selbst hat mit seiner Wahlentscheidung deutlich gemacht, dass er auf dem Absprung ist. Aus der Verdrossenheit wird Widerspruch und Widerstand. Aus Angst vor Altersarmut, Kriminalität und Terror sucht der Bürger bessere Zusagen mit höchstmöglicher Validität. Und zuallererst sucht er einen neuen Politikertypus. Das Selbstverständnis und die Berufsausübung selbst müssen sich

---

[84] Siehe dazu Ergänzungen im Anhang; ebd. „Anmerkung 84".

möglicherweise einer kompletten Inspektion und einer umfassenden Neujustierung unterziehen. Oder ist das eine Überinterpretation des Wahlergebnisses? Wir werden sehen.

Beim politischen Tagesgeschäft stört nach wie vor nur einer, und das ist der Bürger selbst. Bedeutet verstanden zu haben, auf die Menschen zu hören, zumindest ihnen zuzuhören, dann sollte das Bekenntnis eher lauten, wir hören *jetzt* zu, und wir beteiligen die Menschen *jetzt* mehr an den Meinungsbildungsprozessen. Auf kommunaler Ebene geschieht das bereits sehr intensiv, nicht immer mit schnellem Ergebnis, sondern zuweilen auch mit Blockaden (Windräder, Überlandleitungen, Bauvorhaben, Straßen, Industrieansiedlungen etc.), die dann wiederum kritisiert werden. Die Verfahren müssen deshalb effektiver gestaltet und schneller zum Abschluss gebracht werden. Wir benennen die Probleme konkret, gestalten die richtigen Rahmenbedingungen und erarbeiten faktische und Stück für Stück nutzenbringende Lösungen. Karl Popper nannte dieses Verfahren *piecemeal engineering*.

Ist das wirklich so gewollt? Bei anderen als kommunalen Fragen ist der Wähler seit Jahrzehnten vorwiegend Legitimationslieferant und Zuschauer, aber kein *Controller*. Controllingfunktionen übernehmen die Parlamente, die Verfassungsgerichte und die freien Medien (die „vierte Gewalt"), sofern sie keinen eigenen Interessen nachgehen, oder die eigenen Grundsätze über Bord werfen. Der Bürger ist in diesem Spiel gar nicht vorgesehen. Ehrlichkeit ist gerade für die berufliche und gesellschaftliche Zukunft des Politikers nicht risikolos. Wer konkret wird und sich ehrlich macht, stellt sich dem Widerspruch und kann hart auf dem Boden der Tatsachen landen. Aber nur, wer klare Vorstellungen und Ziele formuliert, kann daran wirklich gemessen werden.

Es mangelt nicht an Denkern und Rednern. Man kann Zweifel, dass wir für einen *Umbau des Gewohnten* das richtige politische Personal haben. Zur Erinnerung: Nicht wenige Politiker haben einen juristischen oder sozialwissenschaftlichen Background. Warum ist das eigentlich so? Gibt es zu wenige Streitfälle, um allen Juristen ein ausreichendes Einkommen zu bescheren? In der 18. Wahlperiode von 2013-2017 waren 136 der insgesamt 631

169

Bundestagsabgeordneten Juristen.[85] Die juristische Kompetenz ist primär eine formal-logische Entscheidungsfähigkeit, fundiert auf viel Auswendig-, und noch mehr Organisierenlernen. Lebenserfahrung oder eine im Alltag verwurzelte Moral scheinen eher abträglich für den klaren formal-juristischen Blick. Das passt natürlich wie die Faust aufs Auge: *Justitia* trägt eine Binde vor den Augen und wir missverstehen die Verschleierung als ein Symbol der Neutralität. Wie viele Abgeordnete verfügen über das, was für gutes politisches Handeln und Entscheiden unabdingbar ist: i. e., Praxiskompetenz, genauer gesagt Job- und Berufserfahrung. Ganz wenige Abgeordnete können auf eine Karriere in der Wirtschaft oder als erfolgreiche Selbstständige hinweisen. Ausreichende Umsatz- und Personalerfahrung vorweisen zu können, muss bei der Amtsausführung kein Schaden sein. Unkenntnis kann dagegen schnell großen Schaden für die Gemeinschaft anrichten. Also Augen auf bei der Berufswahl und die Warnhinweise im Beipackzettel zum politischen Amt genau lesen: *Achtung! Bei der Ausübung von (politischer) Macht kann es überraschend schnell und vermehrt zur Selbstüberschätzung und zu Allmachtsfantasien kommen.*

Die Professionalisierung von Politikern erfolgt in der Regel im Amt und dient nicht automatisch der Beherrschung der Komplexität der Wirklichkeit oder dem Nutzen des Bürgers. Für übergeordnete Ziele, wie die eines guten Lebens, eines guten Miteinanders oder der Mehrung des Glücks fehlen die *role models*, also die Vorbilder und die Mitstreiter. Die Sozial- und Politikwissenschaftler wissen zumindest theoretisch, worum es geht, und dass es sich immer lohnt, für ein Mehr an *happiness* zu streiten. *Happiness* zu verbreiten wäre ein Zukunftsprogramm für alle Parteien, in besonderem Maße für die zwischenzeitlich arg gebeutelte *SPD*, die selbst mehr um das Überleben ringt als um das Glücklichsein.

Laienspieler und der Brexit-Plan. Über die Jahrzehnte der schrittweisen Abkoppelung vom Bürgerwillen ist der Politikbetrieb fast zu einem selbstreferenziellen, autonomen und bürokratischen Verwaltungsmonster mutiert. Behörden und Behördenvertreter agieren mitunter wie ein Staat im Staat und nicht als Repräsentanten des Bürgers. Beim Kampf um Posten, Pöstchen und vermeintlich historische Erbhöfe wird nicht selten der Bock zum Gärtner gemacht. Der Blick für das große Ganze tritt hinter die

---

[85] Quelle: *Statista-Portal 09-2017.*

individualistische Kleinstaaterei und persönlicher Herrlichkeit des Einzelnen zurück. Hauptsache ist, es gibt für alles irgendeine Normvorschrift. Was haben die Bürger nicht alles für Maßnahmen erlebt zur angeblichen Schaffung von mehr Pro-Bürger-Freundlichkeit, vulgo „Bürgernähe". Wir haben (oder hatten?) sogar einen bayerischen Magier in der EU Manege, der viele Vorschläge zur Reduktion des bürokratischen Monsters erarbeiten wollte. Ein deutscher Politiker, der die Reduktion von Bürokratie vorantreibt? Ist das schon gelebte Ironie oder nur eine Posse? Ist er eigentlich Jurist? Das Leben schreibt wirklich die besten Geschichten. Dass Deutschland das Land in der EU mit den längsten Wartezeiten in Behörden ist, entspricht dem altbekannten Stereotyp, aber belastbare Daten gibt es dazu nicht. Anekdotische Evidenz zeugt von teilweise langen Wartezeiten in Ballungsräumen. Aber auch in Großbrittanien und in den USA klagt man über lange Wartezeiten und bürokratische Inflexibilität. Wer anerkennt, dass auch die Zeit der Bürger kostbar ist, stiehlt sie ihnen nicht durch Wartezeiten auf Ämtern. Wieder könnten deutsche Politiker von ihren Kollegen lernen, wenn sie wollten. Lettland macht es vor, wie es gehen könnte. Barcelona geht schon länger einen noch moderneren Schritt und will die radikale *digitale* Vernetzung der Behörden mit den Bürgern. Alle Dienste könnten dann online in Anspruch genommen werden. Deutschland versucht zunächst wieder einmal das Wort *Digitalisierung* nur korrekt buchstabieren zu lernen.

Die Steuergesetzgebung ist das klassische Beispiel für eine fast lehrbuchmäßige autonome Verselbstständigung und krebsartige Mutation bürokratischer Organisationen. In nur 70 Jahren ist das deutsche Steuersystem zu einem Monstrum an Überkomplexität und Dschungelhaftigkeit, gespickt mit Ausnahmen und Sonderregelungen, verkommen. So widersinnig es klingt: Je mehr ein Steuersystem dem Einzelfall gerecht werden will, desto komplizierter wird es. Dies ist eine der Paradoxien des Strebens nach umfassender Gerechtigkeit für jedermann. Die Idee mit der *Steuererklärung auf dem Bierdeckel* war eine nette Idee, aber störte das Große und Ganze, das der Bürger mit Sicherheit nicht bestimmen soll. Und wo ist der Erfinder abgeblieben? *Friedrich Merz*, Jurist, ist im Vorstand eines großen Venture Capital Unternehmens. Wer weiß, vielleicht wird es ihm dort irgendwann zu langweilig werden und er kommt wieder zurück? Achtung, *Herr Merz*, die

Bezahlung ist nicht so gut im öffentlichen Dienst. Wenn sich Ihre Leistung also wirklich lohnen soll, sollten Sie sich zumindest wieder auf einen Topposten bewerben.

Internationale Konzerne machen sich die Komplexität prächtig zu Nutzen und freuen sich seit Jahrzehnten auf gigantische Steuereinsparungen, weil sich die Gemeinschaft der Finanzpolitiker nicht traut, die legalen Löcher zur Steuervermeidung zu stopfen, oder sogar zurückgepfiffen wird, wenn Erfolge greifbar sind. Während der Bürger vor die Gerichte ziehen muss, um sein Recht teuer und auf eigene Kosten einzufordern, treiben gut ausgestattete internationale Kanzleien die Behörden und die Politik vor sich her. Alleine die Steuergesetzgebung generiert seit Jahren einen gigantischen selbstreferenziellen Arbeitsmarkt im oberen Gehalts- und Provisionssegment. Zehntausende von Juristen und Steuerfachleuten leben prächtig von der durch die Politik geschaffenen systemischen Komplexität, die in den realen Auswirkungen oft nur den kleinen Bürger oder kleinere und mittlere Unternehmen betreffen. An die Konzerne wagt sich niemand heran. Im Gegenteil, die Steuersparmodelle werden gerade auch von den europäischen Landesfürsten aktiv befördert und die Nicht-Solidarität unter den Partnerstaaten lautstark demonstriert (siehe Anmerkungen zu *Jean-Claude Juncker*; ebd., Band 2). Dass dann Geld für das Notwendige in den jeweiligen Sozialhaushalten fehlt, verblüfft nur noch die Langschläfer. Naturwissenschaftler wissen, dass autonome Systeme einen hohen Korrekturaufwand betreiben müssen, um Systemdefekte zu minimieren. Der mathematische Aufwand hierzu ist nicht zu unterschätzen. Die Autobauer, die auf *autonome Fahrsysteme* in der Zukunft bauen, wissen, dass genau hier die Chancen des Scheiterns liegen. Auch *komplexe* Gesellschaften unterliegen *dynamischen* „Gesetzmäßigkeiten".

Was ist von der Politik zu erwarten, wenn die „Macher und Alleskönner" die „Gefahren" erkennen? Würden sie die Gefahren konkret benennen oder sie vorschätzlich herunterspielen, weil sie genau wissen, wie riskant eine *Intervention* für die eigene Karriere sein kann, wenn die Intervention scheitert? Die Steuererklärung wird sich niemals auf einem Bierdeckel abbilden lassen, weil damit die Beschäftigungstherapie der Verwaltungsbeamten obsolet wird, und Scharen von Steuerberatern und Wirtschaftsprüfern arbeitslos wären. Das ist nicht gewollt.

172

Der Staat ist ständig auf der Suche nach Einnahmen. Einige glauben an eine einfache Lösung: nicht Steuererhöhung für die Besserverdienenden, sondern die jährliche Besteuerung der großen Vermögen[86]. Wir hätten alle keine Sorgen mehr. Na, vielleicht doch, zumindest die Gruppe, der das nicht recht sein dürfte. Aber dies wäre nicht die Gruppe der wirklich Reichen, weil diese bei Bedrohung des eigenen Lebensstils einfach dorthin ab- und auswandern, wo keine Bedrohung für den eigenen Reichtum besteht. Und, nebenbei, wo beginnen große Vermögen? Bei einer Million Euro? Die ist schnell erreicht, wenn man als stolzer Eigenheimbesitzer noch Omas Häuschen in München erbt und über bescheidene Rücklagen verfügt, die leider keine Zinsen mehr erbringen. Vermögenssteuer wäre in solchen Fällen eine Substanzsteuer zur Abschmelzung von Kleinvermögen. Ein Rezept zur Stärkung des Bürgersinns sieht anders aus. Also erst ab 10 Millionen? Aber wie erfasst man Vermögenswerte, die nicht auf der Bank liegen, sondern in stark schwankenden Sachwerten gebunden sind? Wie verhindert man die Flucht in kaum zu kontrollierende Werte wie Kunst, Sammlungen, Schmuck, Diamanten, Edelmetalle, Liebhaberobjekten, sowie Sachwerte oder Anlagen in ausländischen Steuerparadiesen – Werte, deren Marktpreise kaum objektiv zu ermitteln und sehr volatil sind? Es ist zu vermuten, dass eine Vermögenssteuer für Reiche vor allem die treffen würde, die nicht reich und mobil genug sind, sich der Steuer durch Umzug ins Ausland oder Umschichtungen in die genannten Sachwerte zu entziehen.

Großbritannien zum Beispiel hat immer prächtig von den Superreichen profitiert. Nachdem in den 1960er Jahren der Profit aus den einstigen Kolonien immer mehr versiegte, war sofort die Idee eines europäischen Steuersparstaates geboren. *Well done!* Es hat bestens funktioniert – bis heute. Den Verlierern muss man nur noch erklären, dass die anderen schuld an der gesellschaftlichen Misere sind, i. e. Absturz der Mittelklasse, massenhaft Niedriglohnbeschäftigte (verursacht durch das Hereinströmen von Millionen Billiganbietern von Arbeit aus den neuen osteuropäischen Mitgliedsstaaten der EU), soziale Vertreibung auf dem

---

[86] Siehe dazu Ergänzungen im Anhang; ebd. „Anmerkung 86".

Wohnungsmarkt, etc. Sind das vielleicht auch die wahren Gründe derjenigen, die im Hintergrund den Brexit gepusht haben?[87]

Complexity in politics is, in some cases, man-made. Man darf nicht vergessen, dass (gesellschaftliche) *Komplexität* sich nicht immer quasi naturgesetzlich ereignet, sondern auch hausgemacht sein kann. Der Begriff der Komplexität vernebelt in diesen Fällen die Intentionen, die dahinter stecken. Es sind immer Einzelne oder Gruppen, die die Steuergesetzgebung oder andere Gesetze in dieser Diktion, Klarheit oder Komplexität erschaffen, weil es in ihrem und im Interesse ihrer besonderen Klientel ist. Also ist zu fragen, welcher Politiker oder welche Gruppe sich aus welchen Gründen so vehement gegen Transparenz und Einfachheit in der Durchführung wehrt? Welche Interessen verfolgen diese Politiker also wirklich? Und haben sie nach dieser Wahl verstanden, dass ihre Interessen nur bedingt die Interessen des Bürgers sein können? Die reale Welt ist durchorganisiert und getränkt von Regeln, Vorschriften und Gesetzen, obwohl der Alltag der Menschen erheblich entspannter und auch lebenswerter sein könnte, wenn wir die Entrümpelung der Bürokratie, der Vorschriften und Gesetze einfach zuließen. Oder die Bürger decken die *hidden agenda* auf und sorgen per Wahlentscheidung dafür, dass sie nicht mehr weiterverfolgt werden kann. Der Bürger wird sich wohl oder übel selbst aufraffen müssen, einen Neuanfang in der Politik einzuleiten. Fehlt Politikern der Wille, alte Zöpfe abzuschneiden und Neues zu wagen?

Mit dem Bekenntnis, dass wir alle gerne in einer guten Welt leben wollen, ist es bei weitem nicht getan. Es bedarf konkreter Maßnahmen und es müssen nahezu täglich Hindernisse, die dem individuellen Erfolg und dem Lebensglück entgegenstehen, aktiv weggeräumt werden. Der demokratische Staat, in seinem Eigenverständnis als Schutz- und Entwicklungsraum der Bedürfnisse der Menschen nach Glück und Wohlstand, hat nur diese beiden Aufgaben. Kann er das nicht gewährleisten, oder kümmern sich die Protagonisten des Staates nur um die Wahrung und um das Gedeihen ihrer Partikularinteressen, unterscheidet sich ein demokratischer Staat zwar in seiner Organisationsform, nicht aber in seinen Auswirkungen auf das Wirtschaftsleben grundsätzlich von

---

[87] Siehe dazu Ergänzungen im Anhang; ebd. „Anmerkung 87".

einer totalitären Staatsform. Leider scheint es den Wählern an der nötigen Zeit zu fehlen, ausreichend über die Verwerfungen in der politischen Welt nachzudenken, um dann mit neuen und zukunftsweisenden Ansätzen neue demokratische Möglichkeiten entwickeln oder tradierte Formen auf eine höhere Ebene des politisch-gesellschaftlichen Miteinanders anheben zu können. Wer tagaus und tagein für die Bezahlung seiner Schulden arbeiten muss, hat keine Zeit, Kraft oder Geduld mehr übrig, um über neue Wege für eine bessere Zukunft nachzudenken.

Gute Politik muss die Freude, *nicht* die Freunde fördern. Wahre Lebensqualität bildet sich im stetigen Widerstreit zwischen Wünschen, Hoffnungen, Notwendigkeiten, Chancen, Verlusten und dem Möglichen heraus. Wenn Freiheit bestehen soll, muss das Leben seinen natürlichen Bedürfnissen folgen können und nicht stetig verhandelt, verwaltet, zerredet, verwissenschaftlicht oder vor dem Hintergrund einer Ideologie gebilligt werden. Wer clever ist, versucht die Komplexität der Lebenswelt nicht zu negieren oder zu formalisieren, sondern zu reduzieren, und konzentriert sich auf das Wesentliche und Machbare. Ein wesentlicher Mechanismus der Reduktion von Komplexität läuft über *Vertrauen*[88]. Das ist nicht einfach, wenn man sich zugleich der Auswüchse eines zunehmenden bürokratischen Sicherungs- unsinns erwehren muss. Das kostet wertvolle Lebenszeit, die uns

---

[88] Der Soziologe und Systemtheoretiker *Niklas Luhmann* (1927-1998) hat dem „*Vertrauen*" eine große Macht bei der *Reduktion der Komplexität* der Lebenswelt zugetraut. Die *Generation Habermas* war voller Optimismus und konnte sich das scheinbar Unmögliche (i. e., dass der Diskurs nicht funktioniert) kaum vorstellen. Vielleicht war das auch der Versuch der Wiedergutmachung der seelischen Verkrüppelung, die die Generation *Flakhelfer* angerichtet hatte. Vertrauen ist nur noch etwas für Romantiker. Seit *Lenin* weiß man, dass Vertrauen (zwar) gut, Kontrolle aber besser ist. Wir kontrollieren alle Prozesse und sogar das eigene Privatleben. Seit es mit der *gefühlten* Sicherheit im Vergleich und trotz der *objektiven* Daten der Kriminalstatistik bergab geht, vertrauen wir Sicherheitskonzepten mit vielen Überwachungskameras, mehr Polizei, Schranken an Bahnsteigen, Staatstrojanern und den vielen Freiwilligen, die bei der Überwachung der richtigen Sprache mithelfen *(Niklas Luhmann, Vertrauen. Ein Mechanismus der Reduktion sozialer Komplexität. Stuttgart 1973*; siehe Kriminalstatistik 2018).

dann an anderer Stelle fehlt, zum Beispiel, um an sinnvollen und pragmatischen Lösungen teilzuhaben. Politik muss die *Freude des Einzelnen fördern*, an Zukunft teilzuhaben und aktiv gestalten zu wollen. Behörden und Beamte müssen sich wieder als *Diener des Volkes* verstehen und nicht als exklusiver Hort der Exekution formaler Macht. Die Aufgabe der Politik und der politischen Akteure sollte es primär sein, alle Hindernisse aktiv zu beseitigen, die die Bürger bereits bei der Erreichung einfacher Lebensverbesserungen (be-)hindern.

Nicht nur in der Politik gibt es zu viele Besserwisser, Sendungsbewusste, Schaumschläger und Verkäufer von aufgeblasenen Banalitäten oder Katastrophenszenarien, die uns sagen wollen, was richtig oder falsch, ethisch oder unethisch, real oder irreal, wissenschaftlich oder unwissenschaftlich ist, was wir zu denken, zu tun oder zu lassen haben. Das scheinbar Elaborierte ist oft nur hochgestochener Schwachsinn oder alltagspraktische Idiotie. Es erfordert geradezu eine übernatürliche Selbstbeherrschung beim Zuhörer, wenn Politiker über gesellschaftliche Werte und wissenschaftliche Modelle schwadronieren, z. B. über die Herausforderungen der Digitalisierung, über den Fachkräftemangel, die Chancen durch Massenmigration, die Segnungen der Energiewende und über den „Klimaschutz" (als wäre es dem „Klima" nicht vollkommen gleichgültig, ob wir schwitzen oder frieren). Es ist unerträglich, den Satz zu hören, dass es vor allem und an ersten Stelle doch um Deutschland ginge, oder um Europa, um die Rettung des Klimas, der Erde, der Menschheit, bla bla bla, wenn mitunter die gleichen Politiker sich nicht heraushalten können, wenn es um Pöstchenvergabe oder unmäßige Diätenerhöhungen geht, und dabei die Bedürfnisse ihrer Bürger vergessen.

„Menschsein ist vor allem die Hauptsache". Keine Regel ohne Ausnahme. Es gibt natürlich auch die Profis unter den Politikern, richtige Könner ihres Fachs, auch unter den politischen Juristen und Politikwissenschaftlern, und auch unter den moralisch Beseelten, den Gutmenschen des Alltags und in der Politik. Gut sein an sich ist keineswegs verwerflich oder degoutant. *Rosa Luxemburgs* Rat an ihre geschätzte *SPD* ist heute gültiger denn je: *„Gut ist die Hauptsache! Einfach und schlicht gut sein, das löst* *und bindet alles und ist besser als alle Klugheit und Rechthaberei.*'[89] Politiker müssen die Menschen lieben und die Herausforderung und *nicht* das Amt schätzen. Es gab und gibt auch heute noch Politiker, die sich gerne für die Sache streiten und nicht für vordergründige und fragwürdige Ideologien oder private Vorteile einnehmen und verbiegen lassen. Einige werden für ihre klare Sicht und mutigen Worten selbst von Parteifreunden angefeindet. Ideologie schlägt immer schon den unreifen Verstand. Wer die Grenzen der herrschenden Denk- und Parteikonventionen allzu sichtbar überschreitet, wird denen, die auf ihr Heil in Parteidisziplin, Zeitgeistkonformität und Stromlinienförmigkeit finden, niedergeschrien.

Moderne Politiker müssen die Probleme und die Möglichkeiten ihrer Bewältigung ehrlich und konkret darstellen und dürfen auch die Risiken verschiedener Lösungswege nicht verschweigen – alles natürlich vor dem Hintergrund des *aktuellen Wissensstandes*, denn hinterher wissen es *alle* besser. Wer Risiken scheut, kann und wird keine konstruktive Politik gestalten. Politiker brauchen Leidenschaft, Klugheit unbd Kompetenz bei der Gestaltung der besten aller Lösungen für die Bürger und dürfen sich nicht in der Absicherung der eigenen Lebenswelt und in belanglosen Sonnenscheinreden oder in albernen *Tweets* und *Facebook*®-Nachrichten verlieren.

Wer verstehen will, was die Menschen wollen und was für sie von Bedeutung ist, muss mit ihnen sprechen. Und nicht nur vor oder nach den Wahlen. Und nicht an der Haustür mit einem Kugelschreiber als Präsent, oder auf Talkshows. Anders als der Volksmund es kundtut, ist Reden Gold und Schweigen sorgt für Missmut und Verstimmung. Alle Politiker sollten regelmäßig unter *ihr* Volk gehen müssen, um Stimmungen aus erster Hand aufzunehmen. Wer aber, wie *Merkel,* immer unterwegs ist, braucht sich nicht zu wundern, wenn nur die Raute in Erinnerung bleibt. Wer mit den Menschen direkt spricht, wird schnell merken, dass er vielfach nicht nur Zustimmung oder Schulterklopfen erntet. Er bekommt Wissen und Erleben aus erster

---

[89] *Dies. Am 5.3.1917 aus der Feste Wronke an Hans Diefenbach, GB 5, 183;* In: *Rosa Luxemburg. Menschsein ist vor allem die Hauptsache*; hrsg. von *Bruno Kern,* marixverlag.

Hand. Nämlich solches Wissen und Erleben, das für den Einzelnen von großer, weil subjektiver Bedeutung ist. Und sollte das Gesagte unverständlich sein, kann sofort nachgefragt werden. Direkte Kommunikation hat gegenüber jeder virtuellen Kommunikation via soziale Medien entscheidende Vorteile. Spätere Interpretationen sind entbehrlich, weil Unklarheiten sofort aufgelöst werden können. Zudem hat das Reden auch einen therapeutischen Effekt. Das Miteinanderreden lockert latente Verspannungen und oft lösen sich vermeintliche Vor-Urteile oder Missverständnisse sofort auf. Überraschung! *Trump* hat dieses Lebens-Prinzip genau verstanden. Und es ist egal, wer ihm das eingeflüstert hat, weil er verstanden hat, was die Menschen wollen. Sie wollen mit ihren eigenen Problemen von denen da oben gehört und verstanden werden. Viele verstehen nicht, was er tut, aber sie erkennen, dass er Versprechen hält. Viele deutsche Politiker und Medienschaffende können ihn nicht verstehen, weil sie nicht verstehen wollen, dass der angebliche Prolet, der *homo insipiens* oder *proletarus stupido* (der Untermensch) und nicht der *Homo sapiens* (Mensch der Weisheit) der neue Apostel der Massen ist. Das ist die selbstgestellte Falle eines falschen Verstehens aus Überheblichkeit und Unwissenheit im kommunikativen Alltagsgeschäft, in die nicht wenige Politiker hineingefallen sind. Ich bin überzeugt, dass nicht wenige deutsche Politiker, die sich so vehement gegen die Person *Trump* aussprechen, dies tun, weil sie sauer sind, dass er offenbar den Umgang mit unzufriedenen Bürgern beherrscht – zugegebenermaßen nicht mit denen, die mit *ihm selbst* unzufrieden sind. Aber im Umgang mit ihren Kritikern kultivieren auch viele hiesige Politiker nicht unbedingt die feine englische Art.

Wer nur *über* die Menschen spricht und nicht *mit* den Menschen regiert, wird den Zugang zu den Herzen der Menschen verlieren. Gekränkte Menschen wenden sich von ihren Königen ab. Die vermeintlich richtigen Demokraten tun so, als ob *Trump* den Untergang der zivilisierten Welt bedeute, verhalten sich im Politischen wie im Alltag aber nicht viel anders und gehen Sonderwege gegenüber allen anderen. *„Wir predigen das hohe Lied des Multilateralismus, aber der Sinn für das Große und Ganze verschwindet sofort, wenn es um die eigenen Bedürfnisse geht. Den Verteidigungsbeitrag bestimmen wir, wie es uns gefällt, auch wenn wir uns schriftlich zu 2% des*

BSP verpflichtet haben. Die Pipeline North Stream 2 ist in unserem alleinigen Interesse, also konterkarieren wir das Embargo gegen Russland. Gemeinsame Rüstungsprojekte werden torpediert. Wenn die Regierung die Flüchtlingspolitik gegen alle internationalen Vereinbarungen nach einem neuen deutschen moralischen Nationalismus praktiziert, sind Briten und Franzosen über die „Incertitudes Allemandes" nur noch aufgebracht", schreibt Jacques Schuster in seiner Analyse „Auf deutschen Sonderwegen".[90] Das diese Empörung gespielt ist und eigene Egoismen kaum kaschieren kann, bedarf keiner besonderen Erwähnung. Aber man soll bekanntlich vor der eigenen Tür zuerst kehren. Zu den deutschen Sonderwegen gehört auch die Verschrottung der Kernkraftwerke, die aus Deutschland einen energiepolitischen Wackelkandidaten machen wird, der durch den Strom aus den Kohle- und Kernkraftwerken der Nachbarstaaten stabilisiert werden muss.

Die vermeintlich „Getriebenen" haben wir uns selbst erschaffen. Wir haben aber auch nicht mehr die richtige Rahmenordnung für mutiges politisches Handeln. Eine Gesellschaft, die sich systemischen Herausforderungen gegenüber sieht, muss einen gut bestückten Werkzeugkasten an der Hand haben. Die simple Methode <*wir machen das schon*>, ist geradezu fahrlässig mit Blick auf die fehlende Akzeptanz der Betroffenen und damit auf die Systemstabilität. Gute Ergebnisse sind immer das Ergebnis eines Wettbewerbs um die besseren Ideen und um die bestmöglichen Lösungen, i. e. *best-case-Szenarien*. Wo der Wettbewerb fehlt, dort wird man sich oft nur auf der Basis des kleinesten gemeinsamen Nenners einigen können.

Also konzentrieren sich alle auf das angeblich Machbare und verkaufen das Resultat als *gute* Lösung im Sinne politischer Konsensbildung. Dann bleibt nur noch, die Alternativlosigkeit mit großem Pathos und den gleichen banalen Floskeln und mit den immer gleichen politischen Ritualen dem Publikum vorzutragen. Das Tempo des Vortrags ist mitunter schneller als das Tempo des Nachdenkens, weil Politiker als Getriebene im Kampf um die Deutungshoheit agieren.

---

[90] *Jacques Schuster,* in: WELT kompakt, 20.03.2019.

Wer täglich unter dem unbarmherzigen Brennglas der öffentlichen und medialen Dauerberichterstattung steht, vermeidet differenzierte Aussagen und beschränkt sich auf Worthülsen und Beschwichtigungsmantras, weil den Protagonisten allzu konkrete Worte und problematisierendes Nachdenken sofort um die Ohren gehauen werden. Erinnern wir uns an die frühe und zutreffende Analyse *Lafontaines* hinsichtlich der Dauer und der Kosten der Wiedervereinigung von Ost und West. Das ist ihm weder in der *SPD* noch auf der Ebene der Bundespolitik gut bekommen. Wer Unbequemes als Wahrheit propagiert, muss mit der Reaktion der Zweckoptimisten und der Hinterlist der Neider rechnen. Scheitern letztere, sind die weitsichtigen Realisten meist nicht mehr im Spiel.

Große Herausforderungen benötigen immer große Visionen und Visionäre. Frühstückskapitäne sehen nie den Eisberg, aber auch nicht *Eldorado* (siehe oben Beispiel *Kodak®*). Dazu braucht man Zeitgenossen, die mutig und mit großem Durchhaltevermögen die Routinen des *Standard*denkens- und handelns durchbrechen und gegen den Strom des Anerkannten, vermeintlich Besten und Alternativlosen anschwimmen. Fast alle großen gesellschaftlichen Veränderungen, Erfindungen und Entdeckungen sind nur wenigen *Einzelnen* zuzuschreiben. Wichtige Innovationen, Erfindungen und Entdeckungen werden oft gegen den geballten Widerstand der herrschenden Eliten durchgeboxt, die die tradierte religiöse oder soziale Ordnung oder etablierte und scheinbar sichere wissenschaftliche Erkenntnisse mit Zähnen und Klauen verteidigen.

Der Astronom *Kepler* ist ohne Furcht gegen diesen Strom geschwommen und hat mit den *Planetengesetzen* (1606 ff.) eine *Revolution* in den Wissenschaften eingeleitet. Und auch der von vielen noch nach 500 Jahren geschätzte und viel zitierte *Martin Luther* hat das so gemacht. Das war nicht ihre Absicht. Sie wollten Sachprobleme lösen, Widersprüche beseitigen, waren leidenschaftlich auf der Suche nach bestmöglicher Information – nach *Wahrheit*, wie man verkürzend sagt. Beiden war die Sache und nicht der eigene Ruhm oder die Rente wichtig. Erfolgreiche Entdecker und Erfinder haben immer zwei Dinge aufs Spiel gesetzt: ihren guten Ruf und die eigene Zukunft – und manchmal sogar das eigene Leben. Beide mussten ihren Platz gegen den Zeitgeist und den erbitterten Widerstand der herrschenden Eliten erobern. Und das nur mit den Werkzeugen des Wissens, des Verstandes und der Logik. Wissen und eine nicht nachlassende Ausdauer haben die Welt erst dorthin gebracht, wo sie heute ist.[91]

Wenn tradierte Paradigmen von der Ablösung oder Zerstörung bedroht sind, können ihre Hohenpriester zu Meistern der Diffamierung und zu Furien der Rechtgläubigkeit werden. Profaner ausgedrückt: Neue Erkenntnisse haben es schwer, akzeptiert zu werden, weil die Anhänger des alten *Paradigmas* selbst persönlich viel verlieren können – ihren Glauben, ihr Ansehen, ihr Netzwerk, ihre Anhänger und ihre Pfründe. Ohne neue Ideen gäbe es aber keinen sozialen, kulturellen, wirtschaftlichen, technologischen und wissenschaftlichen Fortschritt. Das Alte und die Kräfte, die es bewahren, würden über die Dynamik der Evolution triumphieren. In einer Welt, die durch letztere bestimmt ist, wäre dies ein Anachronismus, der von der globalen Konkurrenz der Systeme hinweggefegt werden würde.

Luther war weitsichtig genug, die Tragweite und die Sprengkraft seiner Erkenntnisse und Ideale zu erahnen. Obwohl es bei seiner *Anstiftung zur Revolution* nur um theologische Fragen ging – um die unvermittelte Zwiesprache des Individuums mit dem Schöpfer, um die Vergebung der Sünden allein durch die Gnade Gottes, etc. – setzte er, zusammen mit anderen Ketzern wie Calvin und Zwingli, eine Dynamik in Gang, die die politische Macht der katholischen Kirche und damit die metaphysischen und religiösen Grundlagen der politischen Ordnung des mittelalterlichen Europa unterminierte.[92] Entsprechend gewaltig und machtvoll waren die Wellen des Widerstands und der Zustimmung.

Auf *Deutsch* konnte man in der *Lutherbibel* jetzt nachlesen, dass die weltlich-klerikale Ordnung nicht von Gott vorgeschrieben

---

[91] Weitere berühmte Beispiele für Mut und Kreativität sind (ohne Anspruch auf Vollständigkeit): *G. Galilei* (heliozentrisches Weltbild), *Ch. Darwin* (Evolutionstheorie), *L. Boltzmann* (Entropie-Formel), *A. Einstein* (Relativität), *A. Wegener* (Pangäa-Theorie; Kontinentaldrift), *Nicola Tesla* („Vater" des Wechselstroms) und auch *Elon Musk* (Tesla Car). Siehe *Heinrich Zankl. Kampfhähne der Wissenschaft. Kontroversen und Feindschaften*, Weinheim 2012, *Federico DiTrocchio, Newtons Koffer. Geniale Außenseiter, die die Wissenschaft blamierten*, Reinbek 2001

[92] Siehe dazu Ergänzungen im Anhang; ebd. „Anmerkung 92".

war. Die mit dem *Buchdruck* einsetzende Informations- und Bildungsrevolution (vgl. *Marshall McLuhan, Die Gutenberg-Galaxis*) setzte den Keim zur Veränderung der Gesellschaft. Die Entscheidung der geknechteten Bauern, gegen die Ungerechtigkeit mit der Waffe in der Hand zu rebellieren und zu kämpfen, hat *Luther* allerdings nicht gebilligt.

Luthers Freund und Kollege *Thomas Münzer* war dagegen ein Aufständischer oder Freiheitskämpfer, abhängig davon, auf welcher Seite man stand. Und erwartungsgemäß endete er kopflos und überflüssigerweise geviertelt. Die Regenbogenkoalition (Bannerfarben) der Entrechteten und Ungehörten (Bauernaufstände) endete im Blutbad unter den scharfen Schwertern der fürstlichen Söldner. Man hätte die gesellschaftlichen Konsequenzen, die sich hieraus für die politische Ordnung langfristig ergaben, verstehen müssen, um die Zukunft zu erahnen. Die Konsequenz aus Starrsinnigkeit, Machtwillen, Drang nach Unabhängigkeit auf der einen, unerbittlichem Festhalten an der von Gott verliehenen Deutungsmacht auf der anderen Seite entzündet ein Jahrhundert später, im Jahre des Herrn 1618, das Feuer des Dreißigjährigen Krieges, eines ersten *Welt*-Krieges, mit dramatischen Auswirkungen und Veränderungen für das damalige, sich neu ordnende Europa, die bis heute im kollektiven Unterbewusstsein der Menschen nachwirken.[93]

Geschichte wiederholt sich nicht, aber man kann aus ihr lernen. Wer zu lange an überholten Deutungen festhält, riskiert langfristig die eigene Macht und beschädigt die Systemstabilität. Gegen die dynamischen Kräfte der Welt anzukämpfen ist ebenso

---

[93] Der *30-jährige Krieg* dauerte von 1618 bis 1648. Es war ein schrecklicher Weltkrieg mit vielen Millionen Toten. Und doch ist sein Ende auch der Anfang der Politik der Diplomatie. Seit 1643 verhandelten die Parteien über einen möglichen Frieden. Der Krieg lief dabei weiter. Beim Friedensschluss in Münster/Telgte 1648 wurden die Machtverhältnisse in Europa neu bestimmt. 1618 waren die Parteien angetreten, um für den jeweils *wahren* Glauben zu streiten. In der *eisernen* Zeit, wie die Phase genannt wird, wechselten fast täglich das Kriegsglück und die Erfolge. 1648 ist es nur noch ein Krieg um die Verteilung der Macht und um die Ressourcen der Neuen Welt. Auch die *Neue* Welt (Amerika, Asien) wird natürlich für den *wahren* Glauben erobert, gefügig gemacht und für den *eigenen* Wohlstand ausgeplündert. *Same procedures – always!*

schädlich wie das zu lange Wasserhalten. Gegen neues Wissen anzukämpfen, um alte Zöpfe nicht abschneiden zu müssen, ist menschlich verständlich, aber kurzsichtig, weil früher oder später die Dämme brechen und sich die neuen Erkenntnisse auf direkten oder indidrekten Wegen ihren Weg suchen. Irgendwann wirkt sich die Druckerhöhung auf den Gesamtorganismus aus und führt im *worst case* zum Multiorganversagen. Damals hatten die *Abgehängten* keine Chance, ihrer Not zu entfliehen und mussten sich auf eine Seite schlagen, wenn sie nicht das Glück hatten, in einer Region zu leben, die im Windschatten der Ereignisse verblieb.[94]

Natürlich will niemand einen neuen *Dreißigjährigen Krieg* für eine neue Sozial- und Machtordnung führen. Vielleicht sind wir aber mittendrin und merken nicht gleich, dass immer noch um die gleichen Vorteile gekämpft wird, nur mit anderen Waffen. 1% der Weltbevölkerung besitzen 40% des weltweiten Vermögens, das oberste Zehntel 85% (vgl. Wikipedia „Vermögensverteilung"). Der sogenannte Gini-Koeffizient der Ungleichheit betrug im Jahr 2000 0,892, wobei ein Wert von 1 bedeuten würde, dass eine Person das gesamte Weltvermögen besitzt. Über die Richtung der Entwicklung und ihre Konsequenzen gibt es allerdings Streit. Öffnet sich die Schere zwischen Arm und Reich nach den einen weiter, ist sie gemessen am Gini-Koeffizienten der Ungleichheit zwischen den Staaten seit 1990 genau so stark zurückgegangen, wie sie seit 1900 gestiegen war (vgl B. Lomborg, Die globale Ungleichheit sinkt, in: FAZ 05.03.2016, Nr. 55, S. 20). Was die Konsequenzen betrifft, so scheint es jedenfalls so zu sein, dass nicht nur der prozentuale Anteil, sondern auch die absolute Anzahl derer, die aufgrund ihrer Vermögenslage oder anderer

---

[94] Nahezu 95% der Bevölkerung waren Bauern oder Leibeigene der Fürsten und mussten täglich um das Überleben kämpfen. Die protestantischen Fürsten sahen den heraufziehenden Wandel kommen und schlossen sich 1531 zum neuen Verteidigungsbündnis des *Schmalkaldischen Bunds* gegen die Religionspolitik des Kaisers und des Papstes zusammen. Natürlich waren auch Gründe der eigenen Machtstärkung und die Abkoppelung von der kaiserlichen Obrigkeit eine wichtige Motivation. Jedenfalls hatten sie *verstanden* aus den heraufziehenden globalen Veränderungen einen persönlichen Nutzen zu schlagen. Und das ist die Motivation jeder Politik.

äußerer Umstände wegen hungern müssen, abnimmt. Nach der Statistik ging die absolute Zahl der Hungernden zwischen 1990 und 2015 um etwa 20% auf etwa 800 Millionen (mit Schwerpunkt Afrika) zurück und stieg danach wieder leicht an.

Einer falschen Vorstellung vom dunklen Mittelalter gemäß wurde die „*Theorie*" einer *flachen Erde* damals als „*Wahrheit*" betrachtet. Aber bereits die Kirche des Mittelalters hatte von Aristoteles und Platon gelernt, dass die Erde eine Kugel ist.[95] Seltsamerweise gibt es heute wieder Anhänger einer „flat-earth theory", die die Lehre von der Kugelförmigkeit der Erde als Resultat einer Verschwörung ansehen. Solange sie unter sich bleiben, braucht dies keinen zu interessieren. Auch wer zu wissen glaubt, dass die Dinosaurier mit den Menschen zusammengelebt haben, soll das tun, aber keinen Anspruch erheben, die Lehrpläne von Schulen zu bestimmen, wie es traditionelle *Evangelisten* in den USA tun. Wer die Klimaerwärmung allein dem *human factor* zuschreibt, und dramatische Einschnitte der Lebensqualität fordert, ist im simpelsten Fall nur in der Sachlage unkundig und kein Versteher wissenschaftlicher Studienergebnisse. Und wer die angestaubte und in der Wissenschaft ad acta gelegte *Trickle Down Theorie* (siehe Ausführungen dazu in Band 2) jetzt wieder ausgräbt, um klar zu machen, dass man das Geld der Reichen mit Hilfe einer Vermögenssteuer nicht antasten darf, weil die Reichen angeblich – aus Gründen der Rationalität (nicht aus Empathie) - das BSP stützen, hat andere Gesellschaftsziele im Sinn. Ob es gerecht oder legitim wäre, große Vermögen „abzuschöpfen", ist damit nicht entschieden, soweit diese Vermögen rechtmäßig erworben wurden. Auch ob der *Leviathan (Thomas Hobbes, 1651)* mit den abgeschöpften Vermögen sozialer oder verantwortungsvoller umgeht als die ursprünglichen Besitzer, ist keineswegs ausgemacht.

---

[95] Das war bei den alten Ägyptern und Babyloniern – und vielleicht bei dem einen oder anderen Frühscholastiker der Fall. Auch der griechische Händler, Seefahrer und Schriftsteller *Cosmas Indicopleustes*, der eine christliche Weltbeschreibung in 12 Büchern verfasste, wollte noch im 6. Jahrhundert n. Chr. die ptolemäische Lehre von der Kugelgestalt der Erde widerlegen. Die Scholastik hat die *pythagoreische* Erkenntnis von der *Kugelgestalt* der Erde mit der Aufnahme des platonischen und aristotelischen Wissens schnell akzeptiert.

Der demokratische Rechtsstaat kann nur dann (weiter) bestehen oder die Hoffnung auf Zukunft und auf das Neue bewahren, wenn uns die kreativen und mutigen Menschen nicht ausgehen. Mutig wäre es, einfach einmal selbst über den Tellerrand hinaus zu schauen, entgegen allen Widerständen oder vermeintlich guten (und angeblich bewiesenen) Theorien. Man könnte sofort mit den multinationalen Unternehmen beginnen, die in Europa kaum Steuern auf ihre gigantischen Gewinne bezahlen. Aber das ginge nur, wenn man sich untereinander einig wäre. Das funktioniert nicht, sagen die Kritiker (i. e. Bewahrer), weil es zu gefährlich, oder wissenschaftlich nicht belegt, oder *just nonsens* sei? Aber sind Mindestlohn, Teilzeitbeschäftigung, Niedriglohnbeschäftigung, Altersarmut, Finanzspekulation, Cum-Ex-Geschäfte, etc. Ereignisse der Natur? Bastelaktionen retten weder den Planeten noch bringen sie das Land voran. Nur mutige Strukturreformen (in den Bereichen Energiesicherheit, Verkehrswesen und Infrastruktur, Industriepolitik, Forschungs- und Technologiepolitik, Gesundheitswesen, Steuerwesen, Bildungssystem) verhindern den Niedergang des Systems.

„*Bella gerant alii, tu felix Austria nube.*" Das Vermögen und die Macht wurden früher durch clevere Heiratsbündnisse bewahrt und vermehrt. Die bekannte Losung des Habsburger Kaisers *Friedrich III lautete: „Kriege führen mögen andere, du, glückliches Österreich, heirate.*" Für fast fünf Jahrhunderte stellten die *Habsburger* die Fürsten, Könige und Kaiser fast aller Herrscherhäuser in Europa, bis der Erste Weltkrieg eine neue Weltordnung schuf. Auch mit der Abdankung und dem Gang ins Exil war klar, dass das kaiserliche Vermögen nicht zurückbleibt.[96]

Nachtrag: Die (göttliche) Ordnung ist nach wie vor nicht verhandelbar. Die demokratischen Parteien feiern deshalb unisono den ersten Helden der Aufklärung, auch noch nach 500 Jahren, weil er aufklärte, aber nicht zur Revolte aufrief. Kritik ja, aber bitte keine Revolution. Vielleicht war *Luthers* Kampf gegen das klerikale Establishment und seine gleichzeitige Ablehnung der Bauernaufstände gegen die Obrigkeit auch motiviert von der verständlichen Angst des kleinen Erdenmenschen vor den globalen Konsequenzen des ganz großen Wurfs? Vielleicht

---

[96] Siehe dazu Ergänzungen im Anhang; ebd. „Anmerkung 96".

fürchtete er auch die unkalkulierbaren Wirkungen und unbeherrschbaren Folgen der bewaffneten Auflehnung. Die (göttliche) Ordnung war nie verhandelbar. Auch nicht für *Luther*. Moderne Politiker haben dieses Modell im eigenen Verhalten internalisiert, und verweisen stets und staatsmännisch darauf, dass die Rückschau auf das Geschehene verpönt ist und die Zukunftsorientierung als kompetente Führungstechnik zu verstehen ist. Offenbar will sich niemand der Konsequenzen und der Verpflichtungen annehmen, die aus dem eigenen historischen, gesellschaftlich-politischen Versagen folgen. Reformatoren müssen immer noch mit dem (gottgewollten) Zorn der Mächtigen rechnen, wenn sie vom alternativlosen Standard des *Weiter-so* abweichen. Wer das dennoch wagt, sieht sich schnell bedroht von Diffamierung, dem Ausgelachtwerden und dem beliebtesten aller Reglementierungsspielchen das *„In-die-falsche-Ecke-gestellt-werden"*. Gleichzeitig steuert die deutsche Titanic ungebremst weiter auf den Eisberg zu.

„It's the economy, stupid". Auch in den USA gab es Versuche, das eigene *Hartz-Programm* zu reformieren. *Bill Clintons* berühmte Aussage hatte ganz konkrete Auswirkungen auf die Sozialgesetzgebung der USA. Am 22. August 1996 unterschreibt der Präsident ein Gesetz, das die bisherige amerikanische Sozialgesetzgebung praktisch abschaffte. Eine landesweite Diffamierungskampagne gegen den „Rassisten" ist die spontane Reaktion der Aufrechten (und bisherigen Nutznießer) gegen den Plan. Und doch hat seine mutige Entscheidung dazu beigetragen, die vermutete *zirkulär-kausalistische* Endlosschleife zwischen Sozialhilfe, Arbeitslosigkeit, Jugendkriminalität und Kinderreichtum in der Gruppe des jungen Proletariats nahezu zu stoppen und die gigantische Ausgabenspirale des Staates signifikant abzuflachen. Trotz des Zurückfahrens der Sozialhilfe nimmt die Zahl der Armen und der Sozialhilfeempfänger nicht zu, wie modelltheoretisch zu erwarten gewesen wäre, sondern dramatisch ab. Wie geht das? Einmal auf sich selbst gestellt, waren die nahen Verwandten der Unterstützungsempfänger überhaupt nicht mehr willens, für den Nachwuchs der eigenen Kinder aufzukommen. Die Zahl von Geburten zur Finanzierung des eigenen Lebensunterhalts nahm ab. Rationalität und gesunder Menschenverstand also schlagen enge Familienbande und linke Ideologie? *Whow*! Sozial sind wir

also nur, solange wir dafür belohnt werden oder es zumindest nichts kostet?

Kann man behaupten, dass die deutsche Willkommenskultur deshalb so willkommen ist, weil sie den Einzelnen nichts kostet, zugleich aber mit hoher gesellschaftlicher Anerkennung belohnt wird? Ist das das soziale Verhalten von Optimisten, Opportunisten oder Rationalisten? Eine Frage, die wahrscheinlich nur Ökonomen mit dem Hang zu *spieltheoretischen* Modellen erklären können. Solange die Gemeinschaft für den Nachwuchs der jungen Mütter bezahlte, war für die (amerikanischen) Leistungsempfänger alles OK.[97] Vermutlich ist *the Clinton-way* angesichts der aktuellen Machtverhältnisse in Deutschland kein Lösungsansatz und kann auch niemals ein solcher werden. Hätte *Hillary* die Arbeit ihres *Billy-Boys* nach dem Wahlsieg um die Präsidentschaft weitergeführt? Davon wäre auszugehen, weil sie ihre soziale Ader immer nur dann entdeckte, wenn sie die Stimmen der Armen und Unterprivilegierten und der Frauen für eigene Zwecke brauchte.

Was werden die neuen Koalitionsverhandlungen im deutschen Politikwinter 2018 bringen? Sicher wird es keine generelle Überprüfung des Sozialstaats- oder *Hartz*-Prinzips geben. Eher schließen sich *die SPD, Bündnis 90/DIE GRÜNEN* und die *LINKEN* in einem *Verbund der Aufrechten* zusammen, getreu der Losung: *Lasst uns die Sozialsysteme jetzt gemeinsam weiter plündern!* Dekretieren, was soziale Gerechtigkeit heißt! Ungeachtet der Tatsache, dass die enormen Flüchtlingszahlen die sprichwörtliche brennende Lunte am Pulverfass des Sozialhaushalts sind. *But who cares?* Bekanntermaßen zahlt der Politiker nicht die Zeche.

Merkel-Sprech und schöne neue Welten. *„I don't want to live in a country where no one ever says anything that offends anyone"*, sagte der amerikanische TV-Striker *Bill Maher* schon 2015. Und er fügt, witzig wie immer, hinzu: *„That's why we have Canada."*

Politik muss sich zuallererst dem intellektuellen Wettbewerb auch unpopulärer Ideen aufrichtig stellen und sich nicht beleidigt ob des Widerspruchs mit Häme oder Ablehnung der ehrlichen

---

[97] *Gunnar Heinsohn: Der Sozialstaat pumpt Geld und vermehrt die Armut,* in: Die WELT vom 08.02.2010.

Auseinandersetzung verweigern. Vor jeder Wahl zum Bürgergespräch einzuladen und routinemäßig mitzuteilen, dass jetzt alles anders werde, reicht selbst der Parteibasis nicht mehr. Politiker müssen den kritischen Dialog über das Neue, das noch nicht Akzeptierte aber für notwendig Gehaltene ebenso leidenschaftlich, offen und objektiv führen, wie sie das bei trivialeren Angelegenheiten tun. Lapidares Aussitzen, selbstgefällige Ignoranz und vorsätzliche Diffamierung des anderen und Nicht-Gewollten dokumentieren nur die eigene Angst vor dem Ungewohnten (i. e. dem Widerspruch), oder die schlichte Inkompetenz. Die Gefahren, die aus der angstbestimmten Abwehr von Kritik erwachsen können, sind nicht zu unterschätzen. Aus Ignoranz entstehen falsches Wissen und Vor-Urteile. Vor-Urteile können zu Ängsten werden. Ängste sind der Nährboden von individueller und gesellschaftlicher Abweichung, von Hass und Gewalt. Um dieser *Quasi-Kausalität*[98] und daraus resultierender fataler Konsequenzen entgegenzuwirken, muss man eine offene Sprache sprechen und nicht darauf bestehen, was man, aus welchen zwingenden (politisch korrekten, also ideologischen) Gründen auch immer, nicht so oder anders sagen, oder nicht so oder anders tun darf. Man muss sich den Kritikern stellen und sie nicht verdammen oder vorführen, etwa, weil man sich im Besitz der höheren Kompetenz versteht. Springen die Medien und die Massen auf die Vorgabe von Gut und Böse, richtig oder falsch, gewollt und nicht-gewollt auf, ist es nicht mehr weit zur Gleichschaltung der Meinung. Das ist die Vorstufe zu einer Diktatur der Meinungsbildner.

Die überbordende *political correctness* in den USA, das sprachliche Missbilligen von *F- und N-Wörtern* hat bislang nicht dazu beitragen können, dass es die alltägliche Rassendiskriminierung nicht mehr gibt. *Political Correctness* als Methode des demokratischen Diskurses ist nichts Neues und nichts Besonderes. Im

---

[98] Mit dem Wort „q*uasi*" *wird ein* angeblich vorliegender *Ursache-Wirkung*-Zusammenhang, i. e. *Kausalität im naturwissenschaftlichen Kontext,* verneint. Bei sozialen *Inter*-Aktionen gibt es nur Zusammenhänge der Art *Grund-Folge (i. e., Intentionalität im sozialwissenschaftlichen Kontext).* Alltagssprachlich wird irrigerweise von *Kausalität* gesprochen, wenn *Gründe* gemeint sind, und *Wissenschaftlichkeit* suggeriert, wenn *Glaube* und *Interpretation* gemeint sind.

Grunde ist es (nur) eine Variante der *General Semantics* Bewegung der 1920er Jahre in den USA (Korzybski, Hayakawa u.a.), die im Geiste einer anti-aristotelischen Logik den Standpunkt vertrat, dass es einen fundamentalen Unterschied zwischen der *privaten Landkarte* (i. e. unser Bild der Welt) und dem *Gelände* (i. e., die uns umgebende Welt) gibt, auf das sich die Karte bezieht. Da wir immer nur über *unser* Bild der Welt verfügen, ergeben sich atemberaubende sozialpolitische Anwendungen, z. B.: Wenn Du die Menschen mit einer hässlichen Wirklichkeit versöhnen willst, brauchst Du die Wirklichkeit nicht zu verändern. Es reicht, Ihnen eine schönere Landkarte dieser Wirklichkeit zu vermitteln. Verdammt! Ist das nicht *Framing*? Ist das nicht *Merkel-Sprech*? Mit der Sprache ändert sich also die Welt – oder doch nur die Qualität der Selbstsuggestion? Ist das DDR-Geheimwissen? Nein, sachte. Es ist Grundwissen jeder PR-Agentur.

Mit *political correctness* ändert sich gar nichts, weil sie leicht durchschaubar ist und zuweilen alberne Beschreibungen kreiert. Sie ist eine Erfindung von Intellektuellen, die Zeit zum Nachdenken haben, und mit Abweichung – auch sprachlich – selbst nicht unbedingt in Berührung kommen wollen. Ganz im Gegenteil. Soziologen bemerken ein latentes Anwachsen einer neuen Segregation mittels Sprache und Deutung. Die verbale Verschleierung der Probleme zementiert die gesellschaftlichen Risse und Rituale auf eine perfide, weil sprachlich-elaborierte Art und Weise. Die Probleme sind dadurch aber nicht auf eine wundersame Weise verschwunden, die Risse sind nicht verschlossen, sondern nur kosmetisch überdeckt. Quotensysteme wie die positive Diskriminierung (*affirmative action*) lassen die Sollbruchstellen einer Gesellschaft nur noch deutlicher hervortreten und bergen neuen Konfliktstoff.[99]

---

[99] *Woody Allen* hat in seiner unnachahmlichen Art den Widerspruch zwischen harter Realität und (intellektueller) Unredlichkeit im Gewand einer Hypermoral wunderbar persifliert, indem er die Protagonisten über die richtige Wahl der Mittel streiten lässt. *Setting*: Die intellektuellen Freunde und der kleine *Woody* stehen beim abendlichen Cocktail zusammen und echauffieren sich über die neuen Nazischmierereien auf dem jüdischen Friedhof. Einer zum anderen: *Ich glaube, ich müsste dazu im ... eine Geschichte schreiben. Ja,* sagt der andere, *man müsste die Gründe herausarbeiten... Woody: Nein, nein, Baseballschläger raus, und mitten in die*

Die klassische Psychoanalytik geht davon aus, dass das Benennen der (persönlichen) Probleme der erste Schritt zur Lösung des (psychischen) Problems ist. Die Politik, Medien und Fans der *political correctness* scheinen davon auszugehen, dass nur das Verschweigen von Problemen Heilung bringt. Kinder bis zu einem Entwicklungsalter von etwa drei Jahre (amer. *Toddlers*) halten sich die Augen zu und sind davon überzeugt, dass sie von ihrer Umwelt nicht gesehen werden. Sind die Verweigerer offener Kritik noch im *Toddler*-Stadium, und wir müssten eigentlich ganz anders mit ihnen umgehen (sic! *Donald T.)*? Welche Methode des Umgangs mit Krankheit oder Abweichung produziert Heilung oder verstärkt sogar die Krankheit? Die USA beklagen seit Jahren eine Zunahme der Gewalt zwischen Weißen und Schwarzen. Bereits überkommen geglaubte Ideologien wie die der *Superiorität* und des *Exzeptionalismus* scheinen wieder an Macht zu gewinnen. Es ist der *Sache* nicht dienlich, dass Teile der Medien sich auf die Seite der Politik stellen, sich dem Erklärungs- und Vermittlungsauftrag vorsätzlich entziehen und sich stattdessen zur Bashing- und Pädagogisierungsinstitution machen lassen. Die eigentliche Aufgabe der medialen Öffentlichkeit, die Objektivierung von Informationen und der empirisch fundierte Leistungsvergleich der unterschiedlichen Angebote von Politik, bleiben dabei zu oft auf der Strecke. Die deutschen Medien haben gehandelt, schließen sich zu Rechercheverbünden zusammen, bieten Faktenchecks an und nennen sich selbst *Qualitätsmedien*. Ob das hilft oder nur die Verzweiflung der Meinungsmacher ob der verschwindenden Glaubwürdigkeit kaschieren soll, wird sich erweisen (Kommentarblockierung beim *Spiegel;* Fall *Relotius; Framing*-Gutachten).

Vor jeder Wahl drehen die Medien und diverse Politikberater die Wahlprogramme der Parteien durch den Fleischwolf und entdecken, wer hätte das vermutet, oft nichts Neues. Das ist OK, wenn das Alte gut war und die Verhältnisse stabil sind, aber zu wenig, wenn sich die Lage inzwischen geändert hat und neue Herausforderungen gemeistert werden müssen. Dreht sich die Politik in Redundanzschleifen und meint damit doch Bewegung nach vorne zu erkennen? Haben die Redundanz der Worthülsen,

---

Fresse … Der Dialog wiederholt sich. Eine Lösung gibt es nicht und alle treten ab (sic! *Taleb <Intellectuals yet Idiots>*, ebd. in diesem Buch).

die fortwährende Ideenlosigkeit und die Ununterscheidbarkeit in den Programmen der Parteien Auswirkungen auf die Wahl? Wer den *Wahl-O-Mat* benutzt, stellt fest, dass die eigenen Präferenzen sich nicht eindeutig (nur) einer politischen Richtung und schon gar nicht einer einzigen Partei zuzuordnen lassen. Das gilt für alle Wähler, die sich um den Mittelwert eines liberal bis konservativen Spektrums auf der Normalverteilung einreihen.[100] Die Wahl- und Wählerforschung kennt den „*Wechsler*", aber nicht den „*Mäanderer*".

Viele stellen fest, dass sie mit den Jahren – was die Parteinähe betrifft – als Typus *fuzzy* geworden sind. Vielleicht auch deshalb, weil sich die einst eindeutigeren und homogeneren Positionierungen der Parteien geändert haben. Oder ist das eine perspektivische Verzerrung? Konservativ leidet unter Profilerosion und changiert seit Jahren grünlich, um die jungen Wähler anzusprechen und räumt dabei die rechte Flanke. Grün tendiert zur gutsituierten bürgerlichen Mitte, in der die VielfliegerInnen und SUV-FahrerInnen zu Hause sind, um für eine größere Klientel als nur AtomkraftgegnerInnen, Klimabewegte und RohkostesserInnen wählbar zu sein. Linksaußen ist als Partei der Verlierer stigmatisiert und nur noch für Geschichtsvergessene wählbar. Die Alternativen mäandern je nach Thema und Region zwischen völkisch-konservativ und national-liberal und wissen in einigen Punkten, wogegen, aber nur sehr ungefähr, wofür sie sind. Die *SPD* ist nur (noch) ein Angebot zum kollektiven Untergang und läuft vor allem dann zur Höchstform auf, wenn es darum geht, ihr Spitzenpersonal zu demontieren. Einzig die Liberalen haben nichts geändert, außer der Tarnfarbe, und sprechen punktgenau die sogenannten „*Leistungsträger*" an.

Der Blick auf die Wahlergebnisse gibt der Vermutung Nahrung, dass sich die Wähler nicht mehr gefallen lassen wollen, dass die Konzepte immer ähnlicher werden und die Parteien nichts wirklich Neues präsentieren. Vor der Wahl hat die Politik offenbar *nicht verstanden*, dass Routinen für nicht wenige Wähler

---

[100] Für eine filmische Umsetzung der Vorstellung der Vorhersehbarkeit menschlichen Handelns durch einen Algorithmus, und wie man der Berechenbarkeit entrinnen kann, siehe: (*Stranger than Fiction* [*Dir. Marc Forster*]; Columbia Pictures, USA 2006.

nicht mehr interessant sind. Politiker aller Lager haben sich offenbar (nur) auf die Kernwählerschaft verlassen. Denn, um weiter zu machen wie gehabt, reichen die besagten 30% an Zustimmung aus – es sei denn, die anderen wollten nicht mehr mitspielen und eine andere Allianz schmieden. Mit Blick auf die Alterspyramide sind ein Drittel der Stimmen immer konservativ und damit garantiert, auch wenn sie nicht unbedingt dieselbe Partei wählen müssen, wenn es Alternativen gibt. Das Motto „Keine Experimente" zieht immer noch, aber die Ränder fransen weiter aus. Mit der Angstnummer hatte *Adenauer* 1957 den Sieg über die roten Sozis mit heute unerreichbaren 50,2% für die *CDU* entschieden. Bereits mit der ersten Regierung der Nachkriegszeit unter *Adenauer*[101], lässt sich das politische Geschäft nur mit Partnern betreiben, weil absolute Mehrheiten bei einem Verhältniswahlrecht nur sehr selten zustande kommen.

Das Agieren in Routinen und Redundanzsschleifen ist immer eine grobe Fehleinschätzung der potenziellen Möglichkeiten, im Positiven wie im Negativen. Das gilt gleichermaßen für das Alltagsleben, im privaten und beruflichen Umfeld, und besonders für die Welt der Politik. Wer die Wähler zum Machtbeschaffer degradiert, muss sich über den schleichenden Vertrauensverlust der politischen Parteien nicht wundern. In hoch komplexen Wissens- und Bildungsgesellschaften kann es nicht darum gehen, *wann*, sondern *wie* sich die Bürger aktiver am Spiel um die besseren Argumente und Lösungen beteiligen werden.

Die aktuelle „Gefechtslage" zwischen den politischen Fraktionen nach der Wahl spiegelt daher nicht nur eine Krise der Politik oder des Politischen wider. Das wäre eine zu kurz greifende Diagnose. Die sichtbaren Verwerfungen im Umgang miteinander liegen tiefer und sind das sozial-historische Ergebnis eines aus taktischen Gründen geführten Spiels der Politik zum Zweck des eigenen Machterhalts. *But! Darwin is not the issue!*[102] Eine Wissens- und Bildungsgesellschaft, die wir nach wie vor und trotz oft ernüchternder *PISA*-Ergebnisse zweifelsohne sind, lässt sich das Gezerre und Getrampel der Parteien nicht länger bieten. Wer über die Köpfe der Menschen hinweg entscheidet, nicht die volle

---

[101] *Adenauer* konnte nur von 1960-1961 alleine regieren. Ab 1961 dann zusammen mit der FDP.
[102] Siehe dazu Ergänzungen im Anhang; ebd. „Anmerkung 102".

Wahrheit spricht, also *lügt*, und es zulässt, dass Abstiegsangst zum kollektiven Gefühl gerinnt, muss mit dem latenten Widerstand der Bürger rechnen.[103] Das Wahlergebnis und die Wechselwählerbewegungen dokumentieren den Zustand der Republik und den Trend: Viele steigen aus dem Politischen aus, weil man angeblich nichts ändern könne. Andere werden zornig und bieten sich auch extremen gesellschaftlichen Gegenmodellen an[104]. Der *mündige* Bürger (Mensch) erträgt ein gewisses Maß an Ungerechtigkeit, aber es muss in einem sinnhaften Gleichklang zu den Umgebungsbedingungen und dem persönlichen Glauben stehen, also zur Vorstellung, ob und in welcher Form das persönliche Glück überhaupt noch zu erreichen ist. Wenn ein persönliches Vorankommen strukturell oder systemisch ausgeschlossen ist oder verhindert wird, wenn die Lüge zur Wahrheit wird, werden die Verhältnisse als ungerecht und empörend empfunden.

***Mut zur Verantwortung* ist die neue Basisqualifikation für Politiker.** Wir brauchen nicht *mehr* Politiker und die Fortsetzung eines Verhaltens à la Gutsherrenart, sondern Verantwortungsträger eines neuen Zuschnitts, die Mut zur aktiven und ehrlichen Kooperation haben, selbst und gerade mit Anders-Denkenden. Wer unter den Politikern Angst vor dem Verlust der Deutungshoheit und von Macht verspürt, muss aus dem Regelkreis der Abwehr ausbrechen und den Willen zu verantwortlichem Handeln demonstrieren. Wir brauchen offenere gesellschaftliche

---

[103] Das Lügen zum eigenen Vorteil ist eine evolutionäre Errungenschaft und beginnt bereits lange vor dem Menschen. Auch Affen und andere höher entwickelten Tiere täuschen schon ihre Artgenossen mit Absicht, zum Beispiel, um ein gefundenes Leckerli zu verbergen. *Siehe: Volker Sommer, Lob der Lüge,* München 1992. Die Täuschung an sich ist noch wesentlich älter und bereits im Reich der Pflanzen zu finden.
[104] Die Soziologin *Cornelia Koppetsch* bietet eine Erklärung dazu an. Nach ihrer Analyse soll die Nichtbewältigung der Globalisierung, den sie als epochalen Umbruch seit dem Mauerfall sieht, für den Zorn derjenigen Gruppen verantwortlich sein, die befürchten, *angestammte* Rechte zu verlieren. Die Deklassierung der Mittelklasse führt zur sozialen Abstiegsangst (*dies, Die Gesellschaft des Zorns. Rechtspopulismus im globalen Zeitalter,* Bielefeld 2019).

Strukturen, die den Aufstieg kritisch-konstruktiver Politikschaffender, auch sogenannter Seiteneinsteiger, nicht erschweren oder gar verhindern. Wir brauchen keine Überbürokratie, die jede Flexibilität erstickt. Wir brauchen keine knebelnde Parteidisziplin, weil sie das Gegenmodell der freien und demokratischen Willensbildung ist.

Eine offene und zukunftsgerichtete Gesellschaft braucht Bürger, die wieder eine politisch-gesellschaftliche Mitmachlust haben und diese als hohes Gut einer demokratischen Gemeinschaft schätzen, praktizieren und schützen. Angesichts des Hamsterrads des Geldverdienens und Schuldenbezahlens, in dem sich die meisten befinden, ist das zugegeben eine idealistische Forderung. Aber es geht nicht anders, wenn wir uns nicht weiter nur über die Verzerrungen der Realität durch die vermeintlich universelle und alternativlose Deutungshoheit der Parteien beklagen und es in Kauf nehmen wollen, dass die Demokratie selbst auf mittlere Sicht nachhaltig beschädigt wird. Wir brauchen eine neue gemeinsame Anstrengung, um mit klugem, mutigem und verantwortlichem Handeln die beste Zukunft für die Gemeinschaft zu gestalten. Das geht nicht ohne Konflikt, wie immer, wenn auch strukturelle Veränderungen im Raum stehen.

Den historischen Beleg dafür, dass das funktionieren kann, wie schon 1989/90, feiern wir jedes Jahr regelmäßig und ausführlich und mit Stolz. Trotz aller Verzerrungen und Ungerechtigkeiten, nicht erfüllten Sehnsüchten und sozialen Brüchen, ist die *Wiedervereinigung* eine Erfolgsstory, die keiner so schnell nachmacht. Das ist so, weil kurzzeitig alles zu passen schien: die Rahmenbedingungen (Rechtssicherheit und Finanzmittel), die Motivation und die Zuversicht auf neue Chancen, neues Glück und Wohlstand. Im Hier und Jetzt und angesichts aktueller Herausforderungen lassen wir mitunter aber den Mut und den *drive* dazu vermissen, neue Probleme genauso anzupacken und zu einer guten Lösung zu führen. Fest steht aber auch, dass zu viel und falsche Politik und der Primat einer (neo-) liberalen Ökonomisierung des Landes dem guten Neuanfang sehr schnell enge Grenzen der Entfaltung gesetzt haben. Wir haben daraus nicht gelernt.

Die wirtschaftspolitischen Ereignisse der letzten 30 Jahre, die nur unzureichend als *Effekte* der *Globalisierung* zu bezeichnen sind, zeigen, dass selbst unsinnige, teure und mutlose Lösungen der Öffentlichkeit als „*Rettungsschirme*" verkauft werden. Um zur richtigen Lösung zu kommen, müsste die Politik aber zunächst wissen, worum es geht. Beispiel *housing crisis*: Mit zeitlichem Abstand zur Finanzmarktkrise 2008 gibt selbst Minister *Schäuble* zu, dass das komplexe „Verbriefungsgeschäft" von der politischen Elite nicht verstanden wurde.

Nachfrage zu „Rettungsschirmen" allgemein: Haben die reichen Kirchen eigentlich direkt Geld für notleidende und bedürftige Flüchtlinge ausgegeben? Wieso horten die Kirchen Geld und Grundstücke? War die Idee Jesu nicht eine völlig andere? Eine Frage, die so alt wie die Kirche ist und immer wieder zu erbitterten Fehden geführt hat! Oder ist die Frage heute wieder so ungehörig, wie es die Forderungen *Luthers* vor 500 Jahren waren? In der Flüchtlingsproblematik haben die Kirchen zumindest massiv dazu aufgerufen, dass *man*, also die üblichen *anderen*, spenden solle.[105]

Back to Basics. Bei der Lösungsfindung gesamtgesellschaftlicher Anliegen sollte eine aktive Partizipation mit Vetofunktion ein fundamentaler und verbindlicher Teil sein. Damit könnte verhindert werden, dass negative Entwicklungen aufgrund ihrer Eigendynamik ungebremst weitergehen, weil politische Fehlentscheidungen von den Verantwortlichen nicht korrigiert werden. Beim Aktien-Trading gibt es eine wundervolle Kontroll-Taste, die sogenannte *Stop-Loss Order.* Der *Spieler* bestimmt selbst, wie lange er mitspielt. Entwickeln sich die Gewinne zum Beispiel positiv über xx% des Kaufwertes (Stopp Taste drücken gegen Gier), wird verkauft. Verliert die Aktie an Wert (Stopp Taste bei minus xx% des Kaufpreises gegen Verluste), wird verkauft. Das Zocken selbst bleibt aber stimmungsabhängig und kann süchtig machen. Der Pferdefuß an der technischen Suchttherapie ist, dass der Zocker nach wie vor selbst entscheiden muss, welche Prozentwerte er festlegt.

Wir müssen den Politikern mit Standard-Denkmustern klarmachen, dass auch in der Politik ein Nothalt (Stopp einer falschen Strategie oder Entscheidung) immer dem kompletten Entgleisen des Zugs (Totalverlust) vorzuziehen ist. Das ist im Übrigen auch die Idee hinter dem Popperschen Prinzip des *piecemeal engineering*: Fehlentwicklungen zu korrigieren, solange man es noch kann. Auch das Spiel mit der Macht *macht* süchtig. Aus eigenem Antrieb

---

[105] Siehe dazu Ergänzungen im Anhang; ebd. „Anmerkung 105".

werden die Süchtigen die Stopp-Loss-Taste vermutlich nicht drücken. Oder nur dann, wenn sie der Misere ohne größere Blessuren entkommen können oder sich als Helden feiern lassen können. Das sind keine guten Aussichten.

Versemmelt der Politiker immer wieder Projekte, muss ein *Sicherheitsalgorithmus* greifen. Vielleicht sollten wir uns als Wähler daher um ein automatisches System kümmern, bei dem ein smarter KI-Algorithmus Auskunft darüber gibt, ab wann ein Politiker keine Entscheidungen mehr treffen, oder kein weiteres Amt mehr einnehmen sollte (darf?). Ein Indikator könnte sein, wenn der Algorithmus erkennt, dass dieser oder jener Politiker bereits ein oder mehrere Projekte in den Sand gesetzt hat, zum Beispiel, wenn seine Entscheidung oder Leistung den Steuerzahler zehnmal mehr gekostet hat als ursprünglich veranschlagt wurde. Oder Steuergeld für entgangene Gewinne aus Verträgen mit dem Bund zu zahlen ist. Oder wenn er erkennt, dass die Einwanderung von Millionen in die Sozialsysteme, trotz eines Zusatznutzens auf der Skala „Bereicherung der bestehenden Kultur", einen den Nutzen weit überwiegenden Schaden für andere Bereiche des gesellschaftlichen Gesamtsystems bewirkt. Ein Algorithmus kann das leisten, ganz ohne Empathie. Wir beschäftigen viele externe Experten, um unsere Steuergesetzgebung in den Griff zu bekommen, leider aber nicht, um sie gerechter zu machen oder um die Bundeswehr (wieder) einsatzfähig zu machen. Das wäre eine schöne Zusatzaufgabe für ein intelligentes und vor menschlichen Irrlichtern immunisiertes System der autonomen Steuerung. Vielleicht lassen uns die Chinesen bald teilhaben an den Segnungen des neuen *Social-Controlling-System*, das sie gerade (versuchsweise, wie sie die Welt glauben machen wollen) in einigen Städten einführen, um die Guten vor den Bösen zu warnen. Angeblich soll das deutsche *Schufa*-System als Blaupause gedient haben. Die Realität ist (manchmal) viel sardonischer als die Phantasie der Dichter es je sein könnte. Es scheint, dass der chinesische *Frühwarn-Algorithmus* bestens funktioniert und seiner Arbeit für das Regime ohne Murren und datenschutzrechtliche Verzerrungen nachkommt. Ketzerische Frage: Könnte man ein solches System an die Methoden und Zielsetzungen einer demokratischen, pluralistischen, humanen und gerechten politischen Ordnung anpassen? Oder geht es auch hier wieder nur um die Macht? In diesem Fall um die Frage: wer hat die Befugnis zur Gestaltung der Algorithmen? Wer entscheidet über die Bewertungen, Gewichtungen, Schwellenwerte und über die Konsequenzen bei ihrer Überschreitung?

Mut zum Scheitern statt Hockenbleiben. Es ist fast schon banal: mit etwas mehr Offenheit und mit klugen Analyse- und Lösungstechniken könnten wir die Volatilität einer dynamischen Wirklichkeit besser beherrschen. Im Zeitalter der Digitalisierung kommen wir an viele – nicht an alle, das ist eine Illusion – Informationen in Bruchteilen von Sekunden heran. Das gesammelte und nicht zugriffsgeschützte Wissen der Welt und über die Welt kann die Suche nach *besten* Lösungen einfach und schnell unterstützen. Jetzt muss man das *best-case*-Angebot nur annehmen, vielleicht etwas auf die lokalen Bedingungen zurechtschneiden. Dann müssen die Macher noch den Mut zum Scheitern aufbringen. Selbstkritik und Offenheit in Wort und Tat sind keine Schwächen und auch keine Bürden, sondern Sicherungsventile zum Schutz gegen falsche Ergebnisse aufgrund tradierter Entscheidungsrituale und Fehlurteile. Und es ist sogar noch mehr. Es ist eine gesellschaftliche Verpflichtung jedes einzelnen Politikers, von der sie kein Fraktionszwang, keine Kanzlerin und kein Machtwort eines Fraktionsvorsitzenden entbinden kann.

Entscheidungen sind nicht variabel oder beliebig, je nachdem, wie es gerade passt, und schon gar nicht, wie es Lobbyisten vordiktieren oder vorschreiben. Natürlich gibt es Unsicherheiten und Ambivalenzen aufgrund des aktuellen Forschungsstandes, die die Politiker durch eine Gewissensentscheidung überbrücken müssen. Agrarminister *Christian Schmidt* (CSU) hält noch im November 2017 eine 5-Jahres-Verlängerung des Pflanzenschutzmittels *Glyphosat* für vertretbar, das seit Längerem im Verdacht steht, Krebs zu verursachen, und für das Artensterben mitverantwortlich zu sein. Allerdings hält die amerikanische Umweltbehörde EPA das Präparat bei korrekter Anwendung weiterhin für gesundheitlich unbedenklich. Wie nun entschieden werden soll, ist letzten Endes bei derzeitigem Stand der Forschung eine Gewissensentscheidung, bei der weitere Überlegungen berücksichtigt werden müssen, wie: Wie ist der Forschungsstand zur Gefährlichkeit des Stoffes? Welche Ausweichpräparate haben die

Landwirte? Schneiden diese hinsichtlich der Kriterien Gefährlichkeit (für Anwender, Konsumenten, Tiere, etc.), Umweltfolgen, Langzeitwirkung, Kollateralschäden besser ab? Welche wirtschaftlichen Folgen hätte der Verzicht auf das Präparat? Es könnte gut sein, dass man am Ende nur die Wahl zwischen Pest und Cholera hat – Kollateralschäden der industrialisierten Landwirtschaft, auf die man wegen der Notwendigkeit der Versorgung einer wachsenden Bevölkerung nicht verzichten zu können glaubt, es sei denn um den Preis einer radikalen Umstellung der Lebensweise: weniger Fleischkonsum, Verzicht auf den Urlaub oder den Zweitwagen zugunsten deutlich teurerer Biolebensmittel, etc. Zurück bleiben die, deren Budget ohnehin schon „auf Kante genäht" ist.

Es brodelt auch gewaltig in der EU. Drei Hauptkritikpunkte werden von den Kritikern angeführt: (1) die Regulierungsflut, (2) die Hypertrophie der Bürokratie und (3) die Macht der Lobbyisten. Das sind Auswirkungen politisch gewollter Strukturen in der EU. Politiker in Brüssel und Straßburg können nur das umsetzen, was *nationale* Politik, die Regierungen und die Partei des Heimatlandes vorgeben. Insofern kann der Bürger von der EU nur erwarten, was die Politik zu Hause will. Ist die EU ein Ort der Demokratie? Wie steht es konkret mit der Einbindung des Bürgers in die Entscheidungsprozesse im Rahmen der EU? Ist die EU wirklich demokratisch? Nur weil alle fünf Jahre ein Parlament gewählt wird, bedeutet das nicht, dass es sich um eine „*Volksvertretung*" handelt, *weil es auch kein europäisches Volk*[106] *gibt*, schreibt *Rudolf Adam* im *Cicero*: „*Das EU-Parlament hat kein Demokratie-, sondern ein Repräsentationsdefizit. Und das wird nicht dadurch gelöst, dass immer mehr Beteiligungs- und Mitwirkungsrechte konstruiert werden, die schließlich zu Selbstlähmung beziehungsweise zu eben dem Postengeschacher führen*"[107] Wer will erwarten, dass der Euroskeptizismus verschwindet, wenn selbst die Auswahl der europäischen Spitzenpositionen das Ergebnis von Kungeleien und Absprachen der mächtigen Regierungen ist?

---

[106] Man könnte einwenden, dass es auch kein US-amerikanisches Volk gibt. Ketzerische Frage: Repräsentieren Senat und Repräsentantenhaus deshalb nicht die Bürger der USA?
[107] *Rudolf Adam, Die EU ist keine Demokratie*, in Cicero vom 03.07.2019.

Demokratietheoretisch fügt die EU-Parlamentsebene der Repräsentationspyramide eine weitere Schicht hinzu – was bedeutet, dass die Aggregation der Interessen noch indirekter, vermittelter und vielleicht auch zufälliger wird als im Falle von Landes- und Nationalparlamenten. Das gleiche gilt für die Aggregation der Interessen von Bürgern, Bürgerbewegungen, Bürgervereinigungen, Interessengruppen, Wirtschaftsverbänden, etc., die der Einflussnahme auf die Entscheidungen der parteipolitischen Repräsentanten des Wahlvolks dienen. Je größer die staatliche oder semi-staatliche Einheit, desto indirekter werden die Vermittlungs- und Aggregationsprozesse in ihm. Was im antiken Athen oder in einer dörflichen Gemeinde noch gut und in einem schweizerischen Kanton vielleicht noch annehmbar funktioniert – nämlich direkte Demokratie – ist bei suprastaatlichen Einheiten nicht mehr praktikabel. Wenn letztere dieses Problem nicht in den Griff bekommen, folgt daraus ein ernsthaftes Legitimationsproblem für das Handeln suprastaatlicher Organe, das gelöst werden muss.

Gibt es einen (geheimen) Plan? Die Realität der Politik stellt sich dem Betrachter oft ganz anders dar als Politiker sie den Wählern zeigen und erklären wollen. Gibt es einen (geheimen) Plan, den die Bürger hinter dem parteipolitischen Agieren nicht erkennen (können)? Die *Clintons* hatten „*The Plan*". Nach *Billy-Boy* sollte *Hillary* die Geschäfte des Landes übernehmen. Vorgesehen war, dass auch Tochter *Chelsea*, die vorerst in der *Clinton-Foundation* geparkt ist, in die Fußstapfen treten soll.

Besteht *The German Plan* möglicherweise darin, den Sessel auf dem man bequem sitzt, auf keinen Fall freizugeben, ganz egal, wie schlecht die eigenen oder die Leistungen der Partei vom Wahlvolk bewertet werden? *Seehofer* hält gerne die Familienwerte hoch und will die Öffentlichkeit seinen Seitensprung mit Folgen in Berlin vergessen lassen. Nach der Beichte sind katholische Menschen wahrscheinlich wieder wie neu verdrahtet. Wenn man das oft genug macht, kann man sich ein Dauerticket beim Psychoanalytiker seiner Wahl bestellen.

Auch die Gründe für den Untergang der DDR waren von den Politik- und Gesellschaftsanalysten im ewigen Verharren im immer Gleichen schnell ausgemacht. Die immer gleichen Vorgaben, garniert mit den immer gleichen Heilsbekundungen und gewürzt mit den immer gleichen Parolen und Ritualen der Führungskader, konnte den Heißhunger der Bürger auf anderes, Neues, vielleicht sogar Besseres, auf Dauer nicht befriedigen. Wahrscheinlich wäre es mit dem deutschen Nachbarstaat schon früher zu Ende gegangen, wenn die wahren Diktatoren des Landes mit der „Staatdoktrin der Platzierung" richtig ernst gemacht hätten. Die DDR war bekanntlich nicht nur die Diktatur des Proletariats, sondern die der Kellner und der Verkäufer, sagen diejenigen, die täglich davon betroffen waren.[108]. Was die *SED* Parteigrößen von sich gaben, galt als Wahrheit und als einzig zulässige Blaupause der Wirklichkeit der Bürger. Leider sahen auch DDR-Bürger West-Fernsehen. Das Verharren im politischen Standardverfahren, die Verweigerung, auf Veränderungen zu re-agieren, und die Bestrafung der freien Meinungsäußerung erzwangen geradezu, folgt man der Logik des Chaos, die dramatische Veränderung von innen heraus, weil sie den „Kesseldruck" immer stärker steigen ließ.[109]

Apropos Tendenzen nach rechts. Der latente Rechtsradikalismus war in der DDR immer schon genauso präsent wie in der Bundesrepublik.[110] Die Kader, die Stasi, die staatstragenden Schichten, die gleichgeschalteten Medien, brauchten weder Gott noch weltliche Strafen zu fürchten, weil das, was sie machten, vom DDR-Recht gedeckt war. Was in der DDR begonnen wurde, wird von nicht wenigen auf dem Gebiet des ehemaligen Staatsfeinds Nr. 1 fortgesetzt, mit besseren Bezügen und Rentenansprüchen. Die Linken wundern sich, dass sie immer mehr an Zustimmung verlieren, wenn sie weiterhin alte *SED* Parteiparolen als moderne Sozialstaatstheorien verkaufen, Wasser predigen und Sekt trinken. *Putin* braucht solche Verrenkungen nicht; er baut schon lange auf die sinnstiftende Heil- und Bindekraft der wiedererstarkten russisch-orthodoxen Kirche. Er lässt Kirchen

---

[108] Die „demokratische" Wahl durch simple Akklamation der Mächtigen zu ersetzen, war das I-Tüpfelchen auf der roten Torte. Man musste nicht wählen, was längst beschlossen war. Wer aber im Wahllokal nicht erschien, wurde auf Listen vermerkt. Nur die allumfassende Überwachung des Bürgers sicherte das System. Es durfte nur gesagt werden, was der Stasi nicht missfiel.
[109] Siehe dazu Ergänzungen im Anhang; ebd. „Anmerkung 109".
[110] Siehe dazu Ergänzungen im Anhang; ebd. „Anmerkung 110".

wieder aufbauen, mit viel Aufwand und Blattgold sanieren, und besucht selbst Gottesdienste. Der Ex-Geheimdienst-Offizier kennt die eigene Geschichte und was man damit, selektiv wiederbelebt, alles erreichen kann. Das neue Russland ist das Paradebeispiel für das neue Machtverständnis, das auf die traditionelle Einheit aus Kirche und Staat rekurriert. Die Vergangenheit wird relativiert, Traditionen werden aufpoliert und die „Fürsten" dürfen nach Vor-Auswahl demokratisch gewählt werden.

Wenn jetzt die Weltwirtschaft schwächelt, die Großen über Exporthindernisse streiten und der Exportweltmeister Deutschland nicht mehr ganz so gut verdient, weil die weltweite Nachfrage sinkt, dann sinkt in der Folge das Vertrauen der Märkte und der Konsumenten weiter. Wenn aber zeitgleich oder in naher Zukunft der *deutsche* Schuldenturm tatsächlich kippt, brauchen wir uns keine weiteren Sorgen wegen einer möglichen künftigen *(Bündnis 90/DIE GRÜNEN)* Ökodiktatur oder wegen inkompetenter Politiker, oder wegen der *Trumps, Wilders* und *Orbáns* zu machen. Die Gesellschaft kann dann auseinanderbrechen, weil, egal welche Regierung auch immer an der Macht ist, zur Schuldentilgung in Höhe von Billionen Euros, das nötige Kapital nur von den Bürgern besorgt werden kann. Das Bundesverfassungsgericht hat den Weg dazu freigegeben.[111] Das Privateigentum und

---

[111] *„Sehen wir euch an, packt uns ein tiefes Grauen. Wir haben zu euch Richtern kein Vertrauen" (Kurt Tucholsky über den Richterstand).* Das BVerGE in seiner aktuellen Entscheidung vom 31. Juli 2019 die *Bankenunion* (aus dem Jahr 2014) für *verfassungskonform* bestätigt. Die Kritiker mahnen: Die Entscheidung könnte den Staatsbankrott beschleunigen, wenn das Denkbare eintritt, nämlich Bankenrettung eines EU-Partners. (*Bankenunion* = einheitliche Bankenaufsicht [SSM] durch die *EZB*, einheitliche Abwicklung maroder Banken [SRB] und eine gemeinsame *Einlagensicherung* [SRF]). Faktisch müssen die noch kreditwürdigen Länder dann das überschuldete Land retten. Der Steuerzahler wird zur Kasse gebeten (nach Gesetz in der Rangfolge eigentlich der Gläubiger mit dem höchsten Anspruch in der Rangfolge bei der Abwicklung einer Bank), weil die Kreditwürdigkeit der EU-Länder selbst nahezu bei null ist. Die Kläger mit dem Beschwerdeführer Prof. *Markus Kerber,* argumentieren vor dem BVerGE, dass die Bundesrepublik mit der *Bankenunion,* die in der Verfassung verankerte Souveränität der Finanzhoheit (Finanzstabilität) aufgibt. Das BVG hat gegen die Kläger entschieden und damit einen

die Ersparnisse (aktuell bei ca. 5500 Mrd. Euro) werden enteignet werden, um den Laden noch etwas am Laufen halten zu können. Neue Steuern werden wie aus dem Nichts geschaffen werden. Aktuell reden sich die Politiker fast aller Parteien um Kopf und Kragen, um eine generelle Ökosteuer als Universalrettungsanker für menschliche Sünden (i. e. menschengemachter Klimawandel) dem Steuerbürger schmackhaft zu machen. Sie malen Schreckenszenarien aus und fordern die Deutschen auf, sich umgehend der Reue zu ergeben. Schuldgefühle erzeugen aber immer Angst und nicht Motivation. Achtung Politik: Das könnte ein klassischer Bumerang werden, der genau das Gegenteil bewirkt und den Werfer ausknockt. Die Ausgaben des Sozialstaats werden zukünftig radikal eingedampft. Wenn der deutsche Michel schon die Welt nicht mehr versteht, wenn er seine Bürgschaften für die neuen Mitbürger bezahlen soll, wie wird er dann erst kollabieren, wenn er die Schulden der Italiener übernehmen soll?

Der Reichtum unseres Landes ist ein Schatz. Die deutsche Politik hat leider eine selbstzerstörerische Hand *(Schwarze Null, Bankenunion, Transferunion, Euro-Rettungspolitik, Negativzinspolitik)* und die fatale Tendenz, dumme Dinge immer zu wiederholen. Dafür können aber auch deutsche Politiker umso besser schöne Märchengeschichten erzählen. Zum Beispiel die Mär vom angeblichen Reichtum unseres Landes. Der Exportweltmeister kann sich eine *Schwarze Null* erlauben, sagen die Optimisten, weil die Steuereinnahmen auch ohne neue Kredite ausreichen (obwohl die Kreditkosten negativ wären). Wir können uns die Aufnahme der Flüchtlinge leisten, sagen sie, weil wir reich sind. Wir können uns die Klimarettung leisten, sagen sie, weil die Bürger sich das

---

besonderen Status als verfassungskonform bewertet, der in vergleichbarer Weise 1776 zum Abfall der Kolonien und zur Gründung der USA geführt haben. Der 2. Zusatz zur Verfassung *„The right to bear arms"* war auf der Notwendigkeit gegründet, gegen den besitzergreifenden und militanten englischen Steuerstaat die eigenen (Bürger-) Rechte mit Waffengewalt zu erwehren: *„No taxation without representation"*. Wenn sich Geschichte jetzt wiederholt, freuen sich die Briten, dann die Amerikaner, dann die Chinesen und dann die Russen – in dieser Reihenfolge.

leisten wollen. Und natürlich, weil wir alle Menschen und den blauen Planeten so gern haben.

Der Finanzexperte *Daniel Stelter* sieht das völlig anders. Auf dem Papier sind die Deutschen im Vergleich zu unseren EU-Partner vielleicht reich, wegen der enormen Exportüberschüsse, wegen der Sparvermögen, wegen des höheren Bruttoinlandsprodukts. Aber: Insgesamt hat Deutschland doch ein geringeres Haushaltsvermögen. Beim Vermögen pro Haushalt belegen die Deutschen einen der hinteren Plätze in der EU. Nach der EZB-Studie von 2013 stehen die Deutschen beim Median der Vermögen (dieser teilt die Gesamtheit in zwei Hälften und ist daher ein besserer Indikator für die Vermögenslage der breiten Mehrheit als der statistische Durchschnitt, der durch die sehr großen Vermögen nach oben verzerrt ist) sogar auf dem letzten Platz. Die „geretteten" EU-Staaten Griechenland und Zypern weisen ein zwei- bis fünffaches mittleres Vermögen der privaten Haushalte auf. Italien und Spanien ein drei- bis vierfaches. Da gerade die Zypern-Rettung lief, wurde die Studie wochenlang unter Verschluss gehalten. Auch nach den Daten der *Credit Suisse – Global Wealth Databook 2019* kommen zum Beispiel die hochverschuldeten EU-Staaten Italien und Spanien, aber auch Frankreich, auf ein etwa dreimal so hohes mittleres (Median) Vermögen der privaten Haushalte wie Deutschland. Das „reiche Deutschland", das die Phantasie der „Euro-Bond"-Propagandisten so sehr beflügelt, ist nichts als eine Chimäre. Und die *GRÜNEN* und die *ROTEN* glauben daran!

Belastend für Deutschland kommen in den vor uns liegenden Jahren die Kosten einer alternden Gesellschaft hinzu (steigende Renten, Pflegekosten und Sozialhilfen), die enormen Folgekosten der Zuwanderung (ca. 20 Mrd. jährlich allein für den Bund, ohne Ausgaben der Länder und Kommunen, ohne indirekte Kosten wie z.B. Mietpreissteigerungen), die Kosten für eine verfehlte Euro-Rettungspolitik, das Ungleichgewicht im Außenhandel mit den EU-Staaten (*Target*schulden in ca. € 950 Mrd. Höhe – Stand 2019 nach Statista), die Kosten der Energiewende und der „Klima-Rettung", u. a. m. Das alles muss gestemmt werden, und wehe uns, wenn die Wirtschaft schwächelt.

Noch erzählen gutgläubige Politiker *gute* Geschichten vor jeder Wahl, vom Reichtum der Menschen, vom Wohlergehen und der Hilfsbereitschaft, dem Miteinander und den bösen anderen, die das Gute und Schöne zerstören wollen. Und die Menschen lieben gute Geschichten vom Kampf des Guten gegen das Böse. Vielleicht wäre den Erzählern anzuraten, die eigenen Lügengeschichten besser untereinander abzustimmen. Lügen haben, wie wir wissen, nur Bestand, wenn nur ganz wenige Menschen daran beteiligt sind (siehe Anmerkungen in Band 2). Oder die *wissenden* Politiker haben den Mut, ihren Bürgern endlich reinen Wein einzuschenken und nicht jedes Wahlergebnis *verbal* nachzukorrigieren und fern der Fakten nachzulegitimieren. Die Wahrscheinlichkeit von Aufrichtigkeit und Wahrheit in der Politik ist, wie im Alltag auch, leider nur so hoch wie die Wahrscheinlichkeit, dass wir mit unserem Beitrag zur Senkung des Ausstoßes der lokalen CO^2 Emissionen das globale Klima retten können. Glauben versetzt bekanntlich Berge. Leider aber keine Schuldenberge.[112]

Aus der Geschichte wissen wir, was passierte: *„No Taxation without Representation."* Die Engländer haben es auch gelernt, *the hard way*, 1776. Eine Nation kann nur überleben, wenn man die Menschen im Boot hat. *The next hard way will be the Brexit 2019.* Vielleicht haben sie die Lektion gelernt und verlassen das sinkende Schiff, bevor es zu spät sein wird. Warum gibt ein freier, liberaler und sozialer Nationalstaat, wie die Bundesrepublik, sein Verfassungsrecht und die Pflicht auf, Finanzstabilität auf eigenem Hoheitsgebiet zu garantieren, um die Überkonsumption der Verschwender zu refinanzieren? Macht das Sinn? Oder können wir nicht mehr anders, weil die Politik zwanghaft an einer Fehlkonstruktion festhält? Ist ein Rückbau nicht mehr möglich, weil es technisch nicht geht, oder von der Politik nicht gewollt ist? Gibt es möglicherweise Gruppen oder Einzeltäter (*„political hitmen"*), die an der Abschaffung von souveränen Staaten verdienen? Gibt es einen Plan? Sind die Briten schlauer als wir? Dann sollten wir besser mit ihnen reden und sie an Bord halten. Auf alle Fälle haben sie mehr Humor. Welches andere Land verfügt über ein „Ministry of Silly Walks" (Monty Python)? Fragen über Fragen, aber wir wollen Antworten!

Wenn Italien die eigenen Vorhaben umsetzt, möglicherweise die neue Ersatzwährung, sogenannte *MiniBots* und den Schuldenerlass durchsetzt, verändern sich auch die Machtverhältnisse in

---

[112] *Daniel Stelter, Das Märchen vom reichen Land. Wie die Politik uns ruiniert.* München 2018.

der EU und die Briten können uns nicht mehr helfen.[113] Noch sind das alles nur mögliche Szenarien und sie basieren auf Modellannahmen. Die Prämissen sind nachvollziehbar. Daneben gibt es auch so etwas wie die *konstitutive Kraft des Glaubens*. Bei Kindern funktioniert diese Technik, wenn es um Geschenke geht, ausgezeichnet. Erwachsene kennen den schmalen Grat zwischen Wunsch und Wirklichkeit, der mindestens die Dicke eines Geldscheines hat. Und dann kommt *the German way* hinzu, dass das alles natürlich – wie immer - ohne jede Alternative sein wird. *Wait and listen*: Die Kanzlerin wird das dem Wahlvolk noch irgendwann vermitteln wollen. Wahrscheinlich aus der Ferne und auf irgendeinem Gipfel. Und die nächste Weihnachtsansprache kommt so sicher wie die nächste Diätenerhöhung der Abgeordneten. Falls sie dann noch Kanzlerin dieses schönen Landes ist.

Der bislang einzige deutsche Wirtschaftsnobelpreisträger *Reinhard Selten*[114] hat den Modellhype der Experten, an dem sich die Politik gerne berauscht, in ein schönes Bild gepackt. *Ökonomen bauen wundervolle Schlösser*, kritisiert er die Zunft, *aber auf Sand*. Aber trotz unzähliger Studien und Prognosen zur Entwicklung finanzwirtschaftlicher Prozesse haben nur ganz wenige „Experten" die Dramaturgie der *housing bubble* korrekt beschrieben und vor dem Platzen der Blase mit allen dramatischen Konsequenzen gewarnt. Der amerikanische Ökonom *Nouriel Roubini* war so eine „Kassandra", aber niemand wollte auf ihn hören. „*He warned about the crisis in an IMF position paper in 2006. Roubini's predictions have earned him the nicknames <Dr. Doom> and <permabear> in the media [2]. In 2008, Fortune magazine wrote, <In 2005 Roubini said home prices were riding a speculative wave that would soon sink the economy. Back then the professor was called a Cassandra>*"[115].

Auch Politiker haben, um das Bild zu bemühen, ein Faible für Sandburgen, dafür umso weniger für preiswerten Wohnraum. So lassen sich die Verwerfungen der Märkte und die sukzessive Erosion der Sozialstaaten nicht in den Griff bekommen, und schon gar nicht heilen. Das Wissen der ökonomischen Elite über Mechanismen von Märkten, über das Verhalten der agierenden

---

[113] Siehe dazu Ergänzungen im Anhang; ebd. „Anmerkung 113".
[114] *Selten* erhält 1994, zusammen mit *John Nash* und *John Harsanyi*, den *Alfred-Nobel-Gedächtnispreis* für Leistungen im Bereich der „Spieltheorie".
[115] *Wikipedia*® Eintrag zu *Nouriel Roubini*.

Subjekte und über die besten aller Finanzmodelle mit Nobel-
preisen zu garnieren, ist etwa so, als würde man die *Fields-Medaille*
an einen Sozialwissenschaftler vergeben, weil er vorgibt, die
Sozialisationsbedingungen des unbeschreiblichen Genius des
Mathematikers *Grigori Y. Perelman*[116] zutreffend zu beschreiben.
Niemanden ist das bislang gelungen. Aber wen kümmert das,
wenn es doch nur um seine genialen Theorien geht? Ungenügen-
des Wissen, falsche Ableitungen, fehl- oder fremdgeleitetes
Sagen, Handeln oder Unterlassen, Eigeninteressen und eine
falsche Blick- und Fragerichtung sind immer der Nährboden
ideologischer Aussagen. Es ist dabei unerheblich, ob sie von
sogenannten Experten, Wissenschaftlern oder Politikern formuliert oder reproduziert werden. Wer die Modelle als Beschreibungen der Wirklichkeit missversteht, verwechselt die Landkarte mit
dem Gelände und begeht einen elementaren methodischen
Fehler.[117]

Richtig Gefahr droht den simplen Kausalmodellen von Ökonomen, Sozialtheoretikern und unwissenden Politikern von
Seiten der Neurowissenschaften. Es gibt starke Evidenzen dafür,
dass z. B. der *homo oeconomicus* nur ein von den Modellwelten der

---

[116] *Grigori Y. Perelmann* (ein 1966 geborener russischer Mathematiker) ist
selbst für die eigene Zunft ein Rätsel. Er ist vielleicht der Prototyp einer
Ausnahmeerscheinung zwischen Genie und Wahnsinn und soll den
entscheidenden Beitrag zur Lösung der *Poincaré-Vermutung* geliefert
haben. Diese „*besagt, dass ein geometrisches Objekt, solange es kein Loch hat, zu
einer Kugel deformiert (also geschrumpft, gestaucht, aufgeblasen o.ä.) werden kann.*"
(Wikipedia®, Artikel „*Poincaré-Vermutung*"). Zumindest können sich die
Kollegen keinen Reim darauf machen, warum er den 2006 zuerkannten
Fieldspreis (gilt als Nobelpreis unter Mathematikern) bis heute aus
unbekannten Gründen ablehnt.
[117] 1997 *werden Fischer Black und Myron Scholes für das Black-Scholes-Modell*
für die „*Bewertung von Finanzoptionen*" mit dem *Nobelpreis für Wirtschaftswissenschaften* ausgezeichnet. *Robert C. Merton* (Doktorvater von *Scholes*)
war an der Entwicklung des Modells mitbeteiligt. Dieses *Modell* ist die
Grundlage der Finanzspekulationen, die 2008 zum Absturz des
weltweiten Finanzsystems führen. *Scholes* Arbeiten und er selbst waren
maßgeblich beteiligt am Finanzcrash 1998 und 2008 (siehe Wikipedia®-
Eintrag zu *Myron S. Scholes*). *Scholes* hat es selbst nicht geschadet. Er hat
Reichtum und Ehren erworben.

Ökonomen geschaffener *Homunkulus* ist, der das reale ökonomische Verhalten des Menschen nur sehr unvollkommen widerspiegelt. Aber wenn die Erfinder von *Bankenunion* und *EZB* sich noch ein wenig anstrengen, i. e. Lobbyarbeit betreiben, werden die kollektiven Anstrengungen zur Wertevernichtung in großem Stil vielleicht doch noch als das moderne Finanzmodell der Neuzeit mit einem Nobelpreis geadelt.[118] Ihre Fachkollegen haben das schließlich auch schon mit der *Effizienzmarkthypothese* (*Famas & Shiller*) und dem *Trickle Down-Modell* geschafft, und dafür weltweit reichlich Lob und Ehren eingeheimst. Der aktuellen Praxis des Faches fehlt jene (meta-) wissenschaftliche Methodik, die die Wirtschaftswissenschaften zwar für sich reklamieren, die sie aber nie vollumfassend zur Grundlage des eigenen Faches gemacht haben.

Den Anspruch auf Wissenschaftlichkeit aus den Naturwissenschaften zu kopieren, mag eine clevere PR-Strategie sein, leistet aber keine meta-wissenschaftliche Begründung der konkreten Modellannahmen und schon gar nicht der angeblichen „*Gesetzmäßigkeiten*", die die Vertreter des Fachs „*entdecken*" und wofür sie geadelt werden. Ist es verwunderlich, dass mit jedem neuen Modell sich Kritiker wie *Emanuel Derman* mit dem Hinweis zu Wort melden, die Wirtschaftswissenschaften seien gar nicht als solche zu verstehen, sondern stellten allenfalls „*Proto-Wissenschaften*" dar (i.S. von *Thomas S. Kuhn*), worunter eine Beschäftigung zu verstehen ist, erläutert er, die zwar als *reife* Wissenschaft daherkommt, aber in ihrem Entwicklungsmuster eher der Philosophie und den Geisteswissenschaften als den etablierten Naturwissenschaften gleicht.

Konsequenterweise muss man dem Anspruch der Ökonomen, *Gesetzmäßigkeiten* aufzudecken, diese zu erklären und für die praktische Anwendung (in Form von politischen Handlungsanweisungen) nutzbar zu machen, entgegenhalten, dass das Fach sich erst einmal mit den Grundlagen seines Gegenstandbereichs befassen sollte, bevor sich seine Vertreter an die Erklärung der Welt machen können. „*Ich fürchte*", stellt *er* nüchtern fest, „*viele Ökonomen wissen nicht sonderlich viel über echte Wissenschaft und deren Effizienz. Ich habe den Verdacht, dass einige von ihnen zu viel Zeit auf das inzestuöse Spiel mit ökonomischen Modellen verwenden, die sämtlich von*

---

[118] Siehe dazu Ergänzungen im Anhang; ebd. „Anmerkung 118".

zweifelhafter Zuverlässigkeit sind ... Viele Ökonomen haben gar keinen Sinn für die Effizienz von Modellen, weil sie nie ein erfolgreiches Modell gesehen haben. Ich fände es gut, wenn die Ökonomen verpflichtet würden, einen Kurs in Newtonscher Mechanik zu belegen, damit sie wissen, was ein wirklich gutes Modell zu leisten vermag, und sich danach Modellen menschlichen Verhaltens nur mit größter Demut nähern."[119] Das ist ein Aufruf zur Schadensbegrenzung, der von den potenziellen Preisträgern und Fachvertretern sicherlich nicht in seiner Konsequenz geteilt wird. Und die Politik interessiert sich nicht für einen Wissenschaftsstreit, wenn sie die vermeintlich passenden Modelle für die eigene Arbeit vereinnahmen kann.

Um die Problematik des homo oeconomicus angemessen zu diskutieren, müsste man dem Thema ein längeres Kapitel widmen. An dieser Stelle nur so viel als Vorschlag zum Weiterdenken: Altruismus muss nicht unbedingt als Gegensatz zu Egoismus verstanden werden, sondern kann auch als Komponente im persönlichen Nutzenkalkül fungieren - abhängig vom Weltbild und der Wertehierarchie des Handelnden. Ganz kommen wir vom Egoismusprinzip nicht los, denn bei allem Altruismus und aller Empathie muss das Ziel der Erhaltung der Autopoiese (also letztlich der Integrität der eigenen Person) verfolgt werden, sonst ist es mit dem altruistischen Subjekt bald aus vorbei. Es könnte aber durchaus sein, dass altruistische, bzw. kooperative Individuen eine größere Chance haben, ihre Gene weiterzugeben als klassische Egoisten. Richtig ist, dass die Biologen und Anthropologen heute die Kooperation (im Vergleich zum Egoismus des einfachen Nutzenmaximierers) als sehr viel wichtiger einschätzen als noch vor 50 Jahren - wobei aber auch Kooperation im Dienst der Arterhaltung gesehen wird (Kooperation als Form von Gruppenegoismus, konkret: Überleben der Gruppe als Folge von Kooperation). Vielleicht gibt es

---

[119] *Emanuel Derman, "Models. Behaving. Badly. Why Confusing Illusion with Reality Can Lead to Disaster, on Wall Street and in Life";* Ausschnitte ebd. In FAZ vom 5.11.2013, *„Sie wollen alles vorhersagen. Ist Ökonomie eine Wissenschaft?",* übersetzt von *Michael Bischoff.* Den „Modellplatonismus" der Ökonomen hat *Hans Albert* bereits in den fünfziger und sechziger Jahren des 20. Jahrhunderts scharf kritisiert (vgl. *ders., Marktsoziologie und Entscheidungslogik,* Neuwied 1967.)

auch Kooperation aus reiner Nächstenliebe. Aber reiner selbstloser Altuismus bleibt nur dann im Genpool einer Art, wenn die Individuen, die auf diese Weise fühlen und handeln, nicht sterben, bevor sie Gelegenheit hatten, ihre Gene weiterzugeben. Anders ist die Lage, wenn Altruismus nicht genetisch codiert sein sollte, sondern sich als kulturelles Mem verbreitet. Meme sind nicht an das Überleben ihrer menschlichen Träger gebunden, sondern können als Informationen im Verborgenen praktisch unbegrenzt überleben, um jederzeit wieder virulent werden zu können. Dafür brauchen sie nur eine Gruppe von Gläubigen.[120] Wähler tragen oft ein solch merkwürdiges Mem in sich. Mitunter jammern sie jahrelang wegen der Harm- und Ziellosigkeit des politischen Handelns der eigenen Glaubensvertreter (Partei, Abgeordnete), um dann bei der neuen Wahl oft wieder ins gleiche Rollenverhalten der eigenen Glaubensgruppe zurückzufallen und wieder die Gleichen zu wählen. Geschieht das aus Resignation oder aus systemischer Alternativlosigkeit? Für Wahlforscher lohnt sich oft der besondere Blick auf die Wechselwähler.

Ich sehe das Wahlergebnis als Auftrag der Bürger. Glauben Politiker, dass das eigene politische Handeln oder Unterlassen vor den systemischen Brüchen des gesellschaftlichen Alltags gefeit ist? Tiefenwissen, selbstkritisches (Nach-) Denken und zielführendes Handeln sind nur die seltenen Ausnahmen des Normal-Politischen. Daher ist auch im Fall des Scheiterns der eigene Rücktritt als Methode des Loslassens und des Neubeginns nicht (mehr) opportun. *Ich sehe das Wahlergebnis als Auftrag der Bürger,* bla, bla, jetzt erst recht …. bla, bla, bla. …. Pardon, das sind aber die immer gleichen banalen Floskeln ohne Wert. Was denn sonst, geschätzte Politiker, möchte man entgegnen, wenn Wahlen nicht zu reinen Akklamationsveranstaltungen deformiert werden sollen. Die Verweigerung der Verantwortungsübernahme ist ein klassischer Beleg für die charakterliche Nichteignung und ein Ausweis der Freudlosigkeit, vielleicht auch für die Banalität des Politikerdaseins, wenn es nur noch zur Routine geworden ist. Warum also sind die Verlierer der Wahl jetzt sauer?

---

[120] Vgl. *Richard Dawkins, Das egoistische Gen,* Springer ²2007. Ein *Mem* ist das in der Geschichte des Denkens, was ein *Gen* in der Geschichte der Art ist.

Warum belästigt der Ex-Kanzlerkandidat *Schulz* die Kanzlerin mit unterirdischen Schuldzuweisungen? Warum hält sich *Gabriel* auffällig unauffällig im Hintergrund? Wartet er auf eine neue Chance, nachdem er geschickt dem potenziellen Opfer selbst den Stab weitergereicht hatte? Oder war es doch nur ein Missgeschick, sich selbst mit zu viel Offenheit vor laufender Kamera aus dem Rennen zu werfen? Warum blasen gerade jetzt wieder alle fröhlich zum Jagen? Arbeitet die *SPD* am Land oder wieder einmal daran, die eigenen *Frontmen* und *Frontwomen* zu beschädigen? Weil sie keine eigenen Lösungen haben? Oder immer verzweifelter erkennen, dass die anderen da draußen, um das Bild nochmals zu bemühen, die angeblich hart arbeitenden Menschen, aber auch viele andere, diese unsäglichen Kritiker, auch diese Nörgler, dies leider sehr genau erkannt haben? Haben die Macher Panik, dass sie im Sog der missglückten Machtspielchen ehemaliger Parteispitzenleute mit untergehen? Pardon, aber für diese Erkenntnis bedarf es keines Studiums oder einer Experten-Interpretation. Der gesunde Menschenverstand reicht hierzu völlig aus. Das ist alles nicht zum Nutzen der *SPD*-Wähler und ein Zeichen für den schlechten Zustand der Partei und der Leitungspersonen.

Der Kotau der Politik vor dem Bürger ist also nicht der Einsicht geschuldet, falsch gehandelt zu haben, sondern speist sich aus der Befürchtung, dass es für die eigene Zukunft auf dem Podium der Macht jetzt vielleicht eng werden kann. Der plötzliche Akt des Verstehens ist der allzu menschliche Auswurf purer Panik vor dem möglichen Absturz in die Bedeutungslosigkeit. *Trump* hat das Verfahren vorgemacht, indem er der Öffentlichkeit die Dünnhäutigkeit und Ideenlosigkeit, und noch schlimmer, die individuellen Gebrechlichkeiten seiner Mitbewerber (er nennt sie „*Feinde*") vor Augen geführt hat. Und die Zurückgelassenen und von der Globalisierung Gebeutelten haben sich endlich verstanden gefühlt und ihn dafür gewählt. Die Mitbewerber im eigenen Lager haben der Routine vertraut und boten kein überzeugendes politisches Alternativ-Programm, das dem Wähler wertvoll genug gewesen wäre, um dafür zu stimmen. Sie haben nicht für *Trump* gestimmt, sondern für die Chance, die „Eliten" in Washington, wie er seine Politikerkollegen aus dem *blauen* Lager verächtlich diffamiert, loszuwerden, weil sie für die *hart arbeitenden Amerikaner* nichts auf die Reihe bringen. Selbst hält er sich selbstverständlich nicht für einen Vertreter der gescholtenen Eliten, sondern für the *best of the best*. Und natürlich für *superklug*. *Inhalte überwinden!* plakatiert *Die Partei* zur Wahl 2017, und trifft den Nagel auf den Kopf. Es ist der Witz der Geschichte, der im kollektiven Gedächtnis gespeichert bleibt. Was nach der Wahl kommt, erkennen dafür die erfahrenen Wähler als tradiertes Muster. Für die Jung- und die Erstwähler wird das Kommende eine Erleuchtung werden. *Phase eins* (1. Stufe) ist die des Wundenleckens und Fremddiffamierens, dann (2. Stufe) die des Ausmistens, gefolgt von einer kurzen (3. Stufe) Orientierungs- und einer für die Eigenstabilität notwendige Phase des Sich-Wieder-Findens (4. Stufe). Dann folgt *Phase zwei*, auf die alle gewartet haben, die Phase der Zukunftsvisionen mit dem einen oder anderen (neuen) Hoffnungsträger. Oft geht es leider nur mit den gleichen alten Gesichtern weiter, als ob nichts geschehen war. Junge Gesichter? Fehlanzeige. Erfahrene Gesichter? Ganz wenige. Und dann? War es das wieder einmal? Wirklich? Wieder alles auf null? *Sorry, just a little reboot?* Bitte nicht wieder das gleiche Standardverfahren! Aber das ist die Logik des politischen Alltags. Das ist nur noch erbärmlich, dokumentiert Handlungsarmut, Ideenlosigkeit, und erzeugt langsam auch Panik beim Beobachter. Wenn jetzt noch ausgehandelt wird, was für Deutschland gut sein soll, was offensichtlich *alle* vorhaben, weil sie glauben, dass der Konsens die höchste Form demokratischen Handelns sei, dann sollte man wissen, dass Wahrheit nicht diskursiv ermittelt werden kann. Der Diskurs ist auch nicht die Königsdisziplin der Streitschlichtung, sondern nur eine mächtige, weil zum ideologischen Bild vom guten Menschen in einem guten Staat passende Arbeitstechnik. Sie funktioniert aber nur dann, wenn sich *alle* daran halten. Dazu müssten die Protagonisten in einem Anfall von Gemeinsamkeit die eigenen Wünsche für das gemeinsame Ziel aufgeben, zumindest hinten anstellen. Das zu hoffen ist blauäugig. Mit einer Kanzlerin *Merkel* ist der Diskurs – zumindest bei einigen der wichtigsten Weichenstellungen der Ära Merkel – der Methode der einsamen Entscheidungen gewichen.

Funktionierende Lösungen sind dagegen weitgehend ideologiefrei und orientieren sich ausschließlich an den Anforderungen und Rahmenbedingungen des jeweiligen Problemfelds. Vernünftigerweise schaltet man Atomkraftwerke *und* Kohlekraftwerke nicht ab, solange die nicht-fossilen Energieträger die Energie-versorgung nicht dauerhaft und flächendeckend sicherstellen können. Mit der Methodik der Privatentscheidung lassen sich vermeintlich alternativlose, selbst höchst kontroverse und riskante Entscheidungen durchbringen. Einsame Entscheidungen müssen nicht konsensfähig sein. Interessanterweise werden aber selbst solche Entscheidungen von den hierfür vorgesehenen Gremien nachträglich legitimiert. Wollten wir annehmen, dass der Diskurs das Mastertool demokratischer Gesellschaften sei, müssten wir dann nicht beständig über die Prämissen von prakti-scher Vernunft, gesundem Menschenverstand oder politischer Entscheidungslogik diskutieren, oder uns gegen *Lügen* und *fake reality* wehren? Das machen wir aber nicht, sondern drehen und wenden das Schlussschema zur Begründung unserer Entschei-dung so lange hin und her, bis es für das gute politische Handeln passt.

Politik muss sich ehrlich machen und sich und dem Wähler eingestehen, dass schlicht nicht alles von ihr zu leisten ist. Dazu bedarf es der Ehrlichkeit der Protagonisten und des ideologie-freien Dialogs miteinander. Und es bedarf der Fähigkeit zu kompetenter Analyse und zum methodisch-korrekten Einsatz von Umsetzungstechniken. Stellt sich die zentrale Frage: Sind Parteipolitiker dazu fähig? Braucht man dafür nicht ein anderes Modell politischer Entscheidungsfindung? Könnte und sollte die Politik die Sachdiskussionen an Experten auslagern? Oder repro-duzieren sich in Expertengremien oder -diskussionen die politi-schen Grundkonflikte nur auf anderer Ebene (siehe *NOx* Grenz-wertdebatte)? Und übernehmen dort, wo Wissen und Vernunft enden, (wieder) der Glaube (an das Richtige und Gute) und die Propaganda (einer einzigen Wahrheit) die Regie über das Spiel? Wenn es so wäre, dann wäre vernünftige Politik in der Tat „alter-nativlos" und die Idee einer „Expertokratie" oder einer „Philoso-phenherrschaft" nach platonischem Muster eine Chimäre.

Der Philosoph *David Hume* definiert die *Vernunft als Sklavin der Leidenschaften*. Heute würde er sie vielleicht als die *PR-Abteilung* der letzteren bezeichnen.[121] Wird diese skeptische These durch die

---

[121] J.*Weeden & R. Kurzban, The Hidden Agenda of the Political Mind. How Self-Interest shapes our Opinions and Why We Won't Admit it.* Princeton Univ. Press 2016.

Argumentationsdynamik in öffentlichen Verfahren mit Bürgerbeteiligung bestätigt? Nach bisherigen Erfahrungen leider Ja. Auch in partizipativen Verfahren geht es in erster Linie nicht um den umfassenden Erkenntnisgewinn in der Sache und um unvoreingenommene rationale Argumente, sondern um die Durchsetzung und Wahrung der eigenen oder die gemeinsame Abwehr von fremden Interessen (siehe Widerstand gegen den Bau von Windkrafträdern, Stromtrassen, Bahnhöfen, Landebahnen, Fabriken, Kraftwerken, die Fällung von Bäumen, die Erschließung von Neubaugebieten, etc.), was an sich natürlich legitim und legal ist.

Exkurs zum *richtigen Verstehen*. *Richtig verstehen* kann man erst, wenn man vorher richtig nachfragt, und zwar so lange, bis alle möglichen Missverständnisse beseitigt sind. Um nicht nur Missverständnissen aufzusitzen, die eigene Panik zu füttern und Vor-Urteile zu bedienen, muss nach dem Zuhören aktiv nachgefragt werden, ob die Botschaft auch richtig, d. h. im Sinne des Senders, verstanden wurde. Das macht man am besten direkt bei und mit dem Bürger, ungefiltert und ohne Interpretatoren, unter Ausschluss von Lobbyisten und dem strikten Verbot der Pädagogisierung. Und wer das nicht kann, sollte das von den Profis der Krisenkommunikation erlernen. Und keine Angst vor der Konfrontation mit dem Bürger, seinem Unverständnis, seinem Frust und seinem Wissen. Menschen wollen sich zuerst immer nur austauschen, und sei es auch nur, um zu erkunden, welche Widerstände gegen die Durchsetzung ihrer Interessen zu erwarten sind. Revolten und Revolutionen sind in aller Regel das Ergebnis eines extremen und einseitigen Kommunikations- und Handlungsstaus, wenn man als Beleg für diese These beispielhaft die Geschichte der Französischen Revolution, den Zerfall der DDR oder der UdSSR heranziehen will. Als Gegenargument wird vorgebracht, dass diese Form des kommunikativen Austauschs alleine aus Zeitgründen nicht zu leisten wäre. Dass der Faktor Zeit kein exklusives Argument darstellt, um den Dialog zu verweigern, belegt die Tatsache, dass die Politik offenbar jede Zeit der Welt hat, komplexe Fragestellungen fortwährend in Gremien parken, die sich Jahre Zeit lassen, bevor sie sich in der Lage sehen, ein Statement herauszugeben oder ein Gesetz zu beschließen, das zumindest den Verfassungsauftrag umsetzt (aktuelles Beispiel: Ausgleichsmandate). *Time is not the issue!* Wie oft müssen wichtige Entscheidungen so schnell getroffen werden wie in den Tagen des Mauerfalls 1989, in der Finanzkrise 2008 oder in der Flüchtlingskrise 2015?

Das Herumgeeiere und das Gekeife der Verlierer nach der Bundestagswahl sind unserer Demokratie schlicht unwürdig und belegen nur den Frust und die Inkompetenz der angeblichen politischen Eliten. Und diese Bewertung ist weit entfernt von einem Eliten-Bashing. Es ist eine reine Bestandsaufnahme auf Basis der Fakten. In der Zwischenzeit dürfen wir wieder Zuschauer sein beim Wundenlecken, Sich-Positionieren und Abgrenzen. Statt die Weichen für notwendige Veränderungen jetzt neu zu stellen, geht es offenbar wieder nur darum, wer mit wem und wie, oder wo die *AfD* Platz im Bundestag nehmen soll oder darf. Es drängt sich der Eindruck auf, als ob alleine schon die räumliche Nähe das mögliche Ansteckungspotenzial erhöht. Zu erwarten ist, dass bald darüber gestritten wird, wer in welchen Ausschüssen den Ausschussvorsitz erhalten soll. Und als sicher gilt, dass niemals ein *AfD*-Abgeordneter Parlamentspräsident werden kann, eine Vertreterin der *SED*-Nachfolgepartei aber schon. Und genau dieses Verhalten ist ein neuerlicher Beleg dafür, dass eben niemand zugehört hat, weil man es faktisch nicht will. Es erscheint, als wäre es vollkommen egal, was die Öffentlichkeit empfindet. Um es auf den Punkt zu bringen. Neue Parteien oder Gruppierungen (z. B. die *Grünen*, die *Linken*, die *Grauen*, die *Piratenpartei,* jetzt auch die *AfD*) ziehen immer dann ins *House of Cards* ein, wenn die alten Hausbewohner den Platz für den Einzug durch eigene Fehlhandlungen oder Versäumnisse freigemacht haben. Muss der Wähler vor diesem Privat- oder Elitärverständnis von Demokratie und Wählerwillen nicht furchtbar erschrecken? Ist die deutsche Demokratie so geschwächt, dass nur noch unwürdige Spielchen statt einer konstruktiven und faktenbasierenden Auseinandersetzung den politischen Diskurs ersetzen?

Es liegt auch an den Bürgern selbst, was sie für ihr Geld (Steuern) bekommen, denn Politik ist zu allererst ein Geschäft auf Gegenseitigkeit. Ich gebe dir meine Steuern und du (Staat) gibst mir Prosperität, Sicherheit und (Chancen zum) Glück. So einfach ist das. Und wie bei jeder normalen Auftraggeber-Auftragnehmer-Beziehung kommt es für das Gelingen der Unternehmung entscheidend darauf an, dass jede Partei die wechselseitige

Verpflichtung ernst nimmt und sich nicht bei der ersten größeren Krise aus der Verantwortung stiehlt, oder den jeweils anderen in der Verpflichtung sieht. Mit der Wahl unserer Politiker hoffen wir, dass uns die Gewählten Verantwortung abnehmen und alles richtig machen. Und wie sie es tun, wollen wir eigentlich gar nicht wissen. Um *Luhmanns* Optimismus nochmals zu strapazieren: Mit der Wahl reduzieren wir ein Stück weit die Komplexität der eigenen Lebenswelt und verlagern zugleich die Verantwortung für unser eigenes Glück auf andere. Dafür investieren wir ein hohes Gut – nämlich unser Vertrauen. Ob das auf fruchtbaren Boden fällt, wissen wir vorab nicht. Wir investieren in unsere Zukunft, in Wünsche und Hoffnungen auf der Basis geschönter Prämissen und unvollständiger Datensätze. Und wir investieren immer in eine *Black Box*. Das ist die berühmte *Katze im Sack*. Oder das berühmte Gedankenexperiment mit der *Katze in der Schachtel* des Physikers *Schrödinger (1887-1961)*, dessen Ergebnis wir aus empirischen Gründen (Leidensgeschichten im Umgang mit Politik) abändern: Denn wenn wir die Kiste nach vier Jahren (Legislaturperiode) öffnen, lebt die Katze (Politik) immer noch, und wir (Steuerbürger) sind tot[122].

Wir hören die jeweiligen Verpflichtungsformeln, wissen und kennen aber nicht die wahre Motivation und Intentionen der Gewählten. Ob das wirklich gut gehen kann, ist nicht abschließend zu klären. Angesichts der historischen, bereits wieder sicht-

---

[122] Das *Katzen-Experiment* wurde von dem österreichischen Entdecker der *Quantenmechanik* 1935 (Nobelpreis zusammen mit *Dirac* 1933), als Gedankenmodell für Paradoxien entwickelt, die sich aus der Übertragung von quantenmechanischen Begrifflichkeiten auf die reale makroskopische Welt ergeben. *Schrödinger* steckte dazu eine (virtuelle) Katze in eine komplett geschlossene Box und bringt sie – nach den quantenmechanischen Regeln – in einen ambivalenten Zustand: Danach ist die Katze zugleich lebendig und tot. Erst nach dem Öffnen der Box erlangt man über den Zustand der Katze Gewissheit. Was Schrödinger damit zeigen wollte: Die Implikationen der Quantenmechanik widersprechen den Alltagserfahrungen und erzeugen Paradoxien *(siehe ders., Die gegenwärtige Situation in der Quantenmechanik. In: Die Naturwissenschaften. (Organ der Gesellschaft Deutscher Naturforscher und Ärzte – Berlin, Springer) – Band 23, 1935).*

baren Verwerfungen und beschriebenen Schäden am Gemein-
schaftseigentum, sollten wir beginnen, unsere eigene Gelassenheit (serenity) zu hinterfragen. Wieso erwarten wir, dass Politiker
die große Welt im Griff haben und lassen uns zu vieles zu lange
gefallen?

Der Anthropologe *Gregory Bateson* (1904-1980) ging davon aus,
dass wir uns als Menschen regelmäßig in einem zirkulären System
der wechselseitigen Begründungen verfangen. Der *vicious circle*[123]
bezeichnet einen klassischen *Teufelskreis*, aus dem wir nicht so
einfach wieder herauskommen. Ist das also eine private Form des
Idealismus oder nur fahrlässige Nachlässigkeit, um aus Bequem-
lichkeit nicht mehr nachdenken oder hinterfragen zu wollen?
Überlassen wir ungewollt oder freiwillig das Spielfeld der Politik?
Solange es irgendwie klappt, ist für uns alle immer alles *OK*. Aber
wehe, wenn eine der Parteien austickt! Scheitern die Verantwortungsträger, sind wir sauer und Köpfe sollen rollen. Fakt ist,
unsere eigenen Ansprüche sind oft zu hoch, manchmal unange-
messen, mitunter gar nicht erfüllbar. Im Spannungsverhältnis
zwischen dem Wünsch- und dem Machbaren ist Ergebnisgerech-
tigkeit oder auch nur Chancengerechtigkeit, je nach Fragestellung,
nicht einfach zu erreichen. Die Chancen auf persönlichen Frust
sind dagegen ungleich höher. Früher oder später ist selbst bei
großer Toleranz und ausreichend fundiertem Systemwissen der
persönliche *Point of no return (break even)* erreicht, und es ist sichtbar, dass das Investment in Vertrauen nur noch einen negativen
Ertrag erbringt.

Vielleicht liegt die Lösung des Dilemmas also doch darin, nur
noch Inhalte und beste Lösungen und nicht mehr Personen zu
wählen? Das ist, wie gesagt, die Losung der Anti-Partei *Die Partei*.
Ist sie dienlich als Blaupause für eine realistische Politikarbeit?
Zuerst werden die richtigen Inhalte (Themen) festgelegt, und
dann dazu die richtigen Umsetzer und Macher ausgewählt. Es ist

---

[123] Das Verhalten der Person X beeinflusst Person Y. Die Reaktion von
Y auf das Verhalten von X beeinflusst wiederum das Verhalten von X,
das dann wieder das Verhalten von Y beeinflusst, usw., bis einer Stopp
sagt, nachfragt oder austickt! Siehe *Bateson, G.; Jackson, D. D.; Haley, J.;
Weakland, J.,"Toward a theory of schizophrenia". 1956; Bateson, G., Steps to an
Ecology of Mind: Collected Essays in Anthropology, Psychiatry, Evolution, and
Epistemology.* Chicago, Illinois 1972.

zumindest eine taktische Problemlösungsvariante, die in Wirtschaftsunternehmen seit Jahrzehnten zur Anwendung kommt. Für eine begrenzte Zeit erarbeiten sogenannte Interims Manager für die zuvor identifizierten (komplexen) Probleme erste Lösungsvorschläge und lassen sie *laufen*. Die Ergebnisse werden akribisch protokolliert und notwendige Veränderungssequenzen in das Modell wieder eingebaut. Sollte dieser *abduktive* Lösungsweg kurz- oder mittelfristig nicht erwartungsgemäß funktionieren, wird in jedem weiteren Schritt weiter optimiert. Das geht so lange, bis die Passform stimmt oder das Modell gegen ein besseres ersetzt wird. Das abduktive Modell vermeidet die Tücken rein induktiver oder rein deduktiver Lösungen, die, wenn sie versteifen, in der Politik immer viel Steuergeld kosten, weil am Ende niemand mehr die Reißleine ziehen will. Aber auch das ist ein idealtypisches Modell und nicht vor Abstürzen gefeit. Beim Berliner Flughafen *BER* oder dem *Stuttgarter Bahnhof* vertrauen die beteiligten und mitverantwortlichen Politiker offenbar auf andere Projektmanagementverfahren. Beim *BER* war ein Controlling offenbar nicht so vorgesehen, wie wir es hätten annehmen können, oder es hatte viele Lücken. Vielleicht waren auch Sonderinteressen im Spiel? Oder die verantwortlichen Aufsichtsräte wissen einfach nicht, welche Aufgaben und Verantwortungen sie de jure haben? Sind die Sitzungsgelder eigentlich an eine kompetente und korrekte Aufgabenerfüllung gekoppelt oder nur an die Anwesenheit? Pardon, war nur eine rhetorische Frage.

Baby-steps statt große Würfe! *Scheitern als Good-Practice-Methode.* Bei gesellschaftlichen Großprojekten muss man, ob der enormen Tragweite, vorsichtig und schrittweise vorangehen. Das gebietet schon die Komplexität. Und methodisch reichen bereits *baby-steps*, um der natürlichen und gesellschaftlichen Dynamik gerecht zu werden. Es bleibt nur zu klären, welches die richtigen *Steps* sind. Und es sollten nur die richtigen Politikmanager mit den besten Methoden – Projekterfahrung kann gewiss auch nicht schaden – am gesellschaftlichen *Change* arbeiten. Und natürlich sollte immer alles zum Wohle der Bürger geschehen. *Bürger First, Politiker second!* Die zentrale Frage und Herausforderung einer offenen, modernen und dynamischen Gesellschaft ist, welches die richtigen Fragestellungen und Lösungen sind, und wer die Richtigen sind, die sich der Lösungsfindung annehmen sollen. Darüber muss die Gesellschaft sich kontinuierlich austauschen und konstruktiv streiten, aber nicht mehr nur im Konklave des politischen Sonntagszirkels und gekrönt durch ein Bewusstsein fast göttlicher Selbstherrlichkeit der Erwählten. Die Zunahme der Komplexität der Lebenswirklichkeit erfordert eine konstante und methodische Auseinandersetzung, die Flexibilitätsgrade (Freiheitsgrade) aufweisen muss, um „alternativlose", organisatorisch und systemisch falsche Wege schnell wieder verlassen zu können. Es gibt, folgt man den modernen Erkenntnissen der Hirnforschung, abstrakt gesehen zwar Millionen von *Freiheitsgraden*, aber faktisch ist die Zahl der gangbaren Wege pfadabhängig und an die aktuellen Kapazitäten der Informationsverarbeitung und der verfügbaren Ressourcen gebunden. Welche konkreten Möglichkeiten zur Entscheidung wir haben, hängt weiterhin von einer Vielzahl von kontingenten Rahmenbedingungen ab, wie Wissen, Erfahrung, Freude, Leid, verfügbare Zeit, ob wir nüchtern oder betrunken sind, intelligent oder dumm, selbstgefällig oder bescheiden, etc. Was es sicher nicht gibt, ist Alternativlosigkeit. Fehlerhafte Entscheidungsprozesse sind immer das Ergebnis des mangelhaften Zusammenspiels der o.g. Umgebungsfaktoren. Da wir alle davon betroffen sind, muss der Findungsprozess ohne Gesichtsverlust und ohne Häme der Mitbewerber möglich sein. Wer fürchten muss, dass er für seine Vorschläge oder sein Halbwissen verhöhnt wird, wird es sicherlich nicht offenbaren, sondern selbst Sündenböcke suchen. *Scheitern muss hoffähig werden als good-practice Methode* und zugleich Ansporn werden, eine noch bessere Lösung zu finden. Für die Amerikaner ist ein Scheitern oder das Einschlagen eines neuen, bislang nicht benutzten Pfades pure Normalität und sie diffamieren den Gescheiterten oder den Experimentierer nicht. Im Gegenteil: Das *tinkering* (i.e *act of making small changes*; Herumprobieren, Basteln) ist eine Profi-Methode des Besserwerdens, und die Aufforderung dazu lautet: *Move on man, there is always another chance, a better plan.* Das Primat einer demokratischen Politik ist immer der originäre Nutzen für die Menschen, der aus dem politischen Handeln erwächst, und nicht das Leuchten des eigenen Heiligenscheins. Das ist der wesentliche Grund für die Forderung nach einem neuen Politikertypus. Und es geht nicht ohne eine kleine Änderung der Rahmenordnung.

Neue Politiker braucht das Land. Achtung! Es folgt ein kurzer Beitrag zum hemmungslosen Idealismus: Den Politikern neueren Zuschnitts reichen maximal zwei Legislaturperioden aus, um ihren wichtigen *Dienst* gegenüber der Gemeinschaft zu leisten. Wer sich zu lange festsetzt, wird (geistig) träge und fett, verliert sich in Wiederholungen und denkt, dass es immer so sein muss, wie es jetzt ist oder erscheint. Das ist eine menschliche Eigenschaft und nicht auf den Typus Politiker reduziert. Jede Form von Beziehung folgt diesem Mechanismus, u.a., weil damit das Gehirn davon entlastet wird, mit hohem Energieeinsatz zu arbeiten. So funktioniert die Standardehe (pure Wiederholung und Langeweile und Verbrauch von wenig Energie) und jede (funktionierende) Geschäftsbeziehung. Möglicherweise kommt bei den Dauer-Politikern sogar die Vermutung auf, dass es ohne sie gar nicht mehr geht, und es nahezu einer (ehelichen) Verpflichtung gleichkommt zu bleiben. Auch das ist zutiefst menschlich. Wer diese Gedanken hat, liegt aber falsch. Menschen und Gesellschaften entwickeln sich nur weiter, wenn sie krisenhafte Prozesse angehen und nicht zerreden oder sprachlos aussitzen. Selbst sturmerprobte und höchst kompetente Manager müssen einmal gehen, um gute und passende Lösungen nicht durch eigenes tradiertes Denken („*Das ist alternativlos*"; „*Das entspricht nicht unseren Werten.*"), und ergebnisneutrales Handeln („*Das haben wir immer schon so gemacht*") zu blockieren.

Daraus ergibt sich mit Blick auf den erwünschten Erfolg der folgende Schluss: *Eine Dauerbeschäftigung von Politikern in Spitzenpositionen darf es aus Gründen der Qualitätssicherung und der Menschenachtung nicht mehr geben.* Wer es in *2 x 4 Jahren* nicht schafft, seinen Wählern zu beweisen, dass er Sinnhaftes und Nachhaltiges für die Gesellschaft zu leisten imstande war, muss seinen Platz freimachen und die Wähler und sich selbst nicht weiter quälen. In dieser unserer so hochgelobten und dynamischen Wirtschaftswelt bedeutet Verharren immer Rückstand und Überholtwerden. Wer der Dynamik des Wandels selbst keine Achtung zollt, muss sich nicht wundern, dass frustrierte Bürger früher oder später denen zujubeln, die die unfähigen Eliten nicht mehr an verantwortlicher Stelle sehen wollen.

Qualität First, Politiker later. Wer nur noch auf sich selbst achten muss, damit er durch den Tag kommt, hat keinen Blick mehr für die anderen und wird nachsichtig gegenüber den Anzeichen siechender Verschlechterung des Ganzen. Wer sich um sein eigenes Aussehen, Ansehen und auch um die eigene Leistungs-bilanz sorgen muss, beklagt die Leistungen oder die Leistungs-losigkeit anderer und relativiert die Ereignisse und die gesell-schaftlichen Zustände. Deutschland baut Jahr um Jahr ein Stück-chen weiter ab und belässt es dabei, die Übel der Welt zu benen-nen, konkret aber zu wenig dagegen zu tun (Waffenlieferungen in Krisengebiete; EU-Knebelverträge mit schwarzafrikanischen Ländern; lasche Asylpolitik). Wir sind nicht ohne Schuld und bieten daher eine zu leichte Angriffsfläche für das Böse. Die Kriminellen haben Deutschland längst als das Schlaraffenland für ihre Streifzüge auserkoren, weil es so einfach ist, an Geld und Vermögen der Deutschen zu kommen. Die italienische Mafia kann in Deutschland offenbar frei agieren und Geldwäsche im großen Stil betreiben, weil wir uns nicht auf ein Anti-Mafiagesetz einigen können. Italien hat der Mafia den Geldhahn durch die Beweisumkehr zugedreht. Die deutsche Politik denkt noch darüber nach, befürchtet aber zugleich den Verlust der Unschuldsvermutung. Welches Gut ist das höhere? Die arabi-schen, libanesischen und kurdischen Familienclans haben längst verstanden, wie man die Behörden austrickst und die Politik mit der eigenen Waffe der moralischen Ablenkung vorführt. Wer als Politiker von kriminellen Familienclans spricht, ist rassistisch, kontern die Clanvertreter, weil sie Unschuldige in Sippenhaft nehmen, schreibt *Benedict Neff* in der *NZZ*. Auch wenn die Krimi-nalität von Clans ohne die Einbettung in die Großfamilien-struktur, die auch als Rekrutierungsbecken dient, gar nicht zu verstehen ist. Und wie immer, auch die Clankriminalität ist haus-gemacht und das Ergebnis einer gescheiterten Asylpolitik. Als in den 1970er Jahren der Bürgerkrieg im Libanon ausbricht, fliehen die Menschen auch nach Deutschland. Weil sie dort keinen anerkannten Asylgrund haben, müssten sie eigentlich wieder zurück. Ohne Pässe oder im Status der Staatenlosigkeit geht das nicht. Die Regierung hofft, dass sie wieder alleine gehen. Die Libanesen, viele davon sind *Mhallamiye*-Kurden, bleiben aber in Deutschland und müssen sich – so sagt man - mangels legaler Einkommensmöglichkeiten das Geld zum Leben anders beschaf-fen. Wie viele der neuen Migranten werden sich den Clans anschließen, wenn sie keine Arbeit finden (dürfen)? Warum wollen so viele von ihnen in die Großstädte Deutschlands?[124]

Wer das hohe Gut der Freiheit aller mit dem vermeintlichen Recht auf Gleichbehandlung von Überzeugungstätern gleichsetzt, zugleich aber die Rechte, das Eigentum und die Unversehrtheit des Lebens nicht ausreichend schützt, begeht einen logisch-kategorialen und einen moralischen Fehler, weil er vielleicht nicht versteht, wo sich die Haarrisse im (sozialen) System verbergen. Wer daran nichts ändert und den Mangel nur verwaltet, oder auch nur zu spät agiert, sollte keine politische Verantwortung tragen. Es ist zu hoffen, dass sich das Verwaltungsmodell Berlin nicht doch noch als heimliche Blaupause eines landesweiten Modells entpuppt. So ist das mit dem Pampern, geschätzte Berliner. Von der historischen Gunst genährt und davor gefeit, jemals eigene Lösungen zu entwickeln und erfolgreich umsetzen zu müssen, genügt den Machern bereits das große Planspiel. Das Beispiel des Flughafenneubaus dokumentiert die laxe Einstellung zu politischer Verantwortung. Der Regierende und Ex-Aufsichtsrat meldet sich in das Private ab und ist dann mal weg. Und das ist gut so! Im Bewusstsein, dass die anderen es (wie immer) schon irgendwie richten werden, wird der Tanz auf dem Vulkan wieder als Ausdruck der Selbstverwirklichung und der Lebenslust weniger missverstanden. Und das ist nicht gut so! Der Vertrauens-Schaden am kollektiven Bewusstsein stellt sich schleichend ein, aber seine Destruktionskraft ist ungleich größer und nachhaltiger für das Gemeinwesen als das persönliche Nicht-Verstanden-Werden oder das mögliche Abgehängt-Fühlen Einzelner. Sollten Politiker der Klasse eines Herrn *Seehofer* die Dimension dieser Verschiebung, und die Konsequenzen, die sich daraus ergeben könnten, wirklich verstanden haben?

Wenn Politiker sagen, „*No-go-Areas*" gibt es nicht, dann muss das nicht stimmen. Wenn nach dem massenhaften Angrapschen auf der *Kölner Domplatte* entschuldigend gesagt wird, Flüchtlinge sind per se aber keine schlechten Menschen, kann das die begangenen Taten weder entschuldigen noch ungeschehen machen. Wenn Vergewaltigungen durch Flüchtlinge auf einen latenten kulturellen Triebstau oder auf ein entsprechendes

---

[124] *Benedict Neff, <Der andere Blick>: Deutschland, das Disneyland für kriminelle Clans.* Kommentar in *NZZ* vom 16.08.2019.

Frauenbild zurückzuführen werden, mag das so sein oder nicht, es kann die begangenen Taten weder entschuldigen noch ungeschehen machen. Wenn Morde aufgrund der vermeintlichen Traumatisierung der Mörder „*verstehbar*" werden sollen, hat das seinen psychologischen Sinn, aber es macht weder die Opfer wieder lebendig noch vermindert es die gesellschaftspolitischen Konseqenzen. Dass jede einzelne Abweichung ein Einzelfall ist, ist empirisch ebenso richtig wie die komplementäre Behauptung, dass dies auch für jedes Opfer gilt, und jedes Opfer ist eines zu viel. Entscheidend ist der Vergleich der statistischen Fallgruppen, und hier haben die Summe der Einzelfälle und die Statistik der Fallgruppen, sofern sie den methodischen Standards der Kriminologie genügen, durchaus eine gesellschaftspolitische Bedeutung. Wenn der Drogen- und Menschenhandel und Kriminalität zum Haupt- oder Nebenerwerb von einigen Flüchtlingen wird, gilt das gleiche.

Die *Digitalisierung* wird wie das weiße Kaninchen aus wahltaktischen Gründen immer wieder aus dem Hut gezaubert, gleichrangig mit den Evergreens *Bildung* und Ausbau der *Infrastruktur* (womit in aller Regel nur der Ausbau der Straßen und Fernwege gemeint ist). Und mit Digitalisierung wird so schnell wie falsch alles Mögliche verbunden, neue hochwertige Arbeitsplätze, schnellere Produktions- und Logistikprozesse, präzisere Waffensysteme, besserer Unterricht in Schulen, etc., etc. 5G hat für den *single User* keinen ausgewiesenen Zusatznutzen.[125] Wer will schon autonom fahren oder den ganzen Tag eine Datenbrille tragen oder sich dem *Internet der Dinge* widmen? 5G ist aber hilfreich bei der genaueren Steuerung von Drohnen und vernetzter Logistik- und Produktionsprozesse. Warum wagen sich Politiker an die ganz großen Herausforderungen, wenn sie noch nicht einmal in der Lage sind, die Rechnerstruktur in den Behörden, trotz fünf Jahren Vorlaufzeit, von der win7™-Version auf eine aktuelle – und sicherere – Version zu upgraden. NRW hat das nicht geschafft. Ebenso wenig gibt es einen Standard, was im Schulessen enthalten sein darf und was nicht. So viel zur Kompetenz in Dingen des Alltags. Die Versteigerung der neuen Frequenzen schwemmt immerhin 6,5 Milliarden Euro in die Haushaltskasse des Bundes (erheblich weniger als die ca. 100 Mrd DM bei der

---

[125] Siehe dazu Ergänzungen im Anhang; ebd. „Anmerkung 125".

Versteigerung der UMTS Linzenzen im Jahr 2000), die angeblich zum Ausbau der Digitalstruktur in frequenzschwachen Gebieten verwendet werden sollten (Stichworte: Breitband und Glasfaser). Schöne heile Welt. Wer refinanziert eigentlich die Kosten des Frequenzerwerbs?[126] Was sich aber ganz sicher einstellt, ist, dass sich mit dem mehr an Daten – und es sind viel mehr Daten, die mit 5G produziert werden – der dazu benötigte Energieverbrauch auf neue Höhen heraufschraubt und sich somit zugleich die CO^2 Bilanz weiter verschlechtert. Bereits die Internetnutzung zieht alleine in Deutschland ca. 8% des Stromverbrauchs aus dem Netz. Alles was wir bislang von Digitalisierung sicher wissen, ist, dass sie die Menschen faul und fett macht und sie auf dumme Gedanken bringt. Selbst junge oder alternde Junge (Altersgruppe der zwischen 20 – 40-Jährigen) sitzen oft stundenlang vor irgendwelchen virtuellen Spielen oder beteiligen sich mit sinnentleerten Chats aktiv an der Zerstörung der Qualität von zwischenmenschlicher Kommunikation. Der Trend wird anhalten, was die immer neuen Besucherrekorde der Kölner *Gamescom* belegen. Langeweile ist aber kein Kulturgut, sondern ein Zeichen voranschreitender Ignoranz der Bedürfnisse des Mitmenschen. Menschen, die sich offenbar gut kennen, sitzen im Café nebeneinander und jeder checkt seinen eigenen *Account*. „*Schatz, der Latte wird gerade serviert.*" Smiley und Click. „*Danke Liebling*". Doppel-*Smiley* und *Click*. Egal, was, wann, wo und zu welchem

---

[126] Die gewaltigen Summen, die die Ersteigerung der neuen Frequenzen kosten, werden natürlich von den *Usern* in den kommenden Jahren bezahlt. Die Re-Finanzierung geht wie folgt. Die Betreiber bauen kaum neue Türme, sondern rüsten die alte Infrastruktur mit der neuen Technologie nach. Ergebnis: gleiche Raumdeckung, aber xx Millionen User müssen sich neue Cellphones kaufen, weil sie erst dann mit dem neuen Netz arbeiten können. Entscheidend wird sein, welche Geräte dann mit welchem Standard funktionieren. xx Millionen neue Verträge, und xx Millionen neue Endgeräte, *that´s the deal*. Eine klassische win-win-Situation, von der der User nichts hat, außer höhere Kosten. Die Schweiz begann schon 2017 das GSM-Netz sukzessive abzuschalten. *Vodafone* macht das 2017 auch in Australien. Deutschland will angeblich GSM für die Grundversorgung beibehalten. 3G (UMTS) und 4G (LTE) Abschaltungen werden bereits angekündigt. Nutzer mit Billigverträgen stehen eines schönen Tages wahrscheinlich ohne Netz da.

Zweck – *real* – passiert. Die Menschen machen Aufnahmen von allem und jedem, vor allem von sich selbst und ihren tristen Tagesaktivitäten und *teilen* es in Echtzeit über *Social Media* mit der ganzen Welt, in der Hoffnung, es würde die Welt interessieren, welchen grandiosen *Smoothie* sie gerade schlürfen oder welches phantastische *Makeup* sie tragen. Warum tun sie das? Wissen sie erst dann, dass sie wirklich leben, nach dem Axiom des Bischofs Berkeley *Esse est percipi* (Sein heißt Wahrgenommenwerden)? Oder bereiten sie sich auf den neuen Trendberuf *Influencer* vor?

Die Radsportler der *Tour de France* rasen an einer Wand von Hunderten knipsenden und zugleich jubelnden Zuschauern vorbei. Fast alle schauen zu, dass die Aufnahme nicht verwackelt ist. Autofahrer halten auf der Autobahn an, um die Leiden von Unfallopfern in ihr digitales Gedächtnis abzuspeichern.[127] Angeblich haben sie das Recht dazu, sagen die Täter. Jugendliche laufen unaufmerksam über den Zebrastreifen und checken dabei kurz oder länger, ob sie ein neues *Like* bekommen haben. Selbst Kinder auf Fahrrädern mit einem Handy in der Hand gehören mittlerweile zum Straßenbild. Und Parlamentssitzungen werden zunehmen, bei denen sich einzelne Parlamentarier – coram publico - die Langeweile der Sitzung mit Spielereien auf dem *Cellphone* oder *Pad* vertreiben. Vielleicht checken sie auch nur die Anzahl der *Likes* – wie Kinder - auf dem eigenen *Facebook®*-Kanal, aber sie ignorieren die Redner und das Wahlpublikum. Die Banalität des eigenen Daseins erhält einen Kanal, mit dem sich Geld verdienen lässt. *YouTuber* und *Influencer*, die kaum noch

---

[127] In den kommenden 10 Jahren wird sich der Energieverbrauch von 10 Mrd. kWs (Stand 2014) auf 12 Mrd. kWs (Projektion 2020; Angaben von Vattenfall 2019) erhöhen. Grund dafür ist die Zunahme des Internetgebrauchs (Surfen), auch Nutzung neuer Dienstleistungen (*eLife*: Bsp. digitales Haus etc.). Bedenkt man, dass bereits heute ca. 80% der Internetnutzung mit Videoanschauen und der Weiterleitung von Autobahnvideos oder Einkaufstouren und Kindergeburtstagen draufgehen, könnte der Energieverschwendung mit einem einfachen Entsagungsverhalten Einhalt geboten werden. *Google®* alleine verbraucht so viel Strom wie eine Stadt mit 200000 Einwohnern. Die Jugend könnte mit gutem Beispiel vorangehen. Neben dem Individualverhalten ist der Anstieg des Stromverbrauchs der immer stärkeren Zunahme des *Cloud-Computing* geschuldet.

Bücher lesen, halten sich für eine Berufsgruppe und werden mit privaten Kosmetik-, Beautytipps oder peppigen Beiträgen zum Politiker-*Bashing* (*YouTuber Rezo*) zu den Stars von Kindern und Jugendlichen, die auch immer weniger Bücher lesen. Das Geschäftsmodell lohnt sich für die Industrie und die mutmaßlichen Meinungsbeeinflusser. Die systematische Relativierung des Allgemeinen und die Banalisierung des eigenen Lebensentwurfs haben Folgen für das gesellschaftliche Zusammenleben der Menschen und für die Zukunft des Landes. Privatwissen und Banalitäten ersetzen Bildung, Nachforschen und Wissen. Die meisten Politiker haben es leicht, auf diesem Niveau mitzuspielen, und fühlen sich herausgefordert modern zu sein. Alle sind auf *YouTube®* und *twittern*, was das Zeug hält, und klären das Volk im eigenen Kanal auf. Bereits mit der bestehenden Digitalstruktur, Leitungsnetzen und vorhandenen Endgeräten könnte man eine Menge Sinnvolles anfangen, aber wir tun es nicht. In der Realität vernetzen noch nicht einmal die Bundesländer ihre Fahndungsdatenbanken, geschweige denn mit denen im Europolraum[128]. Die Datenbanken sind nicht synchronisiert, schon gar nicht sind alle nach einer identischen Datenbankstruktur (Abgleiche gehen dadurch nicht automatisiert) aufgebaut. Auf (neue) gesellschaftliche Rituale reagiert die Politik mit großem zeitlichem Verzug. Raser im Straßenverkehr werden erst für ihre archaischen persönlichen Freiheiten angemessen zur Rechenschaft gezogen, wenn sie Menschen töten. Lange Zeit erfüllt die billigende Inkaufnahme der Tötung von Menschen durch Rasen nur den Tatbestand der Fahrlässigkeit mit Todesfolge und nicht den des Mordes.[129] Die

---

[128] Seit 2016, nach den massiven Terroranschlägen (in *Paris, Charlie Hebdo, Bataclan* und in *Brüssel*) wurde sukzessive die Abstimmung zwischen den Ermittlungsbehörden im Rahmen von *Europol* (Den Haag) verbessert.

[129] Für den Verkehrsunfall mit Todesfolge im Februar 2016 erhalten die beiden Berliner Raser 2017 eine Verurteilung wegen Mordes. Das ist die erste Verurteilung mit dem Strafhöchstmaß. Das Urteil wird in der Revision bestätigt. Die 24 und 27 Jahre alten Fahrer rasen mit 170 Km/S über den Kurfürstendamm in Berlin und rammen auf einer Kreuzung das Auto eines 69-Jährigen, der an den Folgen des Aufpralls noch am Unfallort verstirbt. *Marvin N.* und *Hamdi H.* hatten vor der Kreuzung

Täter gehen jahrelang mit kleinsten Strafen aus den Gerichten und setzen sich wieder hinter das Steuer ihrer Waffen. Sind auch diese Täter vielleicht nicht integriert oder haben sich missverstanden gefühlt? Brauchen sie diese Form der Superkompensation, um anerkannt zu sein? Zu welcher sozialen oder ethnischen Gruppe zählen sie? Sind es Einzelfälle? Die Öffentlichkeit weiß das nicht, weil der Datenschutz auch Täter schützt. Die Opfer und deren Angehörige erhalten einen Nachruf und eine schöne Grabinschrift. In den USA werden Täter mit Namen und Bild in den Medien und auf *Billboard* gezeigt.[130] Das dient der Abschreckung, Entlastung vom Seelenstau und der Öffentlichkeitsarbeit der Strafermittlungsbehörden und Gerichte. Amerikaner sind, wie gesagt, in vielem viel pragmatischer als die Deutschen. Einige Polizeibehörden gehen noch viel weiter und betreiben ein systematisches *Profiling* mit Hilfe modernster Algorithmen, die ihnen zum Beispiel von dem Unternehmen *Clearview* zur Verfügung gestellt werden. Das Werbeversprechen der Software zur Gesichtserkennung (*Facial Recognition*) ist so durchschlagend wie der Erfolg des Tools.[131] Hinsichtlich des Datenschutzes ist es eine fragwürdige Entwicklung (vielleicht aber auch nicht, denn wenn der Datenschutz die Täter schützt, schützt er die Falschen und fördert sogar die Kriminalität), aber was technisch möglich ist, wird in den USA immer genutzt. Wir brauchen Jahrzehnte, um in dem exklusiven Privatvergnügen Weniger für das innerstädtische

---

kurz gebremst und dann wieder Gas gegeben. „*Die Angeklagten haben aus nichtigem Anlass mit dem Leben anderer Menschen gespielt*", sagt der Richter in der Urteilsbegründung.

[130] Im italienischen *Mantua, Lombardei,* des Mittelalters gibt es am Palast einen Balkon, der als Außengefängnis genutzt wird. Die Bürger konnten so jederzeit die Delinquenten wie Tiere im Zoo bestaunen. Die Täter wurden Schimpf und Schande der Bürger und dem Wetter ausgesetzt.

[131] „*Clearview's technology has helped law enforcement track down hundreds of at-large criminals, including pedophiles, terrorists and sex traffickers. It is also used to help exonerate the innocent and identify the victims of crimes including child sex abuse and financial fraud. Using Clearview, law enforcement is able to catch the most dangerous criminals, solve the toughest cold cases and make communities safer, especially the most vulnerable among us.*" (www.clearvie.ai).

Rasen die vorsätzliche Mordabsicht zu erkennen. Mit dem Mobbing im Internet (*Cyber-Mobbing*) ist es ähnlich.[132] Es findet rund um die Uhr statt und die Opfer werden zu oft alleine gelassen. Es ist nicht einfach, das Prinzipielle dem Notwendigen zu opfern. Raser, Mobber und Terroristen haben schließlich Rechte (sic! *Achtung der Menschenwürde* nach dem *GG*). Richtig! Das Freiheitsversprechen des Einzelnen ist wesentlicher Bestandteil des Grundgesetzes. Die Freiheit, sich das Recht zu nehmen, Mitmenschen zu beschädigen, zu verletzen und deren eigenes Freiheitsrecht in einem brutalen Gewaltakt zu nehmen, gehört dazu. Gegen kriminelle Akte gibt es Gesetze, Gerichte und Urteile. Aber ein Urteil und der Anspruch auf Gerechtigkeit wiegen das begangene Unrecht nicht auf. Das ist der Widerspruch, sagen die Rechtsgelehrten, den es in einer freiheitlichen Demokratie auszuhalten gilt. Vielleicht hilft beim Umdenken die Überlegung, dass, wenn wir nichts daran ändern, der Anstieg der Opportunitätskosten und der spezifischen Kriminalität weiter zunimmt. Das sind solche Fälle, bei denen ein sehr geringer Teil der Menschen brutalste Taten begeht, für deren Heilung alle Bürger eine große Menge Geld aufbringen, die eigene Freiheit und manchmal auch Leib und Seele opfern müssen.[133] Die Tathintergründe sind interpretationsfähig. Die Zahlen selbst sind aber nicht verhandelbar, wenn man sich nicht gewollt in den Teufelskreis einer moralisierend-relativierenden Interpretation des „*Ja-Aber*" verstricken will.[134] Was so nicht sein darf, kann so nicht dargestellt werden.

---

[132] Nach dem Gesetz stehen *Beleidigung* (§ 185 StGB), *üble Nachrede* (§ 186) und *Verleumdung* (§ 187) unter Strafe. Selbst die Verbreitung von *Gewaltvideos* (§ 131 [1]) kann bestraft werden. Die Behörden haben aber zu wenig Personal, um den Anzeigen nachzugehen. Nicht wenige schämen sich, Opfer zu sein, und erstatten überhaupt keine Anzeige.
[133] Siehe dazu Ergänzungen im Anhang; ebd. „Anmerkung 133".
[134] Ein erfrischendes Dokument für das *post-faktische Amerika*, also die Art, sich gekonnt selbst reinzulegen, haben das Autorenteam *Davis Maddox* und *Malcom Morrison* mit dem Kurzbeitrag „*Alternative Math*" 2017 produziert. *Funny, really funny, but true.*
See: https://www.YouTube.com/watch?v=Zh3Yz3PiXZw.

Relativierung ist nicht erst heute ein fester Bestandteil der öffentlichen Diskussion über Fakten. *„Wir haben weniger Kriminalität."* *„Das sehe ich anders."*[135]

Sollte man sich also der Anfänge der sozialen Devianz nicht rechtzeitig erwehren? Wer das hohe Gut der Freiheit aller mit dem vermeintlichen Recht von Überzeugungstätern gleichsetzt, das Recht der anderen mit Füßen zu treten, begeht einen logisch-kategorialen und einen moralischen Fehler dazu, weil er offenbar nicht sieht, wo sich die Haarrisse im (sozialen) System verbergen. Und nicht versteht, wie sich aus kleinen Störungen schwere Systemdefekte entwickeln können (Schmetterlingsprinzip der Chaostheorie). Man sollte es so oft wie möglich sagen: Wer daran nichts ändert und den Mangel nur verwaltet, oder zu spät handelt, sollte die Politik nicht als Arbeitsort wählen. Würden die *Maintenance-Manager* beim jährlichen Generalcheck des Superfliegers *A380* auch nur einen kleinsten Haarriss in den stark belasteten Tragflächen übersehen, ist die Flugsicherheit nicht mehr zu garantieren. Deshalb nehmen sie jeden Haarriss sehr genau unter die Lupe und beseitigen ihn umgehend, damit die komplette Systemintegrität weiter gewährleistet ist. Über die Notwendigkeit der Beseitigung wird nicht diskutiert, vielleicht über die Art und Weise, wie man es am besten macht, weil Technik und Werkkunde Praxis-Wissenschaften sind und kontinuierlich neue Erkenntnisse und bessere Techniken hervorbringen. Der Mitbewerber *Boeing* hat das mit seiner *M-Klasse* nicht so gesehen. Die tragischen Folgen der *Laissez-Faire-Politik* werden immer noch aufgearbeitet. *Trump* hat die komplette Serie mittlerweile *gegroundet*. Der Image- und Vertrauensschaden des Top-Flugzeugbauers ist enorm.

---

[135] Ein aktuelles Beispiel für die reflexhafte *Relativierung der gesellschaftlichen Wirklichkeit* ist nachzulesen im Gespräch zwischen der ehemaligen Justizministerin *Sabine Leutheusser-Schnarrenberger* und dem Ex-Verfassungsschutzpräsidenten *Hans-Georg Maaßen*. Im Gespräch kommt lehrbuchhaft zum Ausdruck, dass man zumindest *Gegensatzpaare des Gleichen* bilden kann: *Sicherheit versus Freiheit, Täterrecht versus Opferpflichten, Einmaltäter versus Gruppentäter, Meinung versus Faktum, Humanismus versus Rechtsstaat.* Die Gegensatzpaare sind Beschreibungen des gleichen Ergebnisses oder des gleichen Vorgangs. Siehe Gesprächsabdruck im *Cicero*, 07-2019; S. 30-39.

Sollten auch die Politikerkollegen von *Seehofer* die Haarrisse in der gesellschaftlichen Wirklichkeit so lange wirklich nicht gesehen und verstanden haben? Es gibt einzelne Beispiele politischer Aufmerksamkeit. Die schwarz-gelbe NRW Landesregierung scheint die Nase voll zu haben und dreht den Spieß jetzt um. Ab 2018 führen die Behörden des Landes zwischen den Behörden (Polizei, Zoll, Sozialämter) abgestimmte und gezielte Razzien in einschlägigen Shisha-Bars durch. Die Beschlagnahme von Immobilen und Autos bis hin zur Androhung, den Clanfamilien die Kinder wegzunehmen, sind ein erster Silberstreif im Kampf gegen die organisierte Kriminalität, die Deutschland als kostenfreien Supermarkt der eigenen Bedürfnisbefriedigung auserkoren hat. Wie lange hält das an? Werden die aufmerksamen Bürger die Behörden und Minister *Reul* davor warnen, nicht alle über einen Kamm zu scheren?

Leistung muss sich (schon wieder) wirklich lohnen. Warum sollen sich der politische Raum und seine Protagonisten von unserem marktwirtschaftlichen Werte-, Qualitäts- und Entscheidungssystem unterscheiden? Der Erfolg dieses Systems hat viele von dessen Richtigkeit zumindest verbal überzeugt, und die Wirtschaftsordnung gilt nach wie vor als ein zentraler Ort der Entwicklung persönlicher Möglichkeiten. Die Aussage, dass Leistung sich wirklich (wieder) lohnen müsse, impliziert zum einen, dass das persönliche Leisten (immer) das zentrale Muster des Erfolgs sei, und unterstellt zugleich, dass die Rahmenbedingungen zur Leistungserbringung nicht mehr optimal sind. Aber das ist eine Scheindiskussion, weil es wahrscheinlich nur einen sehr geringen Teil der Leistungserbringer betrifft. Nicht das geschickte Herumschlängeln und die Vorteilsnahme Einzelner oder von Konzernen innerhalb der Möglichkeiten des Rechts- und Sozialstaats darf monetär positiv belohnt werden. Das Ziel einer offenen Gesellschaft ist die soziale Absicherung derjenigen, die unverschuldet durch das Raster fallen oder in höchster sozialer Not sind. Was dem Sozialstaat nachhaltig schadet, ist die Sozialisierung der Kosten ökonomischen oder kriminellen Fehlverhaltens im Privat-, im Unternehmens- und im staatlichen Bereich. Warum soll die ehrliche Mehrheit den Schaden tragen, den Kriminelle vorsätzlich verursachen? Hier muss die Politik beginnen, die Grenzen zu verschieben und neu zu definieren, damit das erhalten bleibt, was die Menschen sich über Jahrzehnte mit großer Eigenleistung (sic! Arbeit) erarbeitet haben. Und genau hier sind der Mut, die Kompetenz und das beispielhafte Vorangehen des einzelnen Politikers gefragt.

Das Geld für zentrale Maßnahmen zur Veränderung des Status-quo ist vorhanden, wird aber nicht eingesetzt. Die aktuelle Arbeitsmarkt- und Ertragslage Deutschlands ist (noch) so gut, dass sich die Politik weiterhin eine *Schwarze Null* leisten will. Die *Heilige Kuh* darf nicht geschlachtet werden. Das wird aber nicht so bleiben. In Krisenzeiten verengen sich bekanntlich die ökonomischen Möglichkeiten, und bei Politikern weitern sich dann als Angstreflex zuerst die Pupillen und dann die Herzen. Das ist die Kehrseite der „Millionen von Freiheitsgraden", über die wir verfügen. In der Wirklichkeit sind sie (nur) virtuell präsent, und daher nur unter besonderen ausgewählten Bedingungen auch im Alltag verfügbar. Das bedeutet, dass Aktionen präzise durchdacht und bezüglich ihrer mittel- und langfristigen Konsequenzen hin (Auswirkung auf andere Bereiche), umfassend überprüft und bewertet sein müssen. Schnellschüsse à la Kraftwerksabschaltungen, Rettungsschirme, Willkommenskultur, Dieselfahrverbote, Mitbewerber-*Bashing*, neuerdings eine Klimasteuer, sind Panikreaktionen und resultieren nicht aus gut durchdachten Gründen.

Was wir sicher wissen, ist, dass die Gewählten immer noch wissen oder zu wissen glauben, dass sie vom Wähler einen Auftrag erhalten haben. Zumindest wiederholen sie das Mantra, gefragt oder ungefragt, fortwährend und pathetisch in die Mikrofone. Und wir können sicher sein, dass, solange es um die Verteilung der Pöstchen geht, alle wieder lieb zueinander sind, und natürlich für das Land und für die Bürger arbeiten werden. Was bleibt ihnen sonst übrig? Bis in die kleinsten Amtsstübchen sind die Pöstchen fein säuberlich unter den Parteien aufgeteilt. Bekommst du dieses Amt, steht uns jenes Amt zu. Geht der Minister, dann geht der Staatssekretär in der Regel mit. Die Personalrochade nach einem Regierungswechsel ist ökonomisch eigentlich nicht zu vertreten. Gehört das Land den Parteien? *Dient* die Demokratie der Parteienfinanzierung? Bei Interviews werden neben dem Namen des Politikers die Amtsfunktion und die Parteizugehörigkeit immer mit eingeblendet. Und wir wissen, warum das die Regel ist. Nicht eingeblendet wird die Kompetenz des Interviewten. Soll das Parteikürzel schon ausreichen, um Sach- und Fachkompetenz zu suggerieren? Ich wüsste schon sehr gerne, wer mir etwas erzählt und *warum* jemand sich erwählt sieht, für oder gegen eine Sache zu argumentieren. Ist Agrarminister *Christian Schmidt* ein Chemiker, Biologe oder ein *Experte* für die Folgenabschätzung bei Pflanzenschutzmitteln? Nein, ist er nicht. Wir hätten es wissen können. Er ist Jurist. Kein Einzelfall. Nur wenige Minister sind zugleich Experten für ihr Ressort, und die, die Experten sind, werden selten Minister. Hat *Svenja Schulze* Umweltwissenschaften studiert, *Heiko Maas* Internationale Politik, *Olaf Scholz* Finanzwissenschaft, *Peter Altmaier* Wirtschaftswissenschaften? Rhetorische Fragen.

In der deutschen Politik und in den Medien werden viele Experten zurate gezogen. Dabei fällt auf, hauptsächlich bei TV Formaten, Interviews, insbesondere bei *Talkshows*, dass die akademische Betitelung nur kurz oder gar nicht eingeblendet wird und die Moderatoren auf die Ansprache der Gäste mit den akademischen Titeln weitgehend verzichten. In Österreich und in den USA wäre das ein Affront. Wollen die deutschen Talkshow-Gurus das elaborierte Expertenwissen als Teil eines normalen Kollektivwissens präsentieren? Soll somit bereits auf formalem Wege Politikern die adäquate Mitsprache bei Sachthemen zugestanden werden, die sie qua Ausbildung oder mangelnder Erfahrung gar nicht haben können? Soll die politische Kompetenz der jeweiligen Sach- und Fachkompetenz gleichgestellt werden, damit kein Unterschied zu erkennen ist? Kaum kommt das neue Megathema *Klima* auf den Tisch, reden alle über Ursachen und Wirkungen, notwendige Maßnahmen und Grenzwerte, als ob sie ihr Leben lang nichts anderes gemacht haben als Klima*forschung* zu betreiben. Geladene Gäste sind qua Einladung *Experten* oder werden als solche präsentiert. Sollen vielleicht auch ungenehme Fachmeinungen mithilfe der verbalen Entakademisierung abgewertet werden? Die Kommentierung: *Herr/Frau xyz. Sie glauben also wirklich, dass der Klimawandel nicht menschengemacht ist,* zielt in eine völlig andere Richtung als die Version: *Herr Professor, Sie verfügen über 50 Jahre Forschungserfahrung und sagen, der Klimawandel ist nicht ausschließlich von Menschen gemacht. Können Sie das unseren Politikern und Zuschauern, die keine Experten sind, erläutern? Die Sache ist etwas komplexer, als sie manche darstellen. Wenn Sie aufmerksam zuhören und lernen wollen, dann gerne.*

Glauben und *Meinen*, statt Wissen und konstruktives Streiten? Und mit dem Glauben und Meinen befinden sich die meisten

Menschen bereits in der Wohlfühlgruppe der gleichen Überzeugungen. Die beiden ersten Begriffe sind Kategorien des Alltags und der Politik, nicht der Wissenschaften. Umgekehrt kann auch letztere dann und wann falsch liegen. Junge Menschen, die es (noch nicht) besser zu wissen scheinen, fordern im Eifer schon mal zur Generalverbeugung vor *der Wissenschaft* auf. *„Trust science"* steht auf einigen Pappschildern bei den Freitagsdemos. Obwohl die Aufforderung jeder aufrechten Forschung – bereits aus methodischen Gründen – *distrust science* lauten sollte. Die Zuschauer erfahren oft nicht, warum jemand zum Experten stilisiert wird. Wer mitredet, muss sich nicht ausweisen mit seiner Vita oder mit erworbenen Fachwissen und Erfahrung. Wir hören den Rednern zu, weil wir als *Normaluser* des medialen Standard-Angebots in aller Regel dem *Namedropping* von Parteien und Medien vertrauen nach dem Motto *„Kleider machen Leute"* und *„Posten machen Kompetenz".* In beiden Fällen kann man zunehmen oder aufsteigen, bis beides nicht mehr passt. Wenn die politische Stammtischplauderei und das pseudokompetente Gerede von einigen Politikern dem Expertenwissen gleichgesetzt werden, ist eine Absicht zu vermuten. Der zur Schau getragene (unfreiwillige) *Anti-Intellektualismus* erzeugt Kopfgeburten und Flachdenker am laufenden Band, die Hochkonjunktur in allen Medienformaten haben[136].

Geht es um Wahrheit und um Wirklichkeit, kommt es auf Titel und Ehrenzeichen nicht an. Für die Qualität der Aussagen ist es von herausragender Bedeutung, welche Reliabilität und Validität diese Aussagen des jeweiligen *„Experten"* haben. Dazu muss der Zuhörer oder Zuschauer aber wissen und erfahren, welchem wissenschaftlichen *Paradigma* der Experte zuzurechnen ist. Genau so, wie wir wissen möchten, welche Parteimeinung ein Politiker vertritt. Das Paradigma ist die Rahmenordnung, innerhalb derer

---

[136] Die Stilblüten und Beispiele mangelnder Tiefenkenntnis von der Materie, über die einige Politiker sich trauen zu berichten, können ganze Bücher fassen. Der profunde Wissenserwerb (Fachwissen) ist nur mit andauernder Leistung und der Fähigkeit zum *Durchhalten* zu erwerben. Wenn man vor Abschluss der Ausbildung und schon im politischen Amt, mit dem Drang nach oben, aber zu Gott und der Welt befragt wird, muss man mit Worthülsen und *fake Knowledge* rechnen. Nachsicht Kollegen: *It's just politics, Baby! That's all!*

(wissenschaftliche) Aussagen *Sinn* haben oder beanspruchen. *Last but not least,* hat der Experte ein Parteiabzeichen und prä- oder reformuliert der politische Experte Aussagen oder Lösungen aus Sicht einer Partei im Mantel der (akademischen) Kompetenz, ist es die originäre Aufgabe der Medien, die Verschleierung zu enthüllen. Das Zeigen (Einblendung) oder Benennen der Parteizugehörigkeit soll klarmachen, welche Denkrichtung hinter einem Kommentar oder einer Wortmeldung stecken könnte. Dass sich Politiker selbst gerne in der Rolle als Aufklärer wohlfühlen, dient jedoch in der Regel der vorsätzlichen Abwertung des Expertenbeitrags. Der Liberale *Kubicki* muss in der *Maybritt Illner* Talkshow am 26.10.2017 den Zuschauern unbedingt klarmachen, dass der „Experte" und Erziehungswissenschaftler *Ulrich Schneider*, eingeladen als Hauptgeschäftsführer des *Deutschen Paritätischen Wohlfahrtsverbandes*, ein Parteibuch der *LINKEN* mit sich trägt. Entwertet die Mitgliedschaft in der (nach K. vielleicht „falschen") Partei oder der Hinweis darauf die Kompetenz des Trägers oder die Wertigkeit seiner Aussagen zur steigenden Armut in Deutschland? Nicht unbedingt. Aber es lässt die Vermutung zu, dass eine andere parteipolitische Perspektive ein anderes *framing* der den gemachten Aussagen zugrundeliegenden Tatsachen erlauben würde. Daraus ergibt sich folgendes Problem: Wenn Wahrheit nur eine Funktion von Abzeichen ist, die als Indices für unterschiedliche Perspektiven (verschiedene *frames*) angesehen werden können, ist es um Veränderungen in der Politik sehr schlecht bestellt und der Laie hat nur eine geringe Chance, *real Facts* von *Fakes* zu unterscheiden. Als kluge Bürger und Politik-Konsumenten sollten wir – zum Eigenschutz - von den Wirklichkeits- und Wahrheitsangeboten der Politik deshalb immer annehmen, dass sie mit einer gebotenen Vorsicht zu konsumieren sind.

Keine Zeit für Provinztheater. In der Zwischenzeit interessiert sich nicht wirklich irgendjemand auf dieser Welt für unsere ach so wichtigen Probleme. Frankreich macht sich etwas Sorgen, weil der junge eloquente Präsident nur mit einem starken Deutschland politisch überleben wird. Und erste Abnutzungserscheinungen werden sichtbar. China macht sich mit einem Siegerlächeln daran, die USA in Sachen Wirtschaft, Militär und Ideologie in fünf Jahren zu überholen. Noch heute gibt es in China ca. 2000

Statuen von Mao, aber kein Mahnmal für seine Millionen Opfer der Diktatur des Proletariats. Das neue China braucht keine Demokratie westlichen Zuschnitts, solange die Armee mächtig ist. Heute zählt nur der ökonomische Profit um jeden Preis, auch ohne den Kommunismus maoistischer Prägung. Auch mit der Unterstützung von Deutschland wird ihnen das in den kommenden Jahren spielend gelingen. Vielleicht weil uns selbst für eigene Visionen oder Leitmodelle das richtige Personal fehlt und wir notgedrungen stattdessen *Joint Ventures* eingehen? Das klingt zeitgemäß und innovativ, ist aber nur das Eingeständnis, dass wir zu unbedeutend sind oder zu wenig Kapital haben, um ganz oben mitzuspielen.

Der Masterplan *„Made in China 2025"* und das Vorhaben der neuen Seidenstraße sind ambitioniert, aber China hat eine große Chance, das zu schaffen. Die chinesische Regierung muss auf Wahlergebnisse keine Rücksicht nehmen, und setzt den Sozialismus chinesischer Prägung konsequent um. Das Land schwimmt in Geld und die Menschen wollen Höchstleistungen erbringen. Umso mehr wundert es, dass wir der Nation der Superreichen immer noch Entwicklungshilfe zuteil werden lassen. Hat die Politik Sorge, dass die Chinesen in Massen zu uns migrieren? *No way*. Es gibt kein zweites Land auf der Welt, in dem der vertikale Aufstieg schneller geht als in China. Der sozialistische Kapitalismus unterscheidet sich nur unwesentlich vom demokratischen Kapitalismus der deutschen Kanzlerin. Chinesische Politiker denken aber langfristig und brauchen keine alternativlosen Hauruckaktionen oder Basteleien, um ihre Existenzberechtigung gegenüber ihren Bürgern oder in den Medien zu legitimieren. Solange der chinesische Gesellschaftsvertrag mit wechselseitigem Nutzen angefüllt ist, also die Mehrheit etwas davon hat, werden die Ziele erreicht. Die Chinesen sind hungrig nach Wohlstand, Geld und Luxus und die High-End Märkte (Robotik, Elektromobilität, Medizintechnologie, globale Infrastruktur) stehen gerade erst am Anfang ihrer Entwicklung. Die deutsche Politik sorgt sich um die Menschenrechte in China. Die Chinesen fokussieren sich auf den Erwerb von Know-how auf allen Gebieten und kaufen sich weltweit ausländische Kompetenz ein.

Das ist die wirtschaftliche Seite. Um auch für andere attraktiv zu sein, fehlt dem chinesischen Weg allerdings die politische Legitimierung. Solange es keine freien Wahlen gibt, bleibt der

Verdacht, dass das chinesische Staatsvolk das Handeln seiner autokratischen Lenker nur deshalb relativ gelassen hinnimmt, weil der Preis des Widerspruchs für den Einzelnen und seine Familie exorbitant hoch ist. Dieses Muster durchzieht das gesamte kulturelle, politische und intellektuelle Leben. Mehr noch, es hat auch einen Einfluss auf Wissenschaft und Technologie. Ein Klima der erzwungenen Konsense und der geistigen Einschüchterung würgt jede offene Debatte, in der Problemlösungen nur durch intellektuelle Konkurrenz und Konfrontation gefunden werden können, bereits im Ansatz ab. Deshalb ist China gut im Reproduzieren, Optimieren und Rekombinieren von Lösungen und Techniken, die im Ausland entwickelt und vorgedacht und zugleich als gut für das Land befunden wurden, aber es bringt keine kreativen Neuschöpfungen hervor, die das Potential haben, die gegenwärtige Systembasis zu transzendieren und zu gefährden. Nicht weil die Chinesen es nicht könnten, sondern weil das rigorose Kontrollregime der autokratischen Herrscher intellektuellen Mut, der immer auch die Bereitschaft zu geistiger Abweichung impliziert, hart bestraft, wann immer ihnen das Ergebnis nicht gefällt. So gesehen, könnte man den chinesischen Entwicklungsweg als *eindimensional* bezeichnen.

Wenn die neuen Heilsversprechen der neuen Koalitionäre in der Bundesrepublik nicht liefern können, wird es mit der Gelassenheit im Lande der *Party-people, Life-style* Fetischisten, Klima-Retter, Veggie-Fans, Vielflieger, Raser und Sozialleistungsbezieher schnell vorbei sein. Die USA und der beste aller Präsidenten machen in der Zwischenzeit so weiter wie bisher. *Trump* kündigt schon mal an, wie viele seiner Vorgänger, dass er sich die stille ökonomische Invasion der Chinesen mittels massenhafter Exporte von Billigprodukten, die die amerikanische Verschuldung weiter aufblähen, nicht weiter bieten lässt. Ich fürchte, er wird, ganz anders als seine Vorgänger, seinen Worten bald Taten folgen lassen. Wenn die Sache mit der Mauer gegen Mexiko nicht klappen sollte, wird er Zollmauern bauen.[137] Versprochen ist versprochen. Und wenn sie den Kerl erwischen, der gerade den

---

[137] Siehe dazu Ergänzungen im Anhang; ebd. „Anmerkung 137".

privaten Twitteraccount des *Big Boss* vorsätzlich geschlossen hat, „*Sorry, out of order*", dann gnade ihm Gott.

„*We will win biggly.*" Seit Jahren haben wir unsere Zukunft an die gewählten Politiker verliehen, die sich gerne reden hören und vorgeben zuzuhören, leider immer nur dann, wenn es ihrer Macht an den Kragen gehen könnte. Unsere Politiker wissen überraschenderweise immer sehr genau, was das Land und die Menschen brauchen. Das sagen sie zumindest, ohne genauer zu werden. Und dann haben die Wissenden immer gut klingende Zukunftsmodelle parat. Und natürlich wird alles gut werden, wenn sich alle anstrengen. „*We will win biggly*", gilt auch für die Deutschen. Die Flüchtlinge wissen das bereits zu Hunderttausenden. Warum sollten sie sonst zu uns kommen wollen?

Es könnte alles so wunderbar sein, wenn es nicht diese Nörgler gäbe. Immer mehr Betroffene oder Beobachter scheinen sich daran zu stören, dass seit Jahren immer nur die gleichen Ideen und Verheißungen wiederholt werden. Die großen Würfe oder Erfolge sind - auch seit Jahren - nicht in Sicht. Nicht in der Alterssicherung, nicht in der Kinder- und Jugendsicherung, nicht im Arbeitsmarkt, nicht beim gerechten Lohn, nicht in der Kranken- und schon gar nicht in der Altenversorgung. Was dagegen gut funktioniert – und auch das seit Jahren - ist die Alimentierung der Politiker und der Staatsbediensteten, wofür letztere allerdings gewisse Nachteile in Kauf nehmen müssen. Die Flüchtlinge brauchen en Detail nicht zu wissen und nicht zu verstehen, dass es große Widersprüche im Schlaraffenland gibt. Bevor ich verhungere, das Leben meiner Familie und das eigene nicht sichern kann, oder gar an Leib und Leben bedroht werde, wandere ich aus, sagen sie sich, und suche mir mein Glück eben dort, wo eine sichere Zukunft möglich erscheint. Das ist legitim.

Vielleicht sollten wir langsam anfangen darüber nachzudenken, was es tatsächlich bedeutet, dass wir den Berliner Großflughafen *BER* nicht fertiggestellt bekommen, Millionen von Stunden jedes Jahr im Stau stehen, den Lastverkehr nicht von den Straßen bringen (im Gegenteil jahrzehntelang von der Schiene auf die Straße verlagert haben), die Infrastruktur auf Verschleiß fahren, dass die Schulen verfallen, Lohndumping sukzessive zum alles beherrschenden Ertragsmodell der Menschen wird, dass wir uns systematisch selbst vergiften, unsere „Nutztiere" quälen und wie Müll behandeln. Haben wir die Kompetenz verloren, Großes zu leisten? Sind wir paralysiert und warten auf den nächsten Heiland (lässt sich nicht *gendern*! Sorry!), der uns wieder in das gelobte Land (zurück)führt? Welches Land meint also die Kanzlerin, in dem sie gut leben kann? Vielleicht sollte sie nach dieser Wahl nicht mehr so oft ins Ausland reisen und sich mehr um *ihr* Deutschland vor Ort kümmern. Dass Deutschland international als eine Art Wunderland dasteht, haben wir dem Export und der Leistungsfähigkeit der Menschen und nicht der Politik zu verdanken. Ingenieursleistungen verlieren jetzt aber ihren Glanz angesichts von Schummelsoftware und *fake data* beim Spritverbrauch. Und dass Deutschland auch immer mehr zu einem Disneyland für Kriminelle avanciert, ist politischen Versäumnissen zuzuschreiben. Man kann nur hoffen, dass mehr Menschen beginnen, *richtig* zu verstehen. Denn in der Zwischenzeit ändert sich das Land und Europa und die Welt.

„Es ist besser, nicht zu regieren, als falsch zu regieren". Noch gibt es, trotz allen Sondierens, Beschnupperns und Balkonierens keine Regierung. Vorsicht, dass die Unfähigkeit des Zusammenraufens die Bürger nicht auf eine neue Idee bringt. Nachfrage zum Hier und jetzt: Gibt es keine Mittelmeerflüchtlinge mehr, nur weil ihre Zahl 2017 gegenüber der von 2015 zurückgeht? Klappt das Abkommen mit der Türkei wirklich? Funktioniert die EU in der Zwischenzeit und kriegen wir das mit den gerechten Steuern und der Schuldenbesicherung der Mitgliedsländer in der EU hin? Was ist mit dem Solidaritätszuschlag, was mit der Energiewende? Wie teuer darf es für die Verbraucher noch werden? Man muss nur staunend sehen und hören, was schon wieder alles nicht verhandelt wird und in der Schwebe verbleibt. Am späten Sonntagabend des 19. November 2017 ziehen die *Liberalen* die Reißleine und steigen aus den trägen Sondierungsgesprächen aus. *„Es ist besser nicht zu regieren, als falsch zu regieren"*, sagt der Herr *Lindner* in die Mikrofone der wartenden Journalisten.[138] Was jetzt kommt, ist ungewiss. Und wenn sich die *SPD* weiter ziert, kommen Neuwahlen. Und keiner wird wieder

---

[138] Die *wahren* Gründe der Verantwortungsverweigerung der *FDP* beschreibt *Wolfgang Kubicki* 2019 in seinem Buch *„Sagen, was Sache ist"* (s.o. Anmerkung in diesem Text).

an den ewig gleichen Verteilungsspielchen der Macht ohne Ausgang schuld sein wollen. Doch so weit wird es nicht kommen. 150 Jahre an Erfahrung. Das toppt keiner. Die *SPD* wird sich wieder opfern für den Wähler, für Deutschland und für das Vaterland.

Wenn die Akteure nicht zur Regierungsbildung verpflichtet wären, würden sie womöglich so weitermachen und im *Modus der Dauersondierung* einfach so dahinschweben – in eine blühende Zukunft. Das nimmer müde Credo *„wir tun es für die Menschen"* verkommt zur hohlen Objektivation der eigenen Ideenlosigkeit und dokumentiert nur die latente Angst, nicht mehr gebraucht zu werden. Damit handeln sie traumwandlerisch tatsächlich nur für die Menschen, die nichts mehr fürchten als Änderungen. Aber es gilt: Ohne Veränderung gibt es keinen Fortschritt. Ohne Loslassen gibt es nichts Neues. Und die Reproduktion des Immergleichen zerstört die Welt der Menschen früher oder später. *Period!*

Deutschland *war* (einmal) das Mastermodell der sozialen Marktwirtschaft, werden vielleicht Historiker in nicht so ferner Zukunft schreiben. Die Deutschen haben in nur 70 Jahren, mit großem Willen, der Kraft ihrer Arbeit, und mit Geldern aus den 15 Mrd. US Dollar schweren *„Marshallplan" Trumans (European Recovery Program* von 1948 für 16 europäische Nationen), erreicht, was kaum erwartet wurde. Mit den amerikanischen Krediten, dem enormen Durchhaltevermögen und hoher Ingenieurs- und Konstruktionskunst wurde das zerstörte Land zur zeitweise drittgrößten Marktwirtschaft in der Welt aufgebaut. Der Zweite Weltkrieg hatte große Not, Leid und viele Millionen Menschenopfer in ganz Europa gefordert, die Deutschen mit ewiger Schuld für den *Holocaust* belegt, und doch war die Zeit nach 1945 die Keimzelle für ein anderes, zwar geteiltes aber freies und demokratisches Deutschland. Die Politik war für die Bürger da und hatte mit dem Modell der sozialen und freien Marktwirtschaft die wichtigste Rahmenbedingung gesetzt, um das Ziel *„Wohlstand für alle",* zu erreichen.

Deutschland war jahrzehntelang, wie die USA auch, spätestens aber mit der großen Nachfrage nach Arbeitskräften Anfang der 1960er Jahre, das *gelobte Land* all derjenigen, denen sich in der eigenen Heimat, insbesondere in Italien, Jugoslawien, der Türkei, kaum Chancen zur Entfaltung des eigenen Lebensglücks boten. Deutschland und die USA haben ihren Beitrag aus Überzeugung (Menschenrechte, Demokratie, Humanismus) und marktwirtschaftlichem Eigennutz (freier Wille, wirtschaftliche Prosperität, Gewinnmaximierung) dazu geleistet. Aber Deutschland hat sich *nie* als Einwanderungsland verstanden. Kommen sollten die Arbeitsmigranten gerne, um zu arbeiten, dann aber irgendwann auch wieder zurückkehren. *„Von den 14 Millionen Gastarbeitern, die bis zum Anwerbestopp 1973 nach Deutschland kamen, gingen elf Millionen zurück in ihre Heimatländer."*[139] Der Trend hat sich 40 Jahre später umgekehrt. *„Der Ausländeranteil in der Bundesrepublik erreichte Ende 2014 mit 10 Prozent den höchsten Wert seit Beginn der Aufzeichnungen des Ausländerzentralregisters (AZR) 1967. Damit liegt Deutschland über dem EU-Durchschnitt von 6,7 Prozent."*[140]

Auf *Adenauer, Erhard* und *Kiesinger* (1949-1969) folgten *Brandt* und die Ostannäherung (1969-1974), *Schmidt* und die *Liberalen* (1974-1982), dann *Kohl* (1982-1998) und die *Liberalen* mit der *Wiedervereinigung* der beiden Deutschen Staaten 1989/90 und der erste Auftritt von Jungministerin *Merkel*, schließlich 1998 bis 2005 *Schröder* und die *Grünen*. Die rot-grüne Koalition reformierte den Sozialstaat mit den Ideen des VW-Personalvorstands *Peter Hartz* und führte dem Arbeitsmarkt und den Unternehmen billige Arbeitskräfte zu. Unternehmer und Banken konnten zum ersten Mal im großen Spiel um das *Goldene Kalb* (ungezügelte Finanzspekulationen) weltweit mittanzen und sehr viel Geld und Provisionen verdienen. Gefühlt unendliche Jahre der Kanzlerschaft *Merkel* (2005 – *open end*) schlossen sich daran an. Die politische Ziehtochter des Kanzlers der Wiedervereinigung profitierte vom massiven Abbau der Arbeitslosenzahlen durch die Arbeitsmarktpolitik der Vorgängerregierung. Zugleich begann sich der langjährige Koalitionspartner *SPD* mehr und mehr für diese wirtschaftliche Glanztat zu schämen und hätte sie am liebsten rückwärts abgewickelt, weil er sie für die Beschädigung der „Seele der Partei" (im Klartext: den Rückgang der Wählerstimmen) verantwortlich machte.

---

[139] *Gabriele Trost, Malte Linde*, in: Planet wissen. Deutsche Geschichte: Gastarbeiter vom 09.02.2016.
[140] Siehe *Gabriele Trost, Malte Linde*, ebd.

Die Nachfahren der Arbeitsmigranten der ersten und zweiten Generation waren jetzt *Deutsche mit Migrationshintergrund* oder doppelter Staatsbürgerschaft. Sie konnten oft eine gute Ausbildung vorweisen und gingen auskömmlichen Jobs nach. Deutschland war auch kulinarisch ein Stück bunter und internationaler geworden, und hat den Muff der 50er und 60er Jahre hinter sich gelassen. Es folgte ein kurzes Intermezzo (2009-2013) mit den *Liberalen* (*Merkel Phase II*), um dann (*Merkel Phase* III von 2013 – 2017) wegen des Absturzes der Liberalen wieder in der Alternativlosigkeit einer neuen schwarz-roten GroKo zu landen. Studien hatten den Deutschen nach Jahren des Mühens und mit dem Gewinn des 4. Sterns der Fußballweltmeisterschaft 2014 sogar ein gutes Image bestätigt. So kamen Jahr um Jahr mehr und mehr Besucher in das Land des allgemeinen Wohlstands, der Burgen und der Schlösser, des Biers und der Lederhosen. Viele fuhren in prächtigen SUVs rasant über die von keinem generellen Geschwindigkeitslimit begrenzten Autobahnen durch das Land, in dem alle gerne und sicher lebten. Wer in Deutschland angekommen war, konnte sich wohlfühlen. So wohl und so deutsch, dass nicht wenige Deutsche mit Migrationshintergrund in den Heimatländern der Eltern und Großeltern bereits wieder als Fremde galten. Aber das ist normal.

Was war geschehen? Eine Frau aus der Uckermark brachte im Verbund mit einer ehemaligen Partei der Arbeiter dem Land und seinen Bürgern die nötige Ruhe und Gelassenheit, die Bewahrung und die Verwaltung des Erreichten, die das Volk mit dem neuen Niedriglohnsektor jetzt dringend benötigte. Innovationen in die Zukunft wurden nicht mehr vorangetrieben, weil die Menschen mehrheitlich mit dem zufrieden waren, was sie bisher hatten. 2008 musste sie sich kurz erheben und die Vermögen (künftige Steuern) der treuen Bürger sichern. Mit dem Jahr 2015 kam sodann wieder ein sehr großer Schmetterling (nein, kein *Schwarzer Schwan*) über das Land geflogen, setzte sich nieder und war nicht mehr zum Weiterflug zu bewegen.

Die Bürger übernahmen aus Dankbarkeit und spontaner Hilfsbereitschaft kurzzeitig die Initiative des Willkommenheißens und Einhegens der Fremden in den biodeutschen Zoo. Die Regierung wirkte getrieben und überlastet, konnte aber nach dem Merkel-Erdogan-Deal zunächst durchschnaufen und sich dem Tagesgeschäft der Bewältigung der Folgen des Immigrationsstroms widmen, aber ohne zugleich einen konkreten Plan für die weitere Modernisierung der Gesellschaft damit zu verbinden. Schulen und Bildung wurden weiterhin vernachlässigt. Ausgewählte Industrien der *alten* Wirtschaft (Fahrzeugbau, Automobile, Maschinenbau, Braunkohle) wurden weiterhin einseitig gefördert und neue Technologien (wie IT in den 70er; jetzt Digitalisierung, Robotik, KI im 21. Jh.) nicht ausreichend vorangetrieben. Gleichzeitig stiegen die Energiepreise auf das höchste Niveau in Europa. Die (relative) Armut im Land nahm tendenziell weiter zu. Die Zahl der „Kunden" der Tafeln und der Jobcenter steigt Jahr für Jahr weiter an. Kinderarmut schaffte es auf einen der Top-Plätze der Versäumnisse und preiswerten Wohnraum kannten die Deutschen nur noch aus Berichten ihrer Eltern. Ersteres liegt z.T. daran, dass die Ärmeren und die Neu-Migranten tendenziell mehr Kinder haben als die Mittelschicht. Letzeres wird dadurch verstärkt, dass mit den neuen Immigranten Hunderttausende von Nachfragern neu auf den Wohnungsmarkt drängten, das Wohnraumangebot aber nicht in gleichem Maße stieg. Gleichzeitig nahm der Reichtum von ganz wenigen weiter zu.

Die Regierenden hatten die Chancen, die in jeder Veränderung und Herausforderung stecken, nicht erkannt. Sie waren keine gelernten Innovatoren oder geübten Unternehmer, sondern Juristen und Politikwissenschaftler, mit dem Drang, sich selbst wichtiger zu nehmen als die Sache. Das universale Credo war: *Wenn alles nur so weiterlaufen kann, ist alles schon gut.* Dann passierte, was nicht passieren durfte. *The Eagle has landed.*

Seit September 2015 waren die Tore zum Schlaraffenland weit geöffnet, nachdem die erste Welle muslimischer Migranten *Ungarn* erreicht hatte und die Lage zu kippen schien. Die Kanzlerin der Herzen machte erst die Schleusen auf und verstärkte dann durch ihre Willkommenspolitik die anrollende Welle, drohte gar den Balkanländern, die versuchten, sich mit Grenzkontrollen und Grenzschließungen dagegen zu stemmen. Die Medien beförderten den Prozess noch mit der Zurschaustellung jubelnder und klatschender Menschen auf Bahnhöfen, die den ankommenden Kindern, Frauen und Familien Willkommensgeschenke darboten. Dass die meisten der Ankömmlinge kräftige junge Männer waren, blieb in den Bildern verborgen, weil es die Mitleidsmasche störte.

Der Rest ist bereits wieder Geschichte und politischer Alltag. Die Politik hat gelernt, die statistischen Zahlen in ihrem Sinne zu interpretieren und sie der Öffentlichkeit genehm zu präsentieren, und so war es nicht verwunderlich, dass sie sich selbst ein gutes Zeugnis ausstellte. Die Flüchtlinge wählen nach dem Türkei-Deal der EU den Weg über das Mittelmeer, weil die Landwege schwieriger wurden und die Europäer es vorzogen Auffanglager mitzufinanzieren statt einheitliche Immigrationsgesetze auf den Weg zu bringen, gegen die sich insbesondere die Visegrád-Staaten wandten, die politischen Widerstand ihrer Bürger befürchteten. Gleichzeitig verhinderte eine *tiefschwarze Null*, die die politischen Führer wie eine Monstranz vor sich hertrugen, notwendige Zukunftsinvestitionen. Die Kanzlerin war selbst oft im Ausland unterwegs, um die Interessen des Landes zu vertreten. Sie war ein beliebtes Covermotiv auf vielen wichtigen Zeitschriften und alle erwarteten Großes von ihr. Sichtbares Interesse an den Zuständen im Land zeigte sie aber nur vor Wahlen – sprach dann mit ihren Bürgern gerne auch mal über *Facebook®* und *Twitter®*. Vor der Bundestagswahl 2017 hatte sich die *schwarz-rote GroKo* dann richtig zerstritten und die *Schwarzen* verstanden die Welt nicht mehr. *Was hätte man auch anders machen sollen?* Jetzt wollten – völlig überraschend - die Sozis nicht mehr. Die Wahlergebnisse der Bundestagswahl 2017 schufen neue Optionen für das Land, in dem die Deutschen bislang so gut und sicher leben konnten, und es taten sich Alternativen auf, an denen die schwarzen, roten und violetten Parteien schwer zu kauen hatten.

Unverbindlicher Blick in die Glaskugel: Hier endet der Bericht der Historiker, weil die neue Geschichte erst nach der vor uns liegenden zeitgeschichtlichen Periode geschrieben wird. Werfen wir einen Blick in eine mögliche Zukunft. Die Schwarz-Roten hatten sich nochmals für eine neue *GroKo* zusammengerauft, aber sie waren nicht wirklich glücklich dabei. Unerwartete Bifurkationen taten sich auf. Vermeintlich „*gute*" Gesetze trafen frontal auf die beschädigte Realität. 2020 zerbrach dann auch diese Koalition und die *Merkel Phase IV* kommt nach 16 Jahren zu einem Ende. Das ist auch deshalb ein Negativ-Rekord, weil es die Bürger solange ausgehalten haben. Nach den Neuwahlen 2021 gehen die *Schwarzen* mit den *Grünen* eine Koalition ein. Und die Kanzlerin der Herzen und des „Wir" ist in das Wander-eldorado Österreich ausgewandert. *Tu Felix Austria!* Ein neues Duo wird *KanzlerIn*. *Trump* konnte gerade noch einen neuen Krieg mit dem Iran vermeiden, wurde nicht *impeached* und am 03. November 2020 wiedergewählt. Nach der erneuten Schlappe haben auch die *Roten* endlich *verstanden* und die Partei per Dekret aufgelöst. *Kühnert* hat angekündigt, an einer württembergischen Berufsakademie zu studieren, um Kontakt zu den arbeitenden Menschen zu finden. Die Romantiker unter den Sozis leben gut und sicher in ihren Villen in der Toskana. Manchmal, so hört man, erzählen sie sich noch alte Geschichten von der heiligen Arbeiterpartei und trinken gut temperierten Barolo dazu. China kauft 2021 den Duisburger Hafen als vorläufige Endhaltestelle ihrer Schnelltrasse für High-Speed-Züge und bekommt von den Bürgern als Dank für die zig Milliarden die Stadt Duisburg dazu geschenkt. Duisburg wird in fünf Jahren zum Zentrum des zentralen europäischen Handels und Brückenkopf in die ganze Welt. Jedes Jahr werden fünf riesige Wolkenkratzer errichtet, mehrere Sportstadien, ein internationaler Flughafen in nur drei Jahren Bauzeit, dessen vier Start- und Landebahnen bis zur Landeshauptstadt heranreichen. Im Rahmen des chinesischen *Sozialpunkteprogramms*, das die NRW-CDU-Regierung auf Lebens-zeit dankbar von den neuen Partnern übernommen hatte, wurden sämtlichen Clan- und Mafiamitgliedern die Führerscheine entzogen, auch auf Lebenszeit, sie auf *No-Fly-Listen* weltweit gesetzt, und sämtliche Immobilien und sonstige Werte nach dem neuen „*Gesetz zur Reform der strafrechtlichen Vermögensabschöpfung*" einkassiert. Die Immobilien der Clans werden chinesisch-deutschen Wanderarbeitern (Ergebnis eines Joint Venture zur Anwerbung neuer Facharbeiter) überlassen. Die Jugend geht an Freitagen nicht mehr demonstrieren, weil sie am Fließband des chinesischen Autobauers aus Shanghai „*Weltmeister Motors Techno-logy*" e-*SUV*s montieren dürfen. *Seehofer* hat *endlich verstanden* und lebt mit Frau und Kind in Berlin auf einem Ponyhof. Was die Deutschen stört, sagen Beobachter, ist die gigantische Glas-glocke, die immer noch über das Land gestülpt ist. Das ist ein Überbleibsel der kurzen Regierungsphase der *grünen* KanzlerIn. *Trump* hatte seine Mauer bekommen. Die *Grünen* wollten auch etwas Gewaltiges haben. Der Wecker klingelt, Gott sei dank, nur schlecht geträumt! Durch das geöffnete Fenster ruft der Muezzin zum Gebet. *What???*

Bei all dem politischen *Geraffel* könnte man wirklich den Eindruck gewinnen, dass wir in einem Paralleluniversum leben. Festzuhalten bleibt, dass die Geschichte Deutschlands bis 2017 ein Beispiel dafür ist, wie aus Inkompetenz, *Laissez-faire* Verhalten, politischer Mutlosigkeit und narzisstischer Selbstgefälligkeit sich eine erfolgreiche und geachtete Nation sukzessive selbst auflöst. So oder ganz ähnlich könnte es in den Geschichtsbüchern dereinst geschrieben stehen, ob auf *Kantonesich, Arabisch*[141] oder *Englisch,* bleibt abzuwarten.

Back to Now! Und ohne Häme. Nach der Wahl soll wieder alles anders werden. Aber weder *Seehofer* noch die alten und die neuen politischen Weggefährten haben das Wesentliche verstanden. In den Jahren der Kanzlerschaft *Merkel* wurden die Zeichen globaler Veränderung und der Globalisierung nicht richtig gelesen. Mit den Jahren 2015 ff. zählte ein verklärter Multikulturalismus mehr als der Innovationsvorsprung qua Höchstqualifikation. Megafehler in der Arbeitsmarkt- und Sozialpolitik wurden gemacht und die Versäumnisse aus *Schröder, Hartz & Co. (SPD)* wurden einfach nur weiter fortgeschrieben, ohne den darin liegenden sozialen Sprengstoff zu entschärfen. Statt in die Zukunft des Landes und gut gebildete und ausgebildete Bürger zu investieren, haben sich die Vertreter der politischen Klasse in Ausschüssen und auf Festen getroffen, um unter sich zu bleiben und sich selbst zu feiern. Die Bürger haben den vermeintlichen Eliten lange gestattet, den Einheitsbrei der Langeweile und des Rückschritts kräftig umzurühren. Millionen von Prekären und im Niedriglohnsektor Beschäftigten haben den Regierungsparteien nach den Ereignissen von 2015 ff. die einst treue Gefolgschaft versagt und neue Angebote und Protagonisten gewählt. Auch weil Deutschland nach Lettland im europäischen Vergleich das Land mit der zweithöchsten Zahl an Niedriglohnbeschäftigten ist, die allesamt in die Altersarmut einmünden werden, wobei als Niedriglohn definitionsgemäß ein Lohn gilt, der weniger als Zweidrittel des durchschnittlichen Lohns beträgt.[142]

---

[141] Siehe dazu Ergänzungen im Anhang; ebd. „Anmerkung 141".
[142] Siehe dazu Ergänzungen im Anhang; ebd. „Anmerkung 142".

Im Traumland eines Unternehmensberaters: Der aktuelle Zustand des Landes ist eine Bankrotterklärung der Politik. Was wir nicht erwarten können, ist die Bereitschaft der erfolglosen Eliten, den eigenen Platz zu räumen für die Wissenden, die Erfahrenen, die Mutigen und die Macher. Allein deshalb nicht, weil sie sich selbst als Wissende, Erfahrene, Mutige und als Macher verstehen. Auch für die kreativen und mutigen Kritischen nicht, und auch nicht für solche aus den eigenen Reihen, werden sie zurückstecken.

Der Unternehmensberater träumt von einer *GroMyKo*, das ist eine *Großartige Mysteriöse Konstruktion*. Etwas völlig Neues und Aufregendes, ohne das immer gleiche Mantra des *Sich-im-Kreisdrehens*. Ohne die alten Protagonisten der angeblich immer gleichen Alternativlosigkeit, ohne die Heilsversprechen und ohne die Propheten des Konjunktiven. Dann könnte man sich jeden Tag auf Unerwartetes und Besonderes freuen. Auf konstruktiven Streit und unerwartete Lösungen, die irgendwann einmal tatsächlich auch für alle Menschen dieses wunderbaren Landes gefunden werden. Vielleicht würde man eines Tages bei den Begriffe Ideen- und Alternativlosigkeit nicht mehr an Tagespolitik denken.

Wir hätten dann irgendwann einmal auch einen *neuen Typus von Politiker,* der politische Arbeit nicht als Verpflichtung zur eigenen Existenzsicherung missversteht, sondern nur der *guten* Sache für die Menschen selbst verpflichtet ist, und ihr *dient!* Dann könnten die von der Politik entfremdeten Bürger wiedergewonnen werden, weil Politik wieder Freude und nicht Frust und Ohnmacht bei den Betroffenen bereiten könnte.

Dieter Stober – Ein persönliches Statement: Ich bin (fast) desillusioniert. Ich muss damit aufhören. Zu viel des Nachdenkens und des Schreibens über das Chaos dieser besten aller Republiken machen mir immer einen dicken Kopf und ich bin zu sensibel. Trotz alledem und in alter Verbundenheit noch ein letzter Versuch: Ich übe mich als treuer Vasall in angemessener *Gelassenheit* (amer. *Serenity*), fröne, mit einem weiteren großen Glas gut temperierten *Barolos* in der Hand der pragmatischen (Über-)

Lebensphilosophie des *who cares*, und lausche meinem Lieblings-song von *Udo Jürgens: Lieb Vaterland...*[143]

Schauen wir mal, was die kommenden Jahre so bringen. Geht der eigene *Masterplan* aber schief, gibt es noch einen Plan B. Sollte es im Land so weitergehen, wie bisher, ich dann einen weiteren Vertrauensverlust erleide, und die Gelassenheit vollends verliere, oder müsste schneller als gedacht – aus Überlebensgründen – dem Land den Rücken kehren, dann folge ich der Arbeits-anleitung B. Die ist von *Bruno Mars: Me [Dieter Stober] – wanna be billionaire – too.*[144]

---

[143] 2. Version 1998.

[144] Der Song wurde ursprünglich 2010 von *Trave McCoy* in die Charts gebracht und zusammen mit *Bruno Mars refeatured.*

3.2 Life as it is – always

Ein unvollständiges Update 2018

Revolution von unten. Der junge Hoffnungsträger und Vorsitzende der Jusos *Kevin Kühnert* macht Druck von unten und will nach der Bundestagswahl eine neue alte Große Koalition verhindern, aus Gründen der Aufrichtigkeit und des Worthaltens, wie er jugendlich spontan mitteilt. Schöne naive Jugendträume. *Andrea Nahles*, die neue *SPD*-Zuchtmeisterin, schreit, droht, und setzt sich erwartungsgemäß durch. Für Deutschland und für die Partei. Keine Revolution von unten. Jetzt doch nicht, wo sich gerade ihr Traum, endlich die *No. 1 der Partei* zu sein, erfüllt haben. Die Leitfiguren der gescheiterten Politik sehen wieder einmal ihren Bürgerauftrag. Für Deutschland und die Menschen. Zeitgleich wollen sie selbst eine vom Steuerzahler finanzierte Zukunft haben, und sich wieder im Speckgürtel der politischen Macht festsetzen. *Life as it is!*

12.03.2018. „Jetzt kann die Arbeit beginnen", sagt *Angela Merkel.* Nach sechs Monaten des Verweigerns, Sich-Zierens und Pokerns hat das Leiden der Bürger ein Ende. Zumindest die *CDU/CSU* will das *„Wohlstandsversprechen"* erneuern und unterzeichnet den Koalitionsvertrag. *„Mit dem unterzeichneten Vertrag gebe es jetzt eine stabile Mehrheit, um <Verantwortung für unser Land> zu übernehmen. Der Koalitionsvertrag nimmt die größten Zukunftsfelder in den Blick. Damit könne man die erfolgreiche Arbeit der letzten Jahre fortsetzen."*[145] Es geht wieder einmal um die gute Zukunft. Und die Bürger hatten schon befürchtet, dass alles beim Alten bliebe. Welche das auch immer sein soll, die Zukunft, und für wen, entschlüsselt sich nicht. Wichtig wäre aber, das Vergangene solle man ruhen lassen. Der Blick ist nach vorne zu richten, sagen die immer gleichen Verursacher des Rückwärtsgerichtetseins und des Wahlergebnisses. Klar, denn sonst kommt alles wieder hoch. Aber Neuwahlen sind abgewendet. Hurra. Der Absturz ist vorerst verhindert. Hurra. Der neue Koalitionsvertrag wird in Rekordzeit ratifiziert – nach 180 Tagen des Bastelns. Hurra. Was für ein tolles Team. Aber das

---

[145] www.cdu.de vom 12.03.2018.

war auch nicht ganz so schwer, weil Neues nicht wirklich drinsteht. Oh je!

Schäuble wird ausgestiegen und wechselt den Stuhl. Er gibt die *Schwarze Null* an den neuen *SPD-Minister* und Vizekanzler *Scholz* weiter und wird Bundestagspräsident. Auch ein schönes Amt im Alter.

Nahles hat trotz Ankündigung (für den Fall des Gangs in die Opposition) niemanden in die Fresse gehauen, und *Kevin* ist jung und beherrscht schnelle Ausweichbewegungen. *Bäätschi* kann man nur sagen. Er glaubte wirklich, er könne etwas rocken. *So sweet, so sweet.* Ein Amt bekommt er dennoch nicht. Noch nicht. Seine Zeit kommt noch – wenn *Bündnis 90/DIE GRÜNEN* mit den Linken und der *SPD* als Juniorpartner „klimagerecht" durchregieren. *Andrea* kuschelt jetzt umso hemmungsloser mit der neuen alten Chefin vor jeder Kamera. Ist alles vergessen oder nie wirklich so gemeint gewesen? Politik wäre dann endgültig zur Arbeitsplatzsicherung für Politiker verkommen und zur Klamotte und Vorlage für Satiresendungen – wie es leider schon geschieht. In 100 Tagen will man (wieder einmal) sehen, was es alles Neues gibt. Warum eigentlich 100 Tage? Und die Sozialdemokraten wollen die *Tragfähigkeit* der Koalition nach einem Jahr auf den Prüfstand stellen - natürlich. Wenn das Land die große Volkspartei nicht mehr hätte, dann … würde sich die Erde auch weiterdrehen.

Der jüngste Abgeordnete der CDU, Herr Amthor, frischgebackener Jurist, ist der Prototyp des neuen Abgeordneten. Auf die Frage nach seinem Beweggrund, Profi-Politiker zu werden, hat er keine wirkliche Antwort. Wenn aus Herrn *Kühnert* wirklich etwas werden soll, dann ist er gut beraten, sich an der alterskonformen *Amthorschen* „Orientierungslosigkeit" auszurichten. Die *Talkshows* haben wieder etwas zu berichten, wenn auch die gleichen Gäste herumhängen, aber der junge Herr ist *so cute.* Die Brille ist vielleicht etwas zu groß geraten. Aber immer passgenaue Anzugware. Und die Gestik. Mein Gott, die Gestik. Einfach wunderbar!

Papa ante portas. Der Ex-*Retter in der Not Schulz* aus Würselen, der „Mann mit den Haaren im Gesicht" (Zitat *Gabriel*), wollte

Außenminister werden, der Reisen oder der Verantwortung wegen, oder damit der Abstand zur Mördergrube zuhause groß genug ist. Plötzlich steckt er zurück, macht jetzt gar nichts mehr und mutiert zum normalen Abgeordneten in Berlin. Wer kennt schon die wahren Beweggründe von Machtpolitikern? Und niemand kümmert sich wirklich darum, was er selbst will. Seine wahren Gründe sind jedenfalls nicht bekannt. Ex-Außenminister *Gabriel* hat sich vielleicht zum ersten Mal in seinem politischen Leben total verrechnet. Seine „Tochternummer" gegen den (einstigen?) Freund motiviert die Zweifler in den eigenen Reihen, sich aktiv an seiner Entsorgung zu beteiligen. Gute *Rosa Luxemburg*, deine Sozialdemokraten wollen von der Eigenvernichtung einfach nicht ablassen. Nun gut, sie hat es ja selbst vorgemacht – wenn auch erst kurz vor dem gewaltsamen Ende ihres Lebens – indem sie die *SPD* verließ und die *KPD* mitbegründete. Kurz vor der Vergabe der neuen Ministerposten fädelt *Gabriel* noch die Entlassung des Journalisten *Yücel* aus türkischer Haft ein, kann den vereinbarten Preis an die Türken aber nicht mehr persönlich übergeben. Irgendjemand in der neuen Koalition wird die Waffenlieferungen an den *NATO*-Partner aber sicherlich unterschreiben. Dafür hat er jetzt zukünftig viel Zeit für seine Familie, für Beratungsprojekte oder das Bücherschreiben, was auch immer Politiker so machen, wenn sie weg sind vom Büfett der Macht. Ob das für ihn gut geht? Die Türken nutzen derweil deutsche Rüstungsware, um in Syrien kräftig mitzumischen. Und *Lindner* hat eine neue Partnerin gefunden. Ist es gar die ganz große Liebe? Glückwunsch!

März 2018: Sechs Monate nach der Bundestagswahl hat Deutschland jetzt also wieder eine neue, alte große Regierung. Das Volk war wochenlang in Agonie und ohne Führung durch die geliebten Macher, und es ist … *nichts* passiert. Rein gar *nichts*. Vorsicht Politik! Aufgepasst, geschätzte Politiker! Nicht, dass das Modell *Regieren durch Abwesenheit* noch Schule macht. Solange die Verwaltung funktioniert, ist *business as usual*.

Aber natürlich sind wichtige Dinge passiert – sogar in Rekordzeit, was hoffen lässt. Es kommt allerdings auf die Perspektive an. Führungspolitiker, die wichtige Posten für sich reklamiert haben, bekommen diese Posten, und andere müssen gehen. Die Entropie der Macht geht in eine weitere Runde, „damit es unserem Land auch in Zukunft gut geht." (www.cdu.de vom 12.03.2018) Von 80,52 Millionen Deutschen (Gesamtbevölkerung 2017)[146] waren bei der letzten Bundestagswahl 61,95 Millionen wahlberechtigt. Tatsächlich wählten nur 71,5 Prozent der Wahlberechtigten und somit 44,31 Millionen Bundesbürger. Nur etwa 1,5 Millionen (3,39%) davon sind Mitglieder in den etablierten und im Bundestag vertretenen sieben Parteien. Im Februar 2018 dürfen nach dem irrwitzigen 180 Tage dauernden Hin und Her 463.723 Parteisoldaten der Sozialdemokraten – per Sonderwahl – über das Schicksal Deutschlands in einer neuen GroKo, die zugleich die alte ist, entscheiden. Am 06.02.2018 machen die Delegierten per *SPD*-Parteibeschluss mit 239.604 JA-Stimmen von 463.722 Stimmberechtigten den Weg frei für eine neue Zukunft Deutschlands, die zugleich der alten entspricht.[147] Das Verfahren sagt etwas über das Webmuster der Demokratie. In Deutschland stehen Parteien, nicht Koalitionen zur Wahl. Nach der Wahl wird mit Sachzwängen argumentiert. Und das geht manchmal in die Hose, wenn man sich zu früh festgelegt hat - siehe den Fall von Frau *Ypsilanti* in Hessen. *Folks! You remember?*

Wir Bürger müssen uns wohl noch wärmer einpacken. Wer so viel Macht besitzt, diese Form der Entscheidung als demokratische Wahl und die Zustimmung zur GroKo als Großtat zum Nutzen der Menschen des Landes zu verkaufen, kann noch viel mehr verhindern oder anrichten, als uns lieb ist. Teuer wird es allemal. Umwelt, Infrastruktur, Digitales, Gesundheit, Soziales, Renten, Bildung, Zuwanderung. Es sind nicht wenige Bereiche, bei denen

---

[146] 2013 waren es aufgrund der Volkszählung 80,2 Mio. und damit etwa 1,5 Mio. weniger als bei Fortschreibung der alten Zählung gedacht (davon 6,2 Mio. Ausländer). Da zwischen 2015 und 2017 ca. 1,5 Mio. Migranten aller Kategorien hinzugekommen sind, dürfte die Einwohnerzahl um diesen Betrag gestiegen sein. Davon sind Aussiedler abzuziehen und Rückkehrer hinzuzurechnen. Insgesamt ist die Ermittlung der Einwohnerzahl keine triviale Angelegenheit, sondern durchaus kontrovers. Die genannten Zahlen sind also cum grano salis zu nehmen. Das weiß jeder, der jemals statistisch gearbeitet hat.
[147] In Wikipedia®, ebd., *Mitgliedervotum der SPD zum Koalitionsvertrag 2018.*

es richtig teuer werden kann, und so ganz ohne Plan. Woher kommt eigentlich das zusätzlich benötigte Geld, wenn der Sozialstaat weiterhin seine Versprechen – vor der Wahl - einlösen soll? Bei einer Politik der *Schwarzen Null*? Aber Achtung: Jede Glückssträhne hat ein Ende. Die aktuell üppig sprudelnden Steuereinnahmen können schnell versiegen, wenn an nur einem einzelnen Bifurkationspunkt die falsche Richtung eingeschlagen wird.

Die SPD hat sich wichtige Ministerposten geangelt und *Scholz* könnte als neuer Finanzminister jetzt in größerem Stil das Geld des Bürgers ausgeben. Erfahrung damit hat er. Als geübter Idealist und Ex-Großbautenfinanzier will er aber das Ziel der *Schwarzen Null* nicht aus den Augen verlieren. Großes *SPD*-Ehrenwort. Einige halten den Zuhaltenden auch für einen guten Politiker. *Seehofer* wird der neue Innen-, Bau- und Heimatminister. Noch verwechselt er im Überschwang der Emotionen über seinen Umzug sein Ministerium mit Heimatmuseum. Was es auch wohl sein wird. Allein die schiere Zahl der neuen Posten für dieses Ministerium lässt Großes erwarten. Oder auch nicht. Er will es in Kürze jedenfalls *Trump* gleichtun und zunächst alle Bundesländer besuchen.

Und es geht munter weiter. Es gibt viele neue Posten in den Ministerien, die als fachliche Back-ups für die neuen Minister angedacht sind. Die Positionen werden allesamt neu eingerichtet und bezahlt vom … Steuerzahler. Von wem auch sonst? Allein 33 Parlamentarische Staatssekretäre kommen zum Stab hinzu. Der Bund der Steuerzahler rechnet vor: Ein parlamentarischer Staatssekretär kostet den Steuerzahler inklusive seiner Ausstattung mit Personal, Büro und Dienstwagen etwa 300.000 Euro im Jahr.[148] Der bisherige Direktor der Europäischen Zentralbank,

---

[148] *„Mit inzwischen 35 Parlamentarischen Staatssekretären hat nahezu jeder 15. Bundestagsabgeordnete der derzeit regierenden Großen Koalition dieses lukrative Amt in den Schoß gelegt bekommen. Die Top-Sekretäre erhalten neben dem Amtsgehalt von rund 12.495 Euro noch eine monatliche steuerfreie Aufwandsentschädigung in Höhe von 230 Euro. Da sie jedoch zugleich auch Abgeordnete sind, erhalten sie seitens des Bundestages eine halbe Diät in Höhe von 5.042 Euro sowie eine gekürzte, aber ebenfalls steuerfreie Kostenpauschale von 3.314 Euro. Macht zusammen ein stolzes Monatseinkommen von mehr als 21.000 Euro. Bei*

Jörg Asmussen wird beamteter Staatssekretär im Arbeitsministerium und kommt einem zukünftigen Ministerposten immer näher. Andere werden versetzt und wieder andere müssen gehen oder sollen versorgt werden. Der beamtete Staatssekretär im Familienministerium *Lutz Stroppe* wird einem *SPD*-Kandidaten weichen müssen. Dafür wird er Staatssekretär im Gesundheitsministerium. Das ist auch ein neu geschaffener Job. Nach einem Jahr werden wir genauer wissen, wer alles versorgt oder belohnt werden musste. Das großzügige Füllhorn, das sich über die Parteilinge ergießt, wird die Kritiker des Systems der Vollversorgung mit Munition ausstatten, beim gemeinen Wahlvolk aber auf Unverständnis treffen, sofern es aufpasst, und dann irgendwann einmal auf die Kanzlerin persönlich zurückfallen. *Who cares?* Gut ist es, dass der neue Kanzleramtschef von Hause aus Anästhesist ist.

Gabriel hat als Außenminister – literally - wahnsinnig viel an Gewicht verloren. Jetzt ist er weg, nur noch einfacher Parlamentarier, und kann wieder zulegen. Ein Abnehmprogramm braucht der Neue nicht. *Maas* erscheint durchtrainiert. Und er ist so stylish. Der Anzug passt! Die Frisur sitzt. Das *Ministersprech* beherrscht der Saarländer schon länger. Dass der studierte Jurist des Englischen und des Französischen kundig ist, sollte man meinen, wird aber von *Henryk M. Broder* bezweifelt. Nachträglicher Hinweis an dieser Stelle an den normalen Abgeordneten *Martin Schulz*: Bitte keine Sitzungsgelder beantragen. Die gibt es nur im Europäischen Parlament. Um die Höhe seiner gewohnten Einkünfte weiterhin zu realisieren, muss sich *Schulz* also etwas einfallen lassen. Aber keine Sorge, der macht das schon. Es gibt ja auch noch gut bezahlte Nebenjobs in der Wirtschaft, falls er sich außerparlamentarischen Verpflichtungen stellen will. Und in der Zwischenzeit zettelt der neue und energiegeladene Gesundheitsminister *Spahn* mit seiner speziellen *Hartz IV* Neu-Definition eine neue Neid- und Beleidigungsdebatte an.

---

35 Sekretären summiert sich das entsprechend für die Steuerzahler, denn hinzukommen weitere Kosten von rund 300.000 Euro jährlich für ein eingerichtetes Büro samt Sekretariatspersonal sowie einen Dienstwagen samt Fahrer."

Im März 2018 gehört für den frisch vereidigten Heimatminister *Seehofer* der Islam <u>*nicht*</u> mehr zu Deutschland: *„Nein. Der Islam gehört nicht zu Deutschland. Deutschland ist durch das Christentum geprägt"*, sagt er in einem Interview mit der *Bild*. Befürworter und Gegner gehen sich wechselseitig scharf an. Die neue *AfD* geht mit *Seehofer* in seiner Einschätzung konform, was er nicht weiter kommentiert. Merkwürdigerweise ist gerade in den Ländern der ehemaligen DDR die Kirchenbindung am geringsten. Sieht die *AfD* das Problem?

15. Juni 2018. Hurra! Die Parteien bekommen 25 Millionen Euro mehr. *Union* und *SPD* beschließen eine Anhebung der Parteienfinanzierung. *Bündnis 90/DIE GRÜNEN* und Linke prüfen eine Verfassungsklage. Warum eigentlich? Brauchen die die Steuergroschen nicht?

Juni 2018. Hurra! Die neue GroKo ist 100 Tage im Amt und alles ist … genauso schlimm oder unbefriedigend wie unter der *alten*. Zwist und offener Krach bestimmen weiterhin das politische Leben, dafür sind wirkliche Lösungen für die Bürger nicht in Sicht. Aber die *SPD* will kurz vor dem Absaufen doch noch *gute* Dinge tun. *Great things will come; you will see, you will see,* würde *Trump* höchstwahrscheinlich sagen, sagt aber die *SPD*.

Same procedures as always. Alle (maßgeblichen Politiker) sind jetzt wieder gut versorgt. Alle (bedeutsamen Politiker) haben wieder ihre Pöstchen und alle sind wieder stark im Glauben und noch stärker im Ankündigen. Und das *gute* politische Handeln wird sich jetzt bald irgendwie einstellen. Aber mit der Auswahl nach dem Kriterium „Kompetenz" war das erst einmal wieder nichts. Viel alte Prominenz war wieder am Start. Die wenigen neuen und jungen Gesichter gefährden nicht den tradierten Standard. *Same procedures as always*, eben. *But who really, really cares?* Jetzt wird alles wieder gut. Und die Botschaft an die Bürger ist auch nicht neu: Das Volk kann noch einmal aufatmen. Die Entropie des Systemabsturzes hat drei vor Zwölf gestoppt. Von außen betrachtet, ist das aber nicht so. Die alten Erdspalten wurden nur mit einer Masse aus viel neuem *Politik-Versprechen* zugeklebt. Noch stehen die Wetten der Skeptiker 50:50, wie lange die neue, alte GroKo Bestand haben kann. Denn was grundsätzlich – also strukturell -

nicht funktionieren kann, wird nicht funktionieren, und so ist es nur eine Frage der Zeit, wann die *alten* Risse wieder sichtbar werden. Ob die Protagonisten der neuen, alten Politikshow mit der gewonnenen Zeit konstruktiv etwas anfangen, ist fraglich. Schon die Anfänge sind nicht gut. Für *Seehofer* gehört der Islam nicht zu Deutschland und für die Kanzlerin doch. Für *Spahn* reicht *Hartz IV* dicke aus. Die wachsende Kinderarmut und weiter steigende Zahl der Lebensmittelbezieher an den Tafeln im Lande der Selbstbediener sprechen dagegen. Warum gehen die dahin? Doch nicht nur, damit sie sich vom gesparten Geld Zigaretten kaufen können? Überall ist ein massiver Investitionsstau zu beklagen, aber *Scholz* will, wiederholt er gebetsmühlenartig, weiterhin an der *Schwarzen Null* festhalten. Und es gibt nach wie vor keine klare Linie in Sachen Flüchtlinge, Migration und Mittelmeer. Aber die Kanzlerin rudert schon mal zurück, wenn es eng wird, aber leider nicht dann, wenn es notwendig wäre. Bitte nicht vergessen: *Trump, Orbán, Erdogan, das sind doch die „wirklichen Chaoten"*, sagen einige Kritiker. Meine Güte, haben wir es gut. #*MeToo* und die geilen Männer beschäftigen jetzt stärker die Welt als der Krieg in Syrien. Was sagt uns das? Nicht mehr als dass die Aufmerksamkeitsspanne des *homo sapiens sapiens* eher gering ist und dass er deshalb dazu neigt, Prioritäten zu setzen. Nach welchen Maßstäben, ist damit aber noch nicht geklärt.

Deutschland im heißen Sommer des Jahres 2018, und die Bayernwahl stehen bald bevor. *Again, let us expect great things,* sagt auch der *hidden champion* der deutschen Politik. *„Wahlen gehören den Menschen"*, sagte *Abraham Lincoln* (16. US-Präsident): *„...Es ist ihre Entscheidung. Und wenn sie entscheiden, dem Feuer den Rücken zuzukehren und sich den Hintern zu verbrennen, dann müssen sie nachher eben auf ihren Blasen sitzen".*

Juli 2018: Innenminister Seehofer will Ankerzentren für die Migranten, um die Bearbeitung der Asylanträge zu beschleunigen, und er bekommt sie.

07. – 08. Juli 2017: Linke Chaoten und Gewalttäter legen während des G20-Gipfels mit *Donald* Teile Hamburgs in Schutt und Asche. Die Polizei war überfordert und *Trump* denkt sich wahrscheinlich seinen Teil über den Partner.

15. Juli 2018: Chaos – Systemabsturz, Verzweiflung und … WIR sind *nicht* Fußballweltmeister geworden, und … die Probleme haben sich nicht in Luft aufgelöst. Der Videobeweis macht jede Aufregung überflüssig. Jetzt wird es gruselig. Die Franzosen machen das Rennen und werden Weltmeister. Ist das die Belohnung Gottes für die richtige Marschrichtung von *Macron?* Der strahlt über den Gewinn des Titels und wird pitschnass, weil ihn *Putin* (mit Regenschirm) bei der Abschlussfeier in Moskau so richtig im Regen (ohne Regenschirm) stehen lässt. Auch das erträgt *Macron* gelassen und lächelt. Was vergisst er auch seinen Schirm? Er hat schon *Trumps* Herumgezerre an ihm ganz gut pariert. Mit *Merkel* hat er dagegen richtige Probleme. Es scheint so, als wäre sie nicht sein Typ und *vice versa.*

Die USA verabschieden sich von den Prinzipien der freien Marktwirtschaft. Demnächst wird es Strafzölle hageln. Das wollte *Trump* schon 1980 (sic!), und es interessiert ihn wenig, was andere oder sogenannte Experten darüber denken. Seine Strategie funktioniert: Ankündigen, drohen, und schon zucken alle. Zur Vorbereitung des Globalangriffs auf die bestehende Welt- und Wirtschaftsordnung ersetzt er die Gemäßigten in seinem Team durch *Hardliner. Tillerson* ist weg. *John Bolton,* der Prototyp des Hardliners ist wieder zurück. Autsch! Der chinesische Führer lässt sich zum menschlichen Gott auf Ewigkeit wählen. Warum soll man auch etwas abwählen, was so gut funktioniert? Heimlich träumen einige Sozis sowieso von chinesischen Zuständen, um den drohenden Absturz in die Bedeutungslosigkeit abzuwenden. Das geht nicht mit den sogenannten Konservativen. Warten wir also, bis die ersten Verzweifelten nach den *LINKEN* rufen, die alles mitmachen, um an die Macht zu kommen. Vielleicht kriegen sie es ja mit einer DDR 2.0 hin. *Merkel* hat gut vorgearbeitet am *Paradies auf Erden,* aber die Nummer mit der Vermögenssteuer und der Verschärfung der Reichensteuer hat sie vermasselt. Mit Kevins Hilfe, dem es am Herzen liegt, der großen privaten Vermögen – natürlich nur für gute Zwecke – „habhaft zu werden" (Zitat Kevin Kühnert in der „Hart aber fair"-Sendung vom 7. Mai 2018) bekommen das die Linken vielleicht hin – sofern es der Nachwuchshoffnung der *SPD* gelingt, bis dahin die Partei hinter sich zu vereinen und die *Grünen* mit ins Boot zu holen. Wahrscheinlich ist dies bei Fortsetzung der gegenwärtigen

Entwicklung der Parteienlandschaft nicht. Zudem: Wenn man sich die massiven Umweltschäden und Erkrankungen durch Abgase in Erinnerung ruft, die die DDR Planwirtschaft Jahr für Jahr verursachte, kann die Menschheit nur froh sein, dass diese Form des Wirtschaftens aus ökonomischen Gründen nach 1989 nicht weiter möglich war.[149]

Kann Trump doch etwas? Nord- und Südkorea bewegen sich aufeinander zu und beginnen mit Gesprächen. *Little rocket man* trifft den *The Toxic Contender* und alle sind erstaunt, dass so etwas geht. Vielleicht will *Trump* auch nur den Friedensnobelpreis ergattern. Heraus kommt dabei nichts. *Trump* hat *Kim* nicht über den Tisch gezogen. *Kim* weiß, dass die Atomrüstung seine Lebensversicherung ist, während Handelserleichterungen jederzeit wieder rückgängig gemacht werden können.

September 2018. Eine Kleine Anfrage der Bundestagsfraktion von *Bündnis 90/DIE GRÜNEN* anlässlich der 10-Jahres-Feier des Mega-Crashs 2008 beantwortet die Bundesregierung knapp. Etwa 59 Mrd. Euro haben die Steuerzahler für die Bankenrettung in Deutschland aufbringen müssen. Das ist etwa so viel, wie der Bund für Flüchtlingskosten in drei Jahren ausgibt. (Nach Finanzminister Schäuble hat der Bund 2016 und 2017 43 Mrd. € an „asylbedingten Kosten" zu tragen, hinzu kommen die Kosten der Länder und Kommunen.) Wir gewöhnen uns langsam an diese Zahlen. Der *Crash* ließ sehr viele Menschen in die Arbeitslosigkeit abstürzen und Firmen verloren viele Aufträge. Experten schätzen den Verlust am Sozialprodukt auf 50-100 Mrd. Euro. *What!* Und die Sparer tragen, wie immer, die Hauptlast des Schadens mit 436 Mrd. Euro Verlust an Zinserträgen. *Zweimal What?* Hat die Nummer doch etwas gekostet? Kaum zu glauben: Aufmerksame Finanzmarktexperten versichern der Öffentlichkeit schon seit Jahren, dass sich nichts geändert habe, es keine Absicherungen gäbe und beim nächsten Mal die Schuldentürme richtig zusammenkrachen werden. *SPD* Finanzminister *Olaf Scholz* versichert dennoch in den Nachrichten, beim nächsten *Crash* werde der Steuerbürger nicht mehr für das Zocken der Banken aufkommen

---

[149] *Hubertus Knabe, Klimakiller DDR*, in: www.hubertus-knabe.de vom 19.09.2019.

müssen. Man sei heute viel besser aufgestellt. Was er vorsätzlich verschweigt, ist die wahre Faktenlage, und das aus gutem Grund. Und *Trump* produziert *(Fake) News* am laufenden Band. Das ist die Wahrheit. *Der britische Notenbankchef Mark Carney warnt vor einem bevorstehenden neuen Immobiliencrash.* FinanceWatch in Brüssel warnt, dass die massive Verschuldung von Unternehmen in Zeiten niedriger Zinskredite bei einem Anstieg der Zinsen in einem globalen *Desaster* endet. Deshalb werden die Notenbanken die Märkte weiterhin mit billigem Geld fluten. In den Schränken der Banken stapeln sich heute wieder giftige Schrottpapiere in Höhe von drei Billionen Euro. Und wo sind die viel beschworenen Veränderungen? Wo sind die hohen Schutzwälle? In Brüssel allein stehen 17000 Finanzlobbyisten einer Handvoll informierter Abgeordneter und NGOs gegenüber. Berlin sollte wirklich die liberale Handhabung von *Cannabis* nochmals einer Prüfung unterziehen. Es würde den Schmerz, der kommen wird, bei Tätern und Opfern, gewaltig lindern. Summa summarum: Kapitalcrash 59 Mrd. Euro (!), Verlust an Zinserträgen 436 Mrd. Euro (!) und Kosten der (un)gewollten Massenimmigration für (nur) ca. 22 Mrd. Euro/Jahr (nur Bund)? Was man sich für Geld nicht alles kaufen kann! Aber sich eine Laienspieltruppe zu halten – ist einfach unbezahlbar. Zur Erinnerung: Gegen den hemmungslosen Bankenkapitalismus, die dramatischen Auswüchse des neoliberalen Wirtschaftsliberalismus, die systematische Ausbeutung armer Länder und armer Arbeitskraft, gegen das menschlich *Böse* an sich, haben *ATTAC* und andere 2013 die *City of London* und das *Frankfurter Bankenviertel* mit einer Zeltstadt zehn Monate lang lahmgelegt. Stadt und Polizei in Frankfurt räumen im August 2013 unnachsichtig und handfest und für die guten Bürger das Banken*vorland*. 2018 kommt *ATTAC* zur Zehn-Jahres Gedächtnisfeier nochmals zurück. Friedlich, wie die Behörden berichten. Die Regierung kann sich für linken Protest gegen die wahnwitzige Vernichtung von Steuergeldern aber nicht sonderlich erwärmen.

Immer noch September 2018: Regierungssprecher *Steffen Seibert,* Ex-ZDF-Mann, gemeinsam mit der Kanzlerin der Herzen, *erkennen* in den Demonstrationen von Chemnitz, nach Videobeweis, Hetzjagden von Rechten, Reichsbürgern und den üblichen Doofen. Der Chef des Bundesnachrichtendienstes und *CDU* Mann *Maaßen* sieht das nicht, egal wie lange er auf die

Bänder schaut, sagt er. Hetzjagden gegen die Gutmenschen empfinden die Regierenden als unerträglich und „jagen" vereint den Verfassungsschutzpräsidenten. Umgekehrt scheint zu gelten, auch nach dem Massengrapschen mutmaßlich „notgeiler" Flüchtlinge Sylvester 2015 auf der Domplatte in Köln, angeblich des <sexuellen Amüsements> wegen, auch schon nach 2008, auch schon nach Hamburg, und auch nach vielen Straftaten von Asylbewerbern und Neu-Bürgern, dass das alles immer nur Einzelfälle sind. Für die jeweiligen Opfer war das leider immer ein Einzelfall zu viel. Die Wahrscheinlichkeit bei einer Messerattacke verletzt oder getötet zu werden, ist zwar gering, aber im Einzelfall ist die Statistik keine stichhemmende Schutzweste.

13.09.2018. Die SPD fordert: „Merkel muss handeln. Maaßen muss gehen."[150] Die *SPD* bringt dafür sogar den Bruch der Koalition ins Spiel. So einfach lässt *Merkel* den Partner aber nicht gehen. Kommt es zum Bruch, muss es der *SPD* maximal wehtun. *Seehofer* befördert Freund *Maaßen* zunächst ins Innenministerium, dann wird er, weil er stur nicht akzeptieren will, dass seine Sicht der Dinge nach wie vor falsch ist, in den einstweiligen Ruhestand verschoben bei garantierten Bezügen.

Auch September 2018: Im Hambacher Forst werden die letzten Baumhäuser der Umweltschützer geräumt und an Ort und Stelle von Baggern zertrümmert. Der zuständige Räumungsbeauftragte vor Ort bekennt im *Morgenmagazin*, optimistisch. *„Ja, wir schaffen das"*. Er ist im Zeitplan. Dann kann *RWE* das Waldstück roden, um weiter Braunkohle abzubauen, damit die Kanzlerin nicht in einer weiteren einsamen Entscheidung vielleicht doch wieder Kernkraftwerke einschalten oder gar neue bauen muss. Mit ihrem mutigen Klimaziel ist die Kanzlerin schon länger nicht im Zeitplan.

Ach ja, nicht vergessen, die Kanzlerin will das Parlament motivieren, dass Deutschland sich militärisch im syrischen Idlib engagiert, denn der befürchtete Einsatz von Giftgas durch *Assad* ist eine rote Linie. Ich höre aus der Ferne schon wieder *Obama*, aber der ist nicht mehr im Amt. Und *Trump* ist wahrscheinlich

---

[150] www.vorwaerts.de vom 13.09.2018.

taub auf diesem Ohr. Die *SPD* weiß noch nicht genau ob, und …
was denn jetzt? Verteidigungsministerin *Von der Leyen* betont,
dass die *Weltgemeinschaft der Guten* jetzt aber zusammenstehen
müsse. Kommt es zum Ernstfall, dann ist zu hoffen, dass die
Truppe auch gut ausgerüstet und nicht gerade mit einem Kinder-
gartenbau beschäftigt ist.

14. September 2018: Trump will einen der besten Juristen auf den
freien Platz im *Supreme Court* platzieren und schickt *Judge Brett
Cavenaugh* als *Associate Justice* für Richter *Antony Kennedy*, der den
Posten aufgibt, ins Rennen. Der Kandidat verstrickt sich im
obligatorischen *confirmation hearing* vor dem *Senate Judiciary
Committee* in abstruse Schilderungen und Erklärungen seiner
Jugendsünden.[151]. Die Sache gerät fast zur Posse. Das Senats-
komitee schlägt *Brett Cavenaugh* am 06. Oktober mit 50:48
Stimmen als Kandidaten für den *Supreme Court* vor. *Trump* hat
seinen erzkonservativen und bierliebenden Richter.

*29. Oktober 2018: Systemalarm! Die Kanzlerin will nicht mehr für den
Parteivorsitz antreten.* Jetzt macht sie ernst. Steht jetzt die Welt kurz
vor dem Untergang, oder stehen wir kurz vor einem *reboot*, der die
Erneuerung Deutschlands bringt?

November 2018: Der Kampf der Besten um den Parteivorsitz
der *CDU* geht in die heiße Phase. Zwischen *Jens Spahn, Annegret
Kramp-Karrenbauer* und dem wiederbelebten *Friedrich Merz* kommt
es zum Showdown. Die Vorauswahl entscheidet die Saarländerin
mit knappem Vorsprung für sich.

Dezember 2018. Die Kanzlerin tritt vom Parteivorsitz zurück
und mit *Annegret Kramp-Karrenbauer* rückt, jetzt mit beeindrucken-
dem Wahlergebnis durch die Partei, wieder eine Frau nach. Es ist
wieder eine Fachkraft aus dem Saarland. Langsam wird klar, dass
die Spezies des Saarländers nicht zu unterschätzen ist: *AKK, Maas*
und *Altmaier* sind Saarländer. Was ist das Geheimnis des kleinen
Flächenbundeslands? *And who the f* is AKK?* Wird *AKK* jetzt auch
zur Nachfolgekanzlerin aufgebaut? Und wann verlässt die Kanzlerin die Titanic? Mit einem untrüglichen Gespür für die richtige

---

[151] Siehe dazu Ergänzungen im Anhang; ebd. „Anmerkung 151".

Zeit und den richtigen Vorlauf, zieht sie sich *Step by Step* auf sicheres Terrain zurück. Für die Scherben sind die anderen zuständig. *Hillary Clinton* hat das Anfang 2013 mit der Aufgabe des Amts der Außenministerin auch so gemacht und die Wahl um das Präsidentenamt verloren. Hat *Merkel* einen neuen Posten im Blick oder bereits die Wanderschuhe bereitgestellt?

28. Dezember 2018. Eric Gujer zieht Bilanz und macht der Kanzlerin kein schönes Weihnachtsgeschenk. Er zählt 15 Schritte zum Abgrund auf (Nachfolgendes paraphrasiert):[152]

< *(1) Es gibt keine scharfen ideologischen Trennlinien mehr, welche die Parteien disziplinieren.*

(2) Statt die jeweiligen Unterschiede zu betonen, schließen die (einstigen) Volksparteien eine Wagenburg gegen die Populisten. Politisches Handeln wird monotoner.

(3) Der tradierte Fraktionszwang wird von der Öffentlichkeit als unverständlich verstanden.

(4) Die Einheit der Partei wird Flügelkämpfen geopfert (K. Kühnert).

(5) Die SPD bekämpft die eigene Führung (Nahles).

(6) Es gibt eine wachsende Unbeständigkeit in der Innenpolitik des Landes.

(7) Die Volksparteien sind keine Erfolgsmodelle mehr. Die Zustimmung durch die Wähler schrammt maximal die 30% Marke (CDU).

(8) Die Gesellschaft ist heterogener geworden. Jeder ist heute eine stolze Minderheit.

(9) Übergangsstimmung herrscht. Die Kanzlerin will gehen. Die CSU bläst zum Generalangriff gegen die Asylpolitik der eigenen Kanzlerin.

(10) Die deutsche Regierung ordnet sich fast wehrlos wirtschaftlichen (Exportweltmeister) und politischen Sachzwängen (USA und NATO diktieren eine neue geopolitische Ordnung) unter.

(11) Die Bürger Europas bringen in immer mehr Ländern der Gemeinschaft ihren Unmut über die tradierte Politik an der Wahlurne zum Ausdruck.

(12) Amerika verliert sukzessive die Rolle der Garantiemacht der Welt. Die Stabilität der Welt steht wieder auf dem Prüfstand.

(13) Trump macht das Model „USA first" hoffähig und zündelt an der Weltordnung.

(14) Die Attraktivität des deutschen Modells (soziale Marktwirtschaft und Exportweltmeister) übt eine gewaltige Sogwirkung aus. Dass die durch den

---

[152] *Ders.,* „Die wilde deutsche Politik – warum die Unberechenbarkeit in Berlin zunimmt. Die deutsche Politik ist volatiler geworden", in NZZ vom 28.12.2019.

Syrienkrieg ausgelöste Massenflucht krisenhafte Prozesse im Sozialstaat Deutschland ausgelöst hat, ist nicht mehr zu leugnen. Muss sich Deutschland im Nahen Osten stärker militärisch engagieren?
(15) Bündnis 90/DIE GRÜNEN marschieren in Sachen „Stationierung der Bundeswehr im Ausland" plötzlich mit den Befürwortern anderer Lager gemeinsam voran. Die Unübersichtlichkeit in Deutschland nimmt zu>.

Die Einwanderer von heute sind das Proletariat von morgen. Sind das bereits die Warnhinweise, die die Systemforscher, wie *Huntington, Ziblatt, Fon, Mounk* u. a. politischen Beobachter beschrieben haben (siehe dazu Anmerkungen in Band 2)? Einige Kritiker in Deutschland gehen viel weiter und attestieren der Kanzlerin schon im Jahr 2017 die *Hauptschuld* am Chaos im Land. Die fatale Bilanz *„Zwölf Jahre Merkel am Steuer: Schadensklasse M"*[153] wird letztlich dazu führen, dass die willkommenen Zuwanderer von heute, das *„Proletariat von morgen"* sind.[154] Nicht wenige *Ad-hoc* Entscheidungen, Unterlassungen, merkwürdige Wendungen und Aussagen lassen vermuten, dass die Politik der Noch-Kanzlerin nach ihrem Abschied für lange Zeit gutes Arbeitsmaterial für psychologische Interpretationen sein könnte. Von ganz unten nach ganz oben an die Schalthebel der Macht bedeutet immer ein Risiko. Der letzte *SPD*-Kanzler hat ein Sozialgefüge hinterlassen, das heute Sprengstoff für die Gesellschaft ist. Aber was wäre die Alternative gewesen? Weitere Millionen Arbeitslose durch großzügige Sozialleistungen ruhig zu stellen? Die Lähmung der Wirtschaft zu ertragen und die aufgehende Schere zwischen steigenden Ausgaben und sinkenden Steuereinnahmen durch Schuldenmachen, also Inflationierung zu kompensieren? Ein Schulterschluss mit Italien und den anderen Südländern der EU? Das hätten die deutschen Wähler damals vermutlich nicht akzeptiert. Allerdings könnten sich die deutschen Sparer heute über *Draghis* Geldpolitik freuen, weil sie keine Zinsverluste erlitten hätten, sondern zu den Nettoprofiteuren der *Draghischen* Geldschwemmenpolitik gehören würden.

---

[153] *Ranier Grell, in Achgut,* 10.09.2017.
[154] *Henryk M. Broder, ebd.*

Das ist Schnee von gestern. *Nahles* kommt erst gar nicht so weit, *Schröder* nachzueifern. Persönliche Defizite oder Beschädigungen finden immer einen Weg ans Licht des Alltags. *Merkel* wird ein Werk hinterlassen, an dem noch Generationen zu beißen haben. Wer die Verantwortung für das eigene Sagen und Handeln nicht übernehmen will und die fatalen Konsequenzen des Schweigens und Unterlassens persönlich und finanziell nicht (er)tragen muss, ist fein raus und braucht auch keinen Gott, auf den man vertrauen kann. *Merkel* aber sagt klipp und klar, sie wolle noch nicht gehen. Ob es eine Beruhigungspille ist, oder eine Drohung, ist nicht ganz klar. Gibt es vielleicht doch einen neuen geheimen Plan? Vielleicht will sie dem Land persönlich noch einen finalen Kick geben – natürlich, in ihrer Sicht, in die richtige Richtung? Jetzt, da sie sich wieder selbst von allen Außenzwängen befreit hat, sollten wir noch große Dinge erwarten können. Oder entpuppt sie sich doch nur als *lame duck?*

10.12.2018: UN-Migrationspakt und die UN-Vollversammlung in Marokko. Die Sitzung ist beendet. Tosender Applaus brandet auf. Die Vollversammlung ratifiziert am 19.12.2018 in New York den Pakt mit 152 Stimmen. 5 Länder stimmen dagegen (USA, Ungarn, die Tschechische Republik, Israel und Polen). Zwölf Länder enthalten sich, darunter Österreich, Australien, die Schweiz, Italien und Bulgarien. Ab 2022 werden die Staaten danach bewertet, was sie von den Beschlüssen umgesetzt haben. Deutschland ratifiziert den Pakt nach heftigen Wortgefechten im Parlament mit der *AfD* mit 372 Stimmen. 153 Abgeordnete stimmen mit Nein, 141 enthalten sich. Der globale Pakt ist eine Vereinbarung der Unterzeichner über sichere, geregelte und planmäßige Migration. Die Bevölkerung ist uneins über den Sinn und Nutzen des Pakts. Vermutlich, weil ihn nicht viele gelesen, und noch weniger die Konsequenzen für die Bundesrepublik verstanden haben. Das hat Tradition und erinnert an die „Behandlung" der Themen *TTIP*, die Vereinbarungen zur Bankenunion und zu den Rettungsschirmen. Obgleich der Pakt nur eine Empfehlung sein soll, befürchten Kritiker, dass damit die nationale Souveränität schleichend demontiert wird, und hinter den großen Idealen der Humanität, der Diversität, der Gleichheit und der Menschenrechte zurücktreten muss. Danach wird jede Form von Migration legitimiert und die Unterzeichnerländer verpflichten sich zu sehr weitreichenden und Steuermittel verzehrenden Maßnahmen, die die Rechte von Migranten stärken. Die Mittelstandsunion der *CDU* fragt sich gerade, ob mit *soft-law* das souveräne Recht des Parlaments ausgehebelt werden soll. *Merkel* macht sich und der Nation ein Abschiedsgeschenk und wartet geduldig auf den Friedens-Nobelpreis, um ihn *Trump* wegzuschnappen. Den alternativen Preis wird sie höchstwahrscheinlich nicht dafür bekommen. Den erhalten nur die wirklich Auserwählten.

Amerika hat den Waffle House Index. *Waffle House* ist der Name einer amerikanischen Restaurantkette und ein angenehmer Ort, wenn der Hunger plagt. Auf Reisen durch die USA sind sie immer ein guter Ort entlang der *highways*, in denen man die kleinen Leute, Familien, Trucker und Kanadier trifft und immer gute Gespräche führen kann. Ein *Waffle House* schließt (eigentlich) nie und solange es offen hat, wissen die Menschen, im Land ist alles *A-OK*. Keine Stürme und Überschwemmungen weit und breit: *Open To Serve YOU - 24/7* steht auf dem Schild. Wenn ein *Waffle House* jemals die Eingangstür geschlossen hält, ist akute Sturmwarnung und die Menschen wissen, dass sie besser nicht nach draußen gehen und zuhause bleiben sollten. Die amerikanische Katastrophen-Behörde *FEMA (Federal Emergency Management Agency)* nutzt den *Waffle-House-Index* zur Kategorisierung von Sturmstärken. Vielleicht brauchen wir in Deutschland auch einen klaren Hinweis, wann wir besser nicht mehr nach draußen gehen sollten. Vielleicht so eine Art Verbotszeichen mit rotem Rand und einem dicken roten Querstrich über einer Raute? Vielleicht ist es auch zu verwenden als Warnzeichen, dann, wenn alle Tankstellen zu haben, oder als Hinweis darauf, dass das Dieselsterben beginnt, oder der Sturm der Entrüsteten losbricht, oder Freitagsdemos im Gange sind? *Expect great things,* würde *Donald Trump* jetzt sagen.

Mal sehen, was also das Jahr 2019 bringt. Immerhin wollen die Koalitionspartner dann ein zweites Mal Bilanz ziehen. Es ist zu erwarten, dass sie sich selbst gute bis sehr gute Noten geben (müssen). Vielleicht sollten sie aber noch etwas mit dem Prädikat „gut" üben. Für Juristen ist ein Prädikatsexamen auch nur eine Drei. Die Deutschen haben es mit Synonymen. Unkrautvernichter heißt heute Pflanzenschutz, faule Aktiva waren früher Finanzmittelverschwendung, Umsatzsteuer auf Aktiengeschäfte heißt neudeutsch Finanztransaktionssteuer, Multikulti war früher identisch mit der Aufgabe der kulturellen Identität, die Banken-union ist kein Verein zur Pflege der Sitzkultur, sondern das Ende der fiskalischen Souveränität des Staates, eine Gewinnwarnung ist die Ankündigung eines Kapitalverlusts, die Aufgabe der Souverä-nität heißt jetzt UN-Migrationspakt, *Raider* hieß schon früh wieder *Twix* (*twin biscuit sticks*). Deutsche schwarz-rote Gesetze erhalten jetzt den Zusatz *gut* oder *stark*, damit jeder weiß, dass davon alle anderen Gesetze ohne Zusatz abzugrenzen sind. *On the top*: Der Spruch <*in einem Land, in dem wir gerne und gut leben*>, ist der versteckte *Code* für *Prepper*, Streichhölzer, Raviolidosen und Bier zu horten oder sich noch schneller aus dem Staub zu machen, bevor der Laden zusammenkracht. Und die Menschen machen bei der Umdeutung selbst mit. Zu oft höre ich, wenn etwas schiefgeht und ich mich beim Gegenüber entschuldige, die Antwort: „*Alles ist gut*". Dann denke ich sofort an die Probleme von *Garfinkel* und erhalte – auf Nachfrage, was wohl damit gemeint sein, natürlich nur eine irritierende Reaktion: „Was?" Hat die Evolution bereits einen neuen Menschentypus erschaffen?

Ein unvollständiges Update 2019

Januar 2019: „Ich bin Bundesinnenminister und werde das Amt weiter ausüben." Horst *Seehofer* tritt vom Amt des Parteivorsitzenden der *CSU* zurück und lobt den Nachfolger *Söder* in höchsten Tönen. *Söder* lobt die Arbeit *Seehofers* auch. *In der Politik gibt es keine Freunde,* sagt *Seehofer* und bleibt der Inthronisation *Söders* als Ministerpräsident Bayerns absichtlich fern. Das neue Heimatministerium hat seit Anbeginn des Bestehens (das ist ein Jahr!) nicht einen einzigen Antrag und schon gar kein Gesetz eingebracht. *Seehofer* braucht jetzt jede Minute zum Liefern. Offensichtlich sind seine hoch bezahlten Experten und Beamten noch im Denkmodus.

Illegale statt Immigranten. Bei der Vorstellung des Asylberichts 2018 im Januar 2019 trägt Minister *Seehofer* vor, dass die Zuwanderung nach Deutschland rückläufig ist und mit rund 161.000 Erstanträgen deutlich unter der in der Koalitionsvereinbarung festgelegten Obergrenze von 220.000 Personen liegt. *Seehofer* geht davon aus, dass seine Behörde über belastbare Daten verfügt. Kenner der Situation verweisen auf das Phänomen der *„Unsichtbarkeit von Migration."*[155]

Die Zustimmungszahlen zur SPD kratzen kurz die 15% und damit haben die *Roten* weniger Zustimmung als die *Blauen* im Parlament. Die Splitterpartei will jetzt wieder punkten und verabschiedet sich mit Getöse von der eigenen *Hartz*-Ideologie. *SPD*-Minister *Heil* erfindet in *Warp*-Geschwindigkeit (gemessen in AU/s) neue Gesetze, weil früher doch alles so ungerecht gewesen sei. Kritik daran, dass die *SPD* das doch schon in den letzten Jahren der Regierungstätigkeit im Rahmen der alten GroKo hätte machen können, wird akzeptiert, aber die richtige Zeit wäre halt erst jetzt gekommen. Ein neuer Begriff, das *„Bürgergeld"*, soll das mit Makel und Pein beladene *Hartz*-Modell ersetzen. Mal sehen, ob der *„Kunde"* vom und durch das Jobcenter dann anders behandelt wird. Bei der Behandlung der *„Kunden"* ist noch viel Raum nach

---

[155] Siehe dazu Ergänzungen im Anhang; ebd. „Anmerkung 155".

oben. Noch gibt es keine Entscheidung über den Solidaritätszuschlag.

Januar 2019: Les carottes sont cuites, sagen die Franzosen, wenn
sie die Faxen dicke haben und zeigen der Regierung *Macron* die
Gelbe Karte. *En marche! Monsieur le President!* Runter vom Sockel
der Versprechungen, und rein in die wahren Nöte und Sorgen der
Menschen. *Macron* geht auf Promo-Tour durch das Land.

Januar 2019: Bam … Das „Starke-Familien-Gesetz" kommt in
zwei Schritten: Im Juli 2019 und im Januar 2020. Bei so viel positiver Attribution kann man nur hoffen, dass die Antragsformulare
ebenso stark vereinfacht sind wie das Gesetz, sonst beantragt
niemand die paar Euro mehr. Offenbar sind die Betroffenen in
der Berechnung der Opportunitätskosten wesentlich versierter
als die Macher selbst. Die Anträge sind (wieder) so komplex, dass
Unerfahrene daran scheitern oder einen Berater zurate ziehen
müssen. Alles scheint – theoretisch – in die richtige Richtung zu
gehen und verharrt doch im Reparaturmodus vergangener Halb-
lösungen. Aber wer von den Politikern hat schon einmal selbst
einen eigenen Antrag gestellt, dass er das wissen kann? Minister
Spahn? Seehofer vielleicht für seinen Nachwuchs in Berlin?

*24.01.2019. Mit dem Satz: „Das Recht wird im Misthaufen der Gnade
ersäuft",* hätte der Schweizer Sozialreformer und Pädagoge *Johann
Heinrich Pestalozzi* wohl den Aktionismus in Sachen Bürgenbefrei-
ung von Minister *Heil* kommentiert. Nach massivem Aufschrei
der mutmaßlich *betrogenen* aber guten Menschen wird er die Jobcenter anweisen, von Rückforderungen gegen die Bürgen von
Flüchtlingen abzusehen, weil, so der Minister, die eigenen Jobcenter in Sachen Bürgschaft für Migranten falsch beraten haben,
oder die Rückerstattung eine unbillige Härte für die Bürgen
bedeuten würde. Das ist harter Tobak für seine Beamten und sie
werden es ihm zu danken wissen. Und es ist eine Steilvorlage für
die Kritiker des Wunschkonzerts. Im Übrigen handele es sich <u>nur</u>
um einen zweistelligen Millionenbetrag, lässt er den Steuerbürger
wissen. *Well done, my King.*

*Februar 2019: Die Kritiker der Bewegung Mouvement des Gilets jaunes
(Gelbwesten)* sind erleichtert, dass die Rechte (welche genau das

sein soll, ist nicht bekannt?) offenbar die Bewegung unterwandert und deren Legitimität, Sprachrohr aller Franzosen zu sein, entzaubert.

Die Fremdkämpfer des IS sollen von deren Heimatländern zurückgenommen werden. Nachdem der ISIS fast besiegt scheint, erbitten die kurdischen Kräfte, nicht ganz uneigennützig, von den Versendeländern Rücknahmeangebote. Die Frauen und die Kinder der *ISIS-Schergen* wollen wieder zurück, weil sie sich offenbar haben blenden lassen, wie sie jetzt unisono selbstkritisch feststellen. Das ist menschlich verständlich und rational nachvollziehbar, weil sie am Verlieren sind. Sie wollen wieder nach Hause, nach Großbritannien, nach Deutschland und in andere Heimatländer. Haben Sie irgendetwas im selbst gewählten Paradies vermisst? Gab es zu wenige Shoppingangebote in den verwüsteten Gebieten, Kindergärten, Schulen, Cafés, Freibäder? Und an den Gräueltaten war natürlich niemand von ihnen beteiligt, und auch niemand wusste davon, sagen sie. Oder ist es eine reine Schutzbehauptung? Genaueres wissen die Behörden aber (noch) nicht. Zum Glück für die Deutschen. Wie sollte man solche Täter reintegrieren? Die Polizeibehörden werden aber wohl neues Personal beantragen müssen. Die Ermittlungen gegen die Täter werden schwierig werden.

Februar 2019: Bundesverkehrsminister Scheuer erklärt den Befürwortern eines generellen Tempolimits auf deutschen Straßen, dass ein Tempolimit einem Angriff auf den „gesunden Menschenverstand" gleichkomme. Das ist insofern plausibel als ein Tempolimit auf Autobahnen für das Image der deutschen Premiumhersteller schädlich sein könnte. Andererseits könnte eine solche Maßnahme pro Jahr vielleicht eine dreistellige Zahl von Schwerverletzten und Toten verhindern. Es ist eine Frage der Prioritäten. Allerdings, was nutzen Tempolimits, wenn sie – wie das Handyverbot am Steuer – wegen laxer Kontrollen massenhaft gewohnheitsmäßig und konsequenzenlos missachtet werden?

18.02.2019: Die 55. Münchner Sicherheitskonferenz (kurz Siko) ist beendet. Die Organisation ist wie immer hervorragend. Das Essen auch. Die Polizei baut die Sperren wieder ab und Kanzlerin *Merkel* war merkwürdig befreit. Am 2. Tag gibt es *standing ovations* für ihre Rede vor den versammelten Kriegs- und Friedensfürsten der Welt. Sie ist mit sich zufrieden. Sogar ein kleines Lächeln huscht über ihr Gesicht. Mal sehen, für welchen zukünftigen Posten die Bewerbungsrede ausreicht. Die Welt ist zufrieden. *Trump* ist zuhause geblieben. *Vice-President Pence* sendet den Versammelten beste Grüße vom vielleicht größten aller Präsidenten und erntet null Applaus. Gelacht wurde dafür heimlich.

21.02.2019: Der Papst erwartet „konkrete und wirksame Maßnahmen" zum Auftakt des katholischen Kindesschutzgipfels im Vatikan. So viel *Framing* und Deutungshoheit nehmen (immer) nur Täter für sich in Anspruch. Die Kritiker beklagen bereits den Namen der Versammlung und werben für „*Kindermissbrauchskonferenz*", um die Schuld konkret beim Namen zu nennen. Heraus kommt nichts, aber vergewaltigte Nonnen melden sich zu Wort und Kardinal *Andrello* tritt vom Amt des Erzbischofs von Santiago de Chile zurück. Der Papst muss den Rücktritt des Freundes zerknirscht annehmen.

27. Februar 2019: Der Bundesfinanzhof entzieht ATTAC die Gemeinnützigkeit. Die Wirklichkeit schreibt immer noch die besten Geschichten. Wer Unruhe sät und Bankenland besetzt, bekommt irgendwann dafür den Ausweisungs-, pardon, Steuerbescheid zugestellt.

27. und 28 Februar 2019. Kim und Trump treffen sich ein zweites Mal, in Vietnam, und wieder kommt dabei ... nur heiße Luft heraus. In der Zwischenzeit scheinen sich die Schlingen um *Trumps* Hals langsam weiter zuzuziehen. Trotzdem ist davon auszugehen, dass er eine zweite Amtszeit bekommt. Die Mauer muss schließlich fertig werden. Sollte irgendwann ein Asteroid Nordamerika treffen, haben die Mexikaner wenigstens eine Mauer, die die Massenflucht der Amerikaner verhindern wird. Übrigens klauen die Mexikaner in Nacht- und Nebelaktionen immer häufiger den extrem scharfkantigen *NATO*-Stacheldraht, um damit die eigenen Häuser gegen Diebe zu sichern.

Im Februar 2019 übernimmt der Bürokrat und Hardliner Selmayr die BREXIT-Verhandlungen für die EU. Pieter Cleppe befürchtet, dass es keine gute Lösung für Probleme des politischen Systems ist,

Bürokraten zu Politikern zu machen. *Cleppe* repräsentiert den *Think Tank Open Europe* mit Sitz in Brüssel.[156]

Der britische Showdown kommt. Die Briten können sich wenige Wochen vor dem selbst gewählten Showdown in die potenzielle Bedeutungslosigkeit immer noch nicht einigen, wie man am besten und auf Kosten aller anderen den gemeinsamen Verein verlassen kann und fordern schon wieder eine Verlängerung. Vielleicht wollen die Abgeordneten doch noch die EU Gehälter einstreichen, wenn sie nach der kommenden EU Wahl im Mai 2019 immer noch im Aushandelmodus sind, allen voran *Nigel Farage*?

Februar 2019. „When the world is on the brink of apocalypse, with a new disease starting to spread, and the Devil himself may be walking among us, a woman scientist discovers that true Faith can bring Miracles."[157] Die Jugend entdeckt beim kurzen Hochschauen von der eigenen *Facebook®*-Seite den Zustand des kleinen blauen Planeten und geht auf die Straße. Im August 2018 brachte die damals 15-jährige *Greta Thunberg* aus Schweden den Stein ins Rollen und Schüler auf der ganzen Welt ziehen nach. Medien und Politiker ziehen auch schnell nach, weil *Greta* nicht nur ein nettes junges Mädchen ist. Sie kann den Untergang förmlich riechen, wissen die Eltern zu berichten. Sie hat *Asperger*, was eigentlich nicht zählt, sieht aber süß (oder besser kindlich, mit ihren Zöpfen eher wie 12 als 16) und zerbrechlich aus. Jetzt können sich auch die bislang Klima-neutralen zu etwas Gemeinsamem bekennen, nämlich, dass auch sie jetzt verstanden haben. Herr *Scheuer, listen please:* Das *ist* ein Angriff auf den *gesunden* Menschenverstand. Ja, die Eliten waren alle viel zu langsam, haben viel zu wenig getan und über die Jahre alles nur zerredet und vertagt. Und viele haben das gute Leben auf die Spitze getrieben und sich einen *SUV* für die Stadt und die Freitagstransporte zugelegt. Nicht so *Bündnis 90/DIE GRÜNEN* (hinsichtlich des SUVs sind wir uns nicht sicher). Sie werden dafür von der Wucht der Weltrettungswelle, die sie weder erzeugt haben noch kommen sahen, fast überrollt, bekommen gerade

---

[156] Siehe ders. *Martin Selmayr is taking over the Brexit negotiations – and that`s bad news for Britain; in spectator.co.uk* vom 30.01.2019).
[157] *IMDb*-Text zu: *The Second Coming of Christ, D. Anghelcev (Dir.), 2018.*

noch die Kurve, um auf ihr mitsurfen und ihre Klientel mit dramatischen Botschaften und vermeintlich klima-*wissenschaftlichen* Erklärangeboten überschütten zu können. Die Belohnung kommt prompt: fast 30% Zustimmung durch das kluge Wahlvolk. Alle Achtung! Oder ist das nur die simple Objektivation einer kollektiven Panik auf der Basis von Hören- und Nachsagen? Die Jugend ist wieder einmal viel schneller, wenn sie wirklich etwas haben möchte – getreu der Devise „ich will alles, und zwar sofort" – manchmal so schnell, wie die geübten Fingerchen über die Handy-Tastatur huschen, um sich über neue Klamottentrends, süße Katzenvideos oder *Gamingscores* auszutauschen. Und alle Schüler sind sich einig. Den alten Säcken, der Kostümträgergeneration und der trägen Rautenfangemeinde muss gehörig Feuer unter ihren bequemen Hintern gemacht werden. Endlich Schulschwänzen an jedem Freitag für die ganz große Sache, und den Erwachsenen den Stinkefinger zeigen. Das machen Schüler sowieso, auch ohne besonderen Anlass, weil es Teil der emotional-kognitiven Entwicklung ist, aber jetzt kann man die Möglichkeiten der sozialen Medien voll ausschöpfen. Nur neue Klamotten- und Kosmetiktipps posten reicht nicht mehr, um die Langeweile aus dem Schulleben zu vertreiben. Jetzt schafft die Fremdempörung an jedem Freitag neue Beschäftigungsmöglichkeiten. Immerhin gehen sie ins Freie und bewegen sich. Junge politische Talente haben ihre besonderen fünf Minuten im TV: „*Die Wissenschaft hat es doch bewiesen!*" Basta! Nun ja! Nach der amerikanischen EPA (*Environmental Protection Agency*) hat die Wissenschaft auch bewiesen, dass Glyphosat bei sachgemäßer Anwendung sicher und risikolos ist. Was sagt Greta dazu? Für die große Sache muss man Opfer bringen. Zu ihrem Glück wissen die jungen Leute noch nicht, was die geforderten Maßnahmen für sie konkret bedeuten würden. Sofortige Abschaltung aller Kohlekraftwerke, der Kernkraftwerke sowieso! *Whow!* Und wie will die stürmische Jugend künftig ihre Smartphones aufladen? Aber Protest ist gut per se, zumindest wenn man jung ist. Und *Greta* an die Macht! Der Friedensnobelpreis ist bereits in aller Munde. Die Empörung gegen die vermeintliche Instrumentalisierung und bedenkenlose Unterstützung der jungen Bedenkenträger wird sofort wieder in die richtige Ecke verwiesen.

Der Greta-Hype ist symptomatisch für die latente Inkompetenz der Eliten im Umgang mit krisenhaften oder komplexen Prozessen. Ob das Klima „krank" ist oder nicht, *kann* aus Studienergebnissen abgeleitet/interpretiert werden, *falls* die Primärdaten stimmen, die Verknüpfungen valide, die Erhebungs- und Bewertungsmethoden „*sauber*" sind und das benutzte Modell stimmt (Kritik an wissenschaftlichen Aussagen, siehe dazu Anmerkungen in Band 2). Darüber entscheiden nicht *Greta* und erhitzte *Follower*, sondern die Daten und die Gültigkeit der Modelle sowie die wissenschaftliche Aufrichtigkeit. Solange *die* „Wissenschaft" mit dem Klimahype Milliarden Umsatz macht, ist Kritik an den Ergebnissen zulässig (s. o.). „*Greta und ihre Eltern*", sagt *Wolfgang Meins*, Professor für Neuropsychologie und Psychiatrie, „*sind nicht hysterisch, sondern fanatisch*"[158]. Und er fügt hinzu: *Greta selbst ist nicht empathisch und interessiert sich nur für sich und nicht für die Nachbarn. Das erinnert an Schilderungen über verstörte Täter.*"[159] Ein hartes Urteil. Was aber ist, wenn *Greta* die alte *Alba* ist und die Gutgläubigen nur einem Phantom nachrennen?[160] Nur die Unbelehrbaren verweisen jetzt auf die Schulpflicht. *Bündnis 90 / DIE GRÜNEN* fordern jetzt – ganz uneigennützig – das Wahlrecht mit 14 Jahren, natürlich nur der Sache und des Planeten wegen.

Zwei zu null für Distraction! Für die Politik sind gesellschaftliche Ausschläge immer einerlei, solange sie dem eigenen Zweck dienlich sind. Und bitte, auch dieses Klima-Gestrampel (neudeutsch *Framing*) ist doch eine ganz alte Ablenkungskiste jeder politischen Ideologie, ob sie braun, grün, rot, blau oder grün daherkommt. *Distraction baby.* Mit der kollektiven Entrüstung und dem weltumspannenden „Oh-Gott-Oh-Gott" kommt noch kein generelles Geschwindigkeitsgebot, kein Gesetz zur Hardware-Umrüstung von Dieselfahrzeugen, kein Ausstieg aus der Verbrennungsmotor-Technologie, keine drastische Reduktion des Fleischkonsums, kein Verbot des Heizens mit fossilen Energien, kein Löschen brennender Kohleflöze, kein Ausgasungsstopp für Methan, kein Furzverbot für Kühe, Termiten und Zwiebelesser,

---

[158] In *Achgut* vom 05.06.19, ebd.
[159] Siehe: *Michael J. Rausch, Jury Finds Adria Loya Guilty in First-Degree Murder*; in: The Bourne Enterprise, Sep 12, 2017
[160] Siehe dazu Ergänzungen im Anhang; ebd. „Anmerkung 160".

keine sofortige Abschaltung von Kohlekraftwerken, kein massiver Ausbau des Schienenverkehrs, keine neue Speichertechnologie für gerade nicht benötigte „grüne" Energie, kein umweltschonender Abbau von Coltan und Lithium für Batterien, keine umweltfreundliche Wasserstoffwirtschaft und schon gar kein Fusionsreaktor, gar nichts. Doch! Es kommt der Elektroroller (eine angebliche Zukunftstechnologie), damit die Abteilungen für Hirnchirurgie (wirkliche Zukunftstechnologie) in den Kliniken besser ausgelastet sind. Und es kommt jede Menge Geld in die Kassen derjenigen, die wissen, wie man mit der Masche „Angst und Panik" der Masse der Gutgläubigen und Rechtschaffenen das Geld aus der Tasche ziehen kann.[161]

Aus dem cleveren Marketingcoup des schwedischen Entrepreneurs *Ingmar Rentshog* wird in wenigen Monaten ein weltweiter Klimahype, den *Bündnis 90/DIE GRÜNEN*, um es noch einmal zu sagen, zwar nicht gestartet hatten, auf den sie aber blitzschnell aufgesprungen sind. *Greta* ist für die Klimapopulisten ein Geschenk des Himmels. Das *böse* Klima hat uns angeblich alle im Würgegriff. Die Politik ist de facto – wieder einmal – völlig unvorbereitet und kann sich – wieder einmal – nur mit Halbgarem und Ad-hoc-Aktionen über Wasser halten. Positive Profilierung geht anders. Die nicht abklingenden Akut- und Folgeprobleme, z. B. durch die Massenimmigration, die das Land nach

---

[161] *Gunilla von Hall, Swedish start-up used Greta Thunberg to bring in million, in: Svenska Dagbladett* vom 09. Feb. 2019. Die Autorin beschreibt, wie der clevere Geschäftsmann *Ingmar Rentshog* sich das Ziel gesetzt hatte, einen weltweiten "*Klimahype*" zu starten, um damit Geld für sein Unternehmen zu scheffeln: „*He had a lofty ambition: to create <the world's largest Social Network for climate action>". (Ebd.).* Am 20. August 2018 startet die 15-jährige *Greta Thunberg* ihren Schulstreik für das Klima vor dem Schwedischen Parlament in Stockholm. Am nächsten Tag postet *Rentshog* auf Instagram® ein Bild von *Greta*, mit dem großen Schild, auf dem sie „*Schulstreik für das Klima*" fordert, und lädt gleichzeitig das Video „*We don't have Time*" auf seinem YouTube®-Kanal hoch. 88.000 *Follower* schauen das Video an. Am 24. November verlinkt er Gretas Aufforderung mit seinem Unternehmen. Am 27. November erklärt er, mit der Aktion SEK 30 Millionen *venture capital* einsammeln zu wollen. Der Rest ist Geschichte.

wie vor und für lange Jahre fest im Griff halten wird, treten aber gleichzeitig mit der wachsenden Klimapanik in den Hintergrund. Zwei zu null für *Distraction*. Der Rest der Welt schaut zu, trifft sich weiter auf Klimakonferenzen, legt noch schärfere Klimaziele fest, ohne die ersten jemals zu erfüllen, und arbeitet weiter wie zuvor. Derweil zerlegt sich Deutschland in Fremd- und Selbsterrettung selbst. Viel schlimmer als die allgemeine Flugangst ist die besondere deutsche Flugscham.[162] Aber wirklich schlimm ist Selbst-Erkenntnis!

Eva an Adam: „He Du, wir sind nackt". Die Deutschen erkennen und bekennen, dass sie am Untergang der Welt selbst schuld sind und erstarren im Schämen und in der Selbstverleugnung. Wir wiederholen auf großer Bühne den Akt des Erkennens der eigenen Nacktheit nach der Vertreibung aus dem Paradies und legen uns alle möglichen (biologischen) Feigenblätter zurecht. In fast religiöser Verzückung wollen wir dem Schöpfer klarmachen, *„dass auch wir (nicht nur Seehofer) verstanden haben".* Als Lösung fällt

---

[162] Wer hätte gedacht, dass wir uns irgendwann einmal für unsere Hochtechnologieprodukte schämen müssen. Die amerikanische *Boeing* lässt bei seinem *737 Max-Modell* nicht die vorgeschriebene Sorgfalt *walten*, und verzichtet auf wichtige Sicherheitschecks (siehe Probleme beim *MCAS - System*). Zwei Flieger stürzen ab mit Hunderten von Toten. Die europäischen Top-Ingenieure bringen modernste Hochtechnologie mit dem Airbus 380 und 340 in die Luft und sollen bald von der deutschen *Flugscham gegroundet* werden. Hat *Greta* das Wort in Umlauf gebracht? Oder Herr *Lindner*. Der kennt auch *„Dunkelflaute"*. Das sind windstille Nächte, in denen in einer ergrünten Energiewirtschjaft ohne Speichertechnologie die Wärmepumpen ausfallen und die Kids nicht ihre Handys aufladen können (und in der Folge an *Social-Media*-Entzug leiden), weil die Windräder nicht laufen und die Solarzellen nicht liefern. Die Amerikaner haben gar nicht so viele Schenkel, wie sie sich bei diesen Aussichten gerne auf dieselben hauen würden. Die Chinesen *grounden* mit Eifer Millionen von Bürger, wenn sie zu *Vertrauensbrechern* gestempelt worden sind (s. o. in diesem Text). Dann dürfen sie für Reisen nicht das Flugzeug nutzen. Das *Sozialpunktesystem* Chinas wäre das ultimative Kontrollsystem für die deutschen Flugschamfreaks. Weniger Passagiere machen in der Summe weniger Flüge und das spart CO^2 ein.

274

den Trommlern des Untergangs aber nur ein, auf die *bösen* Verursacher mit dem Finger zu zeigen. Ein Blick genügt. Um uns herum nur Ignoranz und weiter so. *Die* machen alle ungerührt weiter wie bisher. Die Autos lassen sie trotzdem im Stand laufen (wird in der kalten Jahreszeit wieder zunehmen) und sie fahren die Kiddies weiterhin mit dem *SUV* in die Schule. Sie fliegen von Bonn nach Berlin und zurück, jeden Tag. Sie bauen weder die Bahn noch den ÖPNV ausreichend und nicht mit Vorrang gegenüber der Straße aus. Sie essen weiterhin Fleisch …. Sie … Ganz ruhig. Vielleicht liegt es an der (falschen) Verdrahtung der Menschen, dass mit Vernunft kaum etwas zu erreichen ist? Menschen wollen nicht ablassen von den Segnungen einer modernen, egozentristischen und auf maximaler Kapitalakkumulation fundierten Gesellschaft. Sie wollen essen, Spaß haben, feiern, grillen, fliegen, kiffen (wie einige Politiker auch) und einfach nur das Leben genießen. Und sie wollen reich, manchmal auch glücklich werden (sic! *Bruno Mars: I wanna be a billionaire)*, oder die berühmten 5-15 Minuten Berühmtheit im Internet oder auf *Deutschland sucht den Superstar* genießen. Was sie aber nicht wollen, ist, gegängelt zu werden, schon gar nicht von solchen Propheten, die vor dem Hype im Luxus der Überversorgung prächtig mitkonsumiert haben, von den Flugreisen bis zum leckeren Eis in Kalifornien.

09.03.2019: Sarah Wagnerknecht zieht sich mit 49 Jahren aus der Politik zurück. Sie erkennt kurz vor der Schallmauer, dass das Leben (und die eigene Gesundheit) einen Wert an sich haben. Aus der Krankheit hat sie gelernt, dass es noch etwas Wichtigeres gibt, nämlich das Leben selbst. Die Genossen atmen sichtlich auf und wünschen ihr alles Gute für die Zukunft. Nach mehr als zwei Legislaturperioden ist ihre Rente sicher.

Sommer 2019: Es geht kein Weg daran vorbei. Die (deutschen) Menschen müssen wieder einmal zu ihrer Errettung gezwungen werden. In der Ökopädagogik liegt die Zukunft. Nur das Kollektive und das Gemeinsame bringen große Revolutionen hervor. Der Einzelne mag Wunderdinge vollbringen und mit Geist, Verstand und Mut die Grenzen des Seins überspringen und Großes und Innovatives erdenken und erschaffen. Der Einzelne ist aber aus egoistischen Gründen nicht geeignet, Bestehendes zu verändern. Dazu bedarf es einer Masse (Schwarm) im Gleichschritt (Gleichflug). Mein Zahnarzt wird erst aufhören, unnötigen Zahnersatz einzubauen, wenn der Außenborder zu seiner zweiten Jacht abgezahlt ist. Kein Wunder also, dass zur Lösung der kollektiven Schuld nur das Bestrafen und Abkassieren aller herhalten kann. Neue Steuern sind wie ein neuer Impfstoff aus den Giftküchen der Selbstgefälligen und Besserwisser ohne Plan. Sie sind das Elixier eines neuen Ablasshandels, der auf subtile Weise den Tätern (i. e. allen Menschen) die Chance gibt, für ihre Taten noch zu Lebzeiten aufrichtig und mit der (freiwilligen) Abgabe des sauer Verdienten zu büßen. Dass Deutschland an der weltweiten CO^2-Belastung nur mit 2% beteiligt ist, ist reine Nebensache. Und weil nicht alle die einmalige Riech- und Erkenntnisfähigkeit (*Greta-Gen*) in sich tragen, um die Verschmutzung zu erspüren oder zu erreichen, wie uns *Frau Mama* wissen lässt, kommt jetzt die ganz große Keule. Die Bürger sollen jetzt die Zeche zahlen, weil die Politik trotz aller guten und richtigen Worte, die sie seit mindestens 30 Jahren in Sachen Klimaschutz wählt, den großen Versprechen und internationalen Beschlüssen keine großen Taten hat folgen lassen, oder schlicht kein *standing* in der Umsetzung der eigenen Beschlüsse zeigt.

Nachhaltigkeit ist ein guter Begriff bei Regierungserklärungen und eine harte Tagesarbeit, die der Ausdauer bedarf. Gut gedacht ist nicht immer gut gemacht. Windräder sollten ein wesentlicher Teil des Energiemixes aus alternativen Energien sein. Seit Längerem scheitert die Errichtung neuer Türme an erschwerten Genehmigungsverfahren. Den GRÜNEN, einst als Bürgerbewegung gestartet, ist es neuerdings ein Dorn im Auge, dass lokale Bürgervereinigungen den Bau von Windkraftanlagen verzögern oder vereiteln. Tja, liebe Leute, Bürgervereinigungen müssen schon für die *richtige* Sache eintreten! Solar wurde vor Jahren massiv subventioniert und heute müssen die einst viel gelobten Unternehmer ihre Unternehmen liquidieren, weil die Subventionen gestrichen sind. Kernkraftwerke wurden und werden stillgelegt und dafür Strom von den (Kern-) Kraftwerken aus dem Ausland zugekauft. Häuser werden mit künftigem Sondermüll gedämmt, obwohl die Dämmleistung marginal ist. Dafür ist in einigen Jahren mit Schimmelbefall zu rechnen, sagen Fachleute. Das Brandrisiko bei alten Styropor-Dämmstoffen ist unkalkulierbar, aber hoch. Und die Strompreise steigen für Endverbraucher Jahr für Jahr weiter, angeblich um damit alternative Energien zu fördern.

Verstehen die führenden Politiker noch, was sie vielleicht anrichten, zumindest in den Köpfen und den Seelen ihrer Bürger mitverursachen? Wollen sie jetzt einen Radikalkurs für alle, weil nichts richtig funktioniert und vorangeht? Aber keine Sorge, wenn der europäische Schuldenturm vorher kippt (s. o.), wird die Ökodiktatur für die nächsten Jahre oder Jahrzehnte erst einmal vertagt. Oder die Politik entschließt sich mit der Legislaturperiode 2021-25 sofort loszulegen und verabreicht seinen Bürgern schon vorab sanfte Dosen (unter Medizinern nennt man das „einschleichen"), bevor unter Führung der GRÜNEN der ganz große Hammer herausgeholt wird. Wer die Welt retten *muss*, darf nicht zimperlich sein. Das war im Mittelalter nicht anders, und jede große Religion weiß, was man zu tun hat, wenn man das Böse abwehren muss.

Das Menschenbild der Retter ist das des brutalen Thatcherismus, sagt *Jörg Räwel.*[163] Eine kleine Gruppe aufgeregter Selbstgerechter treibt die Nation vor sich her und schafft es tatsächlich, dass die Lemminge zum eigenen Untergang klatschen und hüpfen. Über all die Selbstüberwindungs- und Selbstverleugnungsaktionen hinweg wird nicht mehr nachgesehen, inwieweit die objektiven Daten und Modelle der Wissenschaftsgemeinschaft tatsächlich stimmen. Ab 2019 gilt in der Bundesrepublik ein neues Naturgesetz: der Mensch ist der Verursacher von globaler Klimaveränderung. Vorsicht, Denkfalle! Ein apodiktischer Glaube an die Universalität der eigenen Thesen und Ideen in einer von Gott erschaffenen Welt hatte Europa vor der Erfindung des Teleskops und des systematischen Experiments schon einmal fest im Griff.[164] Als die ganz Neugierigen und Mutigen, auch die Gierigen, die nur Ruhm, Länder und Gold suchten, und auch die, die

---

[163] *Jörg Räwel, „Scham für die Flugscham",* in Telepolis 21.07.2019, ebd.
[164] Die arabischen Forscher waren im Mittelalter schon viel weiter als ihre europäischen Kollegen. Dann gerieten sie unter den wachsenden Konsensdruck einer immer dominanter auftretenden Religion. Im Gegensatz zum lateinischen Westen entwickelten sich im islamischen Bereich keine unabhängigen Nationalstaaten, die Wissenschaft und

nicht mehr viel zu verlieren hatten, dann losgesegelt sind, begann ein neues Zeitalter der Entdeckungen, der Erfindungen, der wissenschaftlichen Erkenntnisse, aber auch eine neue Zeit der systematischen Ausbeutung, Eroberung und der menschenverachtenden Sklaverei. Wiederholen wir gerade die Panik des späten Mittelalters vor der angeblichen, selbstverursachten Pein in der Hölle? Wie damals drängen sich die Massen an den Ausgabestellen der Ablassbriefe und beklatschen die Geldeintreiber. Für das Gute gibt man gerne und reichlich Geld. Wie damals akzeptieren wir keine alternativen Forschungsergebnisse und behaupten strikt, dass es am Ende des Horizonts nur abwärts gehe. Sind die Modelle und „Beweise" der vermeintlich objektiven Wissenschaften die neuen modernen Gottesbeweise? Dann sollten wir anfangen wieder zu beten und den Kirchen einen neuen Zeitgeist verpassen. Vielleicht hilft das auch, den Kirchenaustritten entgegenzuwirken?[165]

Schatz, geh' ein letztes Bier holen. Angenommen, der Klimawandel ist wirklich (nur) vom Menschen gemacht, also die Natur habe selbst keinen oder nur einen geringen Anteil daran, müssten wir nicht konsequenterweise sofort alles beenden, was zur weiteren Verschlechterung unser Umwelt und des Klimas beiträgt? Wir haben es sechstausend Jahre lang nicht geschafft, Kriege, Pogrome und die Gier abzuschaffen. Was macht uns so zuversichtlich, dass es mit dem Klimawandel funktionieren könnte, angesichts der wirklichen Konsequenzen? Müsste die Menschheit nicht sofort die eigene Fortpflanzung einstellen? Der Papst will das ja nicht und die Evangelen auch nicht. Der Islam sowieso nicht. Was ist mit den Buddhisten, Hinduisten und den anderen Gruppen? Ist also der Papst oder doch die Menschen am Untergang der Welt schuld? Hier sind die Deutschen endlich einmal auf dem richtigen Weg. Sie werden weniger! Offenbar aber nur die Biodeutschen. Und auch nicht aus der Einsicht heraus, dass ceteris paribus weniger Menschen weniger CO_2 bedeuten. Es ist eher eine Frage persönlicher Prioritäten. Kinder sind schlicht zu

---

Technologie bald als Mittel zum Kampf um Vorherrschaft nutzten.

[165] Der Trend der Kirchenaustritte aus beiden großen Kirchen hält unvermindert an. 2018 sind aus beiden Kirchen insgesamt 436078 Mitglieder ausgetreten. Siehe www.kirchenaustritt.de.

teuer, zu nervig und machen immer Lärm (kleiner Scherz). Um sie korrekt aufzuziehen, ist eigentlich ein längeres Studium (B.A. reicht leider nicht) notwendig. Man kann ja so viel falsch machen. Am deutschen Wesen wird also auch dieses Mal die Welt nicht genesen. Ablasszahlungen lösen nicht die zugrundeliegenden Probleme, sondern sind eher ein Mittel zum Ausbluten einer auf der Vernetzung von Wissen, Technologie und Wissenschaft aufgebauten und prosperierenden dynamischen Gesellschaft.

Vielleicht sollten wir dem menschlichen wissenschaftlich-technischen Genius vertrauen und die Innovationsfähigkeit und Genialität der wenigen unter uns mit allem was nötig ist – *whatever it takes* – befördern statt sie durch verfehlte oder fehlende Spitzenförderung in der Breite ins Ausland zu drängen. Ausgerechnet diejenigen, die selbst nicht wissen, was Spitzenleistungen sind und wie sie zu erreichen sind, erzählen uns wieder einmal die Geschichte der wundersamen Heilung von Krankheit durch Verzicht und Buße. Die Pest wurde nicht mit Beten und Buße besiegt, auch nicht der Wundbrand. Die Heimsuchungen der Menschen werden früher oder später mit Nachdenken, Forschen und Zähigkeit in der Zielerreichung besiegt. Siege sind niemals endgültig, weil sich die Erreger anpassen, um die Abwehrwaffen der Menschen auszutricksen.

Dient die Klimapanik nur dazu, an die 3000 Mrd. heranzukommen, die die Bürger in Ersparnissen bunkern? Es ist in etwa die Größenordnung an zukünftigen Mitteln, die erforderlich sein werden, um die Löcher zu stopfen, die die Ausgaben für die Willkommenspolitik, die Sicherung der Renten, die Rettung unserer EU-Partner und die neue Aufrüstung, die *Trump* von den Deutschen fordert, in den kommenden 10-30 Jahren in die öffentlichen Haushalte reißen werden. Wehe, wenn dann wirklich Kosten für Klima-Operationen nochmals in gleicher Höhe auf uns zukommen sollten. Dann fehlen uns wirklich 3000 Mrd. Euro, wenn die Währung dann noch so heißen wird.

März 2019: „Gut ist die Hauptsache!" Die Regierungspolitiker haben es wieder mal mit der Sprache. Das *Gute Stall-Gesetz* (sorry, nur eine Erfindung eines der Autoren) folgt auf das *Gute-Kita-Gesetz* vom Januar 2019 (Erfinder sind die Minister *Giffey* und

Heil). Konkret, aber nicht weit davon entfernt: Ministerin *Klöckner* (*CDU*) will ab 2020 ein neues Tierwohllabel, nach den vielen anderen Tierwohltaten. Schweine sollen auch mehr Platz haben, ein DIN-A4-Blatt mehr, wenn sie sich auf den Schlachttod hin mästen lassen. Die PR verkauft es als Schritt für den Tierschutz. Die Ministerin *Klöckner* gibt zeitgleich Unterricht dazu, wie man vergammeltes Essen von noch genießbarem unterscheiden kann. Zuerst daran riechen, dann entscheiden. Wer wäre darauf gekommen? Ich vermute, sie hat das nicht von den Ehrenamtlichen bei den Tafeln gelernt. Die machen in aller Regel nur eine Sichtprüfung, um nicht Schlechtes an die Bedürftigen abzugeben. Und Frau *Klöckner* hat das amerikanische *piggy bag* neu erfunden, jetzt aus recyceltem *deutschen* Karton. Viel Spaß mit den Soßen. Oder hat die Pappschachtel eine Innenausstattung aus Kunststoff? Endlich geht es in Sachen Innovation also in großen Schritten voran. Lesen wir noch mal bei *Rosa L.* nach: *„Gut ist die Hauptsache! Einfach und schlicht gut sein, das löst und bindet alles und ist besser als alle Klugheit und Rechthaberei.* "[166] Leider ist alles zu durchsichtig und zu bemüht. Und wieder einmal: Gut gedacht und schlecht gemacht. Das *„Mieterstrom-Gesetz"* aus dem Jahr 2017 soll Mieter an den Segnungen von Solarstrom beteiligen. Motto: Lokal produzieren und global profitieren. Vom Ministerium wird die Sache großspurig angepriesen: *„Energiewende im eigenen Haus."*[167] Leider sind die Anträge und Nachweise, die von den privaten Vermietern zu erbringen sind, (wieder einmal) so aufgebläht und kompliziert, so wie bei *Hartz-IV,* dass von den potenziell 3,5 Millionen Objekten nur ca. 1,5% eine Fotovoltaik-Anlage auf dem Haus haben. Trotzdem kommt es vor, dass die Versorger an sonnigen Sommertagen nicht wissen, wohin mit dem ganzen Fotovoltaik-Strom, den sie den Produzenten per Gesetz abnehmen müssen. Sie bezahlen (sic!) dann Abnehmer im Ausland, die sich bereit erklären, den überschüssigen Strom in Pumpspeicherwerken zu bunkern, damit die heimischen Netze stabil bleiben. Und kaufen ihn später teuer wieder zurück – womit

---

[166] *Rosa Luxemburg am 5.3.1917 aus der Feste Wronke an Hans Diefenbach*; GB 5, 183; in: In: *Rosa Luxemburg. Menschsein ist vor allem die Hauptsache*; hrsg. Von *Bruno Kern, marixverlag.*
[167] Pressemitteilung Bundesministerium für Wirtschaft und Energie 2017.

die Rechnung jetzt doppelt hoch ausfällt. Ist das *rationale* Energie-politik? Die privaten Vermieter werden rechtlich den Energie-konzernen gleichgestellt und müssen entsprechende Nachweise und Auswertungen vorlegen. Glückwunsch an den Saarländer *Altmaier* (*CDU* und Jurist). *Who cares!*

06. März 2019: In der Talkshow der Journalistin Sandra Maischberger sind die üblichen Experten eingeladen, die sich wieder einmal über ein nicht enden wollendes Thema aufregen, sich persönlich betroffen zeigen, oder sich mühen, ihm theoretisch eloquent und sprachlich elaboriert beizukommen. Der junge Hoffnungsträger *Kevin Kühnert* hat mittlerweile gelernt, wie man seine Thesen verbal gut präsentiert, um gehört zu werden: frech, arrogant und immer im Duktus des Besserwissenden. Die Beiträge der Mitdiskutanten quittiert er nonverbal immer mit Kopfschütteln. Gutes Training! Das Thema einer sozial (un)gerechten Gesellschaft ist auch für ihn einfach zu verlockend. Historisches Wissen gefragt oder ungefragt anzubringen, ist seine Sache. Wissen per se ist immer lobenswert. Aber, wir sind nicht im Labor des Lebens, sondern live – im Leben der Betroffenen. Wer dazu Auskunft geben möchte, vielleicht sogar sinnvolle Vorschläge unterbreiten will, sollte auf die eigene gelebte Erfahrung zurückgreifen und aus der Erfahrung der bereits praktizierten Verantwortung schöpfen. Es wäre ein Anfang, wenn jemand sein Wissen zuerst an einer Pommesbude oder einem Bierbüdchen als Selbstständiger ausprobieren würde. Wenn er dann nach einem Jahr noch mitmi-schen kann, dann würde es sich vielleicht lohnen, ihm zuzuhören. Wenn er sich darüber wundert, dass er damit weder reich werden noch überhaupt ein auskömmliches Einkommen erzielen kann, das zumindest die Zahlung der Krankenversicherung und der Mieten absichert, dann sollte er sich fragen, warum das so ist und wer das so eingerichtet hat. Vielleicht würde es helfen, seinen Parteigenossen *Hubertus Heil* um ein *Gutes-Büdchengesetz* zu bitten?

Am 14. März 2019 zeigt das kritische deutsche Politik-Magazin Monitor einen Report: „Käufliche EU-Politik? Wie Konzerne die EU-Ratspräsidentschaft sponsern". Coca-Cola®, diverse Autokonzerne, *Microsoft*® u. a. unterstützen Veranstaltungen des Ratspräsidiums mit Tausenden von Euros. Es scheint von höchstem Interesse zu sein, als Sponsor in den ersten Reihen zu sitzen, wenn es um

Themen wie Zucker, Abgaswerte, etc. geht. Auf Nachfrage teilte die EU mit, dass es keine Regeln oder Gesetze gibt, die das *Sponsoring* von Politikern regeln oder verbieten. Allein das jeweilige Ratspräsidium entscheidet über die Annahmen von Spenden und stellt im Gegenzug fancy Sponsorendiplome aus. Was erhalten die Konzerne dafür? Zumindest dürfen sie dann ausreichend plakatieren oder den Transportservice der Teilnehmer durchführen. Audi, BMW und Mercedes haben sogar die passenden Fahrzeuge dazu. Kann es auch etwas mehr sein? *Who cares*. Die neunte Direktwahl zum *Europäischen Parlament* findet im Mai 2019 statt. Das wären zwei Monate vor dem Austritt der Briten, falls sie nicht doch noch bleiben wollen. Die Abgeordneten werden sicherlich wieder alles versuchen, die Menschen wortgewaltig vom heilsamen Wirken der Parlamentarier für die Menschen Europas zu überzeugen. Wochenlang werden wir wieder gute Geschichten vom guten Wirken der europäischen Zentralmacht für die Menschen hören.

06. März 2019: Was ist denn jetzt los? Macron liefert wirklich, vielleicht, weil er die Faxen mit den Deutschen dicke hat? Unter dem Druck der *Gelbwesten* auf den Straßen Frankreichs beschließt die Regierung *Macron* eine eigene Digitalsteuer an der EU vorbei zur Abschöpfung von Gewinnen bei den (amerikanischen) Großkonzernen *Facebook®*, *Apple®*, *Microsoft®*, *Google®* and *Amazon®* (aka „FAMGA"). Frankreich schätzt, dass die 2% Pauschalsteuer noch 2019 ca. 480 Millionen Euro für den Sozialstaat einbringen. 2020 soll es dann etwa das Doppelte sein. *Chapeau*! Das scheint sozial intelligenter als jede Klimasteuer.

März 2019: Die fünf Wirtschaftsweisen haben ihre Prognose für das Wirtschaftswachstum nach unten auf nur noch 0,8% korrigiert, und Finanzminister Scholz will weiter an der Schwarzen Null festhalten. Dafür kündigt er schon einmal an, den Bundesländern, die die Hauptlast der Integration tragen, künftig das Bundesgeld für die Integration der Flüchtlinge nach unten zu kürzen. Ihm schwebe angeblich eine „*Flüchtlingspauschale*" vor.[168] Nachtigall icke hör dir Solidaritätszuschlag singen. Der Bund agiert nach dem Verfahren, nach

---

[168] R. Breyton und Th. Vitzhum. Die Verteilungskämpfe beginnen, in: DIE WELT KOMPAKT, 20. März 2019; ebd., S.16.

mir die Sintflut, und wenn es heiß wird, ist die Kanzlerin längst
weg und wählt vielleicht ein anderes Land, in dem es sich noch
schön und sicher leben lässt. Vielleicht Österreich? Randbemerkung: Im fünfköpfigen Rat der Sachverständigen ist nur eine
Frau, *Isabel Schnabel* (Universität Bonn), vertreten. Sollte die
Regierung nicht schnellstens ein Gesetz erschaffen, um diesen
intellektuellen Egotrip der überwiegend männlichen Eliten zu
beenden? Dazu müssten wir erst herausfinden, ob die Geschlech-
terzusammensetzung eines Gremiums (Partei oder Sachverstän-
digenrat) als Kriterium für das Andauern oder Beenden von
elitären Egotrips taugt. Ist es eine valide Prämisse, dass elitäres
Klüngeln ausschließlich die Domäne von Männern ist? Oder
können Frauen auch klüngeln? Das wäre ja eine ganz neue
Einsicht!

21.03.2019: Die Newcomer-Partei „Forum für Demokratie" gewinnt
bei der Regiowahl in den Niederlanden die Mehrheit der Wählerstimmen.
Das Parteiprogramm spricht sich gegen Immigration, Europa
und den Klimaschutz aus. Medien und Politik sind überrascht
vom Wahlerfolg der sogenannten „Rechtspopulisten."

25. März 2019: Die syrische Armee erklärt den IS für besiegt, was sie
seit Längerem schon erklärt. Die Verbände hätten die letzte Hoch-
burg der Dschihadisten in Baghus (Syrien) erobert. Alle betonen,
dass damit aber das mörderische Gedankengut in den Köpfen der
Anhänger nicht besiegt ist und befürchten die Zunahme von
Anschlägen. Die Rückkehr zur Normalität wird Jahre dauern.
Deutschland muss sich jetzt Gedanken darüber machen, ob und
wie es die deutschen IS-Kämpfer, resp. Bandenmitglieder, die
Frauen und die Kinder zurück in die Heimat holen und resoziali-
sieren will, kann oder soll.

März 2019: Eine erste Entwarnung für Trump. Sonderermittler
Robert Mueller erklärt, dass es in der laufenden Ermittlung keine
Beweise für eine Zusammenarbeit des Präsidenten mit Russland
gegeben habe. *CBS News: „Mueller did not find Trump campain*
'conspired' with Russia" (March 25. 2019). *Trump* feiert das Ergebnis
in seiner *tweeten* Art: *„Complete and Total EXONERATION".* Die
Kommentatoren sehen das anders. Noch ist nichts vorbei.

27.03.2019: Die Abgeordneten des britischen Unterhauses versuchen sich in acht Testabstimmungen und outen sich endgültig als eine bedrohte Spezies. Sie wollen einfach nicht glauben, dass es bald zu Ende ist, und suchen nach Schlupflöchern, um aus dem selbst gewählten *Brexit*-Schicksal mit möglichst wenig Blessuren und großen Vorteilen herauszukommen. Raus ja, aber nur nach unseren Konditionen. Die Welt lacht weiter über den Zirkus. *Order, Order!* Der *Speaker* im britischen Unterhaus wird immer bekannter. Vielleicht versteht die Welt aber nicht die wahre Motivation, die hinter dem *Brexit*-Austritt steht? Großbritannien hat kaum eigene Industriegüter. Zum Beispiel geben in der Automobilproduktion die ausländischen Top-Autobauer den Ton an. Was die Briten aber haben, ist die *City of London*, die zu den Top 5 Finanzzentren der Welt gehört. Die Briten könnten nach dem Austritt den Plan aus der Thatcherzeit vollenden und zur 1-A Steueroase in Europa werden. Jamaika hat zwar die niedrigsten Steuern, aber nicht den Luxus von London. Sollten die Briten das Ziel anstreben, haben die Europäer die einsame Schuldenführerschaft und die Briten scheffeln Kohle.

28.03.2019: Trump startet seinen Rachefeldzug gegen seine Kritiker. „At his first rally since being cleared of Russian conspiracy charges, Trump ticked through those he felt wronged him as the crowd chanted, <Lock them up.> … President Donald Trump feels vindicated. And now he's out for blood", schreibt *Gabby Orr in Politico,* March 28. 2019.

VW will ab 2022 in den Werken Emden und Hannover fast nur noch Elektrofahrzeuge produzieren, die 2025 auf den Straßen sein sollen. Da kommt eine richtig schöne und saubere Zukunft auf uns zu. Ob die jungen Menschen bis 2022 die Freitagsdemos durchführen? Nicht so gut kommt an, dass VW ankündigt, dass dazu 7000 Stellen abgebaut werden. Und dann gibt es auch noch keinen Plan dazu, wer die Steckdosen produziert und woher der Strom kommen soll.

30.03.2019: Seehofer hat immer noch nicht verstanden, worum es den Wählern geht und wohnt weiter in Berlin. Die *SPD* zerlegt sich weiter. Frau *Nahles* ist etwas leiser geworden, singt aber trotzige Mutmachlieder auf einer Aschermittwochsveranstaltung. Die *FDP* wirkt irgendwie farblos. Die Linken sind froh, dass Sarah weg ist und wirken jetzt auch farblos. Nur *Bündnis 90/DIE GRÜNEN* profitieren weiter vom *„Rettet-den-Planeten-Hype"*. Das Duo *Baerbock – Habeck* wird zum neuen Traumpaar. Einig sind sich alle nur in einem. Die *AfD* muss wieder weg. Die *AfD* hat in einem Jahr im deutschen Parlament für viele Zwischenrufe und für noch mehr Antipathie bei den Etablierten gesorgt. Und sie spielen Demokratie und reaktivieren den berühmten *Hammelsprung*, um bei geeigneten Anlässen prüfen zu lassen, ob das Parlament abstimmungsfähig ist. Die amtierende Parlamentspräsidentin Claudia Roth lehnt am 28. 6. 2019 einen Antrag der AFD auf Hammelsprungverfahren ab. Drei Gesetze werden bei Anwesenheit von nur ca. 90 von 709 (bei einem vorgeschriebenen Quorum von 50%) Abgeordneten beschlossen. Die Gemeinschaft der Demokraten will nicht weiter vorgeführt werden und muss verlorenes Terrain zurückerobern, verletzt dabei aber die von ihr selbst gesetzten Regeln. Wäre am nächsten Sonntag Wahl, würden die Wähler im Vergleich zur Sonntagsfrage vom 24.09.2017 die *CDU/CSU* wieder mit etwa 30% und die *AfD* mit etwa 12% der Stimmen belohnen. Die *SPD*, die Linke und die *FDP* rutschen weiter um 1-2 Prozentpunkte ab. Nur *Bündnis 90/DIE GRÜNEN* würden mehr als die doppelte Zustimmung, ca. 19%, erreichen (alle Werte sind Mittelwerte aus den einzelnen Ergebnissen der Befragungsinstitute).[169] Vielleicht auch, weil *Annalena* doch Strom „im Netz" speichern kann und *Habeck* so gut aussieht?[170]

03.04.19. Panama-Papers. Weltweit sollen die Behörden ca. 1 Mrd. Euro an Strafen eingetrieben haben. Muss man als Top-Politiker ein Konto in *Panama* haben? Welcher fiskalische Gesamtschaden durch die weltweit praktizierte Steuerhinterziehung entstand, lässt sich nicht beziffern. Steuerhinterziehung von Politkern ist mit Abstand die schlechteste aller vertrauensbildenden Maßnahme gegenüber den Bürgern.

10.04.2019: Es geht abwärts mit der deutschen Wirtschaft. Die Wirtschaft ist sauer auf den Wirtschaftsminister. „«Leider schadet der Bundeswirtschaftsminister inzwischen dem Ansehen der Union in der Wirtschaft»,

---

[169] Ebd., *www.wahlrecht.de: Sonntagsfrage Bundestagswahl 2019*).
[170] Siehe dazu Ergänzungen im Anhang; ebd. „Anmerkung 170".

sagt *Oliver Zander*, der Hauptgeschäftsführer des Arbeitgeberverbandes Gesamtmetall. Noch etwas giftiger geht es anscheinend zu, wenn Unternehmer anonym befragt werden. Dann sei von «Fehlbesetzung» und *«Totalausfall» die Rede, schreibt die «FAS».*"[171]

April 2019: Saudi ARAMCO® ist weltweit der Konzern mit dem höchsten operativen Unternehmensgewinn (EBITDA) mit 111,1 Mrd. Dollars im Jahr 2018. Mit den Gewinnen aus fossilen Brennstoffen kann man Imperien bauen und viele neue Waffen kaufen. Der Gewinn der Saudis liegt damit vor Apple® (48,3 Mrd. Dollars), Shell® und Exxon Mobil® zusammen.

Mai 2019: Psychological warfare at its best. Der YouTuber Rezo erstellt ein 55-Minuten-Video und rechnet mit der CDU vor der EU Wahl ab. Die Aktion ist zeitlich gut getimed. Die Qualität der Arbeit zeigt, da ist einer, der weiß, wie es geht. Und die Betroffenen stehen wie begossene Pudel da. Angeblich Millionen von *Clicks* und eine sauer gefahrene *CDU* Vorsitzende sind das Resultat. Und *Rezo* ist in aller Munde. Das Video verleitet *AKK* umgehend zum hilflosen Angriff auf die Meinungsfreiheit der anderen, die gegen die *CDU* zum Aufbruch blasen, und kopiert die Hilflosigkeit der Kanzlerin wie dereinst gegen den Satiriker *Böhmermann.*[172] Sogar Teile der *CDU* selbst wenden sich gegen *AKK*, weil sie erkennen, dass die

---

[171] *Benedict Neff*, ebd., in *NZZ* vom 10.04.2019.

[172] Die neue deutsche politische Hoffnung *AKK* scheint bereit zu sein, bereits Kritik an den Öffentlich-Rechtlichen überprüfen und ggf. verbieten oder gar bestrafen zu lassen. *Wer Kritik an den Öffentlich-Rechtlichen äußert, diskreditiert sich selbst und macht seine Nähe zum rechten Rand deutlich?* Höre ich richtig? Lese ich richtig? Ist das der Vorspann zur geistigen Gleichschaltung oder nur die Ablehnung von Gender-Aborten? Ist es schon so schlimm um die Objektivität von *ARD / ZDF* bestellt, oder ist sie nur verwirrt, dass der Pöbel eine eigene Meinung hat? Warum hat deutsche Politik so viel Angst um die eigene Meinungshoheit? Wieso wählen sie als Lösungsmodell die Pädagogisierung des (dummen) Wahlbürgers? Sind wir schon wieder so weit vorangekommen auf dem Weg zur Meinungseinschränkung und des *Bashings* abweichenden Denkens und Sagens. Was kommt danach? Werden die schweigenden Lämmer das nochmals mitmachen, in aller Konsequenz? Es gibt erste Gegenbewegungen in Form des *Intellectuel Dark Webs.*

Vorsitzende eine rote Linie überschreitet. Die Jugend freut sich. So wenig Aufwand, so viel Panik. Die *CDU* schlägt zurück mit dem jungen Konservativen mit Opabrille, *Jurist Amthor*. Der junge Tausendsassa soll einen eigenen Cybergegenangriff produzieren und blamiert sich und die Crew. Das „Produkt" wird noch vor dem Launch eingestampft, weil es über die Worte: „*He Alter …* *du …*" nicht hinauskommt. Das ist unbeholfen und blamabel, wie die gesamte politische Digital-Elite. Besser kann die *CDU* die eigene Ahnungslosigkeit nicht darstellen. Ende des Aufstands. Vielleicht ist *Amthor* doch viel älter im Kopf als das Äußere vermuten lässt? „*Die Geschichte der Volksparteien kommt an ihr Ende – in der Netzwerkdemokratie werden nur radikal kreative und vernetzte politische Akteure überleben …*", behauptet *Daniel Dettling* in der *NZZ*. „*Die alten staatstragenden Volksparteien mögen auf eine gloriose Vergangenheit zurückblicken, zukunftsfähig aber sind sie nicht mehr. Ihr Programm und ihre Sprache sind überholt. Ihr «Volk» ist verschwunden, es gibt nur noch vernetzte Individuen. Doch wer und was soll wie ihre Aufgabe übernehmen?*"[173] Aber an mangelnder Vernetztheit sollten die Politiker nicht scheitern, und radikale Kreativität wird im Netz zuweilen auf sehr eigenwillige und nur in der lokalen Filterblase konsensfähige Weise verstanden.

Vom 23. - 26. Mai 2019 wählen die Bürger Europas zum neunten Mal das Europäische Parlament und es gibt nur 15% für die Volkspartei SPD. Die *SPD* hat richtig eine in die Fresse bekommen und *Nahles* will sofort die Bestätigung ihres Kurses. Leider eine Fehleinschätzung der Dame aus der Eifel.

Ende Mai 2019: Nahles geht im Groll und kann jetzt in ihrem eigenen Museum der Verletzungen leben. Genervt zieht die erste *SPD*-Vorsitzende selbst die Reißleine und tritt von allen Ämtern zurück. Die *SPD*-Chefin kann jetzt endlich die Welt außerhalb des Partei-Hamsterrads erkunden. Und … keiner der *SPD* Granden traut sich aus der Deckung heraus. Auch der jugendliche „Held" *Kühnert* will (erst einmal) nicht die Nachfolge übernehmen – alles Feiglinge oder nur extrem clever? In so einer prekären Phase des Umbruchs den Finger zu heben, ist riskant, wenn keine beruflichen Alternativen bestehen. Also alles nur *same procedure as always!*

---

[173] Ders., Gastkommentar in NZZ vom 11.7.2019.

Große Sprüche immer dann, wenn das Risiko unterzugehen gegen null strebt? Stehen nicht bald wieder Wahlen in einigen Bundesländern an? So oder so. Die *SPD* in ihrer klassischen Gestalt ist Geschichte. Werden wir sie vermissen? Die *SPD* hat ihre eigenen Leute nie gut behandelt. Um nochmals *Rosa Luxemburg* zu bemühen: *„In irgendeinem sibirischen Dorf spürt man mehr Menschentum als in der deutschen Sozialdemokratie."*[174] Und es gibt von ihr noch einen Rat für die Zukunft der Partei obendrauf: *„In der bürgerlichen Gesellschaft ist die der Sozialdemokratie dem Wesen nach die Rolle einer oppositionellen Partei vorgezeichnet, als regierende darf sie nur auf den Trümmern des bürgerlichen Staates auftreten."*[175] Aber diese Stellungnahme ist getönt: Die Gründung der *KPD* wirft ihre Schatten voraus.

Mai 2019: Verkehrsminister Scheuer will der „Altenplage" (Vorsicht Sarkasmus!) mit einem innovativen e-Roller Konzept beikommen und die Nutzung derselben auf den Fußwegen zulassen. Allerdings soll der Betrieb nur mit einer maximalen Höchstgeschwindigkeit von 20 km/h. gestattet sein. Das wird ein ganz großer Wurf und ein noch besserer Beitrag zum Umweltschutz. Nochmals: Bürgersteig und 20 km/h! Der Autor staunt. Er schafft das gerade mal als Durchschnittsgeschwindigkeit mit seinem Rennrad, bei Sonne und ohne Gegenwind. Fährt der Minister selbst Rad, also ein richtiges Rad? Das wird ein Gemetzel geben. Das Ministerium liefert wieder einmal im ganz großen Stil. Er ist sich sicher, die Autofahrer werden auf den *eRoller* umsteigen. Etwa so, wie wir als Kinder vom Roller auf das Fahrrad, dann auf das Mofa, dann auf das Auto, dann auf das eSUV und schließlich auf den Rollator umgestiegen sind, bzw. umsteigen werden. War das die falsche

---

[174] *Rosa Luxemburg* am 30.11.1910 *an Kotja Zetkin aus Friedenau*, GB 2, 26; In: *Rosa Luxemburg. Menschsein ist vor allem die Hauptsache; hrsg. Von Bruno Kern*, marixverlag.

[175] *Rosa Luxemburg, in GW 1/1, 486;* In: *Rosa Luxemburg. Menschsein ist vor allem die Hauptsache*; hrsg. Von *Bruno Kern, marixverlag. Dann stünde der Vereinigung mit der Linken – vielleicht zu einer SED 2.0 – ja nichts mehr im Weg. Glücklicherweise braucht sich die SPD an diesen Rat nicht zu halten. Rosa Luxemburg verließ 1919 die Partei und wurde eine der Gründerinnen der KPD).*

Richtung? Alle, die sich im normalen Leben *richtig* auskennen, kritisieren die Pläne des Ministers und warnen sofort vor den gefährlichen Nebenwirkungen der neuen Droge.

02. Juni 2019: In der Sonntagsfrage werden Bündnis 90/DIE GRÜNEN kurzfristig mit 27% Gunstbezeugung auf ein Zwischenhoch katapultiert. Und wer muss bezahlen? Die *SPD* sackt auf 12% ab. Da ist noch Luft nach unten. Soll Kinderbuchautor *Habeck* jetzt Kanzler werden? Oder eine Doppelspitze mit der Energiespeichertechnologie-Expertin *Annalena Baerbock*? Schlimmer als eine neue unerträgliche Koalition im Vergleich zu der Koalition der Noch-Willigen kann es nicht werden. Oder doch? Eine Klimasteuer, das Verbot von Verbrennungsmotoren, sowie andere Ver- und Gebote, von der Dämmpflicht für private Hausbesitzer bis zum Verbot fossiler Brennstoffe für Heizzwecke winken bereits am *Bündnis 90/DIE GRÜNEN* Horizont. Deutschland auf dem Weg in die De-Industrialisierung?

03. Juni 2019: Der nordhessische Regierungspräsident Walter Lübcke wird tot auf seiner Terrasse aufgefunden. Er stirbt an einem Kopfschuss in der Nacht des 02. Juni 2019. Die Staatsanwaltschaft verdächtigt den 45-jährigen *Stefan E.* des Mordes an *Walter Lübcke*. 26. Juni 2019: *Stefan E.* gesteht den Mord. Reaktionen: Städtetagspräsident *Burkhard Jung (SPD): es sei wichtig „…, dass wir die Grundwerte unseres gesellschaftlichen Zusammenlebens entschlossen verteidigen".* Und fordert: *„Wer Gewalt gegen politisch Andersdenkende androht oder Straftaten gegen Politikerinnen und Politiker begeht, muss von Polizei und Gerichten konsequent strafrechtlich verfolgt werden."* Was denn sonst? Rituelle Bestärkungen von eigentlich Selbstverständlichem! *Kramp-Karrenbauer* sagte, es lasse sich am Fall *Lübcke „ganz deutlich sehen, wie Entgrenzung auch von Sprache, wie Hass und Hetze, wie sie auch von der AfD und von Verantwortlichen der AfD betrieben wird, Hemmschwellen so absenkt, dass sie augenscheinlich in pure Gewalt umschlagen."* (Alle Zitate aus der *WELT* vom 19.06.2019). Ist damit der Verursacher identifiziert? Oder wird die Kausalkette dabei willkürlich verkürzt?

Juni 2019. Gesundheitsminister Jens Spahn wird bis Jahresende ein Gesetz einbringen, um die umstrittene Konversionstherapie für Homosexuelle zu verbieten.

18. Juni 2019: Der Europäische Gerichtshof EuGH kassiert die PKW-Ausländermaut (offiziell: Infrastrukturabgabe) von Verkehrsminister Andreas Scheuer (Originalentwurf von Alexander Dobrindt), und vernichtet das CSU-Prestigegesetz. Scheuer und die CSU sind blamiert. Aber alles ist Ok. Keine Panik. Es lag nicht am Minister oder am Gesetz, sagt er selbst. Der Minister hatte, den Kritikern zum Trotz, die Mautpläne energisch, wie man das sonst von Politikern verlangt, vorangetrieben und siegessicher offenbar bereits Verträge mit den zukünftigen Maut-Partnern unterzeichnet. Leider hält der *EuGH* das geplante Verfahren für diskriminierend, nachdem der *EuGH*-Generalanwalt zuvor, abweichend vom späteren Urteil, empfohlen hatte, die Klage abzuweisen. Das kam überraschend. Damit wären jetzt Strafzahlungen wegen entgangener Gewinne an die Partner in dreistelliger (?) Millionenhöhe fällig. *But, no worry*, ruft *Scheuer*, und veröffentlicht jetzt (erst) die Verträge im Internet. Wird er für den Schaden persönlich aufkommen? *No worry*, der Steuerbürger wird das übernehmen. *As always!*

Kriegswaffen für die Türkei und der Pakt mit dem Teufel. „In den ersten vier Monaten des Jahres 2019 hat Deutschland der Türkei Rüstungsgüter im Wert von rund 184 Millionen Euro geliefert. Das geht aus einer Antwort der Bundesregierung auf eine Anfrage der Linken-Politikerin Sevim Dagdelen hervor. Es soll sich um U-Boot-Ausrüstung handeln, deren Lieferung bereits vor zehn Jahren genehmigt worden sein soll. Im aktuellen Jahr sollen bislang weitere Rüstungsausfuhren an den Bosporus im Wert von fast 24 Millionen Euro genehmigt worden sein. Kein anderes Land der Welt erhält mehr deutsche Rüstungsgüter als die Türkei. Das ist ein fatales Signal.“ … „Ähnliches gilt ja für den Flüchtlingsdeal. Rund 3,5 Millionen syrische Geflüchtete sind in der Türkei untergekommen. Die EU gibt dem Land Geld, damit die Menschen an der Weiterreise gehindert werden. Es ist ein Pakt mit dem Teufel.“[176] Der „Teufel" kann eben in der Politik sehr nützlich sein. Wenn es darum geht, Schlimmeres zu verhüten, ist man nicht zimperlich. Schließlich ist der feine Herr (nicht der Teufel, sondern Erdogan) auch Mitglied der NATO. Sollte die Moral der Heiligen, nicht der Scheinheiligen (andere würden sagen: der Realisten und Pragmatiker, aber die Abgrenzung fällt schwer), die Politik bestimmen? Das wäre doch einmal etwas

---

[176] *Gerrit Wustmann, Deutsch-türkische Waffendeals: Ein fatales Signal*, in *Telepolis* vom 16. Juli 2019.

ganz Neues und Unerhörtes. Aber warum fordert man dann nicht auch den Austritt der Türkei aus der NATO? Putin wäre entzückt.

Juni 2019: Die Kanzlerin beginnt in aller Öffentlichkeit zu zittern. Ist es Wassermangel, *das* erste Anzeichen eines Überfalls des Klimas auf die Kanzlerin oder vielleicht nur die körperliche Auswirkung einer schweren familiären Krise? „Klimaexpertin" *Baerbock* weiß es ganz genau: *„Wie gesagt, meine Antwort, dass man zittert, sind Zeichen deswegen, dass Hitze auch vor Bundeskanzlerinnen nicht Halt macht."*[177] Beschließt die Kanzlerin jetzt endgültig auszusteigen?

Juli 2019. Das Innenministerium bezeichnet die Ankerzentren als Erfolgsmodell.

Am 14.07.2019 zeigt das Magazin Panorama ein neues Format: Nach der Ausstrahlung des *ARD/Panorama* Beitrags vom 14.07.2019 steht fest, die *Sea-Watch 3* unter Kommando der deutschen Kapitänin *Carola Rackete* hatte ein *embedded Panorama-TV*-Team an Bord, das von den Zuständen an Bord und den Aktionen der „Heldin der Flüchtlinge" berichtet. Die junge Aktivistin hat ihre 15 Minuten Ruhm. Ist der *GEZ* Zahler womöglich an einer illegalen Aktion beteiligt? Oder ist das ein neues Fernsehspielformat? Die italienischen Behörden, in deren Hoheitsgebiet die Kapitänin Menschen fischt, halten ihre Aktion für illegal, bringen das Schiff auf und stellen sie vor Gericht. Deutschland und andere Länder nehmen die Flüchtlinge auf. Und die Deutschen sammeln Geld für den anstehenden Prozess. Die Zustimmung deutscher Top-Politiker und der guten Bürger ist ihr gewiss. Für sie gibt es keine Illegalität im Humanen. Jurist *Maas* verteidigt den vorsätzlichen Rechtsbruch in einem EU-Land, das die Grenzsicherungsarbeit für die handlungsunfähige EU macht. *Merkel* schweigt. Dass die kriminellen Schlepper dies als Steilvorlage missverstehen könnten und die Flüchtlinge mit Booten ohne Motor und Paddel zu vereinbarten Rendezvouspunkten auf dem Mittelmeer schleppen, weisen die Retter empört als *fake* zurück,

---

[177] https://www.bild.de/politik/inland/politik-inland/gruenenchefin-baer-bock-klimawandel-mitschuld-an-merkelszitteranfaellen-62958884.bild.html.

obwohl in den überladenen und steuerungsunfähigen Schlauch-
booten nach menschlichem Ermessen ein Überqueren des
Mittelmeeres unmöglich ist. Nach wie vor suchen Menschen ein
besseres Leben, seltener echtes Asyl, in Europa. Bis Juli 2019
wollten bereits wieder 186.000 Menschen nach Deutschland.

*Die SPD kommt wieder aus der Deckung und will auch eine Doppel-
spitze haben.* Zu zweit ist man im leeren Raum weniger allein. Mit
der Entdeckung der Doppelhelix war davon auszugehen, dass
dieses Wissen irgendwann einmal zur Politik durchsickert. *Bündnis 90/DIE GRÜNEN* haben es vorgemacht und die *Roten* haben
kopiert, was angeblich richtig, weil vom Wähler gewünscht ist.
Aber noch wagen sich die Pärchen nicht aus der Deckung. Die
Vorgabe für die jeweilige Paarung ist interessant. Sie sollen aus
einem/einer   bekannten   und   einem/einer   unbekannten
PolitikerIn bestehen.

*15. Juli 2019. Der 55-jährige Brexit-Hardliner und liebenswerte
Exzentriker Boris Johnson wird zum britischen Premier gewählt* und
bekräftigt sein Versprechen, Großbritannien zum 31. Oktober
2019 aus der EU herauszuführen. *May* gratuliert ihrem Ex-
Außenminister per *Twitter®: „Sie haben meine volle Unterstützung von
den Hinterbänken."*

*16. Juli 2019: "Who needs a Spitzenkandidat when you can have a
Homecoming Queen?"* Staatsstreich oder geschickter Coup? Die
Hängepartie um die Besetzung des Vorsitzes der EU Kommis-
sion ist beendet. Die aufgestellten Kandidaten sind alle aus dem
Rennen genommen oder geworfen worden. Die Kanzlerin und
Macron ziehen mit der deutschen Verteidigungsministerin *Ursula
von der Leyen* das sprichwörtliche weiße Kaninchen aus dem Hut.
Die feuchten Träume nach einer demokratischen Wahl der
Spitzenkandidaten durch die Bürger sind wieder ausgeträumt. Sie
selbst ist angeblich hochqualifiziert, hat als Kind in Brüssel gelebt,
weist umfangreiche Ministererfahrung und Erfahrung in der
Vergabe von Beraueraufträgen auf, spricht angeblich drei
Sprachen fließend, und … sie ist eine Frau. Alles ist wieder *A-Ok.*
Zumindest für *Merkel. Jens Weidmann* ist als potentieller Nachfol-
ger von *Draghi* als Präsident der EZB aus dem Rennen, die
Negativzinspolitik kann mit allen Konsequenzen fortgesetzt und

ein Konflikt mit den hochverschuldeten EU-Südländern verhindert werden.

Matthew Karnitschnig von *Politico Europe* bewertet die Personalie und das Spektakel kritischer: *„News that this Wunderfrau - aka German Defense Minister Ursula von der Leyen - could become the Commission's next president left European capitals abuzz on Tuesday. <Finally some good news> was the general tenor. Who needs a Spitzenkandidat when you can have a Homecoming Queen?*[178] *Schulz* hält sie für die schwächste Ministerin überhaupt. Keine gute Erbin! *Von der Leyen* wird mit hauchdünnen 9 Stimmen Vorsprung zur Präsidentin der EU-Kommission erwählt und ist sichtlich gerührt. Dazu hat sie in drei Sprachen nahezu allen Fraktionen viel versprochen. Offenbar aber nicht zuviel und zu ungenau. *Bündnis 90/DIE GRÜNEN* und die deutsche *SPD* verweigern ihr ihre Stimmen und werden als kleinkariert dargestellt. Zum *AfD* Abgeordneten *Meuthen* sagt sie vor laufender Kamera und dem Parlament, dass sie froh sei, seine Stimmen (die der Rechten) nicht zu bekommen. Irgendwie hat es, rein rechnerisch, aber nur mit den Stimmen der europäischen Rechtskonservativen gehen können. *Martin Selmayr,* der Generalsekretär der Kommission (den einst *J.-C. Juncker* zu seinem Sekretär erhoben hatte, nachdem der dem aussichtlosen Kandidaten zum Vorsitz verhalf) ist auch nicht gerührt und verlässt sein Amt bereits vor der Wahl. Ist er das Opfer für die Wahl von *UvdL* oder hat er schlicht keine Lust mehr als Strippenzieher? Wieder einmal hat die Demokratie gesiegt, sagen die immer Gleichen. Bereits einen Tag nach der Wahl wird *UvdL* aus dem Amt der Ministerin der Verteidigung entlassen. Sie wird damit alle Versäumnisse, auch das *Gorch Fock*- Debakel, die Ausrüstungsmängel sowie die daraus logisch folgende mangelnde Einsatzbereitschaft der Bundeswehr ihrer Nachfolgerin hinterlassen.

22. Juli 2019: „Wir wollen die Räder einer Industriegesellschaft mit Windflügeln drehen."[179] Die fetten Jahre sind vorbei, sagt der Ökonom *Hans-Werner Sinn.* Wenn *Merkel* jetzt geht, hinterlässt sie ein

---

[178] Ders., *The inconvenient truth about Ursula von der Leyen*, in www.politico.eu vom 02.07.2019.
[179] *Hans-Werner Sinn, Die Entwicklung der Weltwirtschaft.* Vortrag an der

abrutschendes Land. Der *ifo-Geschäftsklima-Index* (Befragung von Unternehmen) 2019 bestätigt, dass die Exporterwartungen eingebrochen sind. Vergleichbar ist die Entwicklung, sagen die Experten, mit der Situation des Jahres 2011. Die Industrieproduktion geht seit 2018 kontinuierlich zurück. Nur der Bau- und der Dienstleistungssektor funktionieren noch. Die schwache Konjunktur, *Brexit*-Verwerfungen, *Trumps* Handelskriege und die Energiewende deuten auf eine nichtrosige Zukunft hin. Das ist Anti-Marktwirtschaft (= Zentralwirtschaft) und beschädigt den Nukleus der deutschen Wirtschaft, i. e. den Industriesektor, sagt *Sinn*. Nach dem Zusammenbruch des Nukleus ist mit dem Abrutschen der Bereiche Bau- und Dienstleistungswirtschaft zu rechnen, da beide nachgelagerte Bereiche sind. Verschwinden die Arbeit und das ausreichende Einkommen, verschwindet das Vertrauen auf Zukunft. Die Leute bauen weniger. Handwerker haben weniger Aufträge etc. (i. e. der klassische Kartenhaus-Effekt!). Gleichzeitig steigen neue Zusatzkosten (z.B im Rahmen der Flüchtlingsbetreuung und –versorgung); (nach *Sinn*, ebd.).

AKK wird ebenso schnell neu vereidigt. Hoffentlich überdenkt sie ihre Botschaften und Meinungen, die sie gerne schnell und ungefiltert herauslässt, jetzt besser und folgt der allgemeinen Empfehlung (Beschwerdemanagement), die jeder Rekrut an die Hand bekommt, wenn er sich übervorteilt fühlt. Danach soll er erst einmal 12 Stunden warten und darüber schlafen, dann nochmals nachdenken, und sich erst dann zu Wort melden, falls das Herzchen immer noch schwer ist. *Sie selbst,* hatte sie uns einst wissen lassen, *wolle nie in eine Regierungsverantwortung.* Die Selbsttäuschung funktioniert also auch bei deutschen Politikern. Mit dem Sprung der *CDU* Vorsitzenden auf einen Ministerposten ist wieder einmal klar geworden: *Versprechen* sind etwas für wahre Gläubige, solange nicht das richtige Pöstchen vor der Tür steht. *Kompetenz* ist für ein Regierungsamt eher abträglich. Ob die neue Position eine Chance oder ein Schleudersitz ist, wird sich nach der kommenden Wahl im September in Brandenburg und Sachsen zeigen. Gesundheitsminister *Spahn*, ein Alleskönner und Kanzler in spe, der sich Hoffnung auf das begehrte Ministeramt machen konnte, war nur in seinen eigenen Gedanken und nur für wenige

Hochschule München. 22. Juli 2019.

Momente Kandidat. In Zukunft werden wir vielleicht Bilder von ihr im „*Guttenberg*-Stil" und in passgenauer Uniform von ihr sehen, vielleicht sogar mit Pilotenhelm unter dem Arm? Oder ganz fesch und ganz mutig, sie im Reigen mit der Truppe in Mali? Oder doch in Syrien, natürlich vor einem Zelt, daneben ein neu gebohrter Brunnen? Im Hintergrund winken Schüler aus der neuen Gemeinschaftsschule mit dem Namen „*Saarland*".

Merkel hat es wieder allen gezeigt, wie machiavellistische Machtpolitik praktisch funktioniert, oder folgt sie eher Sunzi, die Kunst des Krieges? AKK kann jetzt das Scheitern lernen. Von der Leyen ist von einer möglichen Kanzlerschaft, sollte *Merkel,* früher als von ihr geplant, gehen, endgültig und für immer abgeblockt.

NRW Chef *Armin Laschet (CDU)* liebt Bäume. Er muss vor irgendeinem Baum irgendwo posieren, weil es bald keine Bäume mehr im *Hambacher Forst* gibt (jedenfalls keine ohne Baumhaus). Die jungen Klimaschützer freuen sich derweil auf die verdienten Schulferien, die (nach den steigenden Fluggastzahlen) offenbar nur wenige zuhause, aber viele irgendwo im Ausland verbringen wollen.

Sommer 2019: Deutschland ist noch im Tiefschlaf, pardon im Urlaub. Nach Beendigung der Ferienzeit wird gezählt werden, wie viele der jungen Klimaretter ein letztes Mal den Billigflieger für den letzten Urlaub genommen haben. Die ausgefallenen Schulstunden müssen sie nicht nachholen. Aus den *storm troopers* werden *shit stormer.* Fallen die kommenden Prüfungen zu schlecht aus, reicht ein konzertierter *storm* gegen das Ministerium aus und die Anforderungen werden herabgesetzt. Eine Statistik belegt, dass sich die eigene Flugscham aber in Grenzen hält. Mehr als 60% der Flugreisenden wollen zukünftig genau genau so viel oder noch mehr fliegen. Für den Klimaschutz sollen derzeit andere sorgen.

Sommer im Juli und August 2019. Die Wälder brennen (wie jedes Jahr) und beim vom Menschen gemachten Klimawandel müsste auch der Natur endlich einmal selbst klar werden, dass es so nicht weitergehen kann. Der Kabarettist *Andreas Rebers* stellt die richtige Frage, aber gibt eine Antwort, die nicht zu erwarten war: „*Warum macht die Drecksau das?*" (die Natur; Anmerkung des Autors). Heidelberger Physiker arbeiten sich derweil durch die weltweiten Irrungen und Wirrungen der Klimaforschung und veröffentlichen ihre eigene (wissenschaftliche) Sicht der Dinge. *„Die benötigte Energie ist das Produkt aus Prokopfverbrauch und Bevölkerungszahl. Während klar ist, dass der deutsche Prokopfverbrauch erheblich sinken muss, wird ein Bevölkerungsrückgang hierzulande als Unglück angesehen. Die Frage des Wachstums der Weltbevölkerung insgesamt sollte unbefangen diskutiert werden – andernfalls wird sich die Natur zu wehren wissen. Unser Energieverbrauch ist allerdings weder auf zehn noch auf fünf Milliarden Menschen ausweitbar.“*[180] Warum glauben die Wissenschaften immer, sich mit seiner Heiligkeit, dem Papst, anlegen zu müssen? Vorsicht, das Schwert der Exkommunikation ist immer noch vorhanden. *But who cares? Only catholics!*

Deutschland im August 2019. Bislang sind etwa 40.000 Flüchtlinge über das Mittelmeer nach Europa gekommen. Über die Aufnahme gibt es immer größere Auseinandersetzungen, weil Spanien und Italien die Häfen für die Rettungsschiffe, die im Mittelmeer kreuzen, geschlossen halten. Spanien bringt die Flüchtlinge sogar wieder dorthin zurück, wo sie gestartet sind. Ergebnis: Es ertrinken nur noch wenige Flüchtlinge im Mittelmeer. In italienischen Gewässern sind die Todeszahlen dagegen erschreckend hoch. Wer anlandet, will auch 2019 oft nur durchreisen nach Deutschland, ins Land, wo Milch und Honig, pardon, die Sozialleistungen für Migranten, Flüchtlinge und Asylsuchende gleichermaßen fließen. Die *gute* Botschaft des politischen Marketings funktioniert nach wie vor wie geschmiert. Und die Schleuser verdienen weiter prächtig mit dem Leid der Menschen.

August 2019. Seit Wochen protestiert die Jugend in Hongkong friedlich gegen das Auslieferungsgesetz und für Unabhängigkeit. Trotz Rücknahme des Gesetzes kommt keine Ruhe auf. Die Machthaber in Peking warnen vor der Gewalt der Demonstranten gegen die Sicherheitsbehörden. Dass möglicherweise Schlägerbanden der

---

[180] D. Dubbers, J. Stachel, U. Uwer, *Energiewende: Fakten, Missverständnisse, Lösungen – ein Kommentar aus der Physik.* Heidelberg, Physikalisches Institut der Universität, 15.07.2019.

Partei die Bewegung unterwandert haben, lässt die Zentralregierung nicht gelten und droht mit Militär. Hongkong lebt auf einem brodelnden Vulkan, der jederzeit ausbrechen kann.

06.08.2019. Trump macht weiter ernst mit den Zöllen gegen China und der Handelsstreit eskaliert. China manipuliere, sagt Finanzminister *Steven Mnuchin,* die eigene Währung mittels Abwertung und beschert den Amerikanern derbe Verluste in Milliardenhöhe. Das wären *„unfaire Wettbewerbsvorteile".* Ökonomisch betrachtet ist der Vorwurf sachlich differenziert zu betrachten, weil sich China damit insofern selbst Schaden zufügen würde, als es zwar die Exporte beflügeln, aber gleichzeitig die Importe verteuern würde. Die Chinesen könnten theoretisch massenhaft US Staatsanleihen auf den Markt werfen, weil dadurch der Kurs der Papiere sinken und die US-Zinsen und damit der Dollar steigen würden. Dies würde Exporte Chinas in die USA verbilligen und damit die Nachfrage nach entsprechenden Produkten erhöhen. Hinsichtlich der Einhaltung der Klimaziele durch die Amerikaner liegen weiterhin keine neuen Nachrichten vor. Dafür *„killen"* Amerikaner wieder Amerikaner in Dayton und El Paso und *Trump* sorgt sich um den psychischen Zustand der Täter.

12.08.2019. Von der Leyen hat im Amt der Verteidigungsministerin in der ersten Hälfte 2019 insgesamt 151 Millionen an Beraterhonoraren ausgegeben. Offenbar sind Digitalprojekte und Cyberwarfare teurer als gedacht. Das ist neues Terrain, das konnte keiner wissen. Neben den vielen Experten musste die Ministerin aber auch neuen und alten Gefährten, wie dem Ex-Jung-Sekretär *Tauber* eine neue Heimstatt bieten. Nach seiner verbalen Entgleisung (Focus Magazin (41), 16.10.2016) musste er aus der Schusslinie. Und angeblich hat das Ministerium Beratungsaufträge an ein Unternehmen vergeben, bei dem Ministerinnen-Sohn *David* als *Associate* beschäftigt war.

12.08.2019. Die SPD schließt ein Bündnis mit der Nachfolgepartei der SED ... PDS ... LINKE (who really knows?) nicht mehr grundsätzlich aus. Wenn sich *Bündnis 90/DIE GRÜNEN* oder gar die *LINKE* jetzt entscheiden könnten, mit der *CDU/CSU* zu koalieren (oder umgekehrt), kommen bald bunte ... nicht auszudenken. Die Wahl in Thüringen steht vor der Tür.

12.08.2019. Genf: Pressekonferenz zum Abschlussbericht des 50. Treffens des Weltklimarats IPCC. Die Zusammenhänge zwischen Landwirtschaft und Klima sind bedeutend, betonen die Berichterstatter. Das Methan rückt in den Mittelpunkt der Analysen. Vordringliche Empfehlung: Der Fleischkonsum muss zurückgehen. *„Wir werden sehen, wie die Politiker damit umgehen"* sagt einer der Berichterstatter des *IPCC*. Wieso eigentlich *die* Politiker?

13.08. 2019. Erste Berichte über das Jahrhundertprojekt eMobility von Minister Scheuer und der CSU zum eRoller liegen vor, und die Mahner von einst (i. e. vor sechs Monaten!) sind nicht überrascht. Wie erwartet fordern die Städte dringend notwendige Nachbesserungen. Die *Nerds* (i. e. *User*) wollen sich einfach nicht an die Regeln im Straßenverkehr halten. Die Notfallaufnahmen freuen sich über immer mehr Kundschaft. Nicht nur die Extremitäten der Verunfallten, auch die Batterien halten nicht ganz so lange wie versprochen, und wo und wie letztere entsorgt werden sollen, dafür gibt es noch keinen Plan, etc., etc. Ach ja, die Autofahrer fahren doch lieber Auto und die eScooter *just for fun* – auch auf den Gehwegen. Dafür versperren die abgestellten Roller Übergänge auf Gehwegen und liegen kreuz und quer herum oder auch im Teich. Es gibt immer noch Menschen mit Behinderung, ältere Menschen mit diversen körperlichen Einschränkungen, Kinder und Rollstuhlfahrer, die ihren sicheren Gehweg brauchen, und Massen an Rollatoren schiebenden Rentnern. Man hätte es eigentlich *sehen* können, wenn man einfach einmal das warme Büro verlassen hätte. Man müsste nachprüfen, ob diejenigen, die den eScooter immer mehr als Kampfmittel auf den Gehwegen – trotz Verbot – nutzen, vielleicht die gleichen Egoisten sind, die das gleiche Verhalten mit dem Auto im Straßenverkehr zeigen? Im Ergebnis ist also alles irgendwie so, wie es zu erwarten war.

Ach ja. In Atlanta, Georgia, USA, verbietet die Bürgermeisterin demnächst das nächtliche Vermieten von E-Bikes und e-Scootern, weil die Menschen mal wieder nicht aufpassen und sich wechselseitig gefährden und beschädigen. Es ist wie immer, und wird nie anders sein. Unser Verhalten und Handeln ist immer das Ergebnis unserer Aufmerksamkeit oder unserer Nachlässigkeit, offenbar ganz egal, wo man auf dieser Welt zuhause ist.

*19.08.2019. Der Außenminister kann nach „zähen Verhandlungen",
wie die ARD berichtet, die ersten vier Kinder von IS Angehörigen nach
Deutschland ausfliegen. Maas sagt voller Stolz, dass er hoffe, noch mehr nach
Deutschland holen zu können.* Ist das der neue Weg zur Kompensation der niedrigen Geburtenrate in Deutschland?

*Immer noch im August 2019: Finanzminister Scholz will jetzt doch zum
Vorsitz der ältesten Volkspartei ohne Volk kandidieren und sucht dazu
die passende weibliche Ergänzung für die moderne Doppelspitze.* Angeblich
sind ihm die anderen Kandidaten der *SPD* nicht gut genug. Die
Düpierten danken ihm mit Applaus und wünschen ihm viel
Erfolg.

*19.08.2019. Bertelsmann stellt der Koalitionsarbeit ein gutes Ergebnis
aus. „In den ersten 15 Monaten ihrer Regierungsarbeit hat die Große
Koalition bereits mehr als 60 Prozent ihrer Versprechen eingelöst oder
angepackt. Das aber kommt bei den Wählern nicht an"* (Bertelsmann
Stiftung, „Besser als ihr Ruf? „GroKo setzt ihre Versprechen zügig um",
vom 19.08.2019).

*21. August 2019. Nationale Luftfahrtkonferenz in Leipzig. „Der letzte
Tropfen Benzin wird durch ein Flugzeugtriebwerk fließen", sagt Carsten
Spohr (CEO der Lufthansa)* in seinem Vortrag. Optimistisch ergänzt
er, dass das Flugkerosin aber auch synthetisch hergestellt werden
könne, wenn die entsprechende klimaneutrale Primärenergie
lokal vorhanden sei. Im Interview mit *Marietta Slomka (heute journal*
vom 21.08.2019), beantwortet er ihre Frage, ob der Vorschlag
von Minister *Altmaier*, zukünftig mehr elektrisch zu fliegen,
realistisch sei, mit leichter Ironie (im Folgenden paraphrasiert): *Es
ist realistisch in den nächsten zehn Jahren für kleinere Flugzeuge auf kurzen
Strecken. Aber das, was unser Haus macht, 100, 200, 300 Menschen über
Entfernungen bis zu 14 Stunden zu transportieren, ist absehbar nicht mach-
bar ... für ein Kilogramm Kerosin brauchen wir heute 70 Kilogramm Batterie,
die natürlich auf einem Langstreckenflug nicht mitgenommen werden können
... unsere Zukunft lautet neutraler, synthetischer Treibstoff ... aber wir
brauchen keine Steuer, weil wir die mit der Luftverkehrssteuer bereits haben.
Slomka: Sie drohen damit der Politik? Spohr: Nein, aber Insellösungen
führen zu Abwanderungsbewegungen in benachbarte Flughäfen ... wir
brauchen zumindest eine europäische Gesamtlösung.* Und dann zeigt er
sich zuversichtlich: Er habe den Eindruck, sagt er, dass sich die

Diskussion in den vergangenen Wochen etwas versachlicht habe (ebd.). Das ist doch mal eine nett verpackte Drohung, pardon Klarstellung in der Sache. Danke für so viel Sachverstand. Ich fühle mich wieder sicher, zumindest in der Luft. Politik bestimmt nicht Technologie. Kommt die Diskussion jetzt wieder auf den Boden der Tatsachen zurück?

01.09.2019. Wahlen in Sachsen. Die Alt-Parteien haben es noch nicht verstanden. Die AfD ist stark. Die CDU und die SPD sind im Sinkflug. CDU 32,1% (- 7,3%), *AfD* 27,5% (+17,7%), Die Linke 10,4% (- 8,5%), *Bündnis 90/DIE GRÜNEN* 8,6% (+ 2,9%), *SPD* 7,7% (- 4,6%), *FDP* 4,5% (+ 0,7%). Die Wahlbeteiligung liegt bei 66,6% (+ 17,5% zu 2014) [Vorläufiges amtliches Endergebnis des Wahlleiters des Bundeslandes Sachsen]. Welche Partei hat welche Wähler neu mobilisieren können und wohin oder wovon weg sind die Wähler gewandert?

01.09.2019. Wahlen in Brandenburg. Die Parteien haben nichts verstanden. Die AfD ist stark. Die CDU und die SPD sind im Sinkflug. AfD 23,5% (+ 11,3%), *SPD* 26,2% (- 5,7%), *CDU* 15,6% (-7,4%), *Bündnis 90/DIE GRÜNEN* 10,8% (+ 4,6%), *Die Linke* 10,7% (- 7,9%), *BVB/Freie Wähl*er 5,0% (+ 2,3%), *FDP* 4,1% (+ 2,6%). Die Wahlbeteiligung liegt bei 61,3% (+ 13,4% zu 2014) [Vorläufiges amtliches Endergebnis des Wahlleiters des Bundeslandes Brandenburg]. Welche Partei hat welche Wähler neu mobilisieren können und wohin und von wo nach wo sind die Wähler gewandert? Die Wählerwanderungsstatistik gibt vorläufige Antworten.

Ein Alpenblick. Auch unsere Nachbarn in der Schweiz haben ihr Kreuzli mit dem Genderwahn. Die 15-jährige *Eva Menzi* schießt mit 35 Punkten (5 x ins Schwarze) beim prestigereichen Züricher *„Knabenschießen"* den Vogel ab und gewinnt vor den männlichen Mitbewerbern. Da das nicht oft, aber doch hin und wieder einmal vorkommt, will sich die Schweiz Gedanken machen, das Knabenschießen *gender-konform* umzubenennen. *Urs Bühler* schlägt vor (Achtung Glosse), einfach das Spektakel in *„Knädchenschießen"* umzudichten. Das wäre, meint er, geradezu eine *„tantrische Verschmelzung"* (ebd., in *NZZ* vom 06.09.2019).

11.09.2019. Erdogan droht damit, die Grenzen für syrische Flüchtlinge wieder weit aufzumachen. Und der deutschen Kanzlerin sagt er, dass er einfach mehr Geld benötige. *Great things will happen - again. Promise!*

19. auf den 20. September 2019. Die lange Nacht des Klimaschutzes. Jetzt macht alles wieder einen Sinn. Die Regierung berät in 18 Stunden die neue Marschrichtung der kommenden Jahre in Sachen Planetenrettung. Zumindest für die Zeit, in der die *GroKo* noch besteht. Vorab steht fest, dass die Belästigung der Natur mit umwelt- und klimaschädlichen Giften auf alle Fälle gestoppt werden muss. Wieder einmal! Und das kostet viel Geld. Wieder einmal! Die Emittenten von Schadstoffen sollen zahlen, weil sie alle Schuld auf sich geladen haben, die Mineralölkonzerne, der Handel und die Bürger selbst. *Again!* Dazu will die Politik die Bürger aber „mitnehmen" und natürlich „sozial verträglich" handeln. Wieder einmal! E-Auto-Käufer bekommen einen kräftigen Zuschuss für neue Fahrzeuge, für eine Antriebstechnologie, die bislang überwiegend mit nicht CO^2-neutralem Braunkohlen- oder mit zwar CO^2- neutralem aber politisch unkorrektem Atomstrom aus der Steckdose betrieben werden. Die Opfer einer ideenlosen und handlungsresistenten (Klima-) Politik zahlen mit dem „*Klimapaket der Regierung*" vom 20.09.2019 schon wieder für einen Schaden, den andere verursacht haben (Dieselskandal, Finanzskandal, Atomausstieg) - ein zweites Mal. Natürlich will und muss die Politik die Opfer „mitnehmen". Das geht auch nicht anders, weil nicht die Regierung irgendetwas bezahlt. Immer der Steuerbürger bezahlt die Rechnung selbst mit seinen selbst erwirtschafteten Abgaben. Die Opfer stets mit Zuschüssen aus dem staatlichen Füllhorn zu beglücken ist gelebter Zynismus tradierter Politik in höchster Form. Und auch die Bürger sollte es freuen. Denn wer mitschuldig am Untergang ist, freut sich über jede Form der Zuwendung. Die Täter werden wie üblich nicht zur Rechenschaft gezogen.

Oder kommt „*... Markus Söder bald hinter Gittern?*" fragt das *Manager Magazin* und wettert darüber, „*... dass die grünen Warlords – wie die DUH und Co. die Politik vor sich hertreiben*" (ebd., 03.09.2019). Die Regierung hat sich immerhin 18 Stunden Zeit genommen mit der Weltrettung. Siegen lernen heißt von anderen lernen, in diesem Fall von *DUH & Co.* Es wäre wünschenswert, wenn sich die Politik für wichtigste Themen mindestens zwei Wochen Zeit lassen würde, wie zum Beispiel für die Diätenerhöhung der Parlamentarier in Rheinland-Pfalz. Dann geht das auch ohne Klagen der Wähler durch. Bei all diesem Geraffel ist nicht klar, wie viel CO_2 (ohne Zusammenbruch von Stromnetzen, Infrastruktur und energieintensiver Wirtschaft) überhaupt eingespart werden kann, national, nicht weltweit. China und die USA, die Hauptproduzenten der klimaschädlichen Gase, freuen sich derweil, dass der Mitkonkurrent Deutschland sich freiwillig als mächtiger Akteur im Weltmarkt scheibchenweise verabschiedet. Mit der Besteuerung des Lebens ist zumindest das notwendige Geld für die anderen Löcher des Haushalts dann schon drin, sofern nichts Unvorhergesehens passiert. Und wenn Deutschland endlich die Sache mit der Digitalisierung hinbekommt, dann werden sich die Emissionen, die von Menschen gemacht sind, erheblich reduzieren, weil nur noch wenige Pendler unterwegs sein werden. Dann werden auch die Autobahnen und die Innenstädte wieder staufrei sein, und die Menschen haben so viel eigene Zeit, dass sie sich um die Tagespolitik kümmern können. Homeoffice für (fast) Alle! Eine Utopie, sicher, aber man wird doch noch träumen dürfen. Was wissen wir schon, welche Präferenzen die Leute dann haben? Eine weitere Unterstützung für den immer gleichen Kurs – *Reden - Ja-, Handeln - Nein* – wird es mit der jungen Generation nicht geben. Die Jungend ist ungeduldig. Wenn *Bündnis 90/DIE GRÜNEN,* (irgendwann) einmal an der Macht, den Vorschlag zum Gesetz macht, das Wahlalter auf 14 oder 16 Jahre herabzusetzen, haben die Konservativen ausgeträumt. Aber Vorsicht, der Wind kann schnell drehen. Wenn die Versprechungen von *Bündnis 90/DIE GRÜNEN* nicht eingelöst werden, können auch 16-jährige sehr schnell die Farbpräferenz wechseln. Soll in Deutschland schon einmal vorgekommen sein. Aber das ist Tausend Jahre her.

20.09.2019. Auf der Fridays for Future Demo in Düsseldorf ruft eine junge Organisatorin mit erregter Stimme in das Mikrofon: Wir lassen uns von denen da oben nicht vorschreiben und vorsagen ... Ist das nicht die Sprache der angeblich „Geknechteten" und „Vergessenen", die *Trump* den Boden für die Machtübernahme geebnet haben sollen? Sozusagen die „grüne" Version des rechten Populismus, wobei die Rolle der Geknechteten und Vergessenen zeitgeistgemäß, aber einer indigenen deutschen Tradition folgend, von der geschundenen Natur besetzt wird? Mit der Besteuerung des menschlichen Normalverhaltens, dem nimmermüden *Bashing* der Leistungsträger, die das Auto brauchen, um den gesellschaftlichen Mehrwert zu erwirtschaften, damit der Sozialstaat weiter das Füllhorn für alle Leidenden ausschütten kann, wird die Republik entweder den Weg in eine grüne Pseudodemokratie einschlagen oder in einer Gegenreaktion weiter nach rechts rücken. Damit wird „der Planet" aber nicht „gerettet", soll heißen: ein dem Menschen genehmes Klima aber nicht gesichert werden können. Nur Innovationen können das. Das Modell DDR ist gar nicht so lange her. Und schon haben wir wieder vergessen, dass Verbote und Sozialismus weder Menschen, Nationen, noch den Planeten retten können, wenn die intellektuellen und materiellen Mittel fehlen und die falschen Anreize gesetzt werden.

21. September 2019. „Klimastreik". Derweil treiben die „Klimastreikenden" auch *Bündnis 90 / DIE GRÜNEN* vor sich her. Blamabel, blamabel. Da haben wir eine Partei, die seit über vierzig Jahren das Umweltthema gepachtet hat, und dann kommt eine 16-Jährige, um die Jugend der Welt zu mobilisieren und die hier (noch) regierende Koalition so unter Handlungsdruck zu setzen, dass sie innerhalb kürzester Zeit ein *„Klimapaket"* beschließt, das leider die Welt nicht retten kann, selbst wenn alle Deutschen aus Liebe zum Klima Selbstmord begehen würden. Natürlich sind die Klimaaktivisten nicht zufrieden mit dem gefundenen Kompromiss. Die Kohlekraftwerke laufen (immer noch) weiter, Verbrennungsmotoren werden (noch) nicht verboten, die Bürger dürfen (vorerst) weiterhin mit fossilen Brennstoffen heizen, Steaks essen, nach Ibiza fliegen, usw. Die Kühe dürfen weiter gemäß ihrer biologischen Natur verdauen und Methan furzen, ebenso die Termiten, die es in Deutschland (noch) nicht gibt. Herrlich naiv, welche Vorstellungen die Jungaktivisten vom Weg zur Weltrettung haben dürfen. Lehrreich ist es allemal, wer auf den fahrenden Zug der Klimahysterie aufspringt, aus Naivität, kenntnisfreier Begeisterung oder um eigene Interessen zu befördern.

Greta als weiblicher Klimamessias, die eine Jünger- und Jünge-rinnenschar um sich versammelt? Sorry, das Wort kommt aus dem Hebräischen. Den *Messias* gibt es nur in maskulin (https: //de.glosbe.com/de/he/Messias). Gendern ist nicht umsonst zu haben. Einige Klimaforscher wurden schon mit leuchtenden Augen beim Besorgen von weißen Gewändern gesichtet. Ziehen demnächst Klimabewegte tanzend und singend wie in den Sieb-zigerjahren die *Hare Krishna Sekte* oder - nach dem unvermeid-lichen Scheitern der Weltrettung nach deutscher Art - wehkla-gend wie einst im 14. Jh. die *Flagellanten* (als Buße für die angeblich durch die Sünden der Menschen hervorgerufene Pest) durch die Straßen unserer Städte? *Bündnis 90/DIE GRÜNEN* halten sich noch verschämt zurück und bemühen sich, die Wähler vergessen zu machen, dass sie auf einer Welle surfen, die sie nicht selbst erzeugt haben. Wie eine Monstranz tragen sie das Pariser Klima-schutzziel vor sich her, als wäre die (in einem selbstmörderischen Überbietungswettbewerb *selbst gewählte* und bei Verfehlung mit *Buße* (sic!) zu belegende) Emissionsreduktion von 55% CO² bis 2030 (Basisjahr 1990) in Stein gemeißelt und nicht eine politische Absichtserklärung, die mit politischen und wirtschaftlichen Gegebenheiten und Möglichkeiten in Übereinstimmung gebracht werden müsste. Wenn man alles tun muss, um das, wozu man sich verpflichtet hat zu erreichen, dann fragt sich der erstaunte Bürger, warum das nicht auch für die Verpflichtung zur Erhö-hung des Verteidigungetats auf 2% der Wirtschaftsleistung gilt. Offenbar ist die Gültigkeit von Selbstverpflichtungen bereichs-abhängig – das Klimaabkommen hat den Status einer naturreligi-ösen Order, die Verteidigungsverpflichtung den eines Sylvester-vorsatzes.

Trust Science, steht oft auf den Plakaten der jungen Planetenretter. Aber auch die Ergebnisse von science sind man-made und gelten (nur) solange, wie kein schlüssiger Gegenbeweis für die Thesen erbracht wird. Ein einziger aber genüge, sagte bereits der Wissenschaftstheoretiker *Popper*, um (scheinbar) gut begründete Thesen und auch ein (vermeintli-ches) Gesetz zu Fall zu bringen. Wir leben also in einer Welt von Wahrscheinlichkeiten, was einer dynamischen Natur durchaus angemessen ist. Wenn ein „*Paradigmenwechsel*"[181] stattfindet,

---

[181] *Thomas S. Kuhn, Die Struktur wissenschaftlicher Revolutionen.* Frankfurt am

glauben die Wissenschaftler an andere (mutmaßlich besser begründbare) Zusammenhänge. Und das geht solange, bis der Schöpfer erscheint und ein für alle Mal klärt, was Sache ist. Vorsicht bei spontanem Widerspruch. Würden Politiker den Amtseid sonst auf Gott schwören? Wissenschaftler glauben solange an Zusammenhänge und Ergebnisse des Modus A, bis die Zusammenhänge des Modus B oder C oder D wahrscheinlicher erscheinen. Es gibt wohlbegründete Thesen (Gravitation), die es bis zum Status eines naturwissenschaftlichen (nomothetischen) *Gesetzes* schaffen, aber auch solche, die nur im Status von *(empirischen) Modellen* (weltweites Klima) stecken bleiben.[182] Es gibt daher Vereinbarungen und Regeln in den Wissenschaften darüber, was als wissenschaftlich gelten soll, und was unwissenschaftliche Theorien sind (ausführlicher dazu in Band 2). Alle Thesen zum Klima und Klimawandel sind (nur) *Modellannahmen*, deren Korrektheit im Einzelfall (noch) *strittig* ist, über die also noch verhandelt wird. Aber auch unstrittige Annahmen können sich später als falsch erweisen. Darüber hinaus ist das Klima ein komplexes Phänomen, das durch viele Gesetze bestimmt, aber aufgrund der Kombination unzähliger Einzelprozesse insgesamt *nichtlineares* Verhalten mit typischen chaotischen Eigenschaften entwickelt. Insofern teilen Menschen auch in ihrer Rolle als Wissenschaftler oft nur Glaubensbekenntnisse. Das sagt aber niemand laut, wenn es darum geht, die Deutungshoheit in einem bestimmten Gebiet zu erlangen. Die Sieger im Deutungswettbewerb machen aus Glaubensbekenntnissen kanonische Modelle mit dem Anspruch von Gesetzen, die die Steuerzahler ein Heidengeld (*sorry* für den Kalauer) kosten können (Big Science; Klimapolitik, etc.) Fazit: Die Welt ist eben doch nicht in sich geschlossen und schon gar nicht gerecht! Period! Sie ist komplex und (quanten-)chaotisch!

Zu sagen oder zu schreiben „*Die Wissenschaft hat festgestellt…*" ist daher Vor-Wissen, naiv oder vorsätzlicher Quatsch. Es gibt

---

Main 1976.

[182] Wobei aber auch das genannte Gesetz nicht in Stein gemeißelt ist, sondern im Rahmen des neueren Paradigmas der *Allgemeinen Relativitätstheorie* als Effekt der Geometrie des Raumes („*Raumkrümmung*") interpretiert wird.

viele Beispiele aus den Wissenschaften, die belegen, dass selbst Wissenschaftler, von denen die Normalbürger (solche Menschen, die nicht am Wissenschaftsbetrieb teilnehmen, und nur Ergebnisse konsumieren) *naiv* annehmen (naiv im Sinne von Mensch, der selbst keiner wissenschaftlichen Tätigkeit nachgeht, aber methodisches und methodologisches Wissen besitzen müsste, um nachzuvollziehen, warum dieses oder jenes Ergebnis valide und reliabel sein soll, aber nicht ist), dass sie objektive Ergebnisse (im Sinne, so sind die Zusammenhänge und nicht anders) vorlegen, diese vorsätzlich oder fahrlässig verfälschen und aus Gründen der Eitelkeit, des Gelderwerbs oder anderer Zwecke zurechtschneiden. *That is real man-made!* Auch das ist Alltag in den Wissenschaften: Die Manipulation. Mit dem Klima lassen sich prima Drittmittel einfordern und Stimmungen bedienen. „*Trust science*" ist wieder einmal nur eine weitere leichtsinnige Aufforderung, die eigene Verantwortung an den Massengeschmack abzugeben und mit dem Aktionismus so weiter zu machen wie bisher.

23.09.2019. UN Vollversammlung. Greta ist außer sich und mimt den Racheengel. In ihrer Wutrede „I should be in school. How dare you?" vor den Vertretern der Welt in New York zeigt die neue Jeanne d'Arc ein zweites Gesicht. Erfahrungsgemäß kann man mit Schaum vor dem Mund ein Volk aufwiegeln, aber keinen Friedensnobelpreis zuerkannt bekommen.[183] Es soll kein Vergleich sein, aber ein Erklärungsversuch: Jesus hat die Quittung dafür bekommen, *Luther, Jan Hus, Martin Luther King, Gandhi, Daniel Ellsberg, Edward Snowden, Julian Assange* und viele, viele weitere (Sozial-) Revolutionäre oder Aufklärer. Wer das herrschende Paradigma in Frage stellt, die Deutungshoheit und die reale Macht der Herrschenden bedroht, lebt nicht nur im Widerspruch, sondern sein Leben ist manchmal auch existenziell bedroht. Deshalb sind die wenigsten

---

[183] *„Frau Thunberg meint wohl vor allem jene Wissenschaftler, die sagen, was sie hören will … Steigende Meeresspiegel und höhere Temperaturen sind zu bewältigen, daran kann sich auch der Mensch anpassen, wenn genug Zeit ist und die Änderungen begrenzt bleiben. Sorge bereitet mir derzeit eher die Veränderung des gesellschaftlichen Klimas. Wenn immer mehr Aktionismus betrieben, und nach Schuldigen gesucht wird, kann das ein böses Ende nehmen und den sozialen Frieden gefährden."* Hans von Storch, Klimaforscher im Interview mit dem *Spiegel*, Nr. 43 von 19.2019; ebd. S. 108.

Politiker Sozialrevolutionäre oder Aufklärer in eigener Sache und werden für ihre Ausfälle mitunter noch belohnt. Statt mit verbalem und realem Krawall geht es besser mit klugen Taten. Zu erinnern ist an den bescheidenen Niederländer *Boyan Slat*, der die Weltmeere mit einer klugen Erfindung von Plastikmüll befreien will. Oder die Geschwister *Melati* und *Isabel* auf Bali, die mit ihren Initiativen *bye plastic bags (BBPB)* seit 2013(!), oder plastiktütenfreies Dorf, eine Aktion aus dem Jahr 2014, die Schulkinder anleiten, die Urlaubsinsel vom Plastikmüll zu reinigen und aufmerksam zu leben.

24. September 2019. Die Erde ist (doch) flach. Zumindest in den Modellen vieler Klimaforscher, schreiben die amerikanischen Autoren *Michael J. Prather* und *Juno C. Hsu* vom *Department of Earth System Science* an der *University of California, Irvine, USA. „Sunlight drives the Earth's weather, climate, chemistry, and biosphere. Recent efforts to improve solar heating codes in climate models focused on more accurate treatment of the absorption spectrum or fractual clouds. A mostly forgotten assumption in climate models is that of a flat Earth atmosphere … Simple fixes on the current flat Earth climate models can correct much of this oversight, although some inconsistencies will remain."*[184]

26.09.2019. Leistung kann sich tatsächlich lohnen. Die Berliner Abgeordneten genehmigen sich die Steigerung der eigenen Diäten von € 3.944 auf € 6.250 im Monat, eine Steigerung um satte 58,5%. Dazu kommen die Kostenpauschale und später die Aussicht auf höhere Renten (auf Basis der neuen Diäten sind das € 4.062 pro Monat). Grund für die bisherige „Zurückhaltung" war der Status eines Teilzeitparlaments. Jetzt aber ist *„die Lebenslüge vom Halbzeitparlament"* beendet, sagt der *FDP* Abgeordnete *Paul Fresdorf.*

30.09.2019. Die erste Musterfeststellungsklage von vzbv und ADAC stellvertretend für 430.000 Geschädigte gegen VW geht in die erste Runde vor dem OLG Braunschweig. Gewinnen die Kläger, müssen sie jeweils in Einzelklagen Schadensersatz erstreiten. VW erkennt nach wie vor kein Vergehen gegenüber seinen Kunden an und

---

[184] Ebd., D*ies, A round Earth for climate models*; PNAS, Vol. 116; Sept. 24, 2019.

vergleicht sich zugleich großzügig mit anderen Ländern hinsichtlich des gleichen Vorwurfs. Trotz der drohenden Risiken bewegt sich die VW Aktie nach oben und mit den richtigen Optionsscheinen lässt sich schnell Geld verdienen.

01.10.2019. „Deutschland ist eines der sichersten Länder der Welt", *lässt der Bundesinnenminister die Bürger offiziell wissen* (in: Die Bundesregierung: *„Aktuelles",* Presse- und Informationsamt der Bundesregierung 2019). Die polizeiliche Kriminalstatistik, auf die er sich bezieht, verzeichnet für das Jahr 2018 265.930 versuchte oder vollendete Straftaten, bei denen mindestens ein Tatverdächtiger mit dem Status *„Asylbewerber", „Duldung"* oder *„unerlaubter Aufenthalt"* ermittelt wurde. Das ist die Antwort der Bundesregierung auf eine Kleine Anfrage der *AfD* Bundestagsfraktion. An Position 1 der Hitliste stehen Tatverdächtige aus Syrien (25.328), gefolgt von Afghanistan (16.678) und dem Irak (10.225).

09.10.2019. Von 3 auf 7. Das Weltwirtschaftsforum (WEF) stuft die Wettbewerbsfähigkeit der Bundesrepublik von Platz 3 auf Platz 7 zurück. Hongkong, die Niederlande, die Schweiz und Japan ziehen an Deutschland vorbei.

09.10.2019. Ein 100%iger Schutz ist nicht möglich. Am höchsten jüdischen Feiertag Yom Kippur tötet der Angreifer zwei zufällig gewählte Menschen mit einer angeblich selbst gebauten Waffe, wahrscheinlich aus Frustration darüber, dass sein Eindringen in die voll besetzte Synagoge in Halle gescheitert war. *Felix Klein,* der Antisemitismusbeauftragte der Bundesregierung sagt: *„Das ist ein Anschlag auf uns alle. Und das jüdische Leben gehört zu Deutschland."* Bundesinnenminister *Horst Seehofer* erklärt, was möglicherweise hinter der Motivation des Täters stecken könnte: *„Es geht um einzelne Menschen, die meiner Ansicht nach eine Sprache benutzen, durch die sich solche Täter vielleicht ermuntert fühlen und da müsste die AfD ganz klar sagen, damit haben wir nichts zu tun"* (Interview in *ARD* Tagesthemen, 11.10.2019). Nach der Einschätzung des Innenministers soll auch die Gamerszene einen Teil der Schuld am Geschehen haben: *„Das Problem ist sehr hoch (sic!). Viele von den Tätern oder potenziellen Tätern kommen aus der Gamerszene … Manche nehmen sich Simulationen geradezu zum Vorbild. Man muss genau hinschauen, ob es noch ein Computerspiel ist, eine Simulation, oder eine verdeckte Planung für* *einen Anschlag, und deshalb müssen wir die Gamerszene stärker in den Blick nehmen."* (ebd., *ARD* Interview in Bericht aus Berlin vom 12.10.2019). *Söder* warnt den Parteikollegen vor Pauschalurteilen und *YouTuber Rezo* beleidigt den Minister: *„Wie kann man seinen Job immer und immer wieder so sehr verkacken? Er und seine Crew sind echt so krass inkompetent. Das wichtigste: Klärt eure Eltern und Großeltern auf, dass niemand mehr diese Partei wählt. Sonst geht es immer weiter mit solchen Doofies in Machtpositionen."* (*Twittereintrag* vom 12.10.2019). *Seehofer* muss seine persönlichen Ideen besser verpacken.

11.10.2019. NATO Partner Türkei zieht in den Krieg gegen die Kurden und droht wieder mit der Weitersendung der in der Türkei gestrandeten Flüchtlinge nach Deutschland. Nur der IS „freut" sich auf so viel Unterstützung: *„»Wir sind wirklich glücklich, dass die Türken nun einmarschieren« – Die türkische Offensive in Nordsyrien gibt dem IS neuen Auftrieb."* (NZZ vom 12.10.2019). Die Medien berichten, dass durch die Aktionen der Türken mittlerweile Hunderte inhaftierter Kämpfer aus kurdischen Gefangenenlagern entkommen sind. Jetzt erinnern sich alle plötzlich wieder daran, dass niemand den Kurden beim Gefangenenproblem behilflich sein wollte und dass dies ein Fehler gewesen sein könnte. Oh, ihr Scheinheiligen, die ihr den Kurden schon vor einem Jahrhundert (Vertrag von Sèvres 1920) einen eigenen Staat versprochen und dann Euer Wort gebrochen habt!

15.10.2019. Mit der Umsetzung der Klimabeschlüsse in Gesetzesform geht es Stück für Stück voran. Bei der Idee der Pendlerpauschale werden, wenn sie in der vorliegenden Form Gesetzeskraft erlangt, überwiegend die Mehrverdienenden belohnt. Wer keine Steuern bezahlt, kann keine Werbungskosten von der Steuerschuld abziehen. Bei den Maßnahmen zur Wärmedämmung sieht das Gesetz vor, dass die Einnahmen direkt im Haushalt des Bundes landen. Das Klima selbst weiß nicht, ob es sich jetzt besinnen soll. Finanzminister *Scholz* weiß dafür sehr genau, dass wieder neues Geld in seine Kasse kommt.

18.10.2019. Die frühere IWF-Chefin Christine Lagarde wird von den EU-Staaten offiziell zur neuen EZB-Chefin ernannt und löst Mario Draghi ab. Die Ernennung ist keine gute Nachricht für die deutschen Sparer. Die Kanzlerin hat den deutschen Bundesbank-präsidenten *Weidmann* als möglichen Kandidaten für den EZB-Posten fallengelassen, um stattdessen *UvdL* als Kommissions-präsidentin zu inthronisieren. Damit bewirkt sie zugleich, dass mit der skandalerprobten Personalie *Lagarde* die deutschen Sparer noch auf weitere Hunderte Milliarden Euro zugunsten der EU-Südländer werden verzichten müssen. Herzlichen Dank dafür, im Namen aller deutschen Sparer! Sind der Kanzlerin die Interessen der *deutschen* Sparer, auch derer, die für ihre private Rente ansparen, weniger wichtig als die finanziellen Interessen der europäischen Südländer, die die Nullzinspolitik Draghis nicht dazu genutzt haben, ihre Schulden abzubauen, sondern sie im Gegenteil noch als Stimulanz für ihre Ausgabefreude angesehen haben? Aber die Kanzlerin scheut den Konflikt mit den EU-Südländern (wozu auch Frankreich zählt) mehr als eine mögliche Revanche der deutschen Sparer bei der nächsten Wahl, die sie nicht mehr fürchten muss, weil sie nicht mehr antritt.

19.10.2019. Die Koalition vermeldet in der Halbzeitbilanz Zahlen des Erfolgs und bestätigt die Bertelsmann Studie. Fachkräftezuwanderungs-gesetz: verabschiedet, Mietpreisbremse: verschärft; Klimaschutz-gesetz: auf den Weg gebracht; Breitbandausbau: im Genehmi-gungsverfahren; Grundrente: strittig im Detail.

19.10.2019. „11 500 Kondome mit Fraktionslogo auf Kosten der Steuerzahler..." schreibt der Spiegel in seiner 43. Ausgabe und stellt den Bericht des Bundesrechnungshofes über die Ausgabe der Bundestagsfraktionen im Wahlkampjahr 2013 vor. „*...Obwohl es Parlamentsfraktionen verboten ist, das ihnen anvertraute Steuergeld für Parteizwecke zu nutzen, war genau das geschehen ... Laut Bundesrech-nungshof hatten alle im Jahr 2013 im Bundestag vertretenen Fraktionen ihre Mittel teilweise <rechtswidrig für Parteiaufgaben> eingesetzt* ... (ebd., 19.10.2019, S.44). Das Gesetz sieht dafür Geldstrafen vor, die die Bundestagsverwaltung, unter Leitung von *Wolfgang Schäuble* verhängen muss. Was wird der Bericht des Rechnungshofes für die Wahl 2017 ausweisen?

22.10.2019. AKK hat es wieder einmal geschafft. Mit ihrem Vorschlag einer international kontrollierten Sicherheitszone in Nordsyrien, den sie unabgestimmt mit dem Außenminister bei der NATO-Konferenz in Brüssel einbringt, erzeugt sie nur Kopfschütteln und laute Kritik. Die Türkei verbittet sich die Einmischung. Der amerikanische Verteidigungsminister kennt die deutsche Verteidigungsministerin, ignoriert aber ihren Vorstoß. Generalsekretär *Jens Stoltenberg* will ihr die Gelegenheit geben, Ihren Vorschlag vorzutragen. Nach wie vor arbeitet *AKK* mit Nachdruck am nächsten Fettnäpfchen. Wobei dieses nicht darin bestand, dass ihr Vorschlag schlecht war. Er war nur schlecht eingefädelt. Und er wurde nicht von jenem Bündnispartner mitgetragen, der als einziger die ganze Aktion tragen könnte. Weder die Franzosen noch die Engländer und schon gar nicht die Bundeswehr wären in der Lage, eine Sicherheitszone in Nordsyrien einzurichten und aufrechtzuerhalten. Natürlich ginge es auch nicht ohne die Russen, die wiederum ihren Bundesgenossen Syrien einbinden müssten. Aber was hätten die Russen und die Syrer dabei zu gewinnen? Was die Türken, die ihren Hauptgegner in den Kurden sehen? Der einzige Gewinner einer Sicherheitszone wäre die Bevölkerung der Region, die ausgebombt und in die Flucht getrieben wird. Aber diese hat keine Lobby, wie immer.

26.10.2019. Bei zweien ist (immer) einer zu viel. Endlich ist es geschafft. Rund 50% der SPD Mitglieder haben gewählt und gleich zwei um den Vorsitz konkurrierende Traumpaare erkoren. Duo 1 Bundesfinanzminister *Scholz* und Frau Abgeordnete *Geywitz* (Brandenburg) liegen mit Duo 2 Ex-Finanzminister *Walter-Bojans* (NRW) und Abgeordnete Frau *Esken* (BW) nahezu gleich auf. Eine Stichwahl muss nun entscheiden. Danach wird sich zeigen, ob die Rolle rückwärts für das Fortbestehen der Partei ein Erfolgsmodell ist.

11.11.2019. Keine Meldung zur Eröffnung der närrischen Saison. Die Türkei droht an, mit der Rücksendung der IS-Terroristen nach Deutschland zu beginnen. Die Bundesregierung versichert, alles im Griff zu haben. Die Bürger müssen beruhigt werden. Wieviel Personal benötigt die Polizei, um die rückkehrenden Terroristen so gut zu überwachen, dass sie ihr blutiges Handwerk nicht hierzulande fortsetzen können? Ist die Politik bereit, die Polizei entsprechend auszustatten oder – alternativ – die Zahl der Rückkehrer zu begrenzen?

01.12.2019. Deutschland ist wieder Pollerland. Traditionen verpflichten. Das Fest der Liebe steht vor der Tür und für den Schutz der Menschen gibt es schon längst den richtigen Durchbruchschutz gegen LKWs. Grün lackierte Weihnachtsbäume aus Panzerstahl umzäunen die Weihnachtsmärkte. Glühwein, Wurst, Schwenksteak, Käsevariationen und die süßen Lebkuchen warten auf den Verzehr.

01.12.2019. Die Mitglieder der SPD votieren für eine neue Führungsspitze. Mit etwas mehr als 100.000 Stimmen (54% der Mitglieder) wird das Team *Walter-Borjans* und *Eskens* zum neuen Führungsteam der Partei. Jetzt muss der Parteitag die Erwählten wählen. Dann soll der Koalitionsvertrag nachverhandelt werden. Bei Nichterfolg drohen die Neuen mit dem Ausstieg aus der Koalition. *Scholz* ist demontiert und die *CDU/CSU* zeigt reflexartig kein Interesse an einer Nachverhandlung des Koalitionsvertrags. Wäre ja auch noch schöner. *Pacta sunt servanda*, wussten schon die alten Römer.

05.12.2019. Im-peach-ment ist kein Verfahren zum Entkernen von Pfirsichen. Auch die Demokraten in den USA wollen unbedingt ein Weihnachtsmärchen und beauftragen das Repräsentantenhaus das *Impeachment*-Verfahren gegen *Trump* vorzubereiten. Derweil schaltet der *giant impeach* (*Stephen Colbert, Late Night Show*), aka *the President* mit der *First Lady* die Lampen am Weihnachtsbaum vor dem Weißen Haus ein.

05.12.2019. Nikolaus ist nicht abgesagt. Den Ausstieg wird es wohl dennoch nicht geben. Die Halbwertzeit von Versprechen hat sich auf 5 Tage reduziert. Die designierten neuen Führungspersönlichkeiten wollen gegenüber dem Koalitionspartner nur noch ihre Wünsche angemessen formulieren. Sonst noch etwas? Ach ja: „GroKo Aus zu Nikolaus" ist abgesagt. Der wieder gewählte Vorsitzende der Jusos, Herr *Kühnert*, hat schnell gelernt und wagt nun den ganz großen Schritt. Nein, nicht den Schritt in die freie Wirtschaft, um Wissen und Erfahrung zu sammeln. Er greift nach den Sternen im roten Olymp und will in den Vorstand der Partei gewählt werden. *Who cares!*

06. und 07.12.2019. Friede, Freude und SPD. Die Delegierten der *SPD* haben auf dem Bundesparteitag in Berlin das neue Führungsteam bestätigt und fünf statt drei Stellvertreter gewählt. *Trouble* ist abgesagt und *Kühnert* darf zum ersten Mal auch stellvertretender Chef werden. Jetzt geht es aber los mit dem „*In-die-Fresse-hauen*". Absolut falsch! Alle wollen weitermachen wie bisher, nur eben besser. Die *SPD* bleibt in der *GroKo*, aber verabschiedet sich von der Agenda 2010. *Same procedures as always* oder ein wirklicher Aufbruch?

24.12.2019. Tausende von Christen feiern die Geburt Jesu in Bethlehem unter strengen Sicherheitsvorkehrungen und der Papst sendet seinen Weihnachtssegen vom Balkon an die Christenheit. Bündnis 90/DIE GRÜNEN-Chef und Kinderbuchautor *Habeck* nutzt die Gunst der heiligen Tage und fordert die sofortige Verbringung von 4000 unbegleiteten Kindern und Jugendlichen nach Deutschland, die seit Monaten im Lager auf Lesbos unter menschenunwürdigen Bedingungen festsitzen. Es passt gerade zeitlich gut in die christliche Stimmung, aber keiner will mitmachen. Zu groß sind aufgrund bisheriger Erfahrungen die Bedenken, dass „Jugendliche" ohne Pass im Zweifelsfall nicht ganz so jugendlich sind, wie sie sagen, und dass die Kinder als Türöffner für Großfamilien dienen könnten.

Zeitgleich ruft der *Bundespräsident* die Bürger in seiner Weihnachtsansprache auf zu mehr Respekt, Zusammenhalt und Zuversicht, Tatkraft mit Vernunft, Anstand und Solidarität. Es klingt wie eine Entschuldigung für die wenig überzeugende Arbeit der Parteien, und so stellt er es gleich wieder richtig: „*Wir brauchen die Demokratie, aber ich glaube, derzeit braucht die Demokratie vor allem uns.*" Da dies jeder in seinem Sinne verstehen kann, wird keiner widersprechen. So schafft man Scheinkonsense, und alle sind zufrieden – solange es nicht darauf ankommt zu handeln.

29.12.2019. Kurz nach den besinnlichen Festtagen will die Verteidigungsministerin ein „robusteres Mandat" in der Sahelzone. Die *SPD* tobt, weil sie die Meldung, wieder einmal, erst aus der Zeitung erfährt.

30. 12. 2019. Großspenden an die Parteien fließen nicht mehr so reichlich wie in den vergangenen Jahren. Die *CDU* trifft es 2019 am härtesten.

Daimler spendet zum ersten Mal den Parteien gar nichts mehr. *Transparency International* beklagt aber nach wie vor die Intransparenz der Spendendarstellung in den Bilanzen der Parteien.

31.12.2019. In ihrer Neujahrsansprache fordert die Kanzlerin die Bürger zu Mut und Zuversicht auf. „Veränderungen", sagt sie, „sind möglich, wenn wir uns offen und entschlossen auf Neues einlassen". Da ist es wieder, dieses ominöse „*wir*", und zum ersten Mal scheint sie zuzugeben, dass das zurückliegende Jahr *nicht gut* war. Jedenfalls nicht für die deutschen Dieselfahrer, die malträtierten Nutztiere, die Niediglohnbezieher, die GroKo-Parteien, die ausgebombten Syrer, usw. Doch es gab auch welche, für die es ein gutes Jahr war: für den Finanzminister, die Börse, die *AfD*, US-Präsident *Trump*, die Brexit-Befürworter, Russland, usw. Entscheidend ist wieder einmal das Auge des Betrachters und die Aufmerksamkeitsspanne des Kommentators.

Start in das Jahr 2020. Die Ratte kommt! Im chinesischen Horoskop steht das kommende Jahr im Tierkreiszeichen der *Ratte*. 2020 und nachfolgende Jahre eignen sich ideal für die Erfüllung lang gehegter Wünsche und beruflicher Veränderungen. Es ist das Jahr von Ehrgeiz und Durchhaltevermögen und die rechte Zeit für die erfolgreiche Verwirklichung von alten Projekten. Aber alles muss ordentlich, überlegt und mit Verstand angegangen werden, sonst läuft wieder gar nichts.

Ein unvollständiges Update 2020

Der Bundespräsident will Herrn *Draghi* unbedingt einen Preis für seine herausragenden Leistungen geben. Wir können gespannt sein auf die Laudatio. „Er hat viel für Europa geleistet, den Euro gerettet, die Eurozone vor dem Kollaps bewahrt, indem er die Zinsen, die er den Sparern der Nordstaaten gestrichen hat, an die Südstaaten weitergeleitet hat, ganz ohne parlamentarische Debatte und ohne Auftrag der Wähler. Herzlichen Dank!"

Herr *Kemmerich (FDP)* hat nach einer kurzen Zeit des Überlegens, ob er - aus „*formalen*" Gründen - das Amt des Ministerpräsidenten doch noch für eine gewisse Zeit behalten *muss*, entschieden zurückzutreten. Die Vertreter der etablierten Parteien sind froh, dass die Demokratie gerettet ist, zumindest sie mit Macht erzwingen konnten, was sie für *richtig* und *nicht demokratisch* erachten.

Die Vorsitzende der *CDU Kramp-Karrenbauer* zieht die Reißleine und nicht mehr Vorsitzende bleiben, und sie will auch nicht (mehr) die neue Kanzlerin werden. Zugleich werden Vertreter der *FDP* zum Teil massiv angefeindet, und *Lindner* eine bedenkliche Nähe zu *AfD*-Gedankengut unterstellt. Ein leicht durchschaubarer Trick, gerne benutzt, um jegliche Kritik bereits im Keim zu ersticken.

Mai 2020: BVerfG contra EuGH. Am 5. Mai 2020 (Az. 2 BvR 859/15 u.a.) macht das Bundesverfassungsgericht ernst und gibt dem Europäischen Gerichtshof einen Schuss vor dem Bug. In rekordverdächtiger Zeit, und wie gewohnt vor jeder gründlichen Analyse, erfolgte der Aufschrei der Getroffenen. Das Urteil wirkte wie ein Schlag in die Magengrube, der je nachdem, auf welcher Seite man stand, dumpfen Schmerz oder eitle Freude auslöste. EU-Funktionäre und ihre bedingungslos europäisch orientierten deutschen Freunde reagierten entsetzt bis empört, rügten das Verhalten des BVerfGs als ungebührliche Insubordination und stellten Deutschland gar ein Vertragsverletzungsverfahren in Aussicht. *Sie haben es wirklich getan! How dare you?*
Überrascht konnten allerdings – wieder einmal – nur die Ahnungslosen sein, und natürlich jene, die jedem Beschluss eines EU-Organs habituell folgen, was manchmal dasselbe ist. Die

Entscheidung vom Mai 2020 hatte sich seit längerem angebahnt und wäre nur vermeidbar gewesen, wenn das BVerfG in Kauf genommen hätte, sich unglaubwürdig zu machen.[185]

Um was geht es im aktuellen Urteil? In Frage stand, ob der EuGH in seinen bisherigen Entscheidungen zur Zulässigkeit der Ankauf- und Rettungsprogramme der Europäischen Zentralbank einen „ausbrechenden Rechtsakt" begangen hat, also die ihm von den Mitgliedsländern übertragenen Vollmachten überschritten hat. Diese Kontrolle hatte sich das BVerfG in seiner bisherigen Rechtsprechung ausdrücklich vorbehalten („*ultra vires*"-Kontrolle). In seinem Urteil belegt das BVerfG, „*dass der EuGH in Bezug auf die EZB von seinen eigenen Maßstäben zur Anwendung des Verhältnismäßigkeitsprinzips abgewichen ist. […] Sein Urteil sei ‚schlechterdings nicht mehr nachvollziehbar' und insofern ‚objektiv willkürlich'. Der Schluss folgt dann zwangsläufig: ‚Da es sich selbst als Ultra-vires-Akt darstellt, kommt ihm insoweit keine Bindungswirkung zu.'*" (*Dieter Grimm*, ebd.) Zwar könne man das Anleihe-Kaufprogramm im Prinzip als durch das Mandat der EZB gedeckt ansehen, aber die EZB habe keine hinreichende inhaltliche Würdigung der wirtschaftspolitischen Auswirkungen dieses als unlimitiert verstandenen Programms auf die einzelnen Mitgliedstaaten vorgenommen, insofern diese (im Verein mit einer jahrelangen Negativzins-Politik) durch ihre wirtschaftspolitischen Konsequenzen mit dem Regelbereich und den Befugnissen der nationalen Parlamente interferieren, indem sie private Rentensparpläne von Millionen Menschen zunichte machen, die Vermögen von Kleinsparern abschmelzen lassen, zinsabhängige Großkonzerne (etwa Versicherungen und Banken) in Schieflage bringen, die Immobilienmärkte in ungeahnte Höhen pushen, Zombie-Unternehmen schaffen, etc. Sofern diese inhaltliche Evaluation nicht innerhalb von drei Monaten nachgeliefert werde, sei es der Deutschen Bundesbank nicht mehr gestattet, am EZB-Kaufprogramm mitzuwirken. *Wham!*

Mit diesem Paukenschlag könnte das BVerfG die bisherige Politik des EuGHs konterkarieren, die darin bestand, die politische Integration der Europäischen Staaten auf clandestine Weise

---

[185] *Dieter Grimm, Jetzt war es soweit*, in: FAZ 18. Mai 2020, Nr. 115, S. 9

ohne formelles Mandat und ohne demokratische Legitimation zu betreiben. Diese Politik bestand darin, dass das Gericht in den vergangenen Jahrzehnten auch ohne formelle Ermächtigung durch die nationalen Parlamente immer mehr Kompetenzen an sich zog und nach Belieben nationale Regelungen aushebelte. Diese Praxis führte in der Vergangenheit bereits mehrfach zu Konflikten mit Gerichten der Mitgliedsstaaten, weil sie nicht durch die EU-Verträge gedeckt war und auf einer eigentümlichen Interpretation der Grundfreiheiten beruhte.[186] Das auch in Reaktion auf das jüngste Urteil des BVerfGs vorgebrachte Argument, die Verträge seien durch die Praxis der Rechtsprechung selbst inhaltlich weiterentwickelt worden, bedeutet im Klartext nicht weniger, als dass einige EU-Funktionäre meinen, Vertragsverletzungen seien keine solchen mehr, wenn sie andauernd geschehen, also zur gängigen Praxis werden. Das ist eine kreative Interpretation des Begriffs „Gewohnheitsrecht", das man eher in weniger honorigen Milieus erwartet hätte. Liegt Brüssel etwa in Kalabrien?

Noch sind die Protagonisten dabei, sich zu sortieren. Die Bundeskanzlerin reagiert butterweich und lässt (sinngemäß) verlauten, man werde das Urteil gründlich prüfen und eine pragmatische Lösung finden. *Norbert Röttgen*, der selbstgewählte Kanzlerkandidat des schwarz-grünen CDU-Flügels, hält das Urteil voraussehbar für katastrophal, der Wunschkandidat der eher konservativen CDU-Fraktion, *Friedrich Merz* widerspricht der Ansicht, Urteile des EuGH hätten immer Priorität vor Urteilen nationaler Gerichte. EU-Funktionäre reagieren wie Regenten, deren Untertanen dem Herrscher die Gefolgschaft verweigern und drohen mit der Revanchekeule.[187] Offenbar sieht sich der EuGH in der Rolle eines obersten Gerichts eines Bundesstaates, dem man zwar Fragen zur Klärung stellen darf, dessen Entscheidungen jedoch endgültig und für alle Glieder des

---

[186] Siehe *Lars Klenk, Integrationsmotor unter Legitimationsdruck*, in: FAZ 20. Mai 2020, Nr. 117, N4. Die Argumentation beruht auf der juristischen Dissertation des Autors mit dem Titel „Die Grenzen der Grundfreiheiten".

[187] Siehe *Marlene Grunert, Thomas Gutschker, Konrad Schuller, Wenn Europa sein Schwert zieht*, Frankfurter Allgemeine Sonntagszeitung, 17. Mai 2020, Nr. 20, S. 6.

Bundesstaates bindend sind. Dies impliziert – wie *Rainer Hank* ausführt – dass auch nur die Luxemburger Richter das Recht haben, „*darüber zu befinden, ob eine europäische Institution wie die EZB kompetenzwidrig ‚ultra vires‘ handle oder nicht.*"[188] Der EuGH bestimmt auch, welche Regelungen der EU-Staaten seiner Jurisdiktion unterliegen und hebelt mit dieser ausgreifenden Position nach Belieben jede abweichende Regelung eines Mitgliedstaates aus. Und ähnlich der Cyborg-Welt in *Star Trek* schallt es den Betroffenen entgegen: „*Wir sind die EU! Sie werden jetzt assimiliert! Widerstand ist zwecklos!*"

Andere mögen sich eher an die klassische „Büro-Ordnung" erinnert fühlen, die man früher öfter in Amtsstuben und Verwaltungsräumen hängen sah, und die nur aus zwei Paragraphen bestand.[189] Für *Rainer Hank* zeigt sich im Absolutheitsanspruch des EuGH „*nicht nur die vermurkste Architektur des Euros, sondern auch der Fluch des europäischen Zentralismus. Der EuGH benimmt sich, als sei er das oberste Gericht eines europäischen Bundesstaates, dem gegenüber alle nationalen Verfassungsinstanzen der EU-Mitgliedsländer nachgeordnete Behörden und zum Stillschweigen verurteilt wären, nachdem das oberste europäische Gericht geurteilt hat. […] Karlsruhe hingegen dreht den Spieß um: Das BVerfG versteht sich als Anwalt des deutschen Volkes. Dieses ist der Souverän, dem gegenüber Brüssel lediglich eine abgeleitete Autorität hat. Die EU ist eben kein Bundesstaat wie die Vereinigten Staaten.*" (*Rainer Hank*, ebd.)

Für *Otmar Issing*, ehemaliges Direktoriumsmitglied und Chefvolkswirt der EZB, bedeutet das, dass der Konflikt zwischen BVerfG und EuGH „*nicht einfach mit dem Hinweis auf den Vorrang europäischen Rechts ausgeräumt werden kann. […] Nur die Ausübung der Geldpolitik im Rahmen ihres begrenzten Mandats schützt die Unabhängigkeit der EZB vor der Notwendigkeit gerichtlicher Rechtfertigung. Für die Ausdehnung der Interpretation ihres Mandats in Bereiche, die in einer Demokratie den gegenüber den Wählern politisch Verantwortlichen vorbehalten sind, fehlt der EZB die in einer Demokratie unabdingbare Legitimation. […] Kann man wirklich bezweifeln, dass das Ziel, die*

---

[188] *Rainer Hank, Die Zentrale hat immer Recht!* (Kolumne „Hanks Welt"). Frankfurter Allgemeine Sonntagszeitung, 17. Mai 2020, Nr. 20, S. 20.
[189] Für diejenigen, die sie nicht kennen: „§1. Der Chef hat immer recht. §2. Sollte der Chef einmal nicht recht haben, gilt §1."

Währungsunion in der jetzigen Form zusammenzuhalten und Länder in Schwierigkeiten mit finanziellen Hilfen zu unterstützen, eine Aufgabe der Politik, der Regierungen und nicht der EZB ist?" [190] Und wieder: *Wham!* Der Kanzlerin kommt das Urteil gänzlich ungelegen, bringt es doch die temporär befriedete EU-Welt in Unordnung, nach der die EZB mit ihrer Politik der Überflutung der EU mit billigem und sogar teilweise geschenktem Geld (Negativzinsen!) die EU-Südstaaten auf Kosten der Arbeitnehmer, Rentensparer, Kleinsparer, Häuslebauer, etc., der EU-Nordstaaten ruhig hält und erstere damit der Mühe enthebt, Haushaltsdisziplin zu üben, ihren Vermögenden höhere Steuern aufzuerlegen oder das Renteneintrittsalter anzuheben. Das von Kritikern des BVerfG-Urteils vom 5. Mai 2020 vorgebrachte Argument, dass die Deutschen jetzt die Handlungsweise einer politisch unabhängigen EZB kritisierten, nachdem sie bei deren Gründung alle Hebel in Bewegung gesetzt hätten, diese politische Unabhängigkeit zu gewährleisten, ist deshalb an Bigotterie kaum zu überbieten. Jeder weiß, dass die EZB vertraglich nicht erlaubte monetäre Staatsfinanzierung betreibt, aber sie kauft den Staaten ihre Schuldpapiere nicht direkt ab, sondern bedient sich am Markt – angeblich nach festen Regeln, deren Auslegung aber wiederum eine Sache der EZB ist, die den EuGH im Zweifelsfall auf seiner Seite weiß. Macht der Umstand, dass die EZB indirekt und nur anteilig kauft, in der Sache einen Unterschied, wenn die Emittenten und die anderen Investoren wissen, dass die EZB Gewehr bei Fuß steht, um die Papiere in Bares einzutauschen und damit ihre Interessen und ihre Bonität zu wahren?

Die Protagonisten werden alles dafür tun, den Schein aufrechtzuerhalten und dabei auch nicht davor zurückschrecken, das Bundesverfassungsgericht im Regen stehen zu lassen oder es gar zu beschädigen. Da sich die EZB nicht zu der geforderten förmlichen Evaluation der wirtschaftspolitischen Angemessenheit seiner Handlungsweise vor einem nationalen Gericht herablassen wird, ist zu befürchten, dass in den politischen Netzwerken, die die EU-Funktionselite mit der deutschen Regierungsmaschinerie verbinden, irgendein fauler Kompromiss verabredet wird, den

---

[190] *Otmar Issing, EuGH versus Bundesverfassungsgericht*, FAZ 16. Mai 2020, Nr. 114, S. 20.

man notfalls so interpretieren kann, *als hätte* die EZB die geforderte Evaluation geleistet.

In der Zwischenzeit gehen die Kaufprogramme der EZB weiter und werden sich im Zuge der Corona-Aktionen in ungeahnte Höhen aufschwingen. Die strukturellen Spannungen innerhalb der EU werden dadurch nicht beseitigt, sondern nur übertüncht. *Wenn* die Geldflut nicht mehr ausreicht, die Friktionen zu kaschieren, den unstillbaren Kredithunger einiger ausgabefreudiger EU-Staaten zu befriedigen und das weitere Vertrauen der Märkte zu gewährleisten, droht der große Knall, nach dem die geplatzten Wechsel präsentiert werden. Ob es soweit kommt, wissen wir nicht. Merkel wird alles tun, um dies zu verhindern, notfalls auch in „Weiterentwicklung der EU-Verträge" zusammen mit den *GRÜNEN* den Weg in die Haftungs- und Schuldenunion gehen. Welchen Weg die EU auch geht, die Briten haben es jedenfalls geschafft, sich mit dem Brexit sowohl aus der möglichen Mega-Pleite als auch aus der drohenden Schuldenunion herauszumogeln. Wahrscheinlich würde der „Heilige St. Martin" jetzt wieder sagen: *Chapeau!*

Klaus Fischer:[191] Covid-19 – Politik vor dem Schleier der Unwissenheit: Ist Politik die Kunst, das Wünschbare wirklich

---

[191] Dieser und der folgende Abschnitt wird von den beiden Autoren separat verantwortet, getreu dem Motto „getrennt marschieren, vereint schlagen". Die beiden Abschnitte zeigen zwei komplementäre Herangehensweisen an den neuen Riesenaufreger „Corona-Pandemie", primär analytisch faktenbezogen und distanziert auf der einen, stärker bewertend, Emotionen einschließend und engagiert auf der anderen Seite. Wissenschaft lebt von der Pluralität der Perspektiven und der unvoreingenommenen kritischen Auseinandersetzung zwischen divergierenden Positionen. Die Komplexität des Corona-Diskurses, der außer der Ebene des praktischen politischen Handelns auch die der wissenschaftlichen Politikberatung, der Forschung, der medialen Vermittlungs- und Transformationsprozesse und der Wahrnehmungen und Reaktionen der Zivilgesellschaft einschließt, erzeugt eine Gemengelage, die sich rein analytisch kaum einfangen lässt, jedenfalls nicht zu einem Zeitpunkt, in dem der Ausgang des Geschehens noch vollkommen unklar ist und entscheidende wissenschaftliche Ergebnisse noch nicht vorliegen. Da die Zukunft offen und das weitere Einwirken des Virus

werden zu lassen? Die Menschen glücklich zu machen, ihnen jeden Wunsch zu erfüllen, eine perfekte Welt zu bauen – ohne Krieg, ohne Hunger, ohne Krankheiten, ohne Kriminalität, ohne Ungerechtigkeit, ohne Langeweile, ohne Stress, ohne Leiden? Dies wäre bereits logisch kontradiktorisch, da sich die empirisch feststellbaren Wünsche verschiedener Personen nicht widerspruchsfrei vereinbaren lassen. Also jedem sein eigenes kleines Paradies? Leider haben alle bisherigen Versuche, solche Paradiese für einige zu schaffen, eine irdische Hölle für alle anderen hervorgebracht.

Politik wird deshalb häufig nicht als Kunst des Wünschbaren, sondern des Möglichen bezeichnet. Aber auch diese Definition ist mangelhaft. Nicht alles, was möglich ist, ist auch angemessen, ethisch vertretbar, zweckmäßig und effizient. Was also unterscheidet rationales politisches Handeln von schlechtem politischen Handeln? Um diese Frage beantworten zu können, muss man wissen, dass praktisches politisches Handeln immer Handeln unter Unsicherheit ist. Deshalb kann das Kriterium rationalen Handelns nicht das Maximum sein, das man bei Unterstellung aller notwendigen Informationen, der Verfügbarkeit aller für die Realisierung des Handelns notwendigen Mittel, sowie der unter Idealbedingungen effizientesten Pläne idealerweise erreichen könnte.

In Wirklichkeit liegen nicht alle erforderlichen Informationen vor, die Mittel sind begrenzt und die Pläne teilweise veraltet oder ineffizient. Niemand, kein Individuum, keine Organisation, keine Institution, keine Behörde, kein Staat ist in der Lage, alle Ressourcen für alle Eventualitäten auf dem neuesten Stand verfügbar zu halten. Schlamperei beginnt dort, wo man reale Gefahren aus Phantasielosigkeit oder geistiger Armut ignoriert, sinnvolle Pläne nicht entwickelt oder einhält, Ressourcen verrotten lässt, die Möglichkeiten zur sinnvollen (das heißt optimalen, nicht maximalen) Vorsorge nicht ausschöpft. In Anlehnung an Herbert Simons Prinzip der begrenzten Rationalität (*bounded rationality*)

---

auf die Weltgesellschaft und ihre Teile noch nicht absehbar ist, gelingt es uns mit dieser dem Naturell der Autoren entgegenkommenden Arbeitsteilung vielleicht, uns dem ganzen Bild in einem These-Antithese-Format zu nähern. Für eine Synthese ist die Zeit noch nicht reif.

kann man rationales politisches Handeln unter diesen Bedingungen als ein Handeln kennzeichnen, das die verfügbaren Informationen und Ressourcen verantwortungsvoll, angemessen, zweckmäßig und effizient benutzt und einsetzt – und darüberhinaus bestrebt ist, Wissenslücken schnellstmöglich zu beseitigen, Ressourcen aufzufüllen und den Betroffenen die notwendigen Maßnahmen durch politische Kommunikation effizient und klug zu vermitteln.

Angewandt auf das Problem der rationalen Bewältigung der durch die Pandemie verursachten Probleme müssen wir deshalb fragen: Nutzten die Behörden das zum jeweiligen Zeitpunkt der getroffenen Entscheidungen und Maßnahmen verfügbare Wissen? Waren die Entscheidungen und Maßnahmen angemessen, zweckmäßig und verantwortungsvoll? Wurden die Entscheidungen und Maßnahmen der Veränderung der Wissensbasis angepasst? Wurde aktiv an der Klärung offener Fragen durch Initiierung von Forschungsprojekten oder durch Bereitstellung von Mitteln für solche Projekte gearbeitet? Hätte man es – zum gegebenen Zeitpunkt, bei vorliegenden Informationsstand – besser machen können? Gibt es dafür Beispiele (andere Länder, andere Regierungen)? Um diese Fragen auch nur ansatzweise beantworten zu können, müssen wir die Entwicklung der Pandemie, ihrer Folgen und Konsequenzen, sowie der Eindämmungsmaßnahmen der Politik anhand einiger Basisdaten betrachten und vergleichend bewerten.

Das Corona-Virus Sars2 breitet sich von China kommend über die Welt aus und nistet sich ab dem 7. März 2020 über das Ski-Mekka Ischgl (Après-Ski Bar „Kitzloch" – siehe *René Boksch, Coronaherd Ischgl,* statista 13.05.2020) und andere *spreading hotspots* auch in Deutschland, Norwegen und Island ein. Ab dem 11. März 2020 spricht die WHO von einer „Pandemie". Ausgangs- und Kontaktbeschränkungen *(„Lockdown")* treten in Deutschland ab dem 21. März 2020 (Bayern) bzw. 23. März 2020 (NRW) in Kraft, allerdings keine angeordneten Produktionsschließungen in der Industrie. Die Automobilindustrie macht ihren eigenen *Lockdown,* um nicht noch mehr auf Halde zu produzieren. Die Bundesländer reagieren nicht so schnell wie Taiwan, Japan oder Süd-Korea, aber – die Bilder aus Norditalien und Spanien vor Augen – schneller als andere in Europa und Amerika. Gigantische Hilfsprogramme in Höhe von über eine Billion € werden zur Beruhigung der Lage verkündet. Bezahlt wird später. Bis zum 26. Mai gibt es ca. 179.000 bestätigte Infizierte, ca. 162.000 Genesene und ca. 8.350 Tote im Land. Damit steht Deutschland ungleich besser da als andere europäische Länder wie Großbritannien (37.000 Tote), Frankreich (28.500 Tote), Italien (33.000 Tote), Spanien (27.000 Tote), Schweden (4.000 Tote), Belgien (9.300 Tote), Niederlande (5.850 Tote), oder die USA (98.000 Tote), die bis zum 26. Mai 2020 ein Vielfaches an Opfern pro 100.000 Einwohnern zu beklagen haben.

Dabei ist zu berücksichtigen, dass die Erhebungsmethoden länderspezifisch sind, und dass die Zahlen nicht diejenigen enthalten, die aus Angst vor einer Ansteckung nicht zum Arzt oder in die Klinik gingen und an Schlaganfall, Herzinfarkt, wegen aufgeschobener Operationen, etc. verstorben sind oder noch versterben werden. Besser als Deutschland machen es Taiwan und Südkorea, aber in diesen Ländern akzeptiert die Bevölkerung bereitwillig das Aufspielen einer App auf ihre Smartphones, die das Nachverfolgen von Kontakten mit anderen erlaubt. Die Deutschen geben zwar freimütig ihre privatesten Daten und Bilder an Google®, Facebook® & Co. heraus, haben aber etwas dagegen, dass das Robert-Koch-Institut im Falle einer Infektion erfährt, welches andere Smartphone sich im Abstand von weniger als 1,5 Meter von ihrem eigenen Gerät befand.

Die Wirtschaft erlebt ihren größten Einbruch seit der Weltwirtschaftskrise 1929. Noch ist nicht klar, was noch kommt und wie tief der Einschnitt am Ende sein wird. Die Börsen stürzen zunächst um über 30% ab, beginnen aber wunderbarer Weise innerhalb weniger Wochen eine Aufholjagd, die bereits mehr als die Hälfte der Verluste wieder wettgemacht hat. Gierig wird jede winzige Erfolgsmeldung über ein scheinbar wirksames Medikament, über den Beginn von Testreihen zur Entwicklung eines Impfstoffs, über ein Abflauen der Infektionsdynamik, über das bevorstehende Ende des *Shutdowns*, etc. zum Hoffnungsschimmer, der die Kauflaune der Anleger anheizt. Dabei zeigt dieses Kursfeuerwerk angesichts der größten Wirtschaftskrise seit hundert Jahren nur die Verzweiflung der Anleger angesichts fehlender Anlagealternativen, die durch die Null- oder Niedrigzinspolitik der Zentralbanken versursacht wurde, vornehmlich der EZB, deren Kaufexzesse den Markt – abgesehen von Schrott-papieren – leergefegt haben. Die steigenden Kurse der Aktien bei stark sinkenden Renditen sind – nach dem starken Anstieg der Immobilienpreise – nur ein weiterer Ausdruck einer Inflationie-rung von Vermögenswerten, die in der Berechnung der offiziellen Inflationsrate durch die Zentralbanken bisher keinen Nieder-schlag findet und diese damit als Mogelpackung enthüllt.

Das Management der Epidemie ist ein Musterbeispiel für das komplizierte Verhältnis zwischen Wissenschaft (Robert-Koch-Institut, Helmholtz-Zentrum, Leopoldina, Charité Berlin, etc.) und Politik in Deutschland. Um diese Beziehung tiefer zu verste-hen, müssen wir einen Blick auf die symbolischen Codes von Wissenschaft und Politik werfen.[192] Dabei beschränken wir uns zunächst auf die zentralen Werte. Das primäre Ziel von *Wissen-schaft und Forschung* ist die Aufklärung der Struktur der Wirklich-keit: Erkenntnis dessen, was es gibt. Im Gegensatz dazu geht es in der *Politik* primär um die Gestaltung des Zusammenlebens zwischen verschiedenen Gruppen von Menschen auf unter-schiedlichen Aggregationsebenen (von der Kleingruppe bis zum internationalen Staatengefüge). Um diese Ziele zu erreichen, müssen die Vertreter der Systeme bestimmte Maßstäbe und Werte beachten, bestimmte Mittel anstreben und bestimmte Kriterien anlegen. In der Werteordnung von Wissenschaft und Forschung besteht der primäre Maßstab für die Erreichung des primären Systemzieles in lege artis geprüfter Information, bzw. in zuverlässigen Repräsentationen der Wirklichkeit (von der Öffent-lichkeit als „Wahrheiten" missverstanden). Im Gegensatz dazu geht es in der Politik primär um die Sicherung von Macht und Einfluss, kurz, um die Frage: *„Wer bestimmt die Agenda?"*

Da alle Subsysteme Teile eines umfassenderen Sozialsystems sind, muss es Gemeinsamkeiten, Überschneidungen oder Schnittstellen zwischen den Subsystemen geben. Andernfalls wäre eine Koordination nicht möglich, das Gesamtsystem würde in starke Konflikte geraten oder auseinanderfallen. Für diesen

---

[192] Achtung! Auf den folgenden beiden Seiten wird es abstrakt. Wer es genauer wissen will, kann nachschauen bei: *Klaus Fischer, Wahrheit, Konsens und Macht. Systemische Codes und das prekäre Verhältnis zwischen Wissenschaft und Politik in der Demokratie.* Zu finden hier:
www.wissenschaftsforschung.de/Jahrbuch 2005.pdf

Bereich von Gemeinsamkeiten hat die funktionalistische Soziologie den Terminus technicus „Interpenetration" gefunden. In den Interpenetrationszonen zwischen den Subsystemen erfolgt eine Transformation der in den Codes der anderen Systeme gefassten Informationen, Regeln und Prinzipien in den Eigencode des Subsystems – soweit sie für die Funktionsweise dieses Systems aktuell relevant sind. Dabei geht notwendigerweise ursprüngliche Information verloren, neue Deutungen, Gewichtungen, Nuancierungen und Verknüpfungen werden hinzugefügt, Prioritäten neu gesetzt. Und das hat Konsequenzen, auf die es uns hier ankommt und die der Grund sind, warum wir solche scheinbar esoterischen systemtheoretischen Überlegungen anstellen.

Wenn ein Wissenschaftler in den Massenmedien auftritt, so wird er innerhalb dieses Subsystems nicht als jemand wahrgenommen, der nur einen Wahrheitsanspruch anmelden will. Dies wäre der Code der Wissenschaft; er gilt jedoch nur dann, wenn die Kommunikation im Bereich des Subsystems verbleibt. Systemüberschreitende Kommunikationen unterliegen dagegen einer Transformation. Innerhalb der anderen Subsysteme werden sie nicht im Code des Sendersystems, sondern in erster Annäherung in dem des jeweiligen Empfängersystems gelesen. Ein Forscher, der in einer Fernsehtalkshow auftritt, wird legitimerweise nicht nur als jemand betrachtet, der methodisch geprüfte Sachinformation vermitteln will, sondern auch als einer, der Aufmerksamkeit gewinnen will (nach dem medialen Primärwert *„Sein heißt Wahrgenommenwerden")*. Ein Wissenschaftler, der in politischen Gremien als Experte auftritt, wird von den Vertretern der Politik legitimerweise auch als Interessenvertreter angesehen, der andere durch Information und Argument auf subtile Weise beeinflussen will. Ein Forscher, der seine Projekte und Ergebnisse vor Wirtschaftsvertretern, Bankern und Händlern darstellt, wird mit Recht auch als jemand wahrgenommen, der seine Ware anpreist, um für sie den besten Preis zu erzielen. Umgekehrt erzielen Politiker, Wirtschaftsfunktionäre oder Medienvertreter, die vor einem Auditorium von Wissenschaftlern auftreten, nichtintendierte Wirkungen und zumeist unfreiwillige Komik, wenn sie von den Zuhörern als Kommunikatoren von Wahrheiten verstanden werden, während sie doch in erster Linie Meinungen verändern, Verkaufsargumente präsentieren oder Aufmerksamkeit gewinnen wollen.

Die Interpenetration der Codes der verschiedenen Subsysteme, von denen wir hier nur Wissenschaft und Politik betrachtet haben, eröffnet ein weites Feld für mögliche Konflikte zwischen eigen-systemischen und fremd-systemischen Werten, die auch in der Corona-Krise deutlich werden. In der Politik sehen wir den Konflikt zwischen Macht und Solidarität bzw. Vertrauen, Macht und Gesetz, Macht und Wahrheit, Macht und Profit. In der Wissenschaft finden wir die Spannung zwischen Wahrheit und Macht, Wahrheit und Solidarität, Wahrheit und transzendenter Sinngebung und zuweilen auch zwischen Wahrheit und Profit.[193] Und im Bereich der Medien stoßen wir, nicht überraschend, auf Konflikte zwischen Aufmerksamkeit und Wahrheit, Aufmerksamkeit und Gesetz oder zwischen Aufmerksamkeit und Solidarität.

Zogen in der Corona-Krise Wissenschaft und Politik in seltener Einmütigkeit – vereint durch eine übergroße gemeinsame Bedrohung – zunächst am gleichen Strang, ging der Konsens mit nachlassender Infektionsdynamik (wahrgenommener Bedrohung) mehr und mehr verloren. Die Eigenwerte der Systeme schoben sich wieder in den Vordergrund. Ministerpräsidenten und Lokalpolitiker fürchten – unabhängig von der Parteizugehörigkeit – um den Rückhalt in der Wirtschaft und in der Bevölkerung. Die Wirtschaft (systemischer Erfolgsmaßstab: Erwirtschaftung der bestmöglichen Rendite) fürchtet – nach Sektor und Branche verschieden – exponentiell steigende Verluste. Unter den Bürgern (System *„Gesellschaft"*, *Primärziel:* Erhaltung der Art und die an die Anwesenheit oder Beteiligung anderer gebundene Befriedigung elementarer körperlicher und emotionaler Bedürfnisse) glauben viele (nach Umfragen sogar die Mehrheit) Anfang Mai zu wissen, dass das Schlimmste ausgestanden ist und man bald zur Normalität übergehen kann. Einige Gerichte (System *„Recht"*, *Primärziel:* Sicherheit von Verhaltenserwartungen durch Orientierung an allgemein verbindlichen Maßstäben) halten die staatlichen Zwangsmaßnahmen für unverhältnismäßig und heben staatliche Verbote auf.

---

[193] Für alle genannten Konflikte könnte man Namen und Fälle nennen, aber aus naheliegenden Gründen verzichten wir darauf.

Nachdem die Bundeskanzlerin zunächst die „Öffnungsdiskussionsorgien" kritisiert hatte, knickt sie unter dem Druck der Ministerpräsidenten, der öffentlichen Meinung, der Gerichte und der Wirtschaft ein. Epidemieeindämmende Maßnahmen sind ohnehin Sache der Bundesländer. Die Epidemiologen geraten in die Defensive, seit Politiker versuchen, die von den Wissenschaftlern gelieferten Zahlen mit dem Argument in Zweifel zu ziehen, sie seien widersprüchlich. Hinter den wahrgenommenen Widersprüchen werden – ganz dem politischen Code folgend – andere, auch unlautere Interessen und Absichten vermutet. Die Argumentation von Landes- und Bundespolitikern wie Lindner, Kubicki und Laschet macht deutlich, dass viele nicht verstehen, wie Wissenschaft funktioniert. Sie wollen eindeutige „Wahrheiten" und klare Zahlen und sehen nicht, dass Forschung ein Lernprozess ist, in dem konkurrierende Hypothesen aufgestellt und verworfen, Irrtümer beseitigt, weiße Flecken erkannt und gefüllt, Statistiken interpretiert, re-interpretiert und neu arrangiert werden. Veranstalten die Politiker dieses Verwirrspiel, weil sie es nicht besser wissen, oder setzen sie bewusst *fakes* in die Welt, um ihre politische Agenda zu befördern? Auch populäre Medien verstehen offenbar nicht, wie Wissenschaft funktioniert, instrumentalisieren aber fleißig scheinbare Widersprüche zwischen Forschern, um getreu dem medialen Code – *„attention is the key"* – die ihnen zuteil werdende Aufmerksamkeit zu maximieren.[194] Ernster zu nehmen sind die Bedenken jener, die davor warnen, grundgesetzlich garantierte Rechte und Freiheiten auch dann noch zu beschränken, wenn die Gefährdungslage dies nicht mehr zu erfordern scheint. Einige Bürger ziehen vor das Bundesverfassungsgericht, weil sie sich durch die Lockerungen für gefährdet halten, andere, weil sie durch nicht weit genug gehende Lockerungen ihre Freiheit beschränkt sehen. Das BVG weist beides ab und verweist auf den Gestaltungsspielraum der Politik.

---

[194] Vgl. *Michael Hanfeld, Heftige Fieberschübe auf dem Boulevard*, FAZ 27. Mai, Nr. 122, S. 13 (zur Berichterstattung der „Bild"-Zeitung über den angeblichen innerwissenschaftlichen Konflikt über *Christian Drostens* Resultate zur Virenbelastung von Kindern. Nach dem Bericht der FAZ haben die als Zeugen gegen Drosten angeführten Forscher inzwischen die ihnen zugeschriebenen Ansichten dementiert oder zurechtgerückt).

Unbestritten ist, dass Politik handeln muss, so groß die Unge-wissheit aktuell auch sein mag. Rationales politisches Handeln setzt weder vollkommenes Wissen noch unbegrenzte Mittel voraus, sondern nur die Fähigkeit, mit begrenzten Ressourcen verantwortungsvoll, angemessen und zweckmäßig zu agieren *„Tinkering toward success"* ist nicht nur in Wissenschaft, Technik und Ökonomie eine zulässige und oft erfolgreiche Methode, so-lange kein wissensgestützter *Masterplan* existiert. In Ermangelung dieser Alternative ist nicht Basteln an sich kritisierbar, sondern schlechtes, widersprüchliches Basteln, das die verfügbaren Infor-mationen nicht bestmöglich nutzt und vielleicht noch sachfremde politische oder sogar persönliche Ziele verfolgt.

Wenn die Datenbasis für schlüssiges politisches Handeln fehlt, ist Politik allerdings angehalten, die Wissenschaft danach zu fragen. Letztere ist verpflichtet, alles zu unternehmen, um solche Daten schnellstmöglich und in hinreichender Qualität zu liefern. Das kostet Geld und erfordert Planung und Koordination. An dieser Stelle manifestiert die aktuelle Krise Funktionsfehler an der Schnittstelle von Wissenschaft und Politik. Wenn nach „Durch-seuchung" der Bevölkerung allein in Deutschland zwischen 200.000 und 2,6 Millionen Todesopfer (siehe unten) zu befürch-ten sind, wäre es dann übertrieben, in Anlehnung an das Manhattan Projekt von 1942 ein koordiniertes Programm mit allen nötigen Geld-, Sach- und Personalmitteln zur Beseitigung des Unwissens über das wahre Ausmaß der Gefährdung und zur Bekämpfung der Seuche zu initiieren?

Nach wie vor ist unklar (Stand 7. Mai 2020), wie groß die Zahl der unerkannt Infizierten ist, wie infektiös für andere sie sind, welche Rolle Kinder im Infektionsgeschehen spielen, wie mutati-onsfähig das Virus ist, ob Genesene eine Immunität aufbauen, ob eine Impfung möglich ist, usw. Wie bedeutsam die erste Frage ist, kann man an folgendem ersehen: Beschränkt sich die Zahl der Infizierten auf die Gruppe der positiv Getesteten, so erhalten wir für Deutschland eine Letalität des Virus von ca. 5% (Anteil der Toten an denen, die die Krankheit durchlaufen haben nach offiziellen Zahlen des Robert-Koch-Instituts auf der Basis der Daten der Gesundheitsämter). Haben die Macher der Gangelt-Studie um Professor *Streeck* recht, so ist die Gruppe der Infizier-ten sehr viel größer und die Letalität sinkt auf knapp 0,4%. Hoch-gerechnet auf Deutschland ergäbe dies bei einer angenommenen

„Durchseuchung" von 65% im einen Fall eine Übersterblichkeit von 2,6 Millionen und im zweiten Fall eine von 200.000 Menschen. Letzteres wäre katastrophal genug, aber 2,6 Mio Tote würden die Gesellschaft ins Mark treffen. Neuere Zahlen aus Frankreich und Spanien (Stand 13.05.2020) sprechen von einer „Durchseuchung" der Bevölkerung von 5%, bzw. 4,4% - was bei einer Hochrechnung (Corona-Tote in Frankreich bisher ca. 28.400, notwendige Durchseuchungsquote 65%) eine Gesamtzahl von über 350.000 Toten für Frankreich bedeuten würde. Dies übertrifft die Opfer einer schweren Influenza-Epidemie um das 10-20fache. Alles unter der Voraussetzung, dass weder eine Impfung noch ein wirksames Medikament zur Verfügung steht. Und dabei ist noch offen, welche Folgekrankheiten das neue Coronavirus auslöst und welche Spätfolgen es für die „Genesenen" hat. Neurologen berichten von Nervenschädigungen durch die Krankheit, Nephrologen von schweren Nierenschäden, Kardiologen und Internisten von Herzschäden und schweren Entzündungen des Gefäßsystems, Kinderärzte von schweren Hautschäden und dem Kawasaki-Syndrom ähnlichen Krankheitsbildern und Pathologen stellen Thrombosen, Embolien und den Zerfall des Lungengewebes (Lungenfibrose) an Verstorbenen fest. Dies deutet darauf hin, dass wir viele Dimensionen des Risikos durch Covid-19 noch nicht abschätzen können.

Einiges hat man zwischen Februar und Mai 2020 über Covid-19 hinzugelernt, zum Beispiel, dass das Virus auch über die Atemluft übertragen wird. In Großraumbüros kann ein einziger Infizierter einen Großteil der dort Arbeitenden anstecken, wie ein Beispiel aus China zeigt. Dennoch, und scheinbar im Widerspruch dazu, scheint das Virus in Familien nicht notwendigerweise auf alle übertragen zu werden, die in einer Wohnung leben. Atemmasken können (im Widerspruch zu den anfänglich verbreiteten Informationen) die Zahl der verbreiteten oder eingeatmeten Viren ebenso verringern wie eine gute Entlüftung von Räumen. Ein neuer lokaler Ausbruch in einer chinesischen Stadt wird dadurch erklärt, dass eine Angestellte einer Wäscherei (Patient 0) zwar keinen Kontakt mit Infizierten hatte, aber die Uniform eines Polizisten reinigte, der bei Grenzkontrollen seinerseits eventuell Kontakt zu Infizierten hatte. Bei fehlendem Wissen schießen Spekulationen ins Kraut.

Unter dem Schleier der verbleibenden Ungewissheit verkündet die Politik am 6. Mai 2020 den Anfang vom Ende des *Lockdown*. Alle Geschäfte unabhängig von ihrer Größe, auch Restaurants und Hotels dürfen wieder öffnen, Schulen zumindest teilweise, wenn Sicherheitsstandards eingehalten werden. Fachleute sind skeptisch. Politik, Wirtschaft und Öffentlichkeit scheinen vergessen zu haben, oder nicht hinreichend in Rechnung zu stellen, dass das Virus eine Inkubationszeit von 1-2 Wochen hat, die Infizierten aber bereits von Anfang an andere anstecken können. Sie geben sich der alltagspraktischen Illusion hin, *dass sie sehen was passiert*. Sie sehen es tatsächlich, aber leider zu spät. In der Allgemeinen Relativitätstheorie unterliegt der Blick des Beobachters auf die Welt, deren Teil er ist, gewissen gesetzmäßigen Transformationen, die dem Alltagsverstand widerstreben. So auch hier. Der Blick aufs Infektionsgeschehen gleicht dem Blick aus dem Heckfenster eines fahrenden Autos – aber mit einer Verzögerung von 1-2 Wochen. Je schneller der Wagen fährt, desto katastrophaler wird diese Differenz in ihren Auswirkungen. Was heißen kann, dass man den Abgrund erst dann wahrnimmt, wenn der Wagen nicht mehr bremsen kann, schon die Leitplanke durchbricht oder sich bereits im freien Fall befindet. Die neue Öffnungspolitik setzt darauf, nicht mehr flächendeckend zu schließen, sondern „Hotspots" lokal durch Identifikation und Isolation zu bekämpfen, um riesige Kollateralschäden für die Wirtschaft und zu starke Freiheitsbeschränkungen für die Bevölkerung zu vermeiden. Die Richtzahl, ab der die „Corona-Ampel" in einem Landkreis auf „Rot" springt, liegt bei kumulativ mehr als 50 Neuinfizierten pro 100.000 Einwohner innerhalb der letzten sieben Tage. Der niedersächsische Ministerpräsident *Weil* hat das etwas anders verstanden und meint, die Grenze sei bei durchschnittlich 50 Neuinfizierten pro 100.000 Einwohner jeden Tag über eine Woche (ARD-Extra. Die Corona-Lage, 11.05.2020, 20.15 Uhr). Irgendjemand hat hier Aufklärungsbedarf, manchmal sogar der Chef. Die Gesundheitsämter sind entsetzt, weil sie die Infektionsketten bei dieser Zahl kapazitätsmäßig nicht mehr für verfolgbar halten. Es gibt weitere Kommunikationsprobleme zwischen den obersten politischen Instanzen und den nachgelagerten ausführenden Stellen. Die Oberbürgermeisterin der Stadt Flensburg, *Sabine Lange*, berichtet in der ZDF-Sendung von *Markus Lanz* am 13./14./05.2020, dass die untergeordneten

Behörden – Schulen, Bürgermeisterämter, etc. – die Entscheidungen ihrer Ministerpräsidenten über weitere Lockerungs- und Öffnungsaktionen regelmäßig aus dem Fernsehen erfahren – oft mit so geringen Vorlaufszeiten, dass die notwendigen Vorbereitungen zur Sicherheit der Abläufe nicht mehr möglich sind. Falls dies stimmt, wäre es fahrlässig und dilettantisch. Epidemiologen halten eine zweite Infektionswelle für nahezu unvermeidbar, solange keine Nachverfolgungs-App, kein wirksames Medikament und kein Impfstoff zur Verfügung stehen. Vor allem dann, wenn diejenigen von ihnen Recht haben, die glauben, dass die Dunkelziffer an unerkannt Infizierten, die gleichzeitig Überträger des Virus sind, über 80% beträgt. Verspielt Deutschland seinen Anfangserfolg? Die Politiker sind eine hochriskante Wette mit dem Schicksal eingegangen. Es liegt auch am Verhalten der Bürger, wie hoch die Endrechnung ausfällt. Wenn der Staatsbürger in Feierlaune verfällt – „Juhuh, wir sind wieder frei!" – ist der Katzenjammer sicher. Erste Anzeichen dafür gibt es bereits, z.b. Massendemonstrationen zur „Befreiung" der unterdrückten deutschen Bevölkerung in vielen größeren Städten ohne Beachtung von Infektionsprophylaxe. Verschwörungstheorien aller Art – eine verwegener als die andere – machen sich in den sozialen Netzen breit und bestärken diejenigen, die „Corona" für eine PR-Kampagne finsterer „Akteure" halten – wobei „Akteur" eine *Dummy*-Variable bezeichnet, die je nach ideologischer Ausrichtung beliebig ausgefüllt werden kann.

Dieter Stober: Politik und Wissenschaft sind nichts für Unwissende. Ein farbenfrohes kleines Virus bringt die *heile* Welt der Menschen fast zum Einsturz. Und wir lernen wieder einmal: Alles ist mit allem - *irgendwie* - verbunden. Und auch, dass jede Entscheidung Auswirkungen auf nahezu alle anderen Bereiche, auf gesellschaftliche Prozesse und sogar auf das tägliche Miteinander der Menschen hat. Wirklich klar, sind aber nur zwei Dinge: Erstens: Das Virus muss *sehr gefährlich* sein, sonst würden die Politiker den *Lockdown* des Lebens nicht beschließen, und zweitens, der „*kleine Mann*" ist *nicht* systemrelevant, soll sich aber die Hände ordentlich waschen, und Abstand halten. Keine Anweisungen gibt es für die korrekte Gesichtswaschung.

Traf der *unfaire* Angriff des Virus die Politik ohne Vorwarnung? Nicht ganz: Das RKI hat einen ausführlichen Pandemieplan für den Bund. Auch die Bundesländer haben Pandemiepläne vorbereitet, in denen das Vorgehen detailliert beschrieben wird (vgl. Pandemieplan des Landes Hessen). Es gab Pandemiepläne auf allen Ebenen – größere Städte (etwa Frankfurt), Land, Bund, WHO. Alle Abgeordneten des Bundestags hatten grundsätzlich eine „Unterrichtung durch die Bundesregierung" in Form eines „Berichts zur Risikoanalyse im Bevölkerungsschutz 2012" (Drucksache 17/12051 vom 03.01.2013) zur Verfügung, in deren Anhang 4 auf knapp 30 Seiten eine Pandemie durch Virus „Modi-SARS" (genannt Sars-CoV!) detailliert mit ihren Konsequenzen beschrieben wird. Hat man diese „Risikoanalyse" als geheime Verschlusssache behandelt? Oder lesen die Minister und Abgeordneten solche Papiere nicht? Gibt es keine Mitarbeiter, die die politisch Verantwortlichen mit der Nase darauf stoßen? Für die meisten Länder gab es natürlich die Vorwarnung durch die Bilder aus China sowie durch die Vorgängerepidemien Sars1, Vogelgrippe, Schweinegrippe und Mers. Aber die Pläne müssen natürlich erst einmal an die Art der *neuen* Pandemie angepasst werden. Wer tut das? Und wie wird das der Öffentlichkeit gegenüber kommuniziert? Es geschah zumindest nicht in einer so überzeugenden Art, dass keine Verunsicherung und sogar Panik aufkommen konnte. Ganz im Gegenteil: Man konnte sich kaum des Eindrucks erwehren, dass die Politik, zu Beginn der Krise, noch mehr als sonst, ruderte, und nicht im Ansatz wusste, welche Maßnahmen der Krise angemessen wären. Kein Zufall ist es deshalb, dass es eine *einheitliche* Bewertung der „*Gefährlichkeit*" des „Problems" in den ersten Wochen *nicht* gab. Solange aber keine eindeutigen Daten vorliegen, die in einvernehmliche Regeln und Empfehlungen, vielleicht sogar Verbote, münden könnten, konnten nur Vor-Annahmen, Wahrscheinlichkeiten, und (logische) Schlüsse den Bürgern angeboten werden. Allesamt natürlich unter der Überschrift: Wissenschaftler und Experten haben empfohlen. Die Politiker aber, mussten sich allesamt zunächst schlaumachen, und den „Experten" vertrauen.

Politisches Handeln befindet sich in einem Regelkreis aus Hören, Verstehen, Sortieren und immer wieder neu positionieren. Geschieht das aber unter dem Deckmantel universeller

Deutungshoheit, sind das schlechte Voraussetzungen, das Vertrauen bei der Bevölkerung zu stärken. Die sich ausbreitende Pandemie wird zu Beginn behandelt wie ein lokaler Hausbrand, und die lokalen Löschtrupps haben unterschiedliches Gerät und konkurrierende Brandmeister. Überdies hapert es mit der Verfügbarkeit von Schutzmaterialien – trotz aller Pläne - wie der Gesundheitsminister zerknirscht einräumen musste.

Was neu ist: D*ie Politik* trifft an der Entstehung des Virus eigentlich *keine* Schuld, wenn man nicht gerade ein Anhänger von schrägen Ideen („Verschwörung") ist. In den Fokus rückt umso mehr, wie die Politik – handwerklich - mit der neuen Herausforderung umgeht. Das *„Krisenmanagement"* der Politiker unterscheidet sich aber leider wieder nicht vom gewohnten *„Bastelmodus"* in den vorhergehenden und noch aktuellen Krisen: *Finanzkrise 2008, Migrationskrise 2015, Krise des Sozialstaats und die Klimakrise 2017.* So ist die Corona-*Krise* wieder nur ein neues Beispiel für das gleiche Schauspiel und den generellen Zielkonflikt, in der sich Politik immer wieder befindet. Nichts anderes war zu erwarten. Politiker stehen fast immer unter einem direkten Deutungs- und Handlungszwang, und müssen Entscheidungen auch bei ungenauen Vorbedingungen, selbst bei einem hohen Maß an unsicheren Daten, und leider oft im Bewusstsein der eigenen Unwissenheit treffen. Politische Entscheidungen sollten aber auf Basis von *validen* Daten getroffen werden, sonst wird das Handeln zufällig, experimentell oder sogar vom jeweiligen Glauben abhängig. Die entsprechenden Agenten der *„Wahrheit"*, die Wissenschaftler, geben normalerweise *die notwendigen Daten* für politisches Sagen vor, und sprechen, darauf aufbauend, *Empfehlungen* aus, die die Politik in sinnvolle und zweckmäßige *Entscheidungen* umsetzen könnte. Aber manchmal sind sich auch die *„Experten"* nicht ganz einig, und demonstrieren, was für *„die Wissenschaften"* eigentlich der Normalfall ist: Es gibt *keine* statische und *keine* endgültige Wahrheit. Auf wen sollten sich die Politiker dann aber verlassen?

Politiker sind in einer klassischen Zwickmühle. Sie brauchen Sicherheit und Verlässlichkeit, sonst ist politisches Sagen bloßes Geraffel und politisches Handeln ein risikobehafteter *Blindflug mit falscher Ansage.* Das sind die Dilemmata, in der sich jede Politik (fast immer) befindet, auch, weil bei jeder neuen Krise, die Protagonisten und die politischen Helden immer die Gleichen sein wollen, und auch sind. Während die verantwortlichen Politiker also vorgeben, angeblich *planvoll und wissend auf Sicht fahren wollen*, nimmt das Virus keine Rücksicht auf Wissenslücken, persönliche Befindlichkeiten oder individuelle Karrierepläne.

Ich twittere, also bin ich. Auch Politiker befinden sich oft im sogenannten *„FOMO"-Modus*. FOMO ist die Bezeichnung des Phänomens *Fear Of Missing Out,* also die Furcht davor, ein bedeutungsloses *NICHTS* zu sein. Deshalb *muss* gepostet und getwittert werden. Minister *Spahn* versteht sich selbst als ein *bedeutsamer* ministerialer *„Influenzer"*. Er sagt viel, und oft auch viel Widersprüchliches. Tun ihm MP *Söder* und MP *Laschet* das nach? Zumindest *Söder* betet, sagt er von sich selbst! Influenzer stehen in einer jahrhundertealten Tradition. Wer zur Hochzeit der kirchlichen Repression nicht auf die machtvollen Influenzer hörte, konnte schnell Bekanntschaft mit dem Schwert und dem Feuer machen. Das ist lange her. Aber politische Influenzer der Jetztzeit sind von ihrer eigenen Macht nicht minder überzeugt. Da Feuer und Schwert als Techniken der Überzeugung vom rechten Glauben geächtet sind, drohen sie den Kritikern schnell mit der Brandmarkung als „Abweichler", oder gar als „Verschwörer". Wer aber den *rechten* Glauben hat, der soll vorsagen und (später) herrschen! Vorsagen und Vorpreschen sind – auch ohne sich einer validen Datenbasis zu versichern - leider auch die Techniken des politischen *Krisenmanagements* von politischen Influenzern. Sie ersetzen aber keineswegs das Sagen und Handeln auf Basis *korrekter und widerspruchsfreier* Daten und erzeugen – das ist der innere Widerspruch – gerade die Verunsicherung, die Panik, und einen möglichen Vertrauensverlust beim Bürger, den es zu vermeiden gilt.

Wer aber keine gültigen Daten hat, und „wissenschaftliches Arbeiten" – auch welchen Gründen auch immer - nicht genau verstehen kann, sollte wieder lernen, sich zurückzunehmen. Oder er kann Gott um Beistand anflehen, wie es MP *Söder* tut. Am besten ist wohl, man tut alles zugleich! Je mehr Unsicherheit den aufrichtigen, öffentlichen Diskurs mit dem Bürger beschädigt, desto mehr gilt es, aus Sicht der Politik, an den Zusammenhalt der Menschen zu appellieren. Mit der „Einhegung" wirrer Gedanken und der Verbreitung positiver Botschaften, haben

Politiker und Medien umgehend begonnen, weil sie darin Erfahrung haben. Einvernehmlich stehen sie zusammen gegen „Falschmeinungen", und bekämpfen die „Theoretiker" der *falschen* Botschaften, selbst aus den Kreisen der „Wissenschaften", obwohl sie sich selbst über den Wahrheitsgrad der eigenen Aussagen, nach wie vor, nicht einig sind. Wissenschaft ist eben nichts für Unwissende, und lebt insbesondere von der offenen und kritischen Auseinandersetzung aller. Umso mehr ist jetzt die Stunde der Methodenkritik und der „Experten", die Öffentlichkeit mit einer faktenbasierenden Guideline anzuleiten, damit wir uns – emotional - nicht durch widersprüchliche Botschaften anstecken, und so immer weiter den Durchblick verlieren. Wenn ein *roter Faden* nicht sichtbar ist, machen die Leute nie lange mit.

Das mitunter orientierungslos und re-aktiv erscheinende *„politische Krisenmanagement"*, gilt *nicht* nur für das Corona-Virus-Problem, sondern für alle „Gesellschaftskrisen", die mitunter erst durch das Herumdoktern in der Gesellschaft und bei den Menschen angekommen sind. Die *aktuelle* „Krise" scheint (wieder einmal) das Ergebnis der Summe aus Unwissenheit, hektischem Aktivismus und einem beispiellosen Unvorbereitetsein zu sein, die auf die immer gleiche selbstgefällige *„Behandlung"* durch die Politik trifft. Das ist wieder das klassische Modell *„Business as usual"*. Noch ist soweit also alles wie bisher. Eigentlich hätte sich die Politik, nach einer ausreichenden Zeit profunder Analysen und der technisch-operativen Vorbereitung, gemäß ihrem Auftrag, daran machen, *die Bürger* - methodisch und nachhaltig - zu *schützen*. Obwohl seit vielen Jahren Pandemiepläne vorliegen, gab es keinen Plan. Niemand hatte sich offenbar dafür verantwortlich gefühlt, die nötige Hardware (Schutzausrüstung etc.) zu besorgen und sie einzulagern. Und nachdem die Hardware mit Verzögerung nachgekauft werden konnte (Masken, Desinfektionsmittel, etc.), hatte der Bürger von den *Schutzmaßnahmen* der Behörden (z. B. Kontakt- und Ausgangssperren) die Schnauze aber bereits voll, und verlangt nach der Wiedererlangung *seiner* Freiheit. Jedes - von „oben" - vorgeschriebene Miteinander und Mitmachen hat seine eigenen Komfortgrenzen.

Was lehrt uns das Virus? Der Glaube an die Macht der *Selbstheilungskraft* des *„Wir"* bleibt wieder einmal - aus Notwendigkeit und der Ermangelung konkreter eigener Vorbereitung – für die

Politik auch weiterhin das Mastertool jeder Krisenbewältigung. Das *Prinzip Hoffnung* hatte sich auch in der Vergangenheit mehrfach bewährt. Es gilt daher umso mehr wieder die Botschaft: *„Wir schaffen das."* Auch, weil *„Wir alle, alles letztendlich wieder selbst bezahlen müssen".* Das Geld dazu, leihen der Politik, wie immer, die internationalen Geldgeber. Das Land ist aber nicht in einer wirtschaftlich annähernd vergleichbaren katastrophalen Situation wie 1929, weil die Sparvermögen der Menschen heute um ein Vielfaches höher sind. Das Schuldenmachen ist daher nicht das Problem, allenfalls die Größenordnung, die niemand konkret beziffern kann. Dafür ist die Lösung sehr einfach: Das gigantische Schuldengeld wird später, wie immer, schleichend und durch die Hintertür des Hauses der Steuern vereinnahmt. Selbst und gerade die sogenannten Systemirrevelanten, werden es wieder mitbezahlen, auch wenn die Kanzlerin das *jetzt* noch ausschließt.

In der Zwischenzeit zerstören die *„Maßnahmen"* der Politik die Wirtschaft, das Ersparte der Menschen, schüren die Furcht vor der Beschädigung die Bürgerrechte, und verstärken den Vertrauensverlust der Bürger in die Lösungskompetenz ihrer Politiker. Was sich am Ende des Corona-Angriffs aber als *wahr* und was sich als *falsch* herausstellt, wird erst die Zukunft zeigen. Sicher steht aber bereits jetzt schon fest: *Natürlich! Auch das werden wir schaffen.* Wir werden die Opfer beklagen, die Helfer und das Gute im Menschen beklatschen. Wir werden wieder von großen Ideen hören, wie *man*, das nächste Mal, mit so einer *Herausforderung* besser umgehen wird. Und wer das nicht glauben kann, wird Herrn *Schäuble* zustimmen, dass zum Leben auch der Tod gehört. *Seehofer* würde sicherlich sagen, dass *er* oder *wir* wieder einmal *verstanden hätte(n).*

Die Bedrohung der Zivilisation kommt *nicht* von außen. Sie kommt von innen: von den Routinen und Narrativen von Politikern, die offenbar mitunter selbst *nicht wissen*, was Sache ist, dafür hektisches *Basteln* schnell wieder mit vermeintlich richtigen Strategien des Überlebens und der Zukunftsgestaltung verwechseln. Sie wird verstärkt von den Menschen selbst, die den Politikern offenbar vertrauen, die Zusammenhänge aber auch nicht verstehen, und deshalb – in erwarteter Weise - schnell sauer werden, wenn Erklärungen und Lösungen der Politik nicht greifen, sie dafür aber in ihrer eigenen Alltagsruhe und Routinen massiv gestört werden. In der Krise ist das Primat des eigenen Überlebens höherwertiger als das soziale „Miteinander". Dass wir mit Klatschen den wichtigen – angeblich systemrelevanten - Menschen unseren Tribut zollen, ist das hörbare Eingeständnis, bisher falsche Prioritäten gesetzt zu haben. Wer bislang glaubte, dass sich die Menschen vor der Übernahme der westlichen Kultur durch radikal-islamistische Glaubenskrieger, einer im Verborgenen agierenden bösartige Finanzelite, oder dem unausweichlichen Ansteigen der Meeresspiegel fürchten sollte, liegt offenbar falsch. Ein winzig kleiner, kugelrunder und bunter Schmetterling der Natur bringt nicht nur die Systeme – weltweit – umgehend ins Wanken, sondern verdeutlicht auch, was wirklich *nicht* funktioniert. Es funktioniert nicht, die Menschen länger als zwei Monate „einzusperren", auch wenn allen irgendwie längst klar ist, dass - irgendwie – alles miteinander zusammenhängt. Was aber funktioniert, ist das wechselseitige Anleiten und Pädagogisieren, wie man sich zu verhalten habe. Der sichtbar gelebte Gehorsam gegenüber den Maßnahmen der „Obrigkeit", erinnert leider auch an die „Befähigung" der Deutschen, sich kollektiv solange mit dem „Schicksal" zu arrangieren, bis die Befreiung *von außen* kommt. Die Klimademonstranten sehen sich bestätigt und im Aufwind, können aber die Gunst der Stunde nicht nutzen, weil auch sie ausreichend *sozialen* Abstand voneinander halten müssen.

Economy first! Basta! Deutschland wartet wieder auf einen „*Pofalla*", der die *Krise* für beendet erklärt. Anfang Mai 2020 haben einige Landespolitiker – zwar nicht ganz geeint, und auch aus unterschiedlicher Motivation - die Deutungshoheit fast wieder zurückgewonnen. Zeitlich passend zum Gedenken an den 08. Mai 1945 werden die Bürger von den Beschränkungen des Lockdown „*befreit*", und Entscheidungen getroffen, die die Bevölkerung „*kontrolliert*" aus dem *Lockdown* in die „*Normalität*" des Alltags wieder zurückführen sollen. Die neuen „*Feldversuche*" bedrängen die Zauderer und „Übervorsichtigen". Die Kanzlerin muss zurückstecken und verkauft ihre Niederlage als Zugeständnis an den deutschen Föderalismus. Von den neuen, alten „*Machern*", werden jetzt die angeblich *richtigen* Zahlen und *passenden* „Kausalitäten" entdeckt, die die jeweiligen politischen Entscheidungen rechtfertigen sollen. Die vage Datenlage hat sich aber nicht geändert, und Virologen rechnen mit einer starken Zunahme von Neuinfizierten.

Natürlich wird „*man*" deshalb weiterhin achtsam und vorbereitet bleiben, neue Grenzwerte erfinden und rote Linien festlegen, die, wenn sie überschritten werden, kündigen die Vorprescher an, sofort wieder Sanktionen auslösen. Denn alle wissen auch: Wir sind noch lange nicht über dem Berg. Wird der „*Alarmzustand*" jetzt zum neuen Gewohnheitsmodus der Gesellschaft? Oder geht es einfach weiter wie bisher? *Merkel* hat deshalb recht, wenn sie sagt: Corona ist eine „*humanitäre Ausnahmesituation*". Corona ist sogar eine sehr reale *Bedrohung* des demokratischen Miteinanders, was sie so deutlich nicht sagen wird. Aber nur darauf zu warten, dass das Virus seinen Siegeszug irgendwann einmal einstellt, ist nicht genug, allemal angesichts der gigantischen Vernichtung von Steuereinnahmen.

Was im Mai 2020 dann geschieht, war zu erwarten, weil wieder einmal *business as usual*. Politiker überbieten sich jetzt im Schnellsein von Lockerungen. Sie verwechseln wieder einmal Zeit mit Qualität und verleiten ihre Bürger zu Leichtsinn und Risikoverhalten, was diese dankbar annehmen. Nach wenigen Tagen ist fast alles wieder wie vor dem *Lockdown* – gefühlt nur einige Umdrehungen zwanghafter. Die Menschen lassen den aufgestauten Frust ab, scheinen das angeblich Verlorene wieder gewinnen wollen, und auch Minister *Scheuer* drängt sich wieder ins Rampenlicht. In der Hoffnung, dass das Mautdebakel vergessen ist, will er Gutes tun, und verkündet, dass er einige der neuen Regelungen im Verkehrsrecht zurücknehmen wolle.

Ein Gutes haben die Lockerungen, die die Politik fast täglich und für nahezu alle Bereichen des öffentlichen Lebens beschließt, aber doch: Die Schüler lernen wieder, für eine überschaubare Zeit, was diszipliniertes Verhalten praktisch bedeutet. Die Lehrer werden sich dafür bedanken. Die Bürger aber, so viel wissen wir aus der Geschichte, werden sich, viel schneller als die Politik, von den Zwängen selbst befreien, und nicht nur den Verzicht von Masken fordern. Adam und Eva sind wieder im Paradies, dürfen wieder ihre Grillfeste in den Parks feiern, den Müll liegen lassen, sich dabei wieder näher kommen, die Autos bei jeder Gelegenheit wieder laufenlassen. Sie dürfen auch wieder herrlich egoistisch sein, die angeblich Systemrelevanten wieder so behandeln, wie es üblich war. Sie werden wieder mit den schicken SUVs viel zu schnell und zu dicht in der Stadt auf ihre Mitbürger auffahren, und dürfen endlich wieder das deutsche Grundrecht auf das Rasen praktizieren. Und die Friseure des Landes haben auch eine *kreative* Lösung gefunden, die historischen Verluste wieder wettzumachen. Angeblich soll es jetzt *vorgeschrieben* sein, die Haare vor dem Schnitt waschen *zu müssen*. Auf Nachfrage kommt die nicht ganz unerwartete Antwort: *„Die da oben haben vorgeschrieben, und die IHK…"* Haben uns die Wissenschaftler für diesen Paradigmenwechsel wirklich alle Daten präsentiert? Kann sich das Virus in den Haaren festsetzen, und man kann es doch ganz einfach herauswaschen? Wurden möglicherweise auch andere, wichtige Daten aus Gründen der Wahrung der „Volksruhe" nicht genannt? Kommt nach der Viruskrise, jetzt die Krise des Geldes, der Humanität und der Wissenschaften?

Germany first gilt vielen unserer Nachbarn als „Erfolgsmodell". Dennoch besteht kein Anlass zu viel Optimismus, und die Sache ist noch lange nicht vorbei. Die Rückgewinnung von Lebensqualität und Zuversicht ist die *wahre* Herausforderung der Politiker in dem Land, in dem *wir* - bislang – angeblich so *gut leben* (preiswert?) konnten. Und es ist nicht überraschend, oder gar widersprüchlich, dass in den Umfragen eine große Zahl der „Befragten" angibt, mit den Maßnahmen des Krisenmanagements der Regierung sogar *„zufrieden"* zu sein. In Krisen rücken die Menschen bekanntlich zunächst einmal zusammen, um gegen den – wirklichen oder imaginären – Feind gemeinsam zu bestehen. Die Informationspolitik und das Krisenmanagement der Regierung scheinen jedenfalls wieder einmal aufzugehen. Aber Achtung und zur Erinnerung: In der Krise wählte – zumindest bislang - der *kleine Mann* immer vermeintlich *sicher* – sehr konservativ!

Gilt also: Je größer die Krise, desto größer und schwerwiegender ist die *Krise der Kompetenz*? Es wird nicht bei dieser Krise bleiben. Aber werden die Politiker auf die *neue* Bedrohung dann endlich ausreichend vorbereitet sein? Werden sie ehrlich bekennen, ob sie verstehen oder nicht? Oder ist das *„Fahren auf Sicht"* das neue Primat der Politik? Sicher ist nur, die Kosten jeder „Rettung" des Systems bezahlen wir alle, auch die Systemirrelevanten. In der Finanzkrise 2008 mussten die Kleinanleger und die

Steuerzahler die Zeche für die Glücksspieler bezahlen. Der Staat kann nur garantieren, was ihm die Bürger leihen. Und die Refinanzierung der Massenmigration ist noch lange nicht in trockenen Tüchern, und mal ganz angesehen von den zukünftigen Kosten in Milliarden für die neue Klimapolitik. Gleichzeitig verlieren weltweit Millionen ihren Job, noch mehr sind in Kurzarbeit. Zu Tausenden gehen Unternehmen in die Insolvenz, und selbst die Größten ihrer Branche müssen mit Steuermitteln gestützt werden. Zugleich ist mit gewaltigen Steuermindereinnahmen zu rechnen, die sich direkt auf die Sozialhaushalte auswirken, und die Wirtschaftsleistung des Landes wird sehr lange brauchen, um wieder alte Hochstände zu erreichen. Das sind sehr schlechte Bedingungen für ein demokratisches Gemeinwesen. Dass Minister *Scholz* dazu aufruft, die Mahner nur *ausbuhen* lassen möchte, die jetzt Zweifel an der Umsetzung der neuen Grundrente (Kostenpunkt *nur* 1,4 Milliarden), anbringen, ist ein Fortschritt im politischen Diskurs. Zumindest erkennt der keine „Verschwörer" in ihnen.

Wer die Krisen des Landes aber „*heilen*" kann, soll in naher Zukunft neuer Kanzler werden, oder Alleinherrscher. Denn, wie die Krise gerade eindrücklich demonstriert, so viele Parlamentarier sind gar nicht notwendig, um das Land „gut" zu regieren. Reichte in Coronazeiten nicht auch ein „Geisterparlament"? Aber halt! Das „Geisterparlament" ist doch ein „alter Hut", sonst hätte die Parlamentsvizepräsidentin *Claudia Roth* den Antrag der *AfD* auf Anwesenheitsfeststellung („Hammelsprung") sicher zugelassen. Leider lassen sich „Geisterparlamentarier" schlecht zählen.

Der *Neue* kann sich sofort um die Lösung der *alten* Krisen kümmern: Klima, Migration, Gerechtigkeit, Arm und Reich, u. a. m. Die Problemlösungen können, nach dieser Milliardenorgie, am Nichtvorhandensein von Geld nicht mehr scheitern. „Geistermilliarden" (Giralgeld) können in unendlicher Menge produziert werden. Dumm nur, wenn sie – wie der von Windrädern produzierte „Geisterstrom" (FAZ, 28.05.2020, Nr. 123, S. 16) – zwar nicht real vorhanden, aber dennoch am Ende bezahlt werden müssen. Und es werden nicht Milliarden, sondern Billionen sein.

3.3 The Final Countdown[195]

Die Manöver und Verhaltensmuster der Nesthocker sind durchschaubar. Sei es das durchsichtige *Brexit*-Manöver englischer Machtpolitiker, das Beharrungsvermögen korrupter brasilianischer Politiker, oder die bekannte „*Ohne-uns-geht-es-nicht*"-Einstellung einiger deutscher Spitzenpolitiker. Vielleicht um vom Offensichtlichen abzulenken, z. B. der Unkenntnis in der Sache, oder pure Lust auf Macht, pflegen die *Nesthocker* die immer gleichen Rituale der eigenen Machtsicherung. Sie lenken, rhetorisch hochtrabend, von sich selbst ab und deuten auf andere oder die Umstände. Eine besondere Bedeutung fällt dabei den Wissenschaften und solchen Forschungsergebnissen zu, die die Meinung und den Kurs des jeweiligen Politikers stützen sollen. Dabei geht es nicht um Wahrheit, auch nicht um Sympathie, sondern um etwas, was man in wissenschaftlichem *framing* als „systemische Interpenetration" bezeichnen könnte. Alltagssprachlich ausgedrückt geht es um einen ökonomischen Austauschprozess: selektive wissenschaftliche Argumentationshilfe *für* die Politik gegen selektive Forschungsförderung *durch* die Politik.

Alle Beteiligten mit ein wenig Fähigkeit zum logischen Denken und zum Beobachten der konstituierenden Kraft von *Laissez-faire*-Routinen konnten in den Jahren vor der Wahl 2017 bereits feststellen, welche gewaltigen Ergebniswellen von unerwarteten Ereignissen ausgelöst werden können. Kleine Ursachen erzeugen große Wirkungen. Das ist keine neue Erkenntnis. Die Migrationswelle war eine gewaltige Wirkung eines kleinen *Flügelschlags eines Schmetterlings,* dessen Name „*refugees welcome*" oder „wir schaffen das" war. Das unmittelbar danach einsetzende politische Chaos übertraf selbst die Ereignisse des Finanzkrisenjahres 2008. Man hätte wissen können, was passieren würde, wenn man die Flüchtlinge in den Lagern plötzlich auf Hungerrationen setzt und der dann einsetzenden exponentiellen Wanderungsbewegung mit den üblichen Routineverfahren beikommen will. Denn solche Ereignisse folgen mathematischen Mustern. Und das Muster von 2015 und danach war dem Muster von 2008 und davor sehr ähnlich: Menschen verfolgen ihren Eigennutzen und treiben es

---

[195] Pop Hit der schwedischen Gruppe *The Europe* aus dem Jahr 1986.

dabei manchmal auf die Spitze. Einsetzendes Herdenverhalten führt die Entwicklung dann ins Chaos. Die Beteiligten verstehen oft die Zusammenhänge nicht, weil ihnen wesentliche Informationen fehlen, weil sie ihnen vorsätzlich vorenthalten werden, oder weil sie schlicht nicht über die nötige Bildung und Ausbildung verfügen, die Dinge zu durchschauen. Selbst sehr erfahrene Politiker kennen die Genese von Problemen oft nur oberflächlich und haben daher nicht sofort die richtige Lösung parat. Beispiel: Ursachen und Gründe der Finanzkrise des Jahres 2008 ff. Wenn selbst Minister *Schäuble* sagt, wir haben das alles nicht ganz verstanden, was uns die Banken aufgetischt haben, sagt das etwas über den „Finanzprofi" und Rechtsantwalt aus. Nicht nur, dass ihm die notwendige Kompetenz fehlte, sondern dass die Banken aus guten Gründen nicht alle Informationen preisgegeben hatten. Zum Zeitpunkt des Geschehens wäre er schlecht beraten gewesen, zuzugeben, vielleicht hinters Licht geführt worden zu sein. Viel später, nachdem der Rauch verflogen ist und das Vergessen das Chaos sanft zudeckt, werden selbst untaugliche Maßnahmen und erschreckende Manifestationen möglicher Inkompetenz und faktischer Handlungsunfähigkeit wieder als Sieg der Politik verkauft. *Wait and see!*

Eigentlich ist eine angemessene Problembehandlung gar nicht so problematisch, es sei denn, man will es immer hundertprozentig und von Anfang an absolut richtig machen. Stehen wir uns mit übertriebenen Ansprüchen selbst im Weg?

Bei der Analyse sozialer Ereignisketten und des menschlichen Verhaltens reicht es oft schon aus, sich auf die einfache *Heuristik* der *Daumen- oder Bauchregel* zu verlassen. Heuristik ist nichts weiter als eine kognitive Abkürzung auf Basis von Erfahrungswissen, das jedermann zur Verfügung steht. Die Politik der Routine will in der Regel abwarten, bis etwas *wissenschaftlich objektiv bewiesen* ist. Darauf können die Macher im Politikbetrieb aber lange warten, weil es *die* passgenaue Lösung, schon alleine aus meta-theoretischen Gründen, nie geben wird. Die Wirklichkeit ist nicht statisch sondern prozesshaft, Ergebnisse von Wirkungsketten sind oft nicht scharf bestimmbar, weil Prozesse interdependent sind und über mehr oder weniger subtile Interaktionen alles mit allem (mehr oder weniger stark) verbunden ist.[196]

Abwarten ist keine Option, denn wenn die Bifurkationspunkte eines dynamischen Prozesses verpasst wurden, kann die Zeit nicht wieder „auf Anfang" gestellt werden. Mit einer Sammlung der „verpassten Gelegenheiten" und „was wäre gewesen, wenn"-Geschichten könnte man Bibliotheken füllen. Historiker stellen zuweilen solche Fragen für die Zwecke einer hypothetischen „kontrafaktischen Geschichtsschreibung" zusammen. Was wäre gewesen, wenn Georg Elsers Attentat auf Hitler im Münchner Bürgerbräukeller nicht mißgelungen wäre? Wenn Richard Sorge Stalin nicht darüber informiert hätte, dass die Japaner die UdSSR nicht angreifen werden? Wenn einer der Generale in Hitlers Baracke die Aktentasche mit der Bombe nicht von Hitler weggestellt hätte, usw. Das Leben und die Geschichte sind voller verpasster Gelegenheiten, die nicht zurückkommen. In der Politik können daraus katastrophale Konseqenzen folgen.

Wenn schnelles Handels erforderlich ist, bleibt oft die *schnelle Heuristik des Bauchgefühls*[197] die erfolgversprechendste Option. Der

---

[196] *Die* Physik *weiß*, dass alles im Universum mit einander verbunden ist (*Entanglement* = Verschränkung). Einfache Lösungen oder Erklärungen gibt es nicht. Wenn der berühmte *Sack Reis* in China umfällt, mag das in den meisten Fällen für das Weltgeschehen unbedeutend sein. Passiert das aber an einem kritischen Punkt einer Entwicklungskaskade – man nennt dies in der Chaosforschung einen Bifurkationspunkt – dann kann es ungeahnte Folgen haben.

[197] Der Psychologe und bildungsforscher *Gerd Gigerenzer* plädiert bei Entscheidungen mehr dem *Bauch* zu vertrauen. G. war am Max-Planck-Institut für Bildungsforschung in Berlin bis 2017 Direktor der Abteilung *Adaptives Verhalten und Kognition* und seit 2009 Direktor des *Harding*-Zentrums für *Risikokompetenz*. Er ist bekannt für seine Kritik an den klassischen Entscheidungsmodellen auf Basis der *Rationalität*. Seine These lautet: *Der Bauch ist Teil der schnellen Heuristik*. Er ist überzeugt, dass selbst komplexe Probleme mit dem Mittel der *Take-The-Best-Strategie* (i. e. Daumen- oder Bauchregel) gelöst werden können, wenn der Fokus (Blickwinkel) zum Objekt konstant gehalten wird. *Ders, Bauchentscheidungen. Die Intelligenz des Unbewussten und die Macht der Intuition.* München 2007; *Ders, Thomas K. Bauer und Walter Krämer: Warum dick nicht doof macht*

gesunde Menschenverstand zählt nach Descartes zur „bestverteilten Sache der Welt". Schließlich ist dieses Instrument in Jahrmillionen der biologischen Evolution geformt und optimiert worden. Auch die Logik ist Teil ihres Repertoires. Allerdings stehen wir heute in der Technologie, der Ökonomie, der Ökologie oft vor Problemen, die in der kognitiven Evolution keine große Rolle spielten und für die es deshalb keine „festverdrahteten" oder intuitiv einsichtigen Lösungen gibt. In einer Welt, in der das Handeln der Menschen allenthalben an Grenzen stößt, werden die komplexen rückgekoppelten Systeme sichtbar, die wir vorher ignorieren konnten. Um die neuen daraus folgenden Probleme zu behandeln, ist vernetztes Denken in eben solchen Systemen erforderlich. Darauf beruhende Theorien und Modelle können, wenn sie gut sind, die Defizite von Bauchgefühl und Intuition abdecken.

Aber nicht alle Theorien und Modelle sind gut. Regierungen legitimieren und steuern mit ökonomischen Theorien wirtschafts-, finanz- und sozialpolitisch Maßnahmen - angeblich *wissenschaftlich fundiert.* Das geht theoretisch in beide Richtungen. *Falsch* steuern heißt, dass nur wenige einen Nutzen davon haben (*greedy greedy = die unglaublich Reichen*), und *richtig,* dass viele (*needy needy = die unglaublich Armen*) Vorteile daraus ziehen können. Wenn es schiefläuft, lassen sich falsche Entscheidungen der Politik mit unvollständigen oder fehlerhaften Modell*prämissen* erklären. Die Cleveren werden die eigenen Irrtümer oder falschen Entscheidungen mit der vermeintlichen Komplexität *nach*-legitimieren.

Forschung arbeitet immer auf der Basis unvollständiger Voraussetzungen und Kenntnisse und ihre Protagonisten hoffen darauf, dass sie richtig, oder zumindest nicht ganz falsch, liegen. Das muss man wissen, wenn man mit den Ergebnissen wirbt oder mit ihnen politische Entscheidungen nachlegitimiert. Die Anwendung der Ergebnisse von Sozialwissenschaftlern kostet den Staat viel Steuergeld, das aber gut investiert ist, wenn sie konkrete soziale Verwerfungen aufdeckt. Das kann für die Politik unangenehm sein, wenn dabei die Ursachen und vielleicht sogar

---

und Genmais nicht tötet. Über Risiken und Nebenwirkungen der Unstatistik. Campus Verlag, Frankfurt am Main/ New York City 2014.

die Verursacher von gesellschaftlichen Schieflagen zum Vorschein kommen. Wer dagegen die Sache von Anfang richtig anpackt, kann viel Steuergeld sparen und Frustration auf Seiten der Bürger vermeiden.

Die gesellschaftlichen Probleme, denen sich dynamische Gesellschaften überall auf der Welt gegenübersehen, sind kurzfristig aber nicht mit Versprechungen oder mutlosen Schritten zu kitten. Wer notwendige Lösungen immer wieder in die Zukunft verschiebt und das aktive politische *Handeln* von Umfragen und Forschungsergebnisse abhängig macht, will nicht wirklich Veränderungen anstoßen, allenfalls solche, die den eigenen Nutzen mehren, das eigene Risiko einer Fehleinschätzung minimieren oder vom abzusehenden Desaster ablenken. Das ist nicht im Interesse einer offenen Gesellschaft, die für die Menschen alle Chancen auf eine gute Zukunft fordern und fördern muss. Das ist nicht ohne Risiko und keine Studie oder Umfrage sichert das persönliche Risiko des potenziellen Scheiterns der Macher ab. Wer aber Politik als „*Beruf*" wählt, muss den Mut haben, darin zu scheitern. Politiker müssen das akzeptieren lernen und (wieder) den Mut haben, sich zu falschen Entscheidungen zu bekennen und diese ggf. zurückzunehmen.[198] Der Erfolg des Politikers sollte in der Kontinuität des Handelns liegen, nicht in der cleveren Abwehr von Risiken. Die Sache ist nicht ganz einfach, weil Erfolg immer die Summe aus *Wissen, Kompetenz und der Fähigkeit zum Durchhalten* ist. Nicht jedermann ist für diesen Job geeignet. Als normatives Berufsbild verstanden, würde dies das Bild des Politikers in der Öffentlichkeit positiv beeinflussen.

Durchhalten ist für die Mehrzahl der Politiker keine Universaldisziplin, weshalb politisches Handeln oft als kurzatmig erscheint. Dagegen verkünden Politiker den Bürgern gerne schöne Pläne und präsentieren sich als „Macher". Das liegt in der Natur des

---

[198] Ein schönes aktuelles Beispiel dafür ist die Entscheidung der niederländischen Behörden, einige Deiche zurückzubauen. Wenn in Zukunft der Meeresspiegel steigt, was Studien voraussagen, dann bewirken Dämme das Gegenteil von Schutz. Deshalb werden einige von ihnen zugunsten von Ablaufflächen wieder eingeebnet. Es handelt sich dabei um eine Anpassung der Deich- und Wehrtechnik an steigende Meeresspiegel. Etwa 40% des Landes liegen bereits heute unterhalb des Meeresspiegels.

jeweiligen Selbstverständnisses begründet. Solide Lösungen brauchen erfahrungsgemäß einen zeitlich längeren Vorlauf als eine Pressekonferenz dauert. Sie sind auch nicht an den Zyklus von Wahlen oder Legislaturperioden gebunden und halten sich nicht an den Status oder das jeweilige Selbstbild der Problemlöser. Einfachste Erklärungen, Modelle und schnelle Lösungen mögen aus Sicht des Politikers attraktiv sein, sie dienen aber nur dazu, die Bürger einzulullen. Sichtbare Widersprüche werden als unerwartet oder systemimmanent verklärt. Ein aktuelles Beispiel: Warum einigt sich die Politik nicht umgehend auf eine allgemeine Vermögenssteuer, da die Modellrechnung offenbar den Nutzen der Besteuerung der Vermögenden – im Sinne der Erhöhung der Steuereinnahmen – zu belegen scheint? Gibt es grundlegende Bedenken oder gar Gefahren für die Gemeinschaft, die die Befürworter nicht erkennen? Eines der Probleme ist, dass man die großen Vermögen damit allenfalls am Rande trifft. Wirklich Reiche sind global orientiert und können Ihr Vermögen besser verbergen oder hin und her schieben als Kleinvermögende, die ortsfest sind und deshalb vermutlich neben den mittleren Vermögen das bevorzugte Opfer der Vermögenssteuer sein werden. Bei den mittleren Vermögen gibt es das Problem der Abgrenzung von den Betriebsvermögen, die zu schmälern volkswirtschaftlich schädlich wäre, weil gerade in Deutschland der Mittelstand eine starke Stütze der Wirtschaft ist. Und natürlich gibt es gravierende Bewertungsprobleme – Immobilien, Kunstobjekte, Sammlungen jeder Art, Liebhaberstücke, schwer erfassbare Sachwerte, Bargeld, stark schwankende Marktpreise, Vermögen in Cyberwährungen – die Gerechtigkeitsprobleme von der Art aufwerfen, die 1995 das Bundesverfassungsgericht dazu veranlassten, die Regelungen zur Vermögenssteuer außer Kraft zu setzen. Kleinvermögen sind zudem oft aus bereits versteuerten Einnahmen gebildet und würde in Nullzins-Zeiten durch eine weitere Substanzsteuer dahinschmelzen wie Schnee in der Märzsonne.

Warum schiebt die Politik gerade die schwierigen Probleme (Rentenproblematik/Altersarmut, Demografie, Migrationsdruck, Energiesicherheit/Speicherproblematik, EU-Strukturkrise, etc.) vor sich her? Warum bekommen sie keine Panikattacken, auch wenn die Dinge sichtbar und in Zahlen belegbar dramatisch aus dem Ruder laufen? Ist dies die „Gnade der Unwissenheit"? Oder liegt es darin begründet, dass der Wahrnehmungshorizont des

Normalpolitikers die nächste oder übernächste Wahl selten überschreitet. Man nennt das „Fahren auf Sicht". Katastrophen, die erst in 20 Jahren möglicherweise zu erwarten sind, spielen in der Tagespolitik kaum keine Rolle, zumal dann nicht, wenn sich die näheren Umstände des Problems bis zu diesem Zeitpunkt geändert haben könnten. Eine Ausnahme macht die Klimapolitik, weil hier der Druck der Straße für Bewegung sorgt.

Politiker und Ökonomen, sind am konkreten „Ereignishorizont" des Chaos nicht oft anzutreffen, sondern pflegen ihre Analysen und Einschätzungen aus sicherer Distanz des Elfenbeinturms oder des Parlaments abzugeben. Im Gegensatz zur Gruppe der Sozialexperten aus der Forschung und aus der Zivilgesellschaft (Lehrer, Sozialarbeiter, Pflegepersonal, etc.), die sehr nahe an den gesellschaftlichen Verwerfungen dran sind, erhalten Ökonomen sogar Nobelpreise für ihre sozial-psychologische Allerweltstheorien – formuliert in komplizierten mathematischen Formalismen – zugesprochen. Das ist kein Neid, sondern die Realität des Expertentums. Experte ist nur, wer dazu berufen wird. Eine auserlesene Elite sind die *Wirtschaftsweisen*. Jede Berufung hat eigene, nicht immer nur fachliche, Gründe und Befürworter aus dem eigenen Lager. Politiker möchten sich auf die Expertisen der Experten verlassen und sichern damit ihre Entscheidungen ab. Sie vergessen dabei, oder wissen nicht, dass die Grundlage der Expertenempfehlungen nur in *Modellen* besteht, deren Nützlichkeit und Güte erst im Alltag überprüft werden kann. Die Prognosen der Wirtschaftsweisen werden oft schon Wochen oder wenige Monate nach Veröffentlichung der Wirtschaftsdaten wieder kassiert und durch korrigierte ersetzt.[199] Die Gesellschaftsexperten zeichnen seit Jahren akribisch auf, was sie durch ihre paradigmatische oder politische Brille sehen.

Erfolglose Politik resultiert nicht immer, aber manchmal, aus fehlerhaften ökonomischen Modellen. Mit der viel gerühmten, zugleich zutiefst idealtypischen *Trickle-Down-Theory* der *Neo-Liberalisten (Reagan, Thatcher)* der 1980er, hat man die Erosionen des Arbeitsmarkts und des Sozialsystems in den Industriestaaten auch nicht ansatzweise in den Griff bekommen. Ganz im Gegenteil: Zu glauben, die Superreichen (*the greedy greedy)* würden für den

---

[199] Siehe dazu Ergänzungen im Anhang; ebd. „Anmerkung 199".

allgemeinen Wohlstand sorgen, sofern man sie nicht mit Steuern belästigt, entspringt entweder einfacher Unwissenheit über menschliche Verhaltensprozesse, oder sie ist dem raffinierten Vorsatz geschuldet, von den wirklichen Zusammenhängen über die Umverteilung der „Eigentumswerte" und notwendige Gegenmaßnahmen gezielt abzulenken. Es kann aber auch das Resultat schlichter Dummheit sein. Hinter dem kruden Wirtschaftsmodell steckte eine noch krudere Theorie der Gründe für soziale Ungleichheit. Wer zur wachsenden Gruppe der *needy needy* (neudeutsch = Prekariat) gehört, trägt *selbst* schuld daran. Geschieht diese Zuweisung aus Vorsatz oder Unwissenheit? Zumindest ist sie ein Beleg dafür, wie wenig einige Ökonomen die Komplexität menschlichen Verhaltens wirklich verstehen.

Unter den Ergebnissen verschiedener ökonomischer Modellspielereien leiden der Sozialstaat und auch der Einzelne. Bereits seit mehr als 20 Jahren wird darauf verwiesen, dass der Mittelstand und eigentliche Träger des Bruttosozialprodukts (BSP), auch bereits vermehrt die Kosten von sozialstaatlichen Experimenten tragen muss. Trotzdem werden die Sozialkassen immer leerer. Kommen jetzt eine Arbeitsmarkt- und Absatzkrise oder außerordentliche Aufwendungen auf die Staatskassen zu (z. B. neue Migrationswellen, „Klima-Rettungspolitik", Verschärfung der EU-Schuldenkrise, Bedrohung der äußeren Sicherheit), ist zu erwarten, dass es für ausreichende Finanzmittel zur Weiterfinanzierung des Sozialstaats eng werden kann.

Die Politik beruhigt sich damit, dass die deutschen Bildungsbürger und der heimische Mittelstand zum Einfordern ihrer „Rechte" und zur Sicherung des Erreichten, anders als die „Gelbwesten" in Frankreich, nicht sofort auf die Straße gehen werden. Das könnte sich schlagartig ändern, wenn die Bürgschaften der Bundesregierung eingelöst werden müssten. Werden Finanzmarktexperten befragt, ob 2008 noch einmal passieren könnte, ist die Antwort immer ein spontanes Ja. Nicht wenige sind sogar davon überzeugt, dass ein neuer Crash in sehr naher Zukunft bevorstünde. Schlimmer noch. Da auch die Fallhöhe der *Schuldentürme* gewaltig angestiegen ist, wird es noch viel schlimmer kommen als in 2008.

Die europäischen Regierungen haben trotz aller gegenseitger Bekundungen, sediert durch die EZB-Politik des billigen Geldes, fast nichts getan, um die Verschuldungssituation von Staaten,

348

Banken und Großunternehmen einzudämmen und abzubauen. Nach wie vor werden sogar viel mehr faule Kredite von Banken an Großunternehmen oder *Zombiefirmen* gegeben, und viel mehr Derivate gehandelt, als jemals zuvor. So bereitet man einen ungewollten *Systemcrash* vor oder schlittert einfach schlafwandlerisch in ihn hinein,[200] es sei denn, die EZB ist bereit die Politik des billigen Geldes zeitlich unbegrenzt und ohne Limit weiterzuführen. Das kann sie eigentlich nur, solange die Inflation unter der selbstgesetzten Linie verbleibt. Aber vielleicht bliebe ihr keine Wahl.

Die Instrumente des Staates, um den drohenden fiskalpolitischen Kollaps zu verhindern, wenn die EZB den Geldhahn zudreht, wären äußerst begrenzt. Eine massive Steuererhöhung, die Enteignung der Realgüter (Immobilien) und der Ersparnisse (*Besteuerung*), ein *massiver* Abbau von *sozialen Leistungen* auf breiter Front und ein sofortiger *totaler Einwanderungsstopp*. Im Vorlauf des Untergangsszenarios ist der Staat bereits auf der Suche nach neuen Einnahmequellen. Neues Kapital von den Bürgern kann von der Grunderwerbssteuer kommen (siehe Neuordnung 2019, wobei die realen Steigerungen noch nicht klar sind) und von Zusatzsteuern, die nach dem Muster der *Solidaritätssteuer* aus dem Nichts geschöpft werden. Dazu muss der Staat die Bürger allerdings rechtzeitig auf seiner Seite wissen. Was das Drücken des roten *Reset-Buttons* bei dem Menschen bewirken wird, ist noch offen. Jetzt rächt sich auf breiter Front, dass sich der deutsche Finanzminister jahrelang behäbig auf der *Schwarzen Null* ausgeruht hat, statt den innovativen Umbau des Staates in der Phase der Niedrigzinsen voranzutreiben.

Angesicht des sichtbaren *Multiorganversagens* des Staates (mangelhafte Förderung der Industrien des 21. Jahrhunderts, Kontrollverlust des Staates beim Hereinschwappen der Flüchtlingswelle 2015/16, mangelhaftes Management der Immigration nichtbenötigter Arbeitskräfte, fehlende Immigration benötigter Fachkräfte, Verlust der subjektiven Sicherheit, Multi-Kulti- und Klimawahn, Wohnungsnot, Altersarmut, Pflegenotstand, etc.)

---

[200] Siehe dazu Ergänzungen im Anhang; ebd. „Anmerkung 200".

kann und wird die Wut der Bürger zunehmen, was sich niemand wünscht. Bereits beim Begehren der Jobcenter, sich die Kosten von Integrations- und Unterbringungsmaßnahmen von den *Bürgen* rückerstatten zu lassen, fühlen sich die Bürger vom eigenen Staat hintergangen. Langsam dämmert es selbst dem deutschen Traditionssparer, dass er seit Jahren von der Europäischen Zentralbank (EZB) seines Kapitals beraubt wird, weil es dafür keine Zinsen mehr gibt. Wenn es um das eigene Geld geht, ist Ende im Multi-Kulti-Gelände. Was passiert, wenn der Staat nach den Ersparnissen der Bürger und ihrem „Häusle" greift? Menschen werden nicht nur von der Vernunft, sondern primär von Gefühlen gesteuert, wenn es eng wird für den eigenen Traum und das erarbeitete Eigentum. Sind wir bereits in einer Phase, die sich mit der Situation der Franzosen kurze Zeit vor der Revolution von 1789 vergleichen läßt? Wie könnte der „Schmetterling" aussehen, der den nächsten sozial-ökonomischen Tornado auslösen könnte. Vielleicht eine rigorose CO^2-Steuer nach dem Motto: *Wenn sie kein Geld mehr haben, können sie ja von der Sonne leben; wir müssen erst einmal die Welt retten, whatever it takes!* Wird der Staatsbankrott zu Verhältnissen führen wie in der „*Ersten Französischen Republik*" (September 1792)? Oder wird die EZB die Geldschleusen weiter offenhalten, auch um den Preis einer hohen Inflationsrate?

Der Alarmismus nimmt aus gutem Zweck weiter zu. Was die Zukunft des Klimas oder des Landes angeht, sind nicht der Zufall oder ein Gott schuld. Natürlich wissen wir letzteres nicht genau. Wenn wir keine Fatalisten sind, müssen wir annehmen, dass wir Verantwortung dafür tragen, was passiert, nicht zur Gänze, aber zu einem mehr oder weniger großen Teil. Der neuaufblühende Rechts- und Linksradikalismus, die Panik der Gerechten, die Konsequenzen der *Schwarzen-Null-Politik* und der verpatzten EU-Politik sind der Innovationsschwäche, der Risikoaversion, der fehlenden Krisenmanagementmechanismen und der daraus folgenden mangelhaften Krisenbewältigungsfähigkeit der Politik zuzuschreiben.

1967 hatte der Philosoph *Theodor W. Adorno* seinen Studenten einen guten Rat hinsichtlich der „*Zukunft des Rechtsradikalismus*" mit auf den Weg gegeben: „*In dieser Art des Denkens, die solche Dinge von vornherein ansieht wie Naturkatastrophen, über die man Voraussagen macht, wie über Wirbelwinde oder Wetterkatastrophen, da steckt bereits eine Art Resignation drin, durch die man sich selbst als politisches Subjekt eigentlich ausschaltet, es steckt darin ein schlecht zuschauerhaftes Verhältnis zur Wirklichkeit.*"[201] Was wir gut genährten Mitläufer verlernt haben, ist die Kraft der Machbarkeit des sofort Möglichen, wenn man selbst denkt und handelt. Hinderlich dabei sind die selbst- und fremdgebastelten Ersatzwirklichkeiten und Pseudo-Erklärungen, die aus der persönlichen Gemengelage der vermeintlichen Meinungsführer, vermeintlichen Eliten und realen Landesfürsten geboren sind, die befürchten, bei Lieferung allzu innovativer und mutiger Lösungen durch das Konsensraster zu fallen und ihre Deutungshoheit, bzw. ihre Macht zu verlieren.

Ist Merkel die eigentliche Leihmutter der *AfD*? Ihre sogenannten *„alternativenlosen"* Entscheidungen (Rettungsschirme, Atomausstieg, Öffnung der Grenzen und des Sozialsystems, Klima-Steuer) haben etwas Fürstenhaftes und treiben selbst langjährige Parteigenossen aus der Partei, nicht wenige von ihnen direkt in Richtung *AfD*. Mittlerweile gehen die Zahlen der politischen „Flüchtlinge" aus dem eigenen Lager pro Wahl in die Millionen. *Die Bundeskanzlerin* selbst ist für die Vertrauten offenbar nicht zu durchschauen und irritiert mitunter auch die, die mit ihr häufig zu tun haben. Sie trifft einsame Entscheidungen und teilt ihre Beweggründe dafür normalerweise nicht mit.

Trump hat in den wenigen Jahren seiner Regentschaft immer wieder sehr spontan Mitstreiter ausgetauscht, die sich gegen ihn gewandt oder auch nur konstruktive Kritik geäußert hatten. Dass *Merkel* und *Trump* sich nicht mögen, ist aus aus psychologischer Sicht verständlich. Im Gegensatz zu Trump wird Merkel 2021 abtreten. Danach werden möglicherweise viele nicht mehr mit den fatalen Ergebnissen ihrer Politik in Verbindung gebracht werden wollen. Die Bewältigung der Folgen wird lange dauern. Aber *who cares*. Die Deutschen haben Erfahrung mit dem Wiederaufbau dessen, was sie, aus welchen guten Gründen auch immer, selbst zerstört haben.

---

[201] Ebd., Vortrag von *Theodor W. Adorno, Aspekte des neuen Rechtsradikalismus. 1967.*

Und allen die glauben wollen, die Welt ginge in naher Zukunft unter, sei empfohlen, sich die zeitlichen Dimensionen des Weltuntergangs noch einmal anzuschauen. Die Welt geht unter, das ist sicher, aber erst, und das ist der aktuelle Sachstand der Forschung, und gerechnet ab heute, in circa 4 bis 5 Milliarden Jahren, wenn sich die Sonne zu einem „Roten Riesenstern" aufbläht.[202]

Die Geschichte der Erde ist ein Frühwarnsystem, sagen die Forscher *Ward* und *Kirschvink*, und empfehlen, es nur richtig zu „lesen". Trotz aller Anstrengungen wird sich das Leben (wahrscheinlich) von uns *nicht* auslöschen lassen. Es sucht sich immer einen (neuen) Weg und hält – in sehr ferner Zukunft, sagen sie, für die Menschen vielleicht eine neue und überraschende Geschichte bereit: „*Ist die Menschheit nur der Baumeister der nächsten dominierenden Intelligenz auf Erden – der Maschinen?*" [ebd., S. 491].[203] Aber das wird nicht passieren. Roboter haben keine Leidenschaften, Gefühle und Bedürfnisse. Sie haben keine Körperchemie, kein endokrines System, kein Oxytocin, kein Östrogen, kein Testosteron, kein Melatonin oder Serotonin, kein Adrenalin, keine Endorphine oder andere Botenstoffe. Sie kennen keine Langeweile und keinen Stress, keine Liebe und keinen Hass, keine Wut und keine Eifersucht, keine Gier und keinen Neid, keine Sehnsucht und keine Hoffnung, sind absolut humorlos, treiben keinen Sport, haben keine Angst vor dem Tod, fühlen keine Schmerzen, machen sich nichts aus Kaviar, Kokain und Champagner, spielen nicht Lotto, besaufen sich nicht, werden nicht süchtig, brauchen keine Yacht, keine Juwelen, keine teuren Autos, kein schmuckes Ferienhaus, kein *Offshore*-Konto und keine Anerkennung durch andere. Wozu auch? Geld, Sex, Macht, Geltungssucht und Neugier – die großen Antriebe menschlichen Handelns, sind für Roboter bedeutungslos. Sie sind insensibel gegen chemische Botenstoffe, die ihre Drüsen, die sie nicht

---

[202] Aber schon lange vorher wird es auf der Erde wegen des steigenden Energieausstoßes der Sonne so heiß, dass die Meere verdampfen und Leben, wie wir es kennen, verschwindet. Selbst für den unwahrscheinlichen Fall, dass keine weiteren Killer-Asteroiden die Erde treffen, markiert dies die Grenze unserer irdischen Existenz.

[203] Siehe dazu: *Peter Ward, Joe Kirschvink, Die neue Geschichte des Lebens. Wie Katastrophen den Lauf der Evolution bestimmt haben.* München 2016.

haben, und ihren Zentralprozessor stimulieren, euphorisieren, agitieren, sedieren oder in halluzinatorische Zustände versetzen könnten. Sie haben keine intrinsischen Bedürfnisse oder Motive. Die *Maslowsche* „Bedürfnispyramide" (s.o.) ist nicht auf sie anwendbar. Wie ein Werkzeug werden sie nutzlos, wenn sie nicht durch einen Agenten mit intrinsischen Zielen und Bedürfnissen benutzt werden. Einige KI-Gurus sind anderer Ansicht und bekommen leuchtende Augen, wenn sie von den Zukunftsaussichten einer Gesellschaft schwärmen, die von Künstlichen Intelligenzen beherrscht wird, und in der biologische Menschen bestenfalls im Zoo zu finden sind. Die Frage ist nicht, warum KIs in den Zoo gehen sollten, sondern warum reine informationsverarbeitende Maschinen überhaupt die triebbasierte Assoziationsform, die wir „Gesellschaft" nennen, übernehmen und fortführen sollten? Menschliche Benutzer können KIs so programmieren, dass sie gewisse Verhaltensweisen von biologischen Wesen mehr oder weniger gut imitieren und als vernetzte Systeme die partielle Simulation einer Pseudo-Gesellschaft bilden. Man kann sogar Programme und programmierte Maschinen in einer Art Auslese- und Optimierungsprozess gegeneinander antreten lassen (Roboterwettkämpfe). Aber all dies ändert nichts an den oben skizzierten grundlegenden Unterschieden. Ohne menschliche Nutzer verlieren Roboter, KIs, simulierte Gesellschaften und simulierte Welten – im wörtlichen Sinn – ihre *Bedeutung*.

Aktuell müssen wir weiterhin auf die Intelligenz der Spezies Mensch vertrauen, auf eine gereifte Moral und den gesunden Menschenverstand. Mit Blick auf den alltäglichen Wahnsinn, der uns umgibt, scheint der sinnvolle Gebrauch der Vernunft zugunsten einer Regression auf evolutionär erworbene Reflexe – wie Blasendenken, Kultivierung von Vorurteilen, Ingroup-Outgroup-Verhalten, Außenseiterbashing, Verschwörungsdenken, aus der Mode gekommen zu sein.

Kluge Politiker suchen das Gespräch und den Austausch mit ihren vermeintlichen *Feinden*, sonst müssen sie mit Revanche rechnen, was *Trump* der Welt vier Jahre lang lehrbuchhaft vorgemacht hat. Die Bundesregierung bekommt, wahrscheinlich 2020, ihren „Wassergraben" um den Reichstag (neues Sicherheitskonzept), in dem Land, in dem wir alle sicher und gerne leben, um die Regierung und die Abgeordneten zu schützen. Womit sich die

Frage stellt, vor wem eigentlich? Gibt es eine neue Sicherheitslage? Wird es unsicherer in Deutschland?

Der Lieferdienst *Deliveroo* meldet, das Land der „guten" Menschen zu verlassen, aus einem ganz profanen Grund. Das Unternehmen wird seine Dienste nur noch in solchen Ländern anbieten, die einen höheren Profit versprechen. Andere werden die Lücke nutzen und sich mit einem geringeren Gewinn zufriedengeben oder rationaler wirtschaften. Das ist das klassische Funktionsprinzip einer Marktwirtschaft.

In der Zwischenzeit sollen wir unser Erspartes zusammenkratzen und alles, was mit „*E*" besetzt ist, kaufen, unsere alten dreijährigen Dreckschleudern schreddern oder nach Afrika verschieben. Obwohl, realistisch betrachtet, soviel „*E*" kann es allein aus Gründen fehlender Ressourcen gar nicht geben, wie wir bräuchten, um das Land klimaneutral zu machen. Es ist das gleiche *Frame*-Problem wie beim *BIO-Hype*. Nicht überall, wo Bio draufsteht, kann – allein aus Gründen fehlender Ressourcen (Flächen, Futter) – *Bio* drin sein. Die „Gutgläubigen" kaufen es trotzdem, weil das Etikett dem verschreckten Konsumenten schön *light green* entgegen schimmert und mit der guten Tat, und dem höheren Preis, sich das Gewissen freikaufen lässt. Aufmerksamen Lesern der Werbebotschaften von „*e-Car*"-Herstellern ist sicherlich nicht verborgen geblieben, dass kein Hersteller eine zuverlässige Angabe dazu macht, wie lange und wie viele Kilometer man eigentlich mit dem schicken Neuen vorankommt.[204] Angesichts der fehlenden Ladeinfrastruktur wäre das eine wichtige Zahl für e-Mobilität. Dafür loben sich alle, dass die Fahrzeuge 0 mg CO^2 Emissionen haben. Allerdings nur im laufenden Betrieb und nur bei 100% emissionsfrei produziertem Strom, nicht unter Einschluss der Herstellung von Fahrzeug und Batterie. So ist das mit der Farbe *Grün*: sie sieht auf den ersten Blick gut aus, und spricht uns an. Was aber letztendlich drinsteckt, wissen wir erst, wenn die Verpackung auf ist. Selbst bei Reduktion des deutschen Anteils am weltweiten CO^2-Ausstoß auf Null helfen wir dem globalen Klima kaum; vielleicht helfen wir Afrika, indem unser Dreijähriger (Diesel) eine noch ältere Dreckschleuder ersetzt. Aber vermutlich laufen dann beide gleichzeitig, weil Afrika

---

[204] Aber das kennt man bereits aus den Verbrauchsangaben der Verbrenner, die nur selten realistisch sind.

aufgrund seines ungeheuren Bevölkerungswachstums in den kommenden 5-10 Jahren einen riesigen Bedarf an Gütern und Autos hat. Ganz nebenbei helfen wir auch wieder einmal unseren deutschen Autobauern. 15 Mrd. US Dollar Strafzahlung für den vorsätzlichen Betrug am amerikanischen Bürger können so wieder durch die deutschen Betrogenen an VW rückerstattet werden. Wer „E" kauft, bekommt vom Staat sogar noch eine kleine Belohnung, neudeutsch „Prämie", obendrauf: *Also von uns? Nein, vom Staat! Das sind doch wir! Das ist doch jetzt wieder nur kleinlich! Sehen Sie doch endlich das ganz große Bild,* sagt der Gute zum Zweifler.

Also dann das große Bild: Wer der *deutschen* (Regierungs-) Logik noch folgen kann, weiß, wie es funktionieren wird und was uns bevorsteht, weil es so ähnlich immer funktionierte. Dann heißt *Dieselskandal* Abkehr von der Verbrennerkultur. *E-Mobilität* heißt Maßnahme zur Klima- und Gewissensrettung. *Abwrackprämie* heißt Maßnahme zur Umsatzankurbelung der Automobilindustrie. Zustimmung zum grenzenlosen *Sponsoring* ist das Ergebnis der kollektiven *Klima-Hysterie.*[205] Der kollektive *Schuldkomplex* fördert die Bereitschaft der Massen, das *Ersparte* herauszurücken, um die *Welt zu retten,* und fördert die unbändige Freude durch die Möglichkeit der Mitwirkung an der ganz großen Sache. Persönliche *Absolution* und die (Er-)*Rettung vor dem Bösen* sind die Versprechungen des modernen *Ablasshandels,* der damit, bis auf das historische *framing,* dem von Luther bekämpften Ablasshandel der katholischen Kirche im frühen 16. Jh. bis aufs Haar gleicht.

Das ganz große Bild führt nicht in die Zukunft, sondern *back to the roots.* Die vermeintlichen Retter werden belohnt in Form einer Wiederwahl der alten Parteien. Die Überflieger von *Bündnis 90/DIE GRÜNEN* erhalten die Beteiligung an staatlicher Macht. Finaler Trommelwirbel: Deutschland bekommt dank EZB, finanziert durch *Eurobonds* – ein Lieblingsprojekt der GRÜNEN – den Geldregen, den es braucht, um die enormen Kosten für die Integration der Migranten, die Energiewende, die Klimarettung und das Zukleistern der sozialen Verwerfungen zu finanzieren. Jetzt sind die Italiener aber wirklich auf uns sauer.

---

[205] Siehe dazu Ergänzungen im Anhang; ebd. „Anmerkung 205".

Schwierig würde es werden, wenn jetzt die Türkei ernst machte mit der Weiterleitung der in der Türkei geparkten Flüchtlinge, oder wenn sich die Menschen in Nordsyrien aufgrund des Einmarsches türkischer Truppen in großer Zahl entschieden, sich in Richtung Europe in Bewegung zu setzen. Dann werden selbst diese gigantischen Mehrausgaben nicht mehr ausreichen.

In der Zwischenzeit werden die wirklichen Probleme des Landes in der *Black Box* mit der Aufschrift „*Ablenkung Deutschland*" abgelegt, und dann einfach weit weggestellt. Die Migrationskrise hat aufgehört eine solche zu sein, weil die Medien nur noch sporadisch davon berichten, wenn Flüchtlinge mit einem Rettungsreif um den Körper aus Verzweiflung ins Meer springen. Wir werden weiter Kinder von den IS Schlächtern zurückholen, weil Kinder unschuldige Geschöpfe sind. Wir werden den EU-Südstaaten die Schulden erlassen, weil sich die EU andernfalls in einem *Big Crunch* (in der Kosmologie die Umkehrung des *Big Bang*) selbst auslöscht. Das ist der Versuch, *Adorno* vom Kopf auf die Füße zu stellen: Kann es ein Falsches im Richtigen geben? Ja kann es! Immer dann, wenn die Prämissen der vermeintlichen Methoden zur Weltenrettung (zur Armut, zum Pflegenotstand, zum Wohnungsnotstand, zum Schuldennotstand, zum Migrationsnotstand oder zum Klimanotstand) falsch sind, sind die dargebotenen Erklärungen der Politik reine Ablenkung. Leider reichen alle e-Angebote zusammengenommen nicht aus, um schnell und weit genug von dem menschengemachten politisch-gesellschaftlichen Desaster wegzukommen. Weil die Ladestationen für Millionen von e-Fahrzeugen fehlen und wir mit einer Ladung zwar bis zum Supermarkt, aber womöglich nicht zum Sonntagsausflugsziel (und zurück) und ganz sicher nicht zum Winterurlaubsort oder mit dem Wohnwagenanhänger zum Campingplatz kommen. Ist das *The German Plan*? Wir werden das Desaster *live* miterleben.

Kommt Rettung von der Wissenschaft? Wenn überhaupt, dann nur von ihr. Helfen könnte ein großer Schritt (oder eine Summe kleinerer Schritte) in der Batterietechnologie, die mindestens in einer Verdoppelung der Ladungsdichte resultieren sollte. Hinzu müsste ein *intelligentes Batterieaustauschsystem* kommen, das in der Lage ist, an jeder Tankstelle genormte und voll geladene Batteriemodule in wenigen Minuten auszutauschen. Dazu müssten die Hersteller sich freilich auf Normen einigen, was bis heute nicht einmal bei den Steckern für Handy-Ladegeräte funktioniert. Und natürlich müsste auf Anforderung genügend grüner Strom (Voraussetzung dafür: Speichertechnologie!) zur Verfügung stehen, damit das neue Verkehrskonzept wirklich grün und nicht nur *green-washed* ist.

Gibt es Rettung von außen? Um noch einmal das (fast) Unwahrscheinliche zu bemühen. Die *NASA* schießt die Satelliten *Voyager 1* (Start 05.09.1977) und vierzehn Tage zuvor *Voyager 2* (Start am 20. August 1977) mit Botschaften[206] von der Erde ins All. 1980 gründen die Astronomen *Carl Sagan, Bruce Murray und Louise Friedman* die *Planetarische Gesellschaft* und befördern die Fantasie und den Wunsch von Astronomen und Laien, Kontakt zu außerirdischem Leben herzustellen.[207] Nicht eine einzige eindeutige Botschaft hat uns bis heute ereilt. Nur das sogenannte *WOW! Signal*, das am 15. August 1977 aufgefangen wurde, bleibt ein Rätsel. Wir können also weiterhin nur spekulieren. Mittlerweile wurden weit über tausend Exoplaneten entdeckt, darunter auch einige, die ähnliche Bedingungen vorweisen könnten wie unser Blauer Planet. Gibt es Intelligenz auf diesen Planeten? Nach wie vor gibt es nur im Film den von naiven Idealisten ersehnten Kontakt.[208] Also, warum sind wir allein im Universum, fragt der Astronom *Ansgar Reiser*? Und er gibt (nicht ganz so) verblüffende Antworten. Intelligente Außerirdische wollen vielleicht gar nicht zur Erde reisen? Aber vielleicht sind sie schon da?[209]

---

[206] An Bord der beiden Sonden befinden sich jeweils zwei Goldene Schallplatten, auf denen Bilder und Töne und wissenschaftliche Daten der Erde aufgezeichnet sind. *Carl Sagan* hatte die Auswahl getroffen, und wenn Außerirdische die Platten abspielen könnten, könnten sie testen, ob sie Walgesang und *Mozarts* Musik auseinanderhalten können.

[207] Das berühmteste Projekt ist das *SETI* Vorhaben. *SETI = Search for Extraterrestrial Intelligence* (siehe *www.seti.net*). Das Genre der *Science Fiction* Filme wird davon stark beeinflusst (Bsp. *2001: A Space Odyssey* von *Stanley Kubrick* 1968; *Close Encounters of the Third Kind* von *Steven Spielberg* 1977, etc., etc.). 2015 wird das *Projekt Breakthrough Listen* von *Steven Hawkins* und dem russischen Milliardär *Yuri Milner* mit 100 Millionen US Dollars finanziert. Das Projekt sucht nach elektromagnetischen Wellen anderer Planeten. Mit dem Teleskop *FAST* (500 Meter Durchmesser) beteiligt sich China heute an einem *SETI*-Vorhaben.

[208] Siehe *Contact* von *Robert Zemeckis* 1997.

[209] *Ansgar Reiser, "Warum sind wir allein im Universum?"* Vortrag. Göttingen

Es könnte auch sein – antworten andere – sie verstellen sich und tun so, als wären sie Menschen. Vielleicht halten sie es auch nicht für nötig, sich dumm zu stellen, weil sie die Menschen und ihre Wahrnehmungsgewohnheiten studiert haben. Sie wissen, dass sie von vielen der Einheimischen ohne großen Wirbel zu verursachen gesehen werden können, weil die anderen Einheimischen – insbesondere die vermeintlich Klugen unter ihnen – alle derartigen Beobachtungen als Sinnestäuschung, Beobachtungsfehler und Berichte von Spinnern und Wichtigtuern erklären werden. Die Science-Fiction hat noch eine weitere Erklärungsvariante: Vielleicht halten sich die Aliens an etwas Ähnliches wie die „Oberste Direktive der Vereinten Föderation der Planeten" des Star-Trek-Universums. Diese schreibt vor, nicht in die Entwicklung rückständiger Zivilisationen einzugreifen, sondern diese nur zu beobachten. In der Methodenlehre nennt man so etwas ein „nichtreaktives Beobachtungs- oder Messverfahren".[210] Schauen wir also ab und zu ruhig mal noch etwas genauer unsere Frau, den Nachbarn oder die Politiker unserer Welt an, ergänzt *Reiser* nicht ohne Hintersinn. Fazit: Hilfe von außen kann man vergessen.

Das Sterben von Demokratien und vom Leben in sterbenden Demokratien. Ob das *„System Demokratie"* noch zu reformieren oder zu retten ist, ist abhängig von den Umständen, der Motivation und dem handwerklichen Vermögen seiner Protagonisten. Dazu zählen die ökonomischen Rahmenbedingungen einer global agierenden Wirtschaft, der Bildungsgrad der Bevölkerung, die Fertilitätsrate einer Gesellschaft[211], die Intelligenz seiner politischen Elite und die Motivation seiner Bürger, sich aktiv am politischen Geschehen zu beteiligen. Augenscheinlich fehlt der Klasse der Politiker die Souveränität im Umgang mit Veränderungen und bürgerlich-politischem Widerspruch (siehe *Rezos* Videokritk an der Regierung auf *YouTube*®, siehe „Kritik der Straße", „Umgang mit neuen politischen Strömungen und Parteien", „Populismus und Gewalt gegen Repräsentanten des

---

12.07.2019.
[210] Man konsultiere dazu ein gutes Lehrbuch der wissenschaftlichen Methoden. https://de.wikipedia.org/wiki/Reaktivit%C3%A4t
[211] Siehe dazu Ergänzungen im Anhang; ebd. „Anmerkung 211".

Staates"). *Politiker* sind auch nur Menschen. Sie müssen sich täglich dem Spiel der Selbstdarstellung und der Fremddiagnose innerhalb einer erbarmungslosen und mitunter unfairen Medienmacht stellen. Sie sind darüber dünnhäutig geworden und begegnen Widerspruch mit Zurechtweisung und sogar mit Drohungen, statt zu kommunizieren und nach Wahrheit und Verständnis zu forschen. Wenn das normalen Menschen, aus welchen Gründen auch immer, passiert, gelten sie in aller Regel als mit einem psychischen Defekt behaftet und sind, zumindest im Rahmen der Rechtsprechung, für ihre Taten minder verantwortlich. Wer im Bewusstsein lebt, immer recht zu haben, ist schneller reizbar und wird leichter übergriffig, wenn er sich seiner selbst und der Sache nicht sicher ist. Über Jahrzehnte haben sie den Auftrag (*„Die Parteien wirken bei der politischen Willensbildung des Volkes mit"* [Art 21 GG]) vielleicht missverstanden, zu leichtfertig ausgehöhlt oder vorsätzlich umgewertet. Haben unsere Politiker das *Dienen* verlernt? Der unbeholfene Versuch, Kritik neuerdings rechtlich mit Hilfe von „Abwehrstellen" gegen *Fake News*, strafrechtlicher Verfolgung von *Hatespeech*; mit dem Verbot von *Social Bots* abzuwehren, hat das Ziel, die (subjektiv) als gefährlich wahrgenommenen Informationsströme zu kanalisieren und auf diese Weise die auseinanderstrebenden Kräfte des sozialen Systems zu bändigen. Abgesehen von juristisch zu ahndenden Äußerungen wie Beleidigungen, geht es dabei nicht um Wahrheit, sondern um Macht und medialen Einfluss. Nicht die Unwissenden sind gefährlich, es sind die Wissenden. Sozialpsychologisch gesprochen ist das reiz-reaktive „Strampeln" vielleicht nur ein Ausdruck der eigenen Panik und Hilflosigkeit. Politisch gesehen geht es um die Verteidigung von Machtpositionen und Meinungshoheiten. Kritiker werden ab einer gewissen Toleranzgrenze, unabhängig vom Wahrheitsgehalt der kommunizierten Informationen von Politik und Medien, zugunsten einer vom Alltag losgelösten Hypermoral ignoriert oder sogar vorsätzlich persönlich beschädigt (bekannte Beispiele: *Sarrazin, Abdel-Samad, Maaßen, u. a.*).[212] Die „Pädagogisierung" des Bürgers mit den Mitteln von Zucht und Ordnung des 19. Jahrhunderts schleicht sich für alle sichtbar in den Alltag der Demokratie wieder ein. Wer unsere „Erinnerungskultur" kritisiert, ist ein *Nazi;* wer den Migrationsstrom

---

[212] Siehe dazu Ergänzungen im Anhang; ebd. „Anmerkung 212".

begrenzen will, ist ein *Unmensch*; wer eine schleichende Muslimisierung unserer Gesellschaft fürchtet, ist ein *Rassist*, usw. Und die Gutgläubigen, Gutmeinenden, Angepassten und Ängstlichen applaudieren über die Stigmatisierung der Kritiker des betreuten Denkens. Das Muster der Reaktionen wurde von *Alexis de Tocqueville* unter dem Stichwort „Tyrannei der Mehrheit" behandelt. In der Demokratie sagt der Herrscher (Stellvertreterabstraktum für *herrschende Meinung*) nicht mehr: *„Entweder du denkst wie ich oder du bist des Todes; er sagt: du bist frei, nicht so zu denken wie ich; du behälst dein Leben, deinen Besitz, alles; aber von dem Tage an bist du unter uns ein Fremdling.[...] Du bleibst unter den Menschen, aber du büßest deine Ansprüche auf Menschlichkeit ein. Näherst du dich deinen Mitmenschen, werden sie dich wie ein unreines Wesen fliehen..."* *(Tocqueville, Über die Demokratie in Amerika,* München 1995, S. 295; siehe ausführlicher Band 2 dieser Reihe). Falls *Bündnis 90/DIE GRÜNEN* an die Macht kommen, werden vielleicht sogar wieder die Schulbücher *„optimiert".*

„Es ist fast unmöglich, die Fackel der Wahrheit durch ein Gedränge zu tragen, ohne jemanden den Bart zu sengen", sagte *Georg Christoph Lichtenberg* (1742-1799), der Göttinger Philosoph, Mathematiker und Lehrer des Universalgelehrten *Alexander von Humboldt.*[213] Zwangsneurotisch wird versichert, dass, gerade weil man in einem freiheitlichen Staat lebe, alle alles sagen dürfen. Im gleichen Satz wird aber die Einschränkung formuliert, dass es Grenzen geben muss, und die werden von den *„Guten"* definiert. Wer also wirklich Freiheit predigt, muss selbst so frei und mutig sein, die Abweichung und den Widerspruch anderer zu akzeptieren, sofern sie gewaltfrei sind. Man muss nicht superdialogfähig im *Habermasschen* Sinne sein. Es reicht eine offene Dialogbereitschaft ohne Dogmen, Beleidigungen, Denunziation, Häme und Überheblichkeit.[214] Die Missbilligung des bürgerlichen Widerspruchs durch Diffamierung und formal-juristische Einwände ist – auch und gerade aus sogenannten *guten* Gründen – das genaue

---

[213] In den *Aphorismen Heft G, Nr. 13*
[214] Siehe hierzu nochmals das *Gespräch zwischen der ehemaligen Justizministerin Sabine Leutheusser-Schnarrenberger* und dem Ex-Verfassungsschutzpräsident *Hans-Georg Maaßen.* In: *Cicero*, 07-2019; ebd., S. 30-39.

Gegenteil davon und führt wiederum zu Irritationen, Vertrauensverlust, weiterem Widerspruch und zu Wut und Widerstand der Ungehörten.[215] Am Ende führt das gereizte Fehlverhalten von Politikern zur Beschädigung der dünnen Folie des Vertrauens des Bürgers in seinen Staat und seine Protagonisten. Der Riss zwischen dem Vor-Sagen-Dürfen und dem sich Sagen-Lassen-Müssen wird größer.

Solange sich der Rechtsstaat und die Regierenden selbst nicht an die eigenen Regeln halten (illegale Zuwanderung, Spendenbetrug, Selbstbereicherung, clandestine Schaffung einer Schuldenunion, Duldung illegaler Finanzschiebereien, etc.), warum sollten sich die eigenen Bürger an die Vorgaben halten? Eine Warnung ist daher sicherlich angebracht. Die Politik hat viel von der impliziten Legitimation der Macht verloren, weil sie oft nicht das zustande bringt, was sie verspricht und an *guten* Problemlösungen mitunter ideenlos vorbeischaut (innere und äußere Sicherheit, Krisenvorsorge, Fachkräftemangel, Altersarmut, Pflegenotstand, prekärer Niedriglohnbereich, bezahlbarer Wohnraum). Zugleich vertraut sie auf *repressive* Lösungsmodelle und Investoreninteressen (kalte Enteignungsformen, Zinsraub, Schuldenunion), vermeintliche Mitmachmodelle, wie Prämiensysteme, lässt aber dort, wo Härte und Überwachung angezeigt wären, oft Milde walten (Gewaltkriminalität, Korruption, Mafia- und Clankriminalität, Nichtvollstreckung von Haftbefehlen, Verzicht auf Videoüberwachung an Kriminalitätsschwerpunkten und auf Telefondatenspeicherung).

Die Lebenswelt vieler Bürger wird einiger ihrer zentralen Werte und Wohlfühlmomente beraubt. Es sind immer zunächst die kleinen Dinge, die nicht mehr so sind, wie sie einmal waren. Dinge, die nicht mehr so funktionieren, wie es üblich war. Normales, früheres (rechtsstaatliches) Verhalten wandelt sich in Beliebigkeit und Rechtlosigkeit (Autokorso auf Autobahnen, Raserei in Städten, Clankriminalität, öffentliche Verrohung, Selbstjustiz, Vandalismus, Dieselskandal, Finanzskandale, Wirtschaftskriminalität, Spendenskandale, etc.). Elementare rechtsstaatliche Prinzipien werden der (vermeintlich) moralisch guten Tat (Narrativ der Willkommenskultur) geopfert. „Jugendliche"

---

[215] Vgl. *Bernhard Schlink, Der Preis der Enge,* in: FAZ 1. August 2019, Nr. 176, S. 8.

ohne Altersnachweis können oder sollen bei Straftaten nicht nach Erwachsenenrecht bestraft werden. Banden plündern den Sozialstaat, zahlen keine Steuern, erwerben aber teure Immobilien in bester Lage und fahren Luxuskarossen. Migranten kassieren unter Verwendung falscher Namen mehrfach Sozialleistungen, Wanderarbeiter lassen sich Kindergeld für nicht vorhandenen Nachwuchs im EU-Ausland auszahlen, etc. Daraus nährt sich der Verdacht, dass „*die da oben*" nichts mehr zustande bringen und den Alltag „*derer da unten*" der Beliebigkeit opfern. Die Beliebigkeit und Oberflächlichkeit des Handelns der politisch Verantwortlichen, zum Beispiel die laxe „Behandlung" der „Klimakrise", bringt die Jugend auf die Barrikaden. Die Eltern und Großeltern der Schüler sind entsetzt über die gefällige Abkehr von geltenden Rechtsgrundsätzen.[216] Funktionale Naivität und „Besser-Deutschtum" ersetzten bei einigen Politikern offenbar sukzessive die Kompetenz und den gesunden Menschenverstand. Rationale Entscheidungsprozesse und das Handeln aus sachlicher Notwendigkeit werden nicht selten durch Dilettantismus, Leugnung des Offensichtlichen und Durchhaltestrategien substituiert.

Sind die Leichengräber der Demokratie bereits in den höchsten Ämtern des Staates? Und verhindern nicht, aus welchen Gründen auch immer, die Beugung des Rechts, die Aushöhlung der Gewaltenteilung und die Verschlechterung der Lebensweltbedingungen vieler zugunsten des Lebensmodells und des Machterhalts von wenigen? Woran liegt das?

Demokratien sind strukturell prekäre Modelle gesellschaftlicher Ordnung, weil ihnen früher oder später die Spitzentalente ausgehen oder weglaufen.[217] Das war schon immer eine der Schwächen demokratischer Systeme. Ihre Stärke liegt in der

---

[216] Eine profilierte Zusammenschau der gesellschaftlichen Risse leistet der ehemalige Präsident des Bundesverfassungsgerichts. Siehe: Hans-Jürgen Papier. Die Warnung. Wie der Rechtsstaat ausgehöhlt wird. München 2019.

[217] Regression zum Mittelwert ist ein Effekt, den man in vielen Bereichen sieht. Francis Galton nannte den Effekt 1885 mit Bezug auf biologische Parameter wie Größe und Intelligenz *Regression toward Mediocrity*. https://de.wikipedia.org/wiki/Regression_zur_Mitte

Zügelung potenzieller Despoten – sofern ihre strukturellen Sicherungen gegen diese, wie das Prinzip der Gewaltenteilung, nicht (wie in der Tendenz in den sogenannten Visegrád-Staaten zu sehen) ausgehebelt werden. *Trump* kann sich noch so wild gebärden, die Wähler können ihm bei der nächsten Wahl die Rote Karte zeigen und bei der übernächsten Wahl ist er nicht mehr dabei. In der Demokratie gibt es keine Garantie für gutes Regieren (in der Tendenz sogar eher für schlechtes), aber die Möglichkeit (man könnte allerdings sagen zu selten), schlechte Regierungen in die Wüste zu schicken und das Einnisten von Despoten zu verhindern. Wohlgemerkt, die Möglichkeit, nicht die Garantie! Raum für Verbesserungen gibt es reichlich. Es gibt keine Versicherung gegen korrupte Eliten oder dass nicht auch in Demokratien manchmal die Falschen nach oben gespült werden – Leute die ihre politischen Ämter als Chance sehen, Beute zu machen. Es ist die Frage der Selektion von Eliten und des klugen Ausbalancierens der Macht von Institutionen und der Effektivität von Konfliktregelungsmechanismen. Was passiert, wenn die Balance verloren geht oder durch Ansprüche des politischen Machtzentrums gefährdet wird, kann man zurzeit in Polen, Ungarn und Rumänien sehen. In autokratischen Systemen können Despoten dagegen Jahrzehnte bar jedweder Verantwortung und gegen jedes Recht herrschen, bis sie endloses Leid angerichtet und in einer Schwächephase vielleicht durch einen Staatsstreich entmachtet werden, nach dessen Gelingen ein neuer Despot installiert wird.

Das Phänomen der „Regression zum Mittelwert" zeigt sich in Demokratien darin, dass starken Staatenlenkern oft schwache nachfolgen, weil diese sich während der Herrschaft der Starken als loyale Helfer erwiesen haben und nach dem Abtreten des Chefs glauben, nun an der Reihe zu sein. Aber dessen Schuhe sind oft zu groß für die Nachfolger. Kein Regierungschef hat jemals den eigenen Untergang gesponsert. Kein Politiker wird Konkurrenten um sich dulden, die Anspruch auf die Macht erheben oder glauben, die besseren Amtsinhaber zu sein.

Schwache, unfähige und „inkompetente" Politiker scharen dagegen zumeist Menschen mit noch weniger Kompetenz um sich. Das ist einer der Gründe, warum (externe) Berater die Stellen der Wissenden in der Politik einnehmen. Es ist der Beginn einer Abwärtsspirale. Zur Eindämmung oder gar Heilung der

„*Erkrankung*(en)" unserer Politik (Risikoaversion und Problemverschleppung, Mediokrität, Inkompetenz und Narzissmus) scheint das politische System aus eigener Kraft nicht mehr in der Lage zu sein. Hilft dagegen das *legale* Eindampfen oder Einschränken der Macht der professionellen Politiker auf ein Mindestmaß an politischen Entscheidungsbefugnissen? Dabei gibt es zwei Hauptprobleme. Das erste besteht darin, dass die Politiker einen Teil ihrer Macht aufgrund der starken Verzahnung von Legislative und Exekutive freiwillig abgeben müssten, was nicht zu erwarten ist. Das zweite Problem liegt in dem Entscheidungs- und Machtvakuum, das dadurch entstehen würde. Das politische System ist eine notwendige Komponente der Architektur moderner Gesellschaften. Seine Form ist allerdings nicht in Stein gemeißelt. Sollen Expertenkommissionen oder Gremien von Wissenschaftlern im Rahmen von Bürgerbeteiligungsmodellen an die Stelle der politischen Entscheidungsinstanzen treten? Es ist bekannt, dass sich sowohl in Expertengremien als auch in Bürgerversammlungen politische Konflikte auf anderer Ebene reproduzieren. Die rein sachorientierte Herrschaftsform nach Francis Bacons *Salomon's House* (in seiner utopischen Schrift *New Atlantis*) ist eine schöne, aber bisher nirgendwo realisierte Utopie. Sie ist die Blaupause für die oft genannte Wissenschaftsgesellschaft, die regelmässig nicht nur zu einer Verwissenschaftlichung der Politik, sondern parallel hierzu leider auch zu einer Politisierung der Wissenschaft geführt hat. Wer stattdessen eine „Philosophenherrschaft" nach dem Muster Platons bevorzugt, der sei gewarnt, dass alle Versuche in diese Richtung bisher in den Totalitarismus geführt haben. Grund hierfür ist der Anspruch der Philosophenherrscher, über die „Wahrheit" zu verfügen und daher ihre Dekrete mit unbedingtem Anspruch durchsetzen zu können.

Erfolgreiche politische Systeme haben immer auf zwei Säulen geruht: Säule 1: die Rechts-Ordnung und staatliche Regelung der Lebens- und Alltagsbedingungen. Säule 2: die Legitimation der politischen Herrschaft durch eine transzendente Macht.[218] Dabei

---

[218] Beispiele: *Codex Hammurapi* der Babylonier, 18. Jh. vor Christus (Beständigkeit des Reichs für mehrere Jahrhunderte). Das ägyptische Reich mit den von Gott gesandten und gesalbten Pharaonen wurde von starken Priestern und dem Kriegerstand garantiert (Bestand des Reichs:

macht es einen Unterschied, ob die transzendente Basis poly- oder monotheistisch ist. Bei den Römern, Ägyptern (abgesehen von der Echnaton-Phase), Mesopotamiern und vielen anderen Reichen war Ersteres der Fall. Die Hebräer, Christen, Moslems entwickelten den Monotheismus und machten ihn in unterschiedlicher Form zur Grundlage ihrer politischen Systeme. Die Idee eines einzigen Gottes hat direkte (negative) Auswirkungen hinsichtlich der Freiheit (des Glaubens und der Entscheidungsrechte) des Einzelnen, bewirkt offenbar aber eine hohe (positive) Systemstabilität.[219]

„Let nature be your guide" *(Die Natur weise den Weg),* steht auf einem Schild in Bhutan. 1971 entscheidet die Regierung des kleinen Staates, dass der *GDP (Gross Domestic Production)* nicht der einzige *Index* sein kann, um das *Wohlergehen der Bürger* in einem Staat auszudrücken, und erfindet den *Brutto-National-Glücks-Index* (engl. *GNH; Gross National Happiness Index).* Die Bürger sind der Überzeugung, dass es wesentlich wichtiger sei, ein naturkonformes Leben zu führen, das auf Gier und Gewinnsucht verzichtet, und das Gleichgewicht (der Welt) durch Spiritualität und soziale Gesundheit der Menschen in einer gesunden Umwelt zu erreichen sei. Der *GNH*-Index ist der *„Compass Towards a Just and Harmonious Society"* (der Kompass für eine gerechte und glückliche Gesellschaft) und beschreibt die Überzeugung der Staatsführung, dass das „Wohl" des Einzelnen, das sich im irdischen Glück repräsentiert, vom *richtigen* „Umgang" mit der Natur und einem vom Egoismus befreiten Miteinander abhängig ist. Erst dann haben Menschen eine Chance, *wirklich* glücklich zu werden. Bhutan ist der einzige Staat der Welt, der *wirklich* klimaneutral ist. Vielleicht ist Bhutan mit Deutschland in vielerlei Hinsicht nicht vergleichbar, aber es gibt überall gute Beispiele auf dieser Welt, die wir kopieren könnten, wenn wir wollten. Ist also

---

3000 Jahre).

[219] Nachtgedanken: Ob Deutschland mit der (gewünschten) Integration des Islams den aus dessen immer noch dominanter Sichtweise einzig wahren Weg einschlägt, nämlich, ein neues stabiles und blühendes Reich unter dem *Hilal* (Sichel des zunehmenden Mondes mit fünfzackigem Stern) zu werden, wird die Zukunft mit ihren zu erwartenden neuen Immigrationswellen zeigen. Gehört in diesem Reich das Christentum noch zu Deutschland?

die Abkehr vom Egoismus, von der Gier, der Bereicherungssucht und vom *SUV* der universelle Schlüssel zur Rettung der Natur und zugleich der Errettung der Menschen?[220] Träumen muss erlaubt sein, aber nach dem Aufwachen landet der Träumer meist umso härter in der Wirklichkeit.

Pure serenity, that is all we need. *Don't you worry, guys.* Alles wird (wieder) *A-OK!* Wir raten dazu, mehr „Gelassenheit" (*Serenity*) zu wagen und besser erst zwei- oder dreimal nachzudenken, bevor wir den falschen Worten falsche Taten folgen lassen. Und bevor wir falschen Versprechungen und den Protagonisten derselben kritik- und willenlos folgen. Bevor die Panik das Recht weiter aushebelt und die Dinge so verbiegt, dass nur noch wenige in diesem Deutschland gut und gerne leben können oder wollen. Solange wir uns miteinander verständigen, ist und wird alles immer „*A-OK!*" (endlich erklärt: = *very definitely OK!*). Aber wir sollten nicht unbedingt nur auf die menschliche *Ratio* vertrauen, die auch Kriege und (ökonomische) Entscheidungen legitimiert, die nur den Interessen weniger dienen. Hierin war *Adorno* und ist *Habermas*, Vordenker und kritischer Begleiter der deutschen Demokratie, vielleicht viel zu optimistisch. Das ist sicherlich der jeweiligen Zeit des Erlebens und der Erfahrung geschuldet. Was wir heute mehr denn je brauchen, ist das *Wiederentdecken des gesunden Menschenverstands,* von *mehr Gelassenheit* und etwas mehr *Tiefenentspannung.* Was wir nicht brauchen, ist noch mehr Egoismus, noch mehr Gier, noch mehr Panikattacken, noch mehr Weltbelehrungsversuche und noch mehr Nicht-Verstehen (-Wollen). Wer den Menschen Glück und Wohlstand bescheren möchte, kann das nur im widerspruchsfreien Einklang mit der Natur und den Gesetzmäßigkeiten des Glücks erreichen. Aber das ist ein anderes Thema.

Make „Kompetenz" great again! Erfahrungsgemäß helfen Idealismus und gefühlter Optimismus wenig, wenn die Fähigkeit zur Lebensbewältigung durch eine beschädigte Vernunft und mangelnde Erfahrung gehemmt werden. *Pure serenity, that is NOT all we need.* Will das Land eine Zukunft haben, und sollen die

---

[220] *A Compass Towards a Just and Harmonious Society. 2015 GNH Survey Report*, Thimphu, Bhutan 2016; in: www.grossnationalhappiness.com

Menschen sich wirklich wohl fühlen, braucht das Land mutige, kluge und vorausschauende Macher und keine Hamster im politischen Laufrad. Leider beschreibt die einstige Einschätzung von *Oscar Wilde* das politische Lagebild immer noch: *„Some cause happiness wherever they go; others whenever they go"*. *Einige Menschen schaffen es, das Glück dort hinzubringen, wo immer sie sich hinbegeben; andere machen uns glücklich, wenn sie uns verlassen.*

Wie wäre es mit einer auf maximal 2 x 4 Jahre begrenzten Amtszeit für Spitzenpolitiker? „Politiker" ist keine klassische Berufsbezeichnung, und zieht auch leider solche Menschen an, die sich lediglich dazu *berufen* fühlen, ohne die notwendigen Qualifikationen und eine reife Persönlichkeit mitzubringen. Alle Politiker sind mit großen Herausforderungen konfrontiert, und sie sollten eine hohe Bereitschaft zur Verantwortungsübernahme vorweisen. In den Top-Positionen der Wirtschaft akzeptieren wir keine Anfänger und keine Schönwetterkapitäne, Mitläufer oder Ja-Sager. Und sie bekommen keine 100 Tage *Lernzeit* zugestanden. Und wenn sie doch auftauchen, dauert es oft nicht lange, bis das System den Abgang erzwingt. Für politische Top-Positionen sollten wir vergleichbare Profile und Mechanismen anstreben. Die Menschen verdienen in der Politik die Besten der Besten. Sie sollten auch entsprechend bezahlt werden. Das ist kein Idealismus, sondern die Voraussetzung für das Überleben der Demokratie und des Rechtsstaats, für die es keine Alternativen gibt.

Politik kann nur dann gut gelingen, wenn sie von Menschen betrieben wird, die auf einem festen Fundament aus Leidenschaft, Verantwortungsbewusstsein, Mut und Kompetenz stehen. Mit einem *neuen* Typus von Politiker, die wir noch nicht haben, und der Nachwuchs macht keine große Hoffnung, kann es wieder gelingen, die Menschen mitzureißen im Wettbewerb um die besten Chancen, Werte und Lösungen. Dann ist unsere Demokratie gegen *falsche* Strömungen immun, und wir würden auch wieder *unsere* Gelassenheit zurückgewinnen. Wie gesagt: Träumen wird man ja dürfen!

Ergänzungen

Zu Anmerkung [16]: *Schröder* musste, weil die Arbeitslosenzahlen kontinuierlich zunahmen und der Produktivsektor massiv schwächelte, an die Konstruktionsfehler in der Arbeitslosensystematik ran. *Sein Motto war: mehr fürs Mitmachen, weniger fürs Wegbleiben. Schröders* Maßnahmen mobilisierten den Arbeitsmarkt, indem er den *„impliziten Mindestlohn"* im Sozial- und Arbeitsmarktsystem senkte. Der Staat leistet nur noch *Lohnersatzleistungen* (Zuschüsse), wenn man (aus welchen Gründen auch immer) nicht mehr arbeitet; der Einzelne erhält *keine* Aufstockung mehr. De facto müssen Unternehmen jetzt weniger für den Arbeitslohn bezahlen. Neue Geschäftsmodelle entstehen, die Nachfrage nach Lohnarbeit steigt, weil Jobs in der Wirtschaft attraktiver werden. Die Arbeitslosenzahlen sinken kontinuierlich bis heute in der Summe um ca. 1,9 Millionen Arbeitslose. *Schröders* Modell ist unbestreitbar ein Erfolg mit Blick auf die notwendige Reduktion der Arbeitslosenzahlen und die Ankurbelung der Wirtschaft. Gleichzeitig wird die Beschäftigung im Niedriglohnsektor massiv gefördert. Ergebnis 1: geringe Einkommen und spätere Altersarmut. Ergebnis 2: Die *SPD* Wähler sind sauer und bestrafen die Partei. Ergebnis 3: Merkel erntet die Früchte seiner Arbeit. Die Arbeitswelt hat ein Heer billiger Arbeitskräfte, mit denen sich kostengünstiger produzieren lässt.

Zu Anmerkung [34]: Randbemerkung für die Gedankenspieler der Methode „W*as wäre wenn'*? Historiker haben dazu bereits Bibliotheken verfasst, ohne sich einigen zu können. Beispiele dazu: (1) Wäre der 2. Weltkrieg vermieden worden, wenn Hitler die Aufnahmeprüfung an der Wiener Kunstakademie bestanden hätte? Erzeugte derjenige, der Hitler durchfallen ließ, einen Schmetterlingseffekt mit unabsehbaren Folgen - natürlich ungewollt, aber auch unvermeidlich? Ist die ganze Weltgeschichte - inklusive unserer eigenen – möglicherweise eine Folge solcher Effekte? (2) Wären die meisten Toten des 2. Weltkriegs vermieden worden, wenn nicht irgendein Teilnehmer in der Sitzungsbaracke der Wolfsschanze Stauffenbergs Tasche mit der Bombe zwei Meter weiter weg von Hitler hinter das schwere Holzbein des Sitzungstisches gestellt hätte – mit der Folge, dass die Druckwelle größtenteils an Hitler vorbeiging? Die Gegenposition hält alles für vorherbestimmt, denn es kommt (immer), wie es kommen soll, und man kann nichts dagegen tun. Wenn aber die Hypothese gilt, dass valide Vorahnungen, begründete Visionen der Zukunft, exakte Prognosen bei Zugrundelegung von Position (1) (= die Weltgeschichte wird durch eine Abfolge von für sich genommen harmlosen Schmetterlingseffekten bestimmt) ausgeschlossen sind, dann hieße das im Umkehrschluss, dass Position (1) falsch ist, *wenn* es derartiges (valide Vorahnungen, usw.) gibt. Gibt es Kompromisspositionen? Etwa derart, dass nur die großen Linien, aber nicht alle Einzelheiten der Geschichte determiniert sind? Zumindest die Quantentheorie – in Verbindung mit der Chaostheorie (Quantenchaos) – scheint dem zu widersprechen. Danach wäre die Zukunft aus prinzipiellen Gründen unvorhersehbar. Siehe *Michael Berry, The electron at the end of the universe*, in: *L. Wolpert/A. Richards (Hrsg.), A Passion for Science, Oxford* 1988, pp. 39-51. Vielleicht ist das Geschehen determiniert, aber wir kennen die Reihe der Faktoren nicht, die das Ergebnis hervorgebracht haben. Die Komplexität der Welt könnte so überwältigend sein, dass es uns prinzipiell nicht gelingt, für die meisten Phänomene eine befriedigende Erklärung zu finden. Es gibt ein berühmtes Gedankenexperiment, in dem die Auswirkung kleinster Veränderungen berechnet wird. Der Physiker *Berry* sprach vom Elektron am Rande des Universums, der Mathematiker *Peitgen* vom Proton auf dem Sirius. Man kann rechnerisch beweisen, dass dieser winzige Unterschied, der dadurch erzeugt wird, dass man im Gedankenexperiment ein Proton auf dem Sirius wegnimmt, etwas für unser Wetter bedeutet. Das ist fast schon so unsinnig, dass man es nicht glauben mag, aber mathematische Physiker haben das berechnet. *Michael Berry, David Ruelle, Heinz-Otto Peitgen* kommen alle zu dem gleichen Ergebnis, dass dieser winzige Unterschied einen Einfluss hat, dessen makroskopische Wirkung wir zwar kurzfristig nicht feststellen könnten, die aber binnen zehn bis vierzehn Tagen einen gravierenden Einfluss auf das irdische Wetter hätte. Und das Wetter kann, wie wir wissen, Schlachten entscheiden, die Ernährungslage von Kontinenten bestimmen und die Geschichte verändern. Prinzipiell sind solche chaotischen, komplexen Wechselwirkungen also möglich. Wenn sie das Wetter beeinflussen können, dann auch unsern Körper und unser Gehirn.

Zu Anmerkung [41]: Die USA glauben mit Großbritannien den eigenen Einfluss auf die EU besser zu kontrollieren. Kurzer historischer Einschub: *Charles de Gaulle* verhindert zweimal den Beitritt der Briten. Das historisch *verspannte* Verhältnis von Frankreich zu Großbritannien geht auch auf die *Suezkrise* zurück: 1956 verstaatlicht der ägyptische Präsident *Abdel Nasser* den Suezkanal und schmeißt Briten und Franzosen aus dem Land. Beide versuchen den Kanal zurückzuerobern und entsenden Truppen. Die USA treten auf den Plan und machen den Briten klar, dass sie keinen Krieg gegen den sowjettreuen Präsidenten (*Kalter Krieg!*) führen werden. Die Briten stoppen die militärische Aktion und ziehen sich abrupt zurück, ohne die verbündeten Franzosen darüber zu informieren. Diese sind brüskiert. Bundeskanzler *Adenauer* erkennt seine Chance und bringt den europäischen Gedanken wieder ins Spiel: *Jetzt will er die europäische Einheit schaffen.* Die „Suezkrise" ist die Geburtsstunde der EWG und der Europäischen Atomgemeinschaft (*Euratom oder EAG*), die im Rahmen der *Römischen Verträge* 1958 ratifiziert werden.

Dass die Deutschen den Beitritt der Briten vorantreiben, hat *de Gaulles* mit dem Satz kommentiert: *„Die Deutschen verhalten sich wie Schweine".* Erst 1973 ist der Weg dann frei für die Aufnahme. Aber von Anfang an ist es keine glückliche Ehe der Partner. Relativ schnell fordert *Prime Minister Margret Thatcher „I want my money back"* und die EU knickt ein. Die Briten erhalten 60% ihrer Beiträge zurückerstattet. *Thatcher* privatisiert im Rahmen ihrer *„Schlacht um England"* (Neokapitalismus) wichtige staatliche Unternehmen und stellt sich gegen die Tendenz eines EU-Superstaates. Der *Euro* wird nicht übernommen. Das *Schengen Abkommen* wird nicht unterzeichnet. 2013 kündigt *Premier Cameron*, um seine Macht zu erhalten, ein Referendum über den Verbleib der Briten in der EU an. 2016 votieren die britischen Wähler mit 52 zu 48% für den Austritt aus der EU. Das Nationale ist den Briten wichtiger als das Gemeinsame. Aber das ist britische Tradition und die Briten haben nie einen Hehl von ihrer Position gemacht.

Zu Anmerkung [44]: *Daniel Oberhaus* berichtet im bekannten Nerd-Journal *WIRED* über eine Studie zu den Kosten des deutschen Ausstiegs: *„The researchers, based at UC Berkeley, UC Santa Barbara, and Carnegie Mellon University, found that nuclear power was mostly replaced with power from coal plants, which led to the release of an additional 36 million tons of carbon dioxide per year, or about a 5 percent increase in emissions. More distressingly, the researchers estimated that burning more coal led to local increases in particle pollution and sulfur dioxide and likely killed an additional 1,100 people per year from respiratory or cardiovascular illnesses … the researchers calculated that the increased carbon emissions and deaths caused by local air pollution amounted to a social cost of about $12 billion per year. The study found that this dwarfs the cost of keeping nuclear power plants online by billions of dollars, even when the risks of a meltdown and the cost of nuclear waste storage are considered… <It's also clear that people don't realize the cost of local air pollution is pretty severe. It's a silent killer>"*, says *Akshaya Jha*.". Ebd. *WIRED, Science*, 01. Januar 2020.

Zu Anmerkung [48]: Zum Studium der *barbarischen Wilden* oder der *noblen Wilden (je nach Glaubens- oder Überlegenheitsideologie)* ziehen die *Forscher* in entlegene Gebiete der Welt und studieren ihre *Objekte*. Die Strategie des *no-skin-in-the-game* hat die ersten Ethnologen lange fest im Griff. Erst der polnische Gelehrte *Bronislaw Malinokwski* (1884-1942) hat ein Gegenmodell zum Modell einer vermeintlich aus wissenschaftlichen Gründen erforderliche *Distanz zum Objekt* der Forschung angeboten. Er ist der Erfinder der teilnehmenden *Feldforschung (Beobachtung als Methode)*. Er war mittendrin. Er hat sechs Monate mit dem Volk der *Mailu (Neu Guinea)* zusammengelebt; auf den *Trobriand Inseln (Neu Guinea)* lebt er in einem Zelt unter den Eingeborenen und lernt ihre Sprache, Sitten und Gebräuche zu verstehen. Kurzum, er will erklären, welche Bedeutung die Lebensweise und besondere *Funktionen der Kultur* der „*Wilden*" für die Menschen selbst haben. Das ist radikal modern und die Geburtsstunde der *teilnehmenden Feldforschung und des Funktionalismus*: Er hatte ausdrücklich *his-own-skin-in-den-game*.

Zu Anmerkung [49]: Siehe die Zustände im Berliner *Görlitzer Park*, Bezirk Kreuzberg: 5 gr. Drogenbesitz für den Eigenbedarf ist mit den Behörden als straffrei vereinbart. Die Vertreter der Interessengemeinschaft Görlitzer Park erkennen im Handel mit Drogen keine grundsätzliche Problematik, schon gar nicht eine kriminelle Tat. Der Senat ist den Empfehlungen dieser Bürgerbewegung weitgehend gefolgt. Auf der Strecke bleiben die rechtstreuen Bürger, die am Drogenkonsum kein Interesse haben und doch von den Dealern oft aggressiv angesprochen werden. Das Ergebnis: In wenigen Monaten hat sich die Zahl krimineller Jungdealer aus dem Migrantenmilieu und die Gewaltdelikte vervielfacht. Der Senat hebelt vorsätzlich seine eigenen Ordnungskräfte aus und hat sich von einer „Null-Toleranz-Politik" verabschiedet *(Sarah Heidi Engel, Das ist eine Kapitulation des Rechtsstaats; in DIE WELT vom 09.11.2017)*.

Zu Anmerkung [54]: Die Manager hatten *früher* offenbar alles richtig gemacht. Sie waren die *Number One*. In Forschung & Entwicklung hatte *Kodak®* etwa 25 Mrd. US $ gesteckt, eine gewaltige Summe zu der Zeit, aber keine neuen Produkte entwickelt. Das alte Produktsortiment wurde immer besser, aber der neue Markt filmte schon *digital*. Die Herausforderungen der neuen Digitaltechnik hat das Management über Jahre ignoriert und nicht in die neue Zukunft investiert. In den 1990ern beginnt das Ende des Unternehmens, schleichend, aber unaufhaltsam. *Fujifilm® und Apple®* zum Beispiel setzten schon früh nur auf *Digital* und sind breiter aufgestellt. Als *Steve Jobs* wieder als *CEO* zu *Apple®* zurückkommt, macht er das mit der klaren Absicht, das tradierte PC-Unternehmen radikal zu verändern. Er verordnet Apple® ein umfassendes Innovationsprogramm: Wir stoppen alles, was dem Verbraucher nichts nutzt und lösen uns vom reinen PC Geschäft. Ergebnis: *Apple®* wendet sich unter anderem den Möglichkeiten der neuen Digitalkamera zu. Neue Produkte kommen auf den Markt, *Ipod, Iphone*. Die *Apple® Aktie* steigt im August 2012 an der *New Yorker Börse* auf den Rekordwert von 664 US $ und überflügelt den alten Rekordhalter *Microsoft®*, der seit 1999 das Ranking als reichstes börsennotierte Unternehmen der Welt innehatte. *Steve Jobs* hatte begriffen, dass alles in der Welt dynamisch ist. Schnelle Herausforderungen brauchen schnelle und dynamische Anpassungen. Wer keinen Zukunftsplan hat, erodiert bereits in der Gegenwart. Wer Bremser an Bord hat, kann nicht beschleunigen, wenn es erforderlich wird. Bei *Kodak®* hatten sich die Vorstände jahrzehntelang selbst gefeiert und im Glaskasten auch dann noch mit Schampus angestoßen, als die Digitalwelle schon über sie hinweg sauste. Die Japaner hatten daraufhin das Geschäft übernommen. Digitale Anbieter verändern das Nachfrageverhalten der Kunden. 1997 war die Aktie von *Kodak®* noch 90 US $ wert. 2012 wollen die Kunden an der *New York Stock Exchange* nur noch 76 Cents dafür bezahlen.

Zu Anmerkung [58]: Die Erkenntnis, dass alle heute lebenden Menschen einen gemeinsamen Ursprung haben, ist *common knowledge* der Anthropologie. Wahrscheinlich ging die Differenzierung der menschlichen Spezies in mehreren Wellen von Afrika aus, und die Menschen verbreiten sich seit dieser Zeit in jedem Winkel dieser Erde. Alle heute lebenden Menschen sind genetisch eng miteinander verwandt. Es gibt keine überlebenden unabhängigen Entwicklungssträge – abgesehen von einigen Einmischungen ausgestorbener Linien (Neandertaler, Denisowa-Mensch, etc.). Auch die Chinesen, deren Forscher vor Jahren nachzuweisen versuchten, dass sie eine unabhängige Spezies seien, gehören zur Hauptentwicklungslinie. Die Ergebnisse bestätigten das bestehende Paradigma. Jede Differenzierung hinsichtlich physiologischer Dispositionen (Hautfarbe, Körpergröße, Gewicht, Sprache, etc.) ist Ergebnis von spezifischen Umgebungsbedingungen (Klima, Ressourcen, etc.), die sich ändern können. Wer in ein anderes Land geht, geht also, genetisch gesehen, zu seinen Verwandten. Mr. *Trump, listen,* zuhören bitte, selbst *Barack Obama* hat, wie Sie auch, bereits Mitte des 18. Jahrhunderts aus Deutschland in die Neue Welt emigrierte Vorfahren vorzuweisen. *Christian Gutknecht ist ein Urururururgroßvater Obamas, wanderte 1749 mit seiner Ehefrau aus dem elsässischen Ort Bischweiler (heute Bischwiller/Frankreich) nach Amerika aus,* berichtet das ZEITmagazin am 23.07.2008. Um etwas Romantik aus der Geschichte zu nehmen: Genetische Verwandtschaft hindert weder Schimpanzen noch Menschen, andere Mitglieder ihrer Spezies abzuschlachten – vorzugsweise dann, wenn sie einem anderen „Stamm" angehören oder einen anderen „Glauben" haben.

Zu Anmerkung [61]: Als *Robert Hooke*, Mitglied der „*Royal Society"* und erbitterter Gegner *Newtons* davon hört, behauptet er, selbst der Erfinder

der Formeln zu sein und diffamiert *Newton*. *Newton* erinnert sich an einen früheren Plagiatsvorwurf von Seiten *Hookes*, über den er immer noch verbittert ist und lehnt die Veröffentlichung ab. Der Astronom *Halley* erkennt aber die Tragweite des Werkes. Die *Society* kann das bahnbrechende Werk nicht auf eigene Kosten veröffentlichen, weil es sich mit einem Werk über Fische bereits finanziell übernommen hatte. *Halley* springt ein und finanziert die „*drei Bücher der Mathematical Principles of Natural Philosophy*", kurz „*Principia*", aus eigener Tasche. Das Werk wird am 05. Juli 1687 veröffentlicht. In den Jahren 1713 und 1726 veröffentlicht er Erweiterungen der „*Principia*" mit den *Bewegungsgesetzen ("Laws of motion*"; das sind die Grundlagen der klassischen Mechanik) und dem *Gravitationsgesetz ("Law of universal gravitation*").

Zu Anmerkung [77]: Die Gemeinde lädt ihre Bürger zum sogenannten *Demokratiedialog* ein. Eine Einladung erhält, wer durch einen Zufallsgenerator aus der Gruppe der Bürger der Gemeinde ausgewählt wird. Die Bürger diskutieren auf der Veranstaltung Themen, die sie selbst auswählen, weil sie *ihnen* (lokale Bedeutsamkeit) wichtig sind. Bürger, die sich gerade kennengelernt haben, starten den Dialog um die eigene bestmögliche Zukunft. Sprach- und Meinungsübersetzer sind nicht vorgesehen. Moderatoren ja, aber keine Zensoren, und siehe da, die Bürger fühlen sich mitgenommen und mit ihren Bedürfnissen, aber auch mit guten Ideen akzeptiert. Und nach Aussagen von Teilnehmern hat diese Form der Mitwirkung sogar noch Spaß gemacht, weil auf eine ungekünstelte Art und Weise das Miteinander gestärkt wurde. Was will man mehr erreichen? Die Anzahl der Mitmacher und die Qualität der Dialoge wären wichtige Indikatoren für das faktische Interesse an direkter Politik, und sollten von Soziologen und Parteienforscher ermittelt werden.

Zu Anmerkung [78]: Die Gründe zur Verweigerung der Mitwirkung des Einzelnen an Lösungen sind dabei nicht zu unterschätzen. Mitunter aus Angst, sich aus Unkenntnis zu blamieren, oder aufgrund schlechter Erfahrungen, ist es ungefährlicher, erst gar nicht zu erscheinen, oder mitzumachen und vorbeugend neue Methoden und Lösungen unisono schlecht zu finden. Hierin unterscheiden sich die Diskutanten in der Politik nicht. Aber wenn gut gemacht und gut gemanagt, haben alle einen Nutzen davon, nämlich den Wissenszuwachs und das gute Gefühl mit der eigenen Meinung zu zählen. Der Trick zur Lösungsfindung besteht im Wesentlichen im methodischen „Anzapfen" der Wissens- und Erfahrungsressourcen des Einzelnen. In der Wirtschaft werden dazu umfangreiche Teamentwicklungsverfahren (z. B. die Technik der „*ongoing communication*" [*regelgeleitete Gesüprächsführung*]; das ist ein

Verfahren zur Minimierung von Fehlinformationen und Missverständnissen) eingesetzt, und das mit nicht geringem Erfolg für die Unternehmen und die Einzelnen. Warum kopieren wir das Modell nicht für die politische Kommunikation mit dem Bürger?

Zu Anmerkung [83]: Der Fehlschluss 30% kommt auf der Basis nicht standardisierter Vergleichsgruppen zustande. Aber selbst unstandardisiert wäre es nicht ein Drittel, sondern gut ein Fünftel (21% nach statista, resp. Oxfam/Bundesregierung). Bei Standardisierung – wobei die wichtigsten, aber noch nicht alle verzerrenden Faktoren berücksichtigt sind – beträgt der „*gender pay gap*" aber nur etwa 6%. Interessant ist, wie sich falsche Informationen in den Köpfen festsetzen. Dies ist zugleich ein schönes Beispiel für die *Mem-Theorie* der Informationsverbreitung – aber auch für die wirksame Propaganda sogenannter „*Frauenrechtlerinnen*". Warum verdient der Chef eines DAX-Unternehmens oft das Mehrhundertfache im Vergleich zu einem seiner Angestellten? Die Erklärung ist so simpel wie banal. Wer als angestellter Manager ein höheres Gehalt oder eine dicke Provision bezieht, erhält diese, weil die aufsichtführenden Gremien (i. d. R. der Aufsichtsrat) entschieden haben, dass *diese Person* das Geld wert ist und andere nicht. In der Regel traut man dem Topmanager zu, die vereinbarte zukünftige Rendite des Unternehmens zu erwirtschaften. Dazu sind große Erfahrungen, historische Erfolge und besondere Alleinstellungsmerkmale förderlich. Ein Alleinstellungsmerkmal kann auch die Persönlichkeit des Managers sein, die spezifischen Markt- und Produktkenntnisse oder – in Zeiten der Gleichstellungskampagnen – auch das Geschlecht des Managers. Hier liegt der entscheidende Unterschied zur Diskussion der Leistungsthematik in der Öffentlichkeit und in der Politik. In der Regel haben Politiker kaum Alleinstellungsmerkmale (USP), ähneln sich im Charakter und der Arbeitsleistung und erzeugen häufig keine „Produkte", die einen hohen Mehrwert für die Gemeinschaft darstellen. Mit etwas Glück oder Sachverstand richten sie zumindest keinen Schaden für die Volkswirtschaft oder die Sparer an. Politiker sehen ihre Leistung naturgemäß völlig anders und missverstehen daher, vielleicht wissentlich, das grundlegende Prinzip „*Leistung bewirkt Erfolg*".

Zu Anmerkung [84]: Über Jahre haben die internationalen „*Big Four*" Steuerberatungs- und Wirtschaftsprüfungsgesellschaften (Deloitte, KPMG, Ernst&Young, PricewaterhouseCoopers) massive Lobbyarbeit betrieben, mit dem Ziel, dass die klassische Unternehmensprüfung von der (Unternehmens-)Beratung formal juristisch *nicht* abgetrennt wird. Den vier Großen war es gestattet, Steuersparmodelle in denselben Unternehmen einzubauen, die sie später prüften. Das

Gesetz zur *Bilanzrechtsreform* sollte das verhindern. Aber die Lücken wurden nicht geschlossen. Die Prüfgesellschaften bauen bei guter Prüfarbeit auf Folgeaufträge und die liegen auch in der Beratung der Unternehmen. Das konnte nicht gut gehen, auch wenn man sich keiner irgendeiner Schuld bewusst ist. Es geht schließlich nur um die systematische Ausnutzung der Lücken in der jeweiligen Gesetzgebung. Und wer hat die Gesetze gemacht? Und wer hat sie vorbereitet? Wer weiterdenkt, ist selbst schuld, wenn er nachts Albträume bekommt. Der Aufwand für das Nachfeilen und Entgraten der Gesetze wird immer größer und Opfer falscher Politik sind immer (nur) die Bürger selbst. Geschätzt wird, dass z. B. alleine durch clevere Steuervermeidungsmodelle dem Steuerzahler circa eine Billion Euro vorenthalten werden.

Zu Anmerkung [86]: Das Bundesverfassungsgericht hat 1997 das Gesetz über die Vermögenssteuer als verfassungswidrig eingestuft. Das Gesetz wurde danach nie abgeschafft, aber alle Forderungen nach Reaktivierung (eine der Hauptforderungen der *LINKEN*) werden mit dem Verweis auf das *Urteil* des Verfassungsgerichts elegant weggewischt. Kompensiert werden die Fehlbeträge durch die geplante Erhöhung der Grunderwerbssteuer (Planung: 3,5%) und die Bemessungsgrundlagenerweiterung bei der Erbschaftssteuer (Planung: 5% Erhöhung pro Jahr) 2019/20. Mit Blick auf die bereits fatalen Negativzinsen auf den persönlichen Kapitalerwerb leisten die Pläne der weiteren Enteignung der Menschen (maßgeblich des Mittelstands) keinen guten Dienst.

Zu Anmerkung [87]: Der Milliardär *Robert Mercer* ist 100% Eigentümer von *Breitbart*. Seine Tochter *Rebecca* leitet die Stiftung „*Make America No 1*". Die Stiftung ist der politische Arm des Vaters und unterstützt im amerikanischen Wahlkampf die *Make-America-Great-Again* Kampagne (*#MAGA*) von *Donald Trump*. *Breitbart* mit *Steve Bannon* an der Spitze „berät" wiederum den Kandidaten *Donald Trump*. *Breitbarts* Produktionsfirma „*Glitting Steal*" ist das Dach unter dem „*Cambridge Analytica*" (*CA*) *in London* sitzt. *CA* ist spezialisiert auf das *political profiling* und wurde von *SCL Defence und Mercer* in den USA gegründet. Ziel des Unternehmens scheint es zu sein, Datenmodellierungsverfahren zur Wahlbeeinflussung zu kreieren. Mithilfe von Algorithmen zum *Verhaltens-Micro-Targeting* (= angewandte *Psychometrie*) auf Basis des *OCEAN* Testverfahrens von *M. Kosinsky* (er hat den entsprechenden Fragebogen für *Facebook®* entwickelt und dazu Millionen von *Facebook®* Daten genutzt), sollen besondere Wählergruppen herausgefiltert und dann mit gezielten und zielgruppengenauen Botschaften adressiert werden. Warum geht man davon aus, dass diese Botschaften ihre Wirkung nicht verfehlen? *CA* hat auf Basis des Algorithmus insgesamt 87 Millionen *Facebook®* *Profile* zur Analyse des amerikanischen Wahlverhaltens/Präferenz ausgewertet. *Der Algorithmus ist so clever, dass er mich bei > 230 Likes bereits besser „kennt" als der eigene Lebenspartner,* sagen die Experten. Mithilfe des *Micro-Targetings* entsteht so ein präzises *GEO-Targeting.* Der Algorithmus liefert viele qualitative Daten und *man weiß* jetzt, *WO, WELCHE* Wähler mit *WELCHEN* Präferenzen wohnen. Hieraus lassen sich ziel- und ortgruppenspezifische Ansprachen entwickeln und den potenziellen Wählern bereitstellen. Diese *„Botschaften"* werden an die identifizierten Personen in einem abgeschlossenen Bereich bei *Facebook®* mittels der Funktion *„dark posts"* platziert, die nach Versand nicht mehr sichtbar sind, da die „Nachrichten" selbst nicht öffentlich sind. War der *BREXIT* der Testfall für die amerikanische Präsidentschaftswahl? Denn nach dem Erfolg in Großbritannien mutiert das *CA Team* zum Wahl-kampfteam von *Trump.* Das punktgenaue *Targeting* der sogenannten *SWING*-Wähler (Wechselwähler) in nur wenigen Bundesstaaten mit konkreten *Trump*-Botschaften (Waffen, Abtreibung, Healthcare) und Falschinformationen verfehlen ihre Wirkung nicht. *Trump* gewinnt die Wahl mit geringem Aufwand und 76.000 Stimmen Vorsprung in diesen *SWING*-Staaten, obwohl er insgesamt einige Millionen Wählerstimmen weniger als seine Konkurrentin hat. Sein Vorgänger *Obama* hatte sehr gekonnt junge Wähler über die sozialen Medien mobilisiert. *Trump* kannte offenbar Leute, die die Möglichkeiten des Internets noch viel besser nutzen konnten (alle Schilderungen basieren auf Analysen im *Guardian,* ebd. 2019).

Zu Anmerkung [92]: Bei *Luther* bedurfte es für die Zwiesprache mit dem Schöpfer *keines* – formalen – Mittlers (i. e. Geistlicher) mit Macht-anspruch. Damit sprach er sich gegen die universale und exklusive Rolle der Priester (die „Politiker des Glaubens") aus, und wollte nur für kleine Verbesserungen, weniger Bevormundung und Ritualisierung werben. Er wirbt für eine Gesellschaft des Miteinanders, aber nicht der Beteiligung. Die göttliche Ordnung war für ihn selbst unantastbar. Revolutionär war (nur) die Erkenntnis, dass, um Gnade zu erlangen, der Gläubige keinen Übersetzer der Botschaft Jesu brauche. Das war eine Kampfansage an die Katholische Heiligkeit und gegen den Kaiser selbst, gewollt oder ungewollt ein Kampf gegen die göttliche Ordnung. Mit den Worten Hier stehe ich, ich kann nicht anders, soll er seine Thesen in Worms 1521 vor dem Kaiser *Karl V* begründet haben. Der Kaiser wird aber vom Papst gesalbt. Dieser schützt – *quid pro quo* – sein von Gott (persönlich) verliehenes Amt. Seit Otto I sind das Heilige Römische Reich Deutscher Nation und die Katholische Kirche in Rom untrennbar miteinander verbunden und existenziell wechselseitig aufeinander angewiesen.

Zu Anmerkung [96]: Der letzte Deutsche Kaiser ist mit seinem privaten Millionenvermögen in die Niederlande verreist und entschädigt wurde natürlich niemand. 2019 fordern die Erben der Weltenmacher und Weltenzerstörer ihr Eigentum komplett zurück.
Die Weltmächte Spanien (Kastilien und Aragon) und Portugal teilen 1494 (*Tradato des Tordessillas*) die damals bekannte Welt unter sich in Ost und West auf. Das galt auch für solche Länder, von denen man nur gehört hatte, aber noch nicht entdeckt waren. In der Moderne sind es die Machtblöcke, die die Welt in Abhängigkeit vom Grad der wechselseitigen Bedrohung mit potenziellen Massenvernichtungswaffen unter ihren Einfluss bringen und halten. Und die Erde ist nicht das finale Ziel von Expansion und Okkupation.
Der *Weltraumvertrag von 1967* („*The Treaty on Principles Governing the Activities of States in the Exploration and Use of Outer Space Including the Moon and Other Celestial Bodies*"), legt zum Beispiel die Rahmenbedingungen für die rechtliche Inbesitznahme des Mondes fest. Die *Aliens*, die (vielleicht) auf der dunklen Rückseite leben (die Chinesen wollen nachschauen!), werden dazu aber bestimmt nicht befragt. Am 25. November 2015 unterzeichnet Präsident *Obama* den *„Commercial Space Launch Competitiveness Act"*, der die rechtlichen Rahmenbedingungen für die private Ausbeutung von Weltraumbodenschätzen festlegt. Mal sehen, wann *Donald* das herausbekommt? Die Gründe für das angeblich Unvermeidbare ähneln doch alle wieder sehr dem mittelalterlichen kaiserlichklerikalen Dogma der Weltbeherrschung. Hoffentlich kommen jetzt keine Außerirdischen vorbei und klären uns darüber auf, wie die wirklichen Besitz- und Eigentumsverhältnisse in diesem Universum sind.

Zu Anmerkung [102]: *Darwin* hat klar gemacht, dass *„survival of the fittest"* (ein Ausdruck, den er von Herbert Spencer übernahm) vieles bedeuten kann und auch Kooperation und das Streben nach Gerechtigkeit einschließen *kann*. *Erfolg* heißt in der Evolution (nur) *„Überleben der Art"*. Es gibt Arten wie den Kuckuck und den Adler, die durchaus nicht kooperieren, sondern die lästigen Eier der potenziellen Fresskonkurrenten einfach aus dem Nest werfen (im Fall der Adler auch schon geschlüpfte Geschwister). Und jeder neue Chef im Löwenrudel tötet erst einmal alle noch nicht geschlechtsreifen Kinder seines Vorgängers, bevor er die Löwinnen besteigt, um seine eigenen Gene zu verbreiten. Selbst bei sozial lebenden Arten hat Kooperation und Gerechtigkeitsstreben seine Grenzen. Zuerst frisst der Chef, wenn noch etwas übrig ist, die anderen, in der Reihenfolge der Hierarchie. Wer die Hierarchie nicht beachtet, kann trotzdem Erfolg haben, aber er geht das Risiko ein, abgestraft zu werden.

Zu Anmerkung [105]: Etwas mehr als 100 Jahre nach der *Säkularisierung* von 1802/1803 bezahlten die braven Bürger als Ausgleich für den Wegfall des „*Zehnten*" nach wie vor eine *Kirchensteuer*, die für die einstigen Mächtigen zudem mit staatlichen Zuzahlungen aufgestockt wurden. In der *Weimarer Verfassung* von 1918 wird die Trennung von Kirche und Staat zwar gesetzlich verankert. Zugleich erhalten die Kirchen den Status einer *Körperschaft des Öffentlichen Rechts* und dürfen seitdem Kirchensteuern auf der Grundlage der Steuerlisten einziehen. Direkte Kirchensteuern bezahlt danach nur, wer Mitglied einer anerkannten Kirche ist. Aber aus Steuermitteln werden die Gehälter und Renten der Erzbischöfe, Bischöfe und anderer kirchlicher Bediensteter bezahlt. Damit entrichtet jeder Steuerzahler, auch wenn er die Kirche ablehnt, seinen gesetzlichen Obolus. Der Staat übernimmt zudem die Organisationsleistung der Steuereinziehung im Rahmen der allgemeinen Steuerverwaltung.

Diese Art der Alimentierung durch Steuern ist gerade in modernen und aufgeklärten Gesellschaften ein hohes Gut für die Nutznießer. Wenn der Staat zudem den „*Zehnten*" für die modernen kirchlichen Fürsten mit der monatlichen Gehaltsabrechnung der Schäfchen eintreibt, ist der Handel perfekt. Wer für Glaubensthemen wirbt, sollte zumindest keine Sorgen beim Einsammeln der Glaubensgelder haben. Die Kirchen haben mit dem drohenden Verlust der Einnahmen schnell reagiert und ein perfektes Gebührensystem mit den Vertretern des Staates ausgehandelt. Das gilt nach wie vor für die drei großen Haupt-religionen in Deutschland, die ihre Positionen auch in allen öffentlich-rechtlichen Gremien personell zu vertreten wissen. Nicht verwunderlich ist die Tatsache, dass auch neue Religionsgemeinschaften, insbesondere die Islamverbände (die per se aber keine Einheitsreligionsgemeinschaft darstellen) immer wieder den Vorstoß in Richtung politische Repräsen-tanz und staatliche Geldtöpfe wagen, spätestens seit Ex-Bundespräsi-dent *Wulff* im Oktober 2010 den Islam als Teil Deutschlands aner-kannte. Vielleicht kann der Druck auf den Staat mithilfe der neuen Migranten jetzt erhöht werden. Was die Geldbezieher mit dem Geld-segen anstellen, ist dann allein die Sache der Empfänger.

Die Weitergabe des Glaubens an deren „Kunden" ist steuerrechtlich betrachtet keine Erwerbstätigkeit (Anlage „G"). Es lohnt sich also für die Religionsgemeinschaften hartnäckig auf die staatlichen Geldtöpfe zu schielen. Denn an Zusatzleistungen *on top* zu den Kirchensteuern und den Überweisungen für den Betrieb von kirchlichen Kindergärten, Krankenhäusern, etc., überweist der Steuerbürger nochmals insgesamt etwa 460 Millionen Euro pro Jahr. Die Zahlungsverpflichtungen sind allesamt durch Staat-Kirche-Konkordate, bis hin zum Grundgesetz und nach 1989 mit dem ostdeutschen Staat-Kirche-Vertrag staatlich garantiert. Die Anstrengungen zur Teilhabe am Steuergeld spiegeln sich bislang nicht bei der Mitwirkung der Kirchenoberen wider, wenn es um eine schnelle und zielführende Aufklärung von Vergewaltigungen von Schutzbefohlenen durch Priester und kirchliche Würdenträger geht. Die Kirchen tun sich schwer mit der Verfolgung der Täter aus den eigenen Reihen und mit Entschädigung der Opfer, und streichen doch ohne Scham das Geld der Opfer ein, Monat für Monat.

Wäre das System der Alimentierung von Glaubensgemeinschaften nicht auch eine hervorragende Blaupause für eine Bürgerrente? Für die sukzessive Enteignung des Bürgers durch prekäre Arbeitsverhältnisse, ungerechte Lohn- und Einkommensbesteuerung, Negativ-Zins-Politik, die Kirchenbesteuerung und die Besicherung des Kasinogebarens der Banken (Bankenunion) und die permanenten Wahllügen gibt es noch keine Kompensation. Bliebe *nur* die Frage der Gegenfinanzierung zu klären.

Zu Anmerkung [109]: Der entscheidende Bifurkationspunkt (Weiche innerhalb enes gesellschaftlichen Prozesses mit mindestens zwei Möglichkeiten) waren sicherlich die *Montagsmärsche*. An der ersten Montagsdemonstration in Leipzig am 25. September 1989 beteiligten sich 8.000 Bürger. Am 09. Oktober 1989 waren bereits 70.000 Demonstranten auf den Straßen Leipzigs unterwegs. Aus der Geschichte könnte man also lernen, wenn die neuen sozialen Veränderungen (neue Montagsmärsche, neue rechtsradikale Bewegungen) als Hinweis auf ein neues bevorstehendes Chaos begriffen würden. Nach dem Abbau der „Sozialistische-*Neue-Welt-Versuchsanordnung*" mit dem Einigungsvertrag zum 06. September 1990, waren nicht wenige bemüht zu beichten, um Absolution und natürlich neue „Pöstchen" zu ergattern. *„Wir haben nie mitgemacht … die da oben …"* Die Reue hat ihnen aber niemand abgenommen, weil die DDR Machteliten und Mitläufer bekanntermaßen nicht *religionstreu* waren.

Zu Anmerkung [110]: Die sogenannten „*Vertragsarbeiter*" aus den sozialistischen „Bruderländern" waren für die DDR *willkommene* Arbeitskräfte. Das ist die tagespolitische Folklore der Staatsideologie, die sich selbst als Gegenmodell des Faschismus versteht. Die Realität war und ist anders. Die Vertragsarbeiter waren allesamt ohne Bleiberecht und es wurde erwartet, dass sie wieder in ihre Heimatländer zurückkehrten. Integration war nicht gewünscht. Der (lange versteckte) westdeutsche Rechtsradikalismus und das Wiedererstarken nationalsozialistischen

Gedankenguts und entsprechender Gruppierungen oder Parteien (NPD, REP) war für die DDR der Beleg für das revanchistische west-deutsche kapitalistische System. 1987 überfallen 30 Neonazis die Besucher eines Punkkonzerts in der Ostberliner *Zionskirche*, prügeln auf die Besucher ein und schreien Naziparolen: „Judenschweine", „Kommunistenschweine". Die Führung der DDR war völlig über-rascht. Gleichzeitig kommt es zu zahlreichen Verwüstungen und Schmierereien an jüdischen Gräbern. Die Strafen für die Täter sind hart, aber sie werden nur wegen sogenannten „Rauditums" verurteilt. Nach dem Fall der Mauer 1989 und Folgejahre brechen die alten Risse in der neuen Gesellschaft weiter auf, und die „Raudis" machen sich auf zur Jagd auf Ausländer. Januar 1989: Die REP erhalten 7,5% der Stimmen für das Abgeordnetenhaus von Berlin. Im Juni 1989 zieht die REP mit 7% Stimmen in das Europäische Parlament ein. Bei den etablierten Parteien macht sich Panik breit. Montag, der 24. August 1992: Die vier Tage andauernde Straßenschlacht zwischen Neonazis und der Polizei vor der zentralen Aufnahmestelle für Asylbewerber in Rostock-Lichten-hagen gehen in die kurze Geschichte des gemeinsamen Deutschlands als die Tage des massiven Polizeiversagens ein. Vor laufender Kamera versuchen die Täter unter Beteiligung einer johlenden und enthemmten Masse von Mitläufern das Gebäude und die Bewohner (Vietnamesen) in Brand zu stecken. Die Polizei zieht sich zunächst zurück und über-lässt die Straße dem Mob. Was sich in den heutigen Wahlergebnissen darstellt, ist im repressiven System der DDR heimlich gewachsen. Was nicht sein kann, darf auch nicht sein, wurde von der DDR Führung genauso behandelt, wie das eine gesamtdeutsche Führung tut: Verharm-losen und Relativieren; mit statistischen Mitteln auf ein Normalmaß eindampfen, Ignoranz der Opferperspektive und ein implizites Verständnis für die Position der Täter, dass nämlich die angeblich eigene Leidensgeschichte die Devianz „entschuldigt". Siehe auch *Hubertus Hall: Gespräch zwischen zwei Geheimdienstleuten (in: www.hubertus-hall.de).*

Zu Anmerkung [113]: Geht Großbritannien, verliert die EU das Mitgliedsland mit dem zweitgrößten BIP in der EU: Deutschland: 21,3% (stärkster Beitrag am Gesamt BIP der EU), GB bereits auf Platz 2 mit 15,1%, Frankreich 14,8%, Italien 11,7%, Spanien 7,6%. Entschei-dend ist, dass der Austritt der Briten, bezogen auf das BIP, vergleichbar wäre mit dem Austritt von 18 (kleineren) Mitgliedsländern. 18 Länder erwirtschaften insgesamt (nur) 13,9% am Brutto-Inland-Produkt (BIP) der EU! Wäre es nicht wichtiger, alles zu tun, dass die Briten die EU nicht verlassen, und dazu vielleicht über die Kritikpunkte der Briten nachzudenken? Vielleicht könnten damit auch die Fehlkonstruktionen, Demokratiedefizite und der Euro saniert werden? Historisch betrachtet boten die Briten mit dem Beitritt Deutschland die Chance, am freien Welthandel teilzunehmen. Ohne die Brits verschiebt sich das Machtgefüge in der EU. Die SÜD-Länder und Frankreich sind nicht *freihandelsaffin*, eher protektionistisch (Frankreich: hohe Agrarsubventionen). Nach dem Austritt hätten die SÜD-Länder im Ministerrat dann die Sperrminorität (festgelegt auf 35%), da sich das Gleichgewicht dramatisch zugunsten des Südens (43%) zum Nachteil des Nordens (nur noch 30%) verschiebt. Daraus entsteht zwangsläufig politischer Druck auf Deutschland. Der Testfall wird sein: US-EU-Verhandlungen über die Agrarliberalisierung. *Trump* will Agrarprodukte (Fleisch, Soja etc.) in die EU schieben und wird „*Autos gegen Steaks*" verhandeln. Was folgt aber dann? Ein Handelskrieg (den *Trump* sicherlich im Sinn hat, um seine Farmer als Wähler zu halten und die Industrie anzukurbeln), oder der massive Protektionismus des Agrarsektors (den der Franzose *Macron* sicherlich im Sinn hat)? Und die Italiener? Sie wissen, dass sich die EU keinen Austritt eines weiteren größeren Mitgliedlandes leisten kann.

Die Entwicklungen in Europa sind vorgezeichnet. Vor dem Beitritt war Italien am Rande einer Staatspleite. Durch die Angleichung der Lira an den Euro verschwand der Zinsunterschied zwischen den Währungen. Die Italiener benutzten die Zinseinsparungen aber nicht zur Sanierung der Staatsfinanzen (Schuldenabbau), sondern machten zwei Dinge, für die sie berühmt und berüchtigt sind: (a) sie setzten die Zinsersparnis für den Konsum ein, und (b) verschuldeten sich zugleich aufs Neue, diesmal aber zu weit geringeren Zinskosten als vorher. So kam es zu Lohnsteigerungen (positiver Effekt), die sich aber nicht auf Exportpreissteigerungen übertragen ließen (negativer Effekt). Das eigentliche Problem Italiens war also der Verlust der Wettbewerbsfähigkeit durch falsche *relative Güterpreise,* erläutert *Hans-Werner Sinn.* Und weiter: Seit 1995 wurde Italien relativ zu Deutschland um ca. 39% teurer. Schuldenmachen hat den Konsum angekurbelt und die Nachfrage angeschoben, um dann wieder das Schuldenmachen anzuschieben. Solange der *Euro* rollt, ist alles A-OK („*Keynesianische Dämpfe*") (*Hans-Werner Sinn*).

Von den vier Lösungsmöglichkeiten dieser Situation bleibt für Italien praktisch nur eine übrig: Lösung 1: Einrichtung einer *Transferunion* (Bsp. Saarland, alte Bundesländer zu neuen Bundesländern) „Mezzogiorno"-Schicksal. *Lösung 2: Deflation* des Südens (Austerität – staatliches Spardiktat). Was wären die Folgen: enorme soziale Verwerfungen als Preis für Wettbewerbsfähigkeit? *Lösung 3: Inflationierung* des Nordens, damit sich das Niveau SÜD – NORD langsam annähern kann. Die EU definiert 2% Inflation als Preisstabilität! Rechnerisch müssten für Lösung 3 die Inflationierung 16 Jahre lang durchgehalten werden, um ein vergleichbares Niveau zu „erschaffen". *Lösung 4: Austritt aus der EU und offene Abwertung (Modell Griechenland, vorgeschlagen aber aus politischen Gründen verworfen!)*. Folge: massive Kapitalflucht. Italien beschließt im Vorgriff auf die kommenden Ereignisse im Mai 2019 sogenannte *Mini-Bots* als Zahlungsmittel für die italienischen Bürger einzuführen. Damit können z. B. die Steuerschulden der Italiener an ihren blanken Staat bezahlt werden. Das neue Bon-Geld ist dann eine Alternative zum *Euro*. Italien kann nur Lösung 1 haben wollen. Selbst für die Franzosen hätte die *Transferunion* Vorteile, weil die französischen Banken dann ihre Kredite zurückbekämen, ebenso die deutschen Banken/Gläubiger. Italien fordert bereits einen *Schuldenerlass*. Kommt die Transferunion, dann finanzieren 60% der EU-Länder das Schuldenmachen von 40%. In Deutschland war es ein Verhältnis von 80:20 (alte zu neuen Bundesländern).

Die *Target-Schulden*, heutiger Stand Juni 2019: 976 Mrd. EU (Deutschland) zu -960 Mrd. (Südländer) im Rahmen des *OMT/ESM*-Programms der EU von 2011 ff. Deutschland gerät massiv unter Druck. *Draghis* Plan*, ich kaufe alles, was es braucht, damit der Euro nicht abstürzt,* geht solange gut, solange Italien keinen Schuldenerlass erzwingt. Seine Nachfolgerin *Christine Lagarde* wird *Draghis* Kurs fortsetzen. (*Hans-Werner Sinn*, *„Entwicklung der Weltwirtschaft"*, Zusammenfassung des Vortrags von Prof. *Sinn* an der Universität München vom 22. Juli 2019 durch den Autor).

<u>Zu Anmerkung [118]</u>: Nobelpreise werden nicht aus dem Nichts geschaffen. Zukünftige Nobelpreisträger müssen vorgeschlagen werden. Zumeist machen das die eigenen Kollegen in den Denkfabriken der namhaften Universitäten und die Nobelpreisträger selbst. Das *Inhouse-breeeding* ist gewollt und mit entsprechenden Resultaten, das gilt insbesondere bei den Vertretern der Wirtschaftswissenschaften. Modelle der Finanz- und Börsengurus sind (leider zu) oft Grundlagen für staatliche Finanz-, Wirtschafts- und Sozialpolitik. Für die entsprechenden negativen Folgen kann wieder der Steuerbürger herhalten. Das Gegenmodell: Der Schwede *Jacob von Uexküll* verkaufte seine Briefmarkensammlung für über eine Million US Dollars und gründete 1980 die *Stiftung für Richtige Lebensführung,* die bis heute den *alternativen* Nobelpreis vergibt. Das *Stockholmer Nobelpreiskomitee* hatte seinen Vorschlag damals abgelehnt. 2018 geht der *Right Livelihood Award* an mutige Menschen der Zivilgesellschaft für ihren Kampf gegen Korruption, für Aufforstung und Menschenrechte. Die Deutsche *Petra Kelly* war 1982 Preisträgerin (*siehe www.rightlivelihoodaward.org*).

<u>Zu Anmerkung [125]</u>: Die Industrie baut auf die Möglichkeiten, die die *5G* Technologie (und die bereits in Planung befindliche *6G* Technologie) für globale Produktionsprozesse bieten. *5G* bedeutet, dass Maschinen mit Maschinen *autonom* „kommunizieren" werden. Damit würde der Wunsch globaler Produzenten in Erfüllung gehen, die Produktionsprozesse zu vernetzen und durch die Künstliche Intelligenz (KI) autonom und mit einem Höchstmaß an Effizienz steuern zu lassen. Die Produktionsprozesse und die Produkte werden dadurch prinzipiell erheblich günstiger. Zugleich werden Arbeitsplätze verloren gehen. Der chinesische Netzinfrastrukturanbieter *Huawei* spielt eine Schlüsselrolle bei dem neuen Technologiesprung. Mit mehr als 100 Mrd. jährlichem Umsatzvolumen ist der Produzent und Anbieter von Netzinfrastruktur-Technologie größer als die *global Player Ericsson und Nokia* zusammen. Überdies würden die gigantischen Mengen an „Produktions-Steuerungs-Daten" über chinesische Server laufen. Die Amerikaner sehen darin ein zentrales Sicherheitsproblem für die amerikanischen Interessen und setzen *Huawei* auf die schwarze Liste. Deutschland ist sich, wie so oft, nicht einig darin, auf welche Seite sie sich schlagen soll und verspielt wertvolle Zeit. Siehe hierzu auch die Anmerkungen zu den amerikanischen Strafzöllen (in diesem Buch, ebd.).

<u>Zu Anhang [133]</u>: Der neue *Kriminalitätsreport 2018* ist veröffentlicht und Innen-, Bau- und Heimatminister *Seehofer* interpretiert, wo es nichts zu interpretieren gibt. Danach soll Deutschland im zweiten Jahr in Folge noch einmal ein Stückchen *sicherer* geworden sein. Natürlich nur auf Basis der gemeldeten Straftaten. Zur sogenannten Dunkelziffer (das sind die nicht gemeldeten „Taten") gibt es nur Schätzungen. Viele Straftaten werden von den Betroffenen gar nicht mehr gemeldet, weil die Aufklärungschancen minimal sind oder die Kapazität der Polizei nicht ausreicht. Der Kriminalitätsbericht 2018 weist insgesamt 5,56 Millionen Straftaten aus. Seit 2017 ist das ein Rückgang um 3,4%. Ohne ausländerrechtliche Straftaten sind es nur 5,38 Millionen Straftaten. Sind also 180.000 ausländerrechtliche Straftaten viel oder wenig für Deutschland? Oder sind es 180.000 Taten zu viel? Zur Beachtung: Ausländerrechtliche Straftaten sind nicht Straftaten von Ausländern, sondern Verstöße gegen das Ausländerrecht. Bei den anderen Straftaten sind Ausländer, gegenüber Inländern mit deutschem Pass (darunter viele mit Migrationshintergrund), etwa dreifach überrepräsentiert. Zu beachten ist, dass es sich um angezeigte Straftaten, nicht um Verurteilungen handelt. Sind das alles Einzeltäter? Sind die Täter krank? Mit den reinen Zahlen lässt sich nur zum Ausdruck bringen, dass die Zahlen sich verändert haben. Daraus abzuleiten, dass Deutschland *sicherer* geworden sei, ist ein klassisches Beispiel für angewandtes *Framing*! Nach der

Interpretation des *number crunchers* könnte auch gelten: *Je mehr Asylbewerber im Land sind, desto geringer steigen die Straftaten in der Bundesrepublik.* Was ist das: eine Scheinkorrelation oder bewusstes Fehlverstehen mit dem Ziel der Manipulation?

Zu Anmerkung [137]: USA und China: Handelskrieg oder Krieg der Systeme? In der chinesischen Stadt *Wenzhou* produziert das chinesische Unternehmen mit dem Markennamen *„Weltmeister Motors" (kurz: WM)* 200.000 Elektrofahrzeuge (Stand 2019) und will damit Weltmarktführer werden. China hat in den letzten 30 Jahren im industriellen Know-how gewaltig gegenüber den westlichen Mitbewerbern aufgeholt, indem sich die Chinesen zunächst in westliche Firmen eingekauft haben, mit dem primären Ziel, das technologische Know-how zu erwerben, und die eigene Industrie fit zu machen. Wer als ausländische Unternehmung in China, im größten Markt der Welt, selbst Geschäfte machen wollte, musste ein Joint Venture mit chinesischen Investoren eingehen, was letztendlich zu einem gigantischen *brain drain* in Richtung China führte. Chinas sogenannte *„indigene Innovationsstrategie"* sieht vor, dass (1) ausländische Firmen nur dann Geschäfte in China machen dürfen, wenn sie ein *Joint Venture* eingehen und (2) potenzielle Partner gegenüber den chinesischen Partnern die eigene Technologie komplett offenlegen. Präsident *Xis* Plan *„China 2025"* ist eine Kampfansage an die westlichen Nationen, allen voran an die USA. China ist mit großen Schritten auf dem Weg zum *World Player No 1*. Das geht in der Start- und Übergangsphase nur mit westlichem Know-how. Hinter den Sanktionen der USA gegen China stecken ökonomische, zuallererst also politisch systemische Gründe. Wer bleibt die Wirtschaftsmacht Nummer 1 der Welt? Kann die Aufholjagd der Chinesen gestoppt werden? Wer übernimmt die Führungsrolle in der Welt?

Die militärische Hochrüstung Chinas und die Kontrolle der Handelswege sind ein wesentlicher Teil des Plans. Mit der Finanzkrise 2008 ist China in die Lücke gesprungen, die die schwächelnden USA aufgerissen hatten. Die Welthandelsorganisation (WTO) untersagt de facto die indigene Strategie. China stört sich aber nicht daran. *Obama* hatte *es* geschafft, China zu einem Einhalten der Regeln *per Vertrag* zu verpflichten (*TIPP*). 2015 sagte der chinesische Präsident *Xi Obama* zu, künftig *Cyberhacking* (Daten- und Patentklau) zu unterlassen. Hand darauf! Die Ereignisse sprechen aber weiterhin eine klare Sprache. Aus diesem Vertrag ist *Trump* nach Amtsübernahme daher wieder sofort ausgestiegen. Die Strafzollpolitik, die mit dem Jahr 2017 beginnt (*„war on tariffs"*) ist die direkte Fortsetzung der Strategie *Obama*s mit anderen (*„Trumpschen"*) Mitteln. *Vice President Mike Pence* beschuldigt China sogar öffentlich des Diebstahls von Unternehmensgeheimnissen (Rede vor

Teilnehmern am *Hudson Institute* am 04. Oktober 2018). „*Beijing now requires many American businesses to hand over their trade secrets as the cost of doing business in China. It also coordinates and sponsors the acquisition of American firms to gain ownership of their creations. Worst of all, Chinese security agencies have masterminded the wholesale theft of American technology –- including cutting-edge military blueprints. And using that stolen technology, the Chinese Communist Party is turning plowshares into swords on a massive scale.*"

Hinter dem Handelskonflikt steckt also weit mehr. Es geht um das richtige Ökonomie- und Politiksystem. Die USA wollen das System des freien Handels und des Kapitalismus. China will den Kapitalismus unter Führung einer Einheitspartei und behält daher – als Staat – das Eigentum und Verfügungsrecht über das Land, Energie und an den Patenten. Das sind die wahren Hintergründe, und sie sind nicht irgendeinem dumpfen Verhalten eines angeblich durchgeknallten Präsidenten geschuldet. Wenn die USA an Wettbewerbsfähigkeit verlieren, wird der China Plan 2025 aufgehen. *Steve Bannon* drückt es wie immer drastischer aus und fordert, dass dieser staatlich gelenkten Wirtschaft das Genick gebrochen werden muss. Die Kosten des *trade wars* werden daher auch die amerikanischen Bürger bezahlen müssen. *Trump* wird vor der kommenden Wahl seinen Wählern erklären müssen, was die wirklichen Gründe sind, sonst stimmen die Menschen wieder mit den Füssen ab.

Xi ist Präsident auf Lebenszeit und kann sich beruhigt zurücklehnen, solange die Chinesen Geld verdienen. Die Chinesen wurden in den letzten 20 Jahren immer reicher und können sich vieles schlicht kaufen. Der chinesische Mittelstand ist so groß wie die gesamte US-Bevölkerung und verfügt über viel Geld, das sie auf der ganzen Welt ausgeben wollen. Die Staatsmacht unternimmt gewaltige Anstrengungen in Innovationsprojekten, Infrastruktur, Handelskooperationen, Militär und maßgeblich auch in Sachen Bildung. Die Chinesen können sich leisten, Tausende von westlichen Wissenschaftlern, Forschern und Lehrpersonal ins Land zu holen, um die eigene Jugend, die zukünftigen Wirtschaftsführer und die Beamten auf den Ist-Stand des (internationalen) Wissens zu bringen. Während Europa und insbesondere Deutschland sich mit der Integration der Flüchtlinge aus Schwarzafrika beschäftigen, sind China und Russland mit den Rohstoffen in Afrika beschäftigt. Der Fokus der deutschen Politik ist offensichtlich falsch. In der Zwischenzeit erhält China weiterhin überflüssige Entwicklungshilfe vom deutschen Steuerstaat. Sind wir bereits auf dem Weg in einen neuen Kalten Krieg? Sicher ist, der Drache ist aus dem Tank und wird nicht mehr dahin zurückkriechen. Die Chinesen werden sich das bereits Erworbene nicht mehr wegnehmen oder die eigenen Zukunftschancen als Global Player ausreden lassen. Selbst die Chinesen sprechen jetzt davon, dass es bei einer weiteren Eskalation der (Handels-) Konflikte zu einer wahren Tragödie für die ganze Welt kommen könne.

<u>Zu Anmerkung [141]:</u> Im Frühjahr des Jahres 711 setzten *berbische* Truppen unter *arabischem* Befehl in *Algeciras* an Land. Die *Berber* waren ein von den Arabern unterworfenes afrikanisches Bergvolk, das sich selbst als „*Moros*" bezeichnete, die „*Mauren*". Der Namen blieb erhalten, gleichwohl die Führungsschicht der Mauren fast überwiegend aus Arabern bestand. Die Entscheidungsschlacht gegen die zahlenmäßig weit überlegene Westgotenstreitmacht unter König *Roderich* findet am 19. Juli 711 statt, die die *Mauren* für sich entschieden. Nur weitere drei Jahre später waren große Gebiete Spaniens in maurischer Hand. Die Bevölkerung stand den neuen Machthabern zunächst neutral gegenüber, zumal die Mauren Religionsfreiheit gewährten. Die vom spanischen Katholizismus unterdrückte jüdische Bevölkerung unterstützte die neuen Machthaber und organisierte die Infrastruktur in den eroberten Gebieten. Das neue Land wurde *Al-Andalus* genannt, was so viel heißen sollte wie das „*Land der Vandalen*."

Al-Andalus wurde zunächst dem Kalifat der *Omaijaden*-Fürsten aus Damaskus unterstellt. Streitigkeiten mit den *Abbasiden* aus Bagdad führen 749/50 zum Verlust des Kalifats. Einzig der Omaijade *Abd ar-Rahman I.* rettet sich durch Flucht vor den Mördertruppen der *Abbasiden* nach Spanien. Dort verbündet er sich mit den berbischen Truppen, die mit der arabischen Führungsschicht im Streit liegen, und erobert Córdoba. Im Mai 756 stirbt er und erlebt nicht mehr die Vollendung der *Mezquita Moschee*. Granada (arabisch: „*Garnata*", Stadt des *Granatapfels*) und Toledo werden gegründet. Seine Nachfolger bauen Paläste, Moscheen, Straßen und Bewässerungssysteme, führen Kulturpflanzen ein, fördern den Anbau von Zitrusfrüchten und Baumwolle. Reichtum und Glanz der maurischen Architektur sind beispiellos und ziehen Händler und Gelehrte in die neuen Zentren. Córdoba wird in der Hochphase des Wirkens der Mauren auf der iberischen Halbinsel zur Kulturhauptstadt Europas. *Kalif Al Hakam*, Sohn von *Abd ar-Rahmn III.* lässt ab 961 in Córdoba eine Bibliothek bauen, die angeblich 100.000 Bände beherbergte. Viele Gelehrte aller Religionen und Regionen, sogar Frauen, durften gleichberechtigt studieren und lehren. Wer als Wissenschaftler seiner Zeit vorankommen wollte, musste auf *Arabisch* veröffentlichen. Arabische Ärzte begründen das „Expertentum" und der „*Canon Medicinae*" des Arztes *Abu Sina* von 1020 war das anerkannte *Lehrbuch* seiner Zeit bis zur Mitte des 17. Jahrhunderts. Erst mit der Entdeckung von Viren und Bakterien wird ein neues Kapitel in der Medizin aufgeschlagen. Auf der griechischen Temperamenten-Lehre (des griechischen Arztes *Galen*) fußen Diagnose und Therapie. *Córdoba* wird zum Zentrum der Heilkunde und der Arzneientwicklung. 1085 nehmen die Kreuzritter *Toledo* ein, 1482 fällt die bedeutende Festung *Alhama de Granade* und 1485 *Málaga*. Mit der Eroberung von *Granada* 1492 fällt die letzte islamische Bastion in Spanien. Mit der Rückeroberung Andalusiens beginnt die Vertreibung der Araber aus Spanien und mit dem Sieg der „*Reconquista*" unter den *reyos católicos Isabella* und *Ferdinand II.* ist die Rückeroberung Spaniens unter dem Banner katholischer Fürsten und der Kirche abgeschlossen. Die Blütezeit der arabischen Kultur ist zu Ende. Die Rückeroberung *Granadas* bedeutet auch das Ende der arabischen Wissenschaften. Schon 1285 hatten die Mongolen das im Jahre 825 in Bagdad gegründete „*Haus der Weisheit*" zerstört. Übersetzungen der alten griechischen, persischen, indischen und arabischen Schriften ins Lateinische ab dem späten 11. Jahrhundert in Sizilien und Spanien hatten das christliche Europa in Kontakt mit einem Wissensfundus gebracht, der vorher (geografisch und intellektuell) außerhalb seiner Reichweite war. Dies setzte eine Entwicklung in Gang, die das geistige Klima in Europa nachhaltig veränderte (*Renaissance des 12. Jahrhunderts*) und im ersten Drittel des 12. Jahrhundert zu einer Gründungswelle von Universitäten führte.

Für die Araber endet in dieser Zeit die Phase der aufklärenden und freien Wissenschaften und es beginnt eine Zeit des Glaubens, die bis heute anhält. Für Spanien und Europa bricht eine neue Zeitrechnung an. 1492 (wieder-) „entdeckte" Kolumbus Amerika und macht Spanien zur reichsten Großmacht des alten Europas. 1516 übernehmen die *Habsburger* mit *Carlos I.* den spanischen Thron. Der Kampf um die Einflussgebiete erstreckt sich danach auf die ganze Welt unter den neuen Kolonialmächten. Die Welt steht kurz vor ihrem bisher größten Glaubenskrieg, während die kulturellen Leistungen der Araber für lange Zeit in Vergessenheit geraten (Siehe unter anderem: *Thomas Schröder, Andalusien*, Erlangen 2014; *Tilman Nagel, Die Festung des Glaubens. Triumph und Scheitern des islamischen Rationalismus um 11. Jahrhundert*, München 1988; Wikipedia® Einträge zur arabischen Medizingeschichte, u. a.).

Zu Anmerkung [142]: Deutschland hat ein Jobwunder. Die Erwerbslosenquote liegt 2019 bei ca. 3% (Berechnungen der Internationalen Arbeitsorganisation). Aber das Jobwunder hat seinen Preis, der erst in ca. 20 Jahren seinen explosiven Charakter entfaltet, wenn die „Niedriglöhner" in die Rente gehen. Die aktuelle Regierung ist dann lange nicht mehr im Amt. Und die heutigen Politiker genießen dann ihre üppigen Pensionen. „*In Deutschland gibt es einen riesigen Niedriglohnsektor ... Deutschland kommt ... im Jahr 2015 auf einen Niedriglohnanteil von 22%, die Schweiz auf einen Anteil von 12% ... Deutschland hat innerhalb der OECD ... einen der größten Niedriglohnsektoren*", schreibt *Christoph Eisenring* (Berlin): „*In*

Deutschland arbeiten Menschen zwei Mal so häufig zu niedrigen Löhnen wie in der Schweiz. Dafür gibt es vier Gründe". (NZZ vom 17.07.2019). *Eisenring* bezieht sich auf eine soziologische Studie der Universität Wien, die auch Zahlen zu Flucht und Arbeitsmarkt veröffentlichten. Woher kommt der Nachschub für den Niedriglohnsektor? Die neuen „Arbeitssklaven" lassen sich in Massen aus dem Heer der Asylanten rekrutieren, die im Gegensatz zur Hoffnung der deutschen Wirtschaft und der Bundesregierung in der überwiegenden Zahl niedrigst oder gar nicht qualifiziert sind (siehe: *https://datencenter.univie.ac.at/datenanalysen-und-infografiken/flucht-und-arbeitsmarkt*).

In den Jahren zwischen 2013 – 2017, ermitteln die Autoren, werden über 4,3 Millionen Asylanträge in der EU gestellt (siehe: *Studie des Instituts für Soziologie der Universität Wien: Flucht und Arbeitsmarkt; 2019)*. Auf die Bundesrepublik entfallen 1,773.574 Anträge, das sind 2,1% an der Gesamtbevölkerung. Die wenigsten davon werden bewilligt. Nur Schweden (3,5%) Österreich (2,3%) und Ungarn (3,5%) (kaum zu glauben) weisen prozentual einen höheren Migranten-Anteil aus. In der Bundesrepublik landen die meisten von ihnen, sofern sie arbeiten dürfen und der deutschen Sprache einigermaßen mächtig sind, im Arbeitsmarkt für *Niedriglöhner*. *„Ein Trumpf der Schweiz ist, dass das Land nicht nur hohe Löhne zahlt, sondern gleichzeitig einen vergleichsweise kleinen Niedriglohnsektor hat. Dies wirkt sich stabilisierend auf eine Gesellschaft aus"* (*Eisenring*, ebd.). Für Deutschland sieht die Zukunft nicht so rosig aus. Wenn die Migranten merken, dass sich die Träume nicht realisieren lassen, ist zu hoffen, dass sich die Massen mit Leistungen nach SGB 2 für sich und zumindest für die erste Generation ihrer Kinder zufriedengeben. Aber was sollen sie machen? Zurück in die Heimat gehen?

Zu Anmerkung [151]: Der Kandidat für das Oberste Gericht der USA, *Richter Cavenaugh*, liebt Bier. 2018 wird er von *Christine Blasey Ford* bezichtig, sie in der High-School 1982 sexuell belästigt/vergewaltigt zu haben (Anhörung vor dem *Senate Judiciary Committee*). *„Brett Kavanaugh likes beer, but no questions about his drinking habits"*, betitelt die *Washington Post* einen Artikel dazu (*www. Washingtonpost.com*, ebd., Sep. 28, 2018). *„In any event, we drank beer and still do, so, whatever, yeah"*. *Well,* er liebt Bier wirklich, und aus seiner Sturm- und Drangzeit an der Highschool kennt er viele Bierspiele. Damit ist er wirklich nicht allein. Kein Grund, den Kandidaten abzulehnen. Also, *who cares?*

Zu Anmerkung [155]: Kritiker bezweifeln die optimistischen Aussagen *Seehofers. „Die Experten in den Ministerien und Behörden"*, schreiben sie, *„die nur bereit waren, offen zu reden, wenn ihr Name nicht genannt wird, sprechen von einem <wachsenden Unsichtbarkeitsphänomen> der Migration"* (M. *Klingst, M.*

Lau, K. Polke-Majewski, Die Unsichtbaren, in: DIE ZEIT vom 04.04.2019; ebd., S. 6).

Die Autoren tragen aktuelle Daten vor, die auf ein wachsendes Problem aufmerksam machen. *"… die Zahl illegaler Migranten allein im vor den Toren vor Paris liegenden Departement Seine-Saint-Denise (wird, Erg. des Autors) auf zwischen 150.000 und 400.000 geschätzt"* (aktuelle Schätzung 2019). *In Italien melden Behörden und Beobachter sogenannte <Phantomboote>, das sind Schlepperboote, die die Flüchtlinge direkt an den Küsten anlanden. Und völlig unerwartet ist, dass Polen offenbar die Tore weit offen hält für illegale Einwanderer, hauptsächlich aus der Ukraine, die mit Erwerbsvisa (2017: 845.000) und Arbeitserlaubnissen (2017: 192.500) ausgestattet werden. Nicht wenige der Illegalen sind weitergewandert in andere EU-Staaten, so auch nach Deutschland … Die Problematik der Zunahme illegaler Erwerbskräfte totzuschweigen ist riskant, "denn auf dem Arbeitsmarkt, bei der Wohnungssuche oder schlicht beim Gang durch das Pariser Quartier um die Porte de la Chapelle oder den Görlitzer Park in Berlin wird die illegale Migration sichtbar … <und wenn verantwortungsvolle Politiker sich vor schwierigen Themen wegducken, werden sie von Unverantwortlichen genutzt> (David Frum)"* (die Autoren, ebd.).

Zu Anmerkung [160]: Wer eine mögliche filmische Vorlage für *Greta* und den religiösen Sinn des von Menschen verursachten Klimawechsel sucht, sei verwiesen auf: *"The Second Coming of Christ", D. Anghelcev (Dir.), 2018.* Wenn das Drehbuch zu diesem Machwerk die Blaupause für die Visionen der grünen Weltenretter und *Fridays-for-Future* Begeisterte ist, steht uns noch die Apokalypse bevor, bevor wir dann alle von Christus (wie im Film) errettet und von da an alle (wieder einmal) geläutert (d. h. die Schöpfung wahrend) als tieftreue Gläubige der grünen Kirche in die Zukunft wandern und die neuen Heilande preisen.

Zu Anmerkung [170]: Menschen beurteilen den „Wert" des Gegenübers oft spontan anhand primärer (sichtbarer) Faktoren, an *Aussehen*, Physiognomie, Gesichtsausdruck, Maske (Kriegsbemalung), Kleidung, Ausstattung (Werkzeuge). Das hat evolutionäre Gründe und diente über Jahrtausende dem *spontanen* Schutz des Einzelnen und der Sippe gegenüber dem Fremden. *Wer ist Freund und wer ist Feind?* Vor dem ritterlichen Turnierkampf, dem *Tjost* (Schwertkampf und dem Lanzenstechen zu Pferd), haben die Kontrahenten die *Visiere* geöffnet, um *Ehrlichkeit* zu demonstrieren. Lachen und offene Gesten (Küssen, Umarmen, Streicheln) haben in jeder Kultur die gleiche ursprüngliche – soziale – (positive) Bedeutung und signalisieren Nähe und Vertrauen. Die zunächst utilitaristischen Kriterien der Bewertung von Äußerlichkeiten (i. e. Sicherheit und Vertrauen), bekommen erst mit höheren Entwicklungsstufen im Rahmen von Sozial- und Berufsdifferenzierungen

(Familie, Gruppe, Kasten, religiöse Zugehörigkeit, Verband, Partei, etc.) neue Nutzen zugeschrieben (was will ich sein, was muss ich darstellen). Das *gesellschaftliche Ansehen* und die soziale- und berufliche Hierarchisierung, werden in hoch differenzierten Gesellschaften daher auch als Objektivation von Kompetenz, Leistung und sozialer Stellung verstanden. Mit der Zeit haben Menschen gelernt, sich zu verstellen, um eigene (geheime) Ziele zu erreichen. Dabei spielen das Aussehen und differenzierte soziale Masken eine immer bedeutendere Rolle. Alle Menschen spielen verschiedene Rollen (*gute* Ehefrau, *fürsorglicher* Vater, *guter* Manager, *ehrlicher* Politiker, etc.) auf der Bühne des Lebens. Daraus entstehen zwangsläufig Widersprüche und die (soziale) Sicherheit wird zunehmend fragiler. Noch vor der *Rationalität* haben sich die Menschen das *spontane* „Erkennen" durch „Beurteilung" des Aussehens durch das Bauchgefühl bewahrt (*heuristische* Sicherheit). Die kritische Reflexion über die „wahre" Eigenart (Charakter) des Gegenübers wird auf einen späteren Zeitpunkt verschoben, z. B. wenn Krisen auftreten und das *„gute Bild"* Kratzer bekommt. Kommt es dann zur Entlarvung, gehen die Menschen in aller Regel nicht gut mit dem gefallenen Helden um. Gefallene Helden werden oft von den eigenen Anhängern ge(ver-)jagt. Es ist ein Eingeständnis, dass man sich selbst hat täuschen lassen, und der Star muss dafür büßen (Fremdbuße).

Zu Anmerkung [199]: Prognostiker können schnell absaufen (irren), wenn sie im Ozean der Wahrscheinlichkeitsmodelle von Querwellen oder Stürmen überrascht werden. Dann hilft nur, die Fehler einzugestehen und eine neue Prognose anzubieten. *„Mit einem Wachstum von 2,6 Prozent hatten sie (die Forscher des Ifo-Instituts in München; Ergänzung des Autors) vor gut einem Jahr für 2018 gerechnet. Tatsächlich waren es am Ende aber nur 1,5 Prozent. Wie das Ifo-Institut lagen auch die Experten der anderen Wirtschaftsforschungsinstitute daneben, vom Berliner DIW bis zum Kölner IW. Sie alle hatten mit einem Boom gerechnet – tatsächlich schrammte die Wirtschaft aber nur knapp an der Rezession vorbei"* (Siehe: *„Warum Ökonomen immer wieder daneben liegen"*, in: *Der Tagesspiegel* vom *26.01.2019*). Die Unwägbarkeiten, die die Prognosefachleute, mit Blick auf eine höhere Wahrscheinlichkeit, in ihre Modelle „einbauen" müssten, sind von nicht einfacher Natur: z. B. treten neue Spieler (*Trump*) auf, die die Spielregeln (Zölle) unerwartet verändern, gesellschaftliche Ereignisse (Massenmigration) verhageln die Aussichten auf dem Arbeitsmarkt, das Wetter schlägt wilde Kapriolen und eine Grippe mutiert zur Pandemie. Charakteristisch für die Tücken der Wirtschafts- und Gesellschaftsprognostik war die Finanzkrise von 2008. Vorhergesehen wurde nichts. Nachdem die Krise schon eingesetzt hatte, waren die Prognostiker noch viel zu optimistisch: ihre Schätzungen lagen weit über den tatsächlichen erreichten Werten. Auf dem Höhepunkt der Krise waren die Prognostiker schließlich überaus pessimistisch. Wieder lagen sie weit daneben, die Märkte erholten sich in den kommenden Monaten weit schneller als erwartet. Das Dilemma der Wirtschaftsprognose ist, dass sie relativ gut mit linearen Entwicklungen zurechtkommt, aber immer dann kläglich versagt, wenn exponentielle Entwicklungen einsetzen, obwohl man sie gerade dann am dringlichsten brauchen würde.

Zu Anmerkung [200]: Die in der Literatur kursierenden mögliches Crah-Szenarien laufen darauf hinaus, dass die hochverschuldeten Länder zahlungsunfähig werden und die weniger verschuldeten schließlich in den Abwärtsstrudel reißen. Am Ende haftet der (deutsche) Steuerbürger mit seinem ersparten Vermögen und zahlt die EU-Zeche.

Zu Anmerkung 205]: Psychische Konflikte/Erkrankungen werden in körperlicher Form ausgedrückt (*Freud & Breuer 1895*). *Hysterie* war die klassische Diagnose für psychische Frauenleiden. Einige Mediziner „praktizierten" die sogenannte *Handhabungsmethode*, was nichts anderes war als die Befriedigung der Patientinnen mit der Hand (Ergebnis: Lösungen von Spannungen, quälende Gedanken waren kurzzeitig verschwunden; die Therapie musste regelmäßig wiederholt werden). Bei extremen Fällen (Suffragetten und renitente Ehefrauen) sah die „*Therapie*" sogar vor, den Frauen die Gebärmutter (= griech. *Hysteria*) zu entfernen. Das unwissenschaftliche und von männlicher Diagnosefantasie geprägte Verständnis hat die weibliche Lust schlicht ignoriert. In diese Zeit fiel die Erfindung eines Ingenieurs, der einen kleinen vibrierenden Stab erfand, der von da an einen Siegeszug durch die Schlafzimmer der Welt hielt. Bis heute ist der Vibrator ein anerkanntes Instrument/Werkzeug der Lustgewinnung und der Therapie. Siehe *Sigmund Freud/Josef Breuer, Studien über Hysterie*. Franz Deuticke, Leipzig + Wien 1895. Neudruck: 6. Auflage. Fischer, Frankfurt a. M. 1991.

Zu Anmerkung [211]: Es gibt statistisch betrachtet einen Zusammenhang zwischen dem ökonomischen Entwicklungsgrad einer Gesellschaft (Wohlstand) und dem durchschnittlichen Alter der Bevölkerung. In Deutschland liegt das sogenannte „*Medianalter*" der Bevölkerung bei > 46 Jahren, in Japan bei > 45 Jahren. Beide Länder sind sehr reich, werden aber in den kommenden Jahren in ein Altersproblem laufen, mit allen Konsequenzen. In Afrika sind mehr als 45% der Bevölkerung Jugendliche bis 20 Jahren. Tendenz steigend. Zudem ist die Fertilitätsrate (Rate der Fruchtbarkeit) mehr als doppelt so groß wie in Europa (siehe UN *Population Division: Total fertility (EXCEL)/estimates 1950-2015, medium variant projections 2015-2050).* Bis 2050 wird sich die Bevölkerung in Afrika auf 2 bis 2,5 Mrd. Menschen verdoppeln.

In der Sahel-Zone ist die Armut am größten. Es gibt eine extrem hohe Arbeitslosigkeit, keine funktionierende Familienplanung, und keine Industrieproduktion. Die aktuelle Geburtenrate liegt bei bis zu 7,5 Kindern pro Frau (bei einem Durchschnitt von 4,5 für ganz Afrika). Die Sahel-Zone ist die afrikanische Zeitbombe für die Nordländer Afrikas. Deutschland wird in den kommenden Jahren zum Top-Einwanderungsland werden. „Die Zahl der *Zuwanderer lag im Jahr 2017 bei rund 1,55 Millionen, darunter waren etwa 1,38 Millionen* Ausländer. Das Hauptherkunftsland der Zuwanderer *nach Deutschland war Rumänien, gefolgt von Polen und Bulgarien"* (in: statista vom 21.06.2019).

Zu Anmerkung [212]: Der Hamburger Medienwissenschaftler *Michael Haller* untersucht die Berichterstattung überregionaler Zeitungen (*Süddeutsche, FAZ, WELT und Bild* sowie die einiger Online-Portale) und stellt fest, dass die Leitmedien auf die Berliner Politik fixiert sind. Sie hätten die Flüchtlingskrise *„in ein abstraktes Aushandlungsobjekt der institutionellen Politik überführt"* und *„kaum ein Kommentar (greife,* Ergänzung des Autors*) die Sorgen, Ängste und auch Widersprüche eines wachsenden Teils der Bevölkerung auf."* Mehr als 80% der Zeitungsberichte hätten *„das Leitbild Willkommenskultur"* in einem positiven Kontext vermittelt. *„Über Bedenkenträger oder Skeptiker wurde eher selten berichtet."* (Michael Haller, Die *„Flüchtlingskrise"* in den Medien – Tagesaktueller Journalismus zwischen Meinung *und Information,* herausgegeben von der Otto Brenner Stiftung. Frankfurt a. M. 2017, OBS-Arbeitsheft 93.) Nachtrag: Vom *Verband der Deutschen Journalistenunion* und einigen Medien wurden Zweifel an der Methodik geäußert – nicht aber an der Willkommenskultur. Siehe hierzu auch die Kritik von *Norbert Bolz,* ebd.

Danksagung

Eine gute Autorenpflicht ist es, denjenigen Dank abzustatten, die Anteil am Gelingen des Buches haben. Ausdrücklich gilt unser Dank denjenigen Freunden, die das Manuskript oft mehrfach Korrektur gelesen, und wertvolle Hinweise für eine bessere Lesbarkeit und Verständlichkeit des Textes gegeben haben. Allen voran U. Schröder, C. Moseberg und A. Lohmeyer, deren Hingabe und Ausdauer das Buch verbessert haben. Sollten noch Fehler im Text sein, liegt die Verantwortung selbstverständlich alleine bei den Autoren. Besonderer Dank gilt auch T. Gassmann, dem besten Faszientrainer Deutschlands, der den verspannten Schreibrücken, zumindest von Dieter Stober, immer wieder in die Aufrechte gebracht hat.

Autoren

Dr. Dieter Stober
ist teilnehmender Berichterstatter. Der Politik- und Sozialwissenschaftler hat zehn Jahre in den USA gelebt, war im Top-Management in Industrie- und Handelsunternehmen und mehr als zwei Jahrzehnte als selbstständiger Unternehmensentwickler und Management-Coach tätig. Er ist freier Journalist und Autor.

Prof. Dr. Klaus Fischer ist Wissenschafts- und Kognitionsforscher und war bis zu seiner Pensionierung Professor für Wissenschaftstheorie an der Universität Trier.
Er ist Autor zahlreicher Werke und Aufsätze.

Weitere Bände der Reihe:
Das allmähliche Verschwinden der Gelassenheit!

Band 1
Dieter Stober

The Great Nation, SUVs & Guns.
Von den besten Autofahrern und
der besten Demokratie der Welt
Eine Annäherung!

Band 2
Dieter Stober

Von der allmählichen Auflösung der heilen Welt.
Von Schmetterlingen und von Trump,
von Wissenschaft und Fake News,
von Massenmigration und Willkommenskultur.
The German Angst und wie Demokratien sterben!
Eine Nachbetrachtung!